国际防扩散体系：中国与美国

International Non-proliferation System: China and the U.S.

朱立群 ［美］盖瑞·博驰 卢静◎主编

世界知识出版社

本书获国家外专局
“引进海外高层次文教专家
重点支持计划”资助

目　录

第三部分 国际贸易、技术与不扩散出口管制

Contents

Part Three: International Trade, Technology and Non-proliferation Export Control

导言　核不扩散治理：成就、问题与解决途径

朱立群*

2011年3月11日，日本本州岛仙台港以东130公里处爆发9级大地震并引发百年不遇的大海啸。地震和海啸不仅造成大规模的人员和财产损失，而且导致日本福岛第一核电站出现严重的核泄漏和核污染问题。核物质"上天入地"，2号反应堆渗透出含有高浓度放射性物质的水直接流入了大海，福岛地下水放射性物质招标高达万倍，微量放射物吹到世界各地，一些地区蔬菜等食品和水被检测出含有放射性物质，核泄漏造成的心理恐慌从日本蔓延到周边一些国家，人们无法预期核污染将在何时结束。这次核泄漏事故，被一些人喻为"日本的9·11事件"，其所造成的影响预计可能是范围广阔和历时久远的。

有人说，21世纪是一个"远离全球战争的时代"，[①] 主要大国之间"既无主要的意识形态冲突，也无严重的敌对冲突"。[②] 但是，全球化时代大国之间战争的可能性变小，并不意味着国际安全就有了保障。这次日本的核泄漏事件，凸显了核安全问题在国际安全治理中的重要地位，它再一次证明国家安全和国际安全因跨国威胁的广泛存在而高度

---

* 朱立群：外交学院副院长，教授。

① Robert O'Neill, "World Order: New Challenges at the Global Level," in Denny Roy ed., *The New Security Agenda in the Asia-Pacific Region*, New York : St. Martin's Press, 1997, p.18.

② Barry Buzan, "New Patterns of Global Security in the Twenty-first Century," *International Affairs*, Vol. 67, No.3, 1991, p.432.

相互依存。

国际社会正在进入一个新的核时代，这个时代不仅潜藏着自然和人为因素导致的核安全危机，还存在着加速演变的核扩散问题。美国耶鲁大学教授保罗·布拉肯（Paul Bracken）于2000年发表在《外交事务》杂志上的文章首次提出，人类已经进入了“第二个核时代”，即所谓弹道导弹和大规模杀伤性武器加速扩散的时代。[①] 随着各国对核能需求的不断增长，对获取核技术的追求日益呈上升趋势。非国家行为体将核材料和技术的销售看成是商机所在，关于恐怖分子可能会获取大规模杀伤性武器的判断不断出现在国际安全人士的分析中，这种状况与第一个核时代的情况完全不同。美国学者布鲁斯·琼斯等认为，在第一个核时代，扩散只是国家面临的问题，核能的利用由于安全和环境的考虑从未成为首要的能源来源，核武器只是有核国家之间相互威慑的武器，而且美苏之间的冷战限制了对核武器的需求，并发展出了关于核武器禁忌的规范。在第一个核时代，专家们相信，如果美国和苏联进行裁军，其他国家也会照办。然而，在第二个核时代，情况则发生了很大的变化。一方面，核扩散不再只是国家面临的问题，非国家行为体成为核技术与核材料扩散中的重要成员；对全球变暖的关注以及国际石油和天然气市场的大幅度波动，导致核能成为大有希望的替代能源，日本福岛核泄漏事件虽然重新引起人们对核能利用安全问题的进一步担忧，但是其对核能利用前景的影响还有待观察。另一方面，关于核武器使用的禁忌自冷战结束以后有所放松，人们不仅看到像朝鲜半岛核危机与伊朗核危机那样的核危机事件不断产生并难以解决，而且，像北约这样的政治军事安全组织甚至也曾讨论是否应采用先发制人核原则的问题。因此，可以说，在第二核时代，阻止核武器扩散，成为“负责任主权面临的最重大考验”。[②]

① Paul Bracken, “The Second Nuclear Age”, *Foreign Affairs,* January/February, 2000.

② ［美］布鲁斯·琼斯、卡洛斯·帕斯夸尔、斯蒂芬·斯特德曼：《权力与责任：构建跨国威胁时代的国际秩序》，秦亚青、朱立群、王燕、魏玲译，北京：世界知识出版社，2009年版，第99页。

一、国际社会防止核扩散的积极努力

在第一个核时代，国际社会共同努力，建立了以《不扩散核武器条约》为核心的国际核不扩散机制，它作为一种全球性的安全合作机制，在防止核扩散、推动核裁军和核军控等方面发挥了至关重要的作用。它的核心目标是三个：一是拥有核武器的国家不将核武器扩散到其他国家，并向无核武国家提供相关的安全保障；二是无核武国家在履行《不扩散核武器条约》义务的前提下有权和平利用核技术；三是拥有核武的国家需共同努力，切实采取行动削减核武器，直至消除核武器。防止核武器扩散、推动核裁军、促进和平利用核能作为《不扩散核武器条约》的三大支柱，为国际核不扩散机制奠定了基石。

自《不扩散核武器条约》生效以来，共有189个国家签署了该项条约，作为国际核不扩散机制主要执行机构的国际原子能机构目前也拥有151个成员国，其覆盖面之广、签约国之多，表明该条约的三大目标获得了国际社会的广泛认同，具有高度的普遍性和合法性。从效率和功能的角度来说，《不扩散核武器条约》自签署以来，有效地控制了核国家的数量。核不扩散规范的存在，大大提高了核门槛，使得试图发展核武器的国家背负沉重的政治、经济和道义负担，从而有效地控制了核武器的扩散。国际原子能机构履行保障监督职能，对防止核武器扩散作出了重要贡献。目前，全球拥有核武器国家数量不超过10个。在核不扩散机制运行大约40年的时间里，“大约60个国家开发了核能或运行了研究反应堆，至少有30个国家已经掌握了工业和科学的知识，能够实施核武器项目。但是真正拥有核武器的国家数量很少（九个）”。[①] 与此同时，《不扩散核武器条约》的存在也推动了核裁军。自20世纪70年代以来，美国和苏联（俄罗斯）通过谈判，先后签订了多个核裁军协议，核弹头的数量已经大大减少，从冷战期间的高达7万多枚，削减到现在的不足3万枚。于2010年4月通过的美俄削减和限制

① ［美］布鲁斯·琼斯、卡洛斯·帕斯夸尔、斯蒂芬·斯特德曼：《权力与责任：构建跨国威胁时代的国际秩序》，第109页。

进攻性战略武器新条约又规定，美俄双方各自部署的核弹头应削减至1550枚以下，战略武器运载工具应削减至800件以下。[①] 可以说，核不扩散条约体系对防止核武器扩散、维护世界安全与稳定发挥了十分重要的作用。正因如此，《不扩散核武器条约》于20世纪90年代获得了无限制的延期，几乎所有成员国对于不扩散做出了再次承诺，各国还达成了禁止试验核武器的协议。

在《不扩散核武器条约》的推动下，不仅核裁军领域取得积极进展，而且核不扩散理念日益深入人心。尽管各个国家在防扩散问题上并没有达成完全一致的共识，但是坚持防止核武器扩散的基本原则，建立和加强敏感物项和及时的出口管制机制已经成为各国普遍接受的理念和做法。与此同时，随着核能在全球范围的蓬勃发展，各个国家为应对气候变化普遍将清洁、成熟和具有竞争力的核能作为解决能源需求和改善能源结构的重要选择，核安全问题日益受到高度重视。

二、核不扩散机制存在的问题

但是，核不扩散机制本身及其实施也存在着不公平和不完善的问题。《不扩散核武器条约》所规定的缔约国的权利和义务不平衡，导致核不扩散条约体系本身就存在不平等和不公正的问题。[②] 拥核大国自律不够，推动核裁军进程的意愿和力度与要求无核国家承担不发展核武器的力度相比不成正比。实力相对弱小的无核国家难以有效推动核裁军进程。再加上像美国这样的拥核大国在核问题上历来执行“双重标准”，从而加剧了核不扩散机制的不公正性。因此，冷战结束以后，无核武器国家对于条约的不平等、对于有核国家在兑现承诺方面的行动缓慢，以及对于美国核政策的两面性倍感失望和愤怒，从而大大削弱了长期凝聚的防止核武器扩散和消减核武器的共识。

除了涉及公正与平等的问题之外，核不扩散机制也是一个不够完

① 《美俄签署削减进攻性战略武器新条约》，载《人民日报》，2010年4月9日，第3版。

② 卢静和王文辉在本书第一章对当前国际核不扩散机制的特点，特别是对该机制存在的问题进行了很好的阐述。见本书第一章内容。

善的机制。核不扩散机制建立在第一个核时代，主要的规范目标是约束主权国家的核能力建设问题。当时的认知基础是将核扩散看成只是主权国家面临的问题，因此只要在国家的和平利用核技术与利用核技术制造武器两种行为之间建立一道防火墙，即可阻止核武器扩散。但是，冷战结束后，核不扩散机制遇到了两个安全领域的核心难题：一是如何才能阻止无核国家追求发展核武器的动力及其所导致的行为。朝鲜和伊朗核危机的发生，证明这是一个十分棘手和难以解决的问题。同时，这些危机也暴露出核不扩散机制的执行机构存在着诸多如因对大国过度依赖导致的不公正问题、资金不足问题、核查困难与执行不力等困扰。① 二是如何遏制日益增长的各种非国家行为体在商业利益和极端主义思想的驱动下试图获取核材料和核技术的行为。核不扩散机制所包含的法律、规范和规则等，约束对象都是缔约国，对于缔约国之外的国家，特别是非国家行为体几乎没有什么约束力。冷战结束后的一个重要发展趋势就是，核材料流失严重，核扩散与恐怖主义相结合的潜在风险大幅度增加。根据国际原子能机构“非法贩运数据库”公布的情况，1993—2008年，成员国共报告超过1562起涉及核及其他放射性材料的遗失、盗窃和非法获取的事件。② 如何控制核扩散这一安全威胁的发展，如何合作防范核恐怖主义的威胁，成为国际安全领域全球治理的重大挑战。

三、进一步防扩散的解决途径

为此，我们需要加强全球治理中核领域的合作，以应对今天的核扩散威胁。

首先，需要进一步加强国际核不扩散机制。现有机制存在着上述种种问题，因而需要结合新的形势，采取新的措施，对现有机制进行适应性改造，使之能够迎接21世纪的挑战。进一步加强《不扩散核武器

---

① 刘华平以伊朗核危机的处理为例，对国际原子能机构的局限性进行了深入的讨论。见本书第二章内容。

② 刘振民：《积极推进国际核裁军和核不扩散进程，确保核能造福人类》，《求是》，2010年6月1日，见求是理论网，http://www.qstheory.cn/zxdk/2010/201011/201005/t20100527_31294.htm。

条约》的普遍性、权威性和有效性，提高国际原子能机构保障监督的能力，促进全面保障监督协定及其议定书得到有效执行和普遍遵守，仍然是国际社会必须坚持的基本目标。为了达到这个目标，有核武器国家须进一步努力切实履行条约规定的核裁军义务，公开承诺不寻求永远拥有核武器，积极探索达成“相互不首先使用核武器条约”和“全面禁止核武器公约”的可能性。应该说，核武器大国美国和俄罗斯对核裁军负有优先的责任。双方应该率先以可核查、不可逆的方式继续大幅度削减核武库，以便为全面彻底核裁军创造必要的条件。目前的核裁军还不是一种不可逆转的裁军，核大国的核弹头裁减，还只是从运载工具上卸下来储存到仓库中的裁减。因此，国际社会探索建立一个无核世界，应该从承诺不进行新的核试验、不对核武器现代化、真正实施不可逆削减做起。当然，其他核武国家也应积极加入多边裁军谈判进程，加强各国的防扩散出口管制和其他确保核安全的措施。要积极推动全球范围的核裁军，防止核武器扩散，还要积极维护全球战略稳定和各国安全不受减损的基本原则，摒弃在防扩散领域采取双重标准，因为这是形成全球共识的基础。没有全球战略平衡也就不可能实现各国的普遍安全。只有实现各国的普遍安全，才有可能促进在国际安全和不扩散核武器领域达成有效的全球共识，从而推动和加强国际核不扩散机制的有效性和权威性。

其次，在现有国际法框架内，积极开展相关国际合作，通过政治外交手段和平解决防扩散问题，努力消除核武器扩散的根源。开展核领域的国际合作，不仅需要加强政策协调，还应该在国家政策层面形成有利于消除不信任、促进国际合作形成的积极政策。检讨冷战结束以来的各国核武器政策，应该说，美国不稳定的核政策在一定意义上成为引发扩散的根源之一。以朝鲜核问题为例，1994年美朝达成了《框架协议》，朝鲜承诺将其核设施置于国际原子能机构的监控之下，并努力实现朝鲜半岛无核化的目标。不仅如此，《框架协议》还呼吁双方“走向政治和经济关系的全面正常化”，并包括了增加美国和朝鲜之间的外交联系、贸易和投资等措施。由于克林顿总统亲自参与朝核问题的解决，协议得到了较好的执行。但是，在美国，协议执行的行动被国内政治妖魔化了。小布什总统上台和“9·11事件”发生后，布什总统将朝鲜定性为“邪恶轴心”之一，美国对朝鲜开始实施高压和独立的新政策，“这个变化使得朝鲜得以开发和试验核武器”。[①] 美国学者认为，“如果《框架协议》没有终止，如果国际原子能机构能够维持其存在，我们也许可以说，朝鲜就不可能获得制造核武器的裂变材料”。[②] 此后，布什政府经过了五年的双边和多边外交才重新发现了《框架协议》的价值，并认识到朝鲜问题不仅仅只是一个扩散问题，但是这时朝鲜已经加入了核武器国俱乐部。美国的核武器政策成为核扩散根源的另一个案例就是，小布什政府上台后，将暴政、全球恐怖主义、地区冲突和大规模杀伤性武器这些非传统安全问题列为美国关注的主要战略安全威胁，[③] 并将导弹防御体系和将核武器作为先发制人的全球反恐战略的工具作为两项基本安全政策。这一战略不仅破除了全球战略平衡与稳定的基础，而且极大地刺激了那些可能会受到美国威胁的国家，从而销蚀了《不扩散核武器条约》的基础，客观上推动了核武器的扩散。[④] 作为世界上唯一具有最大军事力量包括核武器力量的美国，有责任形成稳定的、有利于国际合作的核战略，而不应该利用核战略和军事优势，追求自身国家利益和霸权地位。冷战结束后，美国动辄用“民主国家”和“集权国家”的标签将国际政治两极身份化，实际上导致了国际合作和国际制度建设困难重重。研究表明，政权更迭后出现的西方式民主政权并没有更倾向放弃核武器。[⑤]

最后，塑造无核世界的全球共识，从采取“不首先使用核武器”和“新安全观”政策开始。2007年，美国前国务卿亨利·基辛格和乔

---

① ［美］布鲁斯·琼斯、卡洛斯·帕斯夸尔、斯蒂芬·斯特德曼：《权力与责任：构建跨国威胁时代的国际秩序》，第112页。

② ［美］布鲁斯·琼斯、卡洛斯·帕斯夸尔、斯蒂芬·斯特德曼：《权力与责任：构建跨国威胁时代的国际秩序》，第113页。

③ *The National Security Strategy*, http://georgewbush-whitehouse.archives.gov/nsc/nss/2002, September 2002; The White House, *the National Security Strategy of the United States of America, 2006*, http://georgewbush-whitehouse.archives.gov/nsc/nss/2006, March 2006.

④ 关于美国克林顿政府与布什政策核政策的差异，以及布什政府在对朝政策上的严重误判及其核武器政策产生的消极影响，布鲁斯·琼斯、卡洛斯·帕斯夸尔、斯蒂芬·斯特德曼所著《权力与责任：构建跨国威胁时代的国际秩序》有非常精彩的分析。见该书第111—118页。

⑤ 马修·克罗尼格在《出口炸弹：国家为何提供敏感性核援助》一文中从核供应国的角度探讨了国家提供核援助的核心变量是基于权力的考虑，而不是基于政权类型的考虑。见本书第四章内容。

治·舒尔茨，前国防部长威廉·佩里和前参议员塞姆·纳恩提出了消除核武器的倡议。他们提出，国际形势发生了重大变化，核武器在保障国际安全和稳定方面的作用大大消减。不仅如此，核武器实际上“制造了不稳定，突出了脆弱性、鼓励了扩散，并因而增强了使用核武器的可能”，[①] 因而应该消除核武器。当然，消除核武器需要考虑在核裁军和常规武器裁军方面的联系问题，也需要考虑新的安全保障和安全信任的问题。从政策角度说，如果拥有核武器的国家都采取“不首先使用”的政策，并切实树立互信、互利、平等、协作的新安全观，关于无核世界的全球共识就可以塑造出来。在这个方面，中国政府做出了持续不懈的积极努力。自改革开放以来，中国一直奉行独立自主的和平外交政策，奉行防御性的国防政策，奉行积极、公开、透明和负责任的核政策。从1963年7月开始，中国就积极倡导全面禁止和彻底销毁核武器，并从拥有核武器的第一天起，就公开承诺在任何时候和任何情况下都不首先使用核武器，不对无核武器国家和无核武器区使用或威胁使用核武器。迄今为止，中国是唯一做出并恪守这一承诺的核武器国家。冷战结束后，中国积极推动核武器国家就互不首先使用核武器缔结国际条约。1994年1月，中国政府正式向其他四个核武器国家提出“互不首先使用核武器条约”草案。中国积极推动国际社会的裁军进程，支持国际防扩散努力，严格履行国际防扩散义务，反对任何形式的核武器扩散。中国已经加入所有有关防扩散的国际条约与机制，建立了全面的出口管制法律法规体系，采取了国际通行的许可证制度、最终用户和最终用途证明制度、清单控制方法及全面控制原则。中国为推动达成《全面禁止核试验条约》作出了贡献，是首批签署条约的国家之一，并一直恪守暂停核试验承诺。自1990年代提出新安全观以来，中国政府不仅使军费水平保持在世界各国中比较低的水平，[②] 而且

① ［美］布鲁斯·琼斯、卡洛斯·帕斯夸尔、斯蒂芬·斯特德曼：《权力与责任：构建跨国威胁时代的国际秩序》，第120页。

② 根据伦敦国际战略研究所（IISS）最新发布的《全球军力报告》，中国2010年军费占GDP1.3%，远低于美国（4.7%）、英国（2.5%）、俄罗斯（2.8%）等传统军事强国，也低于印度（2.5%）、巴西（1.7%）等新兴大国。如果从人均的角度看，美国是中国的38倍，英国是中国的20倍。见《驻英国大使刘晓明发表演讲：中国让世界更安全》，http://world.huanqiu.com/roll/2011-03/1590358.html。

还积极努力通过维和行动等为国际安全作出贡献。中国是联合国安理会常任理事国中派出维和官兵最多的国家之一，累计参与24项联合国维和行动，派出了上万名维和人员。如果美国等拥有核武器大国能够向中国学习，承诺不首先使用核武器，那么，在核武器扩散问题上形成国际合作并完善现有国际制度，就是非常可以期待的。

四、本书概要

全书共分三个部分：第一部分共六章内容，讨论了国际防扩散体系。《当前国际核不扩散机制的构成和特点》一章，介绍了国际核不扩散机制的构成，包括有关法律架构、组织机构、会议机制，以及原则和准则等，并指出了目前的国际核不扩散机制所具有的广泛性、有效性、不公正性和不完备性等特点。《从伊朗核问题看国际原子能机构的局限》一章讨论了国际原子能机构从保障监督的角度对防止核武器扩散所发挥的无可替代的作用，该文以伊朗核问题为例，还深入分析了该机构在核不扩散领域存在的局限与失误。《传播诱导：核扩散与和平性核合作协议》考察了和平性核合作与核武器扩散之间的关系。该章提出的核心问题是，那些一直接受民用核援助的国家是否会更倾向于启动核计划和研制核武器？该章作者通过对1945—2000年签署的所有核合作协议中关于民用核援助的数据进行定性和定量分析，得出了传统认为民用核合作与核扩散之间没有因果关系的观点是错误的，作者认为所有类型的民用核援助都可能提高核扩散的风险，和平性核合作与核扩散之间因核技术的两用性质而存在着一定的因果联系。《出口炸弹：国家为什么提供敏感性核援助》一章从核不扩散的核供应国角度展开研究，认为经济动机并不是提供核援助的首要动机，核供应国的战略特性才是解释敏感性核援助的核心变量。《禁忌与军备控制》一章关注的则是军备控制领域关于禁忌这样一种强烈的禁止性社会规范。该章认为，在军备领域通过宣传塑造人们对武器杀伤力和杀伤机理的厌恶感，可以建构和强化对这种武器的禁忌，从而在国际、国家和次国家行为体三个层次约束相关的军备行为，推动军备控制的发展和深入。《政权更迭与核逆转》一章研究了政权更迭对核武器政策的影响，特别是与核逆转的关系问题。作者通过研究阿根廷、巴西、南非、伊朗的案例，认为政权更迭是核逆转的核心变量，政权的类型也同样具有重要影响。作者指出，坚信政权更迭成为民主国家就会放弃核武器的观点是荒谬的。

本书的第二部分共五章内容，讨论了国际防扩散体系中的美国和中国。《中国防扩散管制体系的演进及其国际制度动力》一章，讨论了改革开放以后中国加入国际防扩散管制体系的过程，并分析了这一行为背后的动力。作者认为，中国遵从国际惯例不仅符合中国融入世界的国家利益，也符合对美外交的实际需求。中国也需要通过在防扩散领域的国际接轨，实现对其他领域的外溢效应。除此之外，软实力建设的考虑也是推动中国接受国际安全机制约束的重要原因。《中国参与国际核不扩散机制的进程》一章则讨论了中国参与核不扩散机制进程对中国国家身份的转变与利益调整的影响。该章认为，对国际社会核不扩散普遍价值观的认同，使中国扩大了对自身国家利益的界定，从而促使中国政府在政策取向上能够与其他核大国保持一致。《中国与导弹及其技术控制制度》一章则集中分析了中国与导弹及其技术控制制度的关系。作者认为，中国在处理和MTCR关系的过程中，中美关系的考量始终是一个重要的影响因素。《奥巴马政府对朝政策的调整与变化》一章，分析了奥巴马上台以后美国的对朝鲜政策，认为奥巴马的对朝政策基本上延续了克林顿政府时期的对朝接触政策，金融危机加速了美国对朝政策的转变。奥巴马政府采取的是控制危机升温、以拖待变的基本原则，希望借此缓和朝核危机和东北亚局势。《美国与两次朝核危机》一章，考察了两次朝核危机期间美国对朝政策的区别，探讨了美国政府对朝政策的成败得失。该章认为，克林顿总统任内对朝核危机的处理比较成功，布什总统的政策则是相对失败的政策。

本书的第三部分共六章内容，讨论了国际贸易、技术和不扩散出口管制的问题。《中国防扩散出口管制的发展》一章，重点讨论了中国在实施国内与多边防扩散出口管制以及在遵守产业规范方面取得的进步。该章认为，尽管在防扩散出口管制方面仍存在不足，但中国在防扩散出口管制的立法、遵约、执行和监管等方面都取得了重要进展，并进行着持续的努力。《美国政府与企业界在出口管制上的互动》一章分析了冷战结束前后，美国企业界对不扩散出口管制政策的态度变化情况，研究了美国政府与企业界在出口管制问题上的互动，探讨了美国企业界对美国政府在出口管制决策上的影响。《美欧出口管制政策调整对中印安全认知的影响》一章分析了美、欧对中、印两个国家的出口管制政策及其不同的特点，探讨了中、印两国对美欧出口管制与制裁政策调整的反应，及其对印度军事现代化的影响。《战略贸易管制领域的美中关系》一章认为，战略贸易管制一直是美中关系中一个有争议的领域，也是影响美中关系的重要因素之一。作者分析了美中在战略贸易管制方面的因素如何促进或者阻碍了美中关系的发展，认为双方在这一领域的持久合作将可能成为处理和发展其他领域关系的基础，从而推动中美关系的合作。《美国对华出口管制政策与中美贸易问题》一章，初步分析和估算了美国对华出口管制政策对中美贸易的影响，以便人们能够准确地理解中美两国的贸易不平衡问题。《中国企业在商用航空航天领域的新机遇》一章则讨论了中国在商用航空航天领域的战略问题。作者认为，中国商用航空航天领域的战略是通过参与全球市场的重组和重新定位，利用迅速发展的国内航空航天产品和服务市场，争取在国际商业谈判中获取优势地位，寻求对发展中国家的出口机会，从而促进中国商用航空航天业的发展。

本书是国家外专局“引进海外高层次文教专家重点支持计划”项目的一部分。在该项目资助下，2010年外交学院国际关系研究所邀请到多年从事防扩散与美国出口管制研究，在国际学术界享有一定地位和社会影响力的，美国佐治亚大学公共与国际事务学院教授和国际贸易与安全中心创始人和主任盖瑞·博驰（Gary K. Bertsch）教授，来我院做了为期半年的访问学者。盖瑞·博驰教授在访学期间为外交学院国际关系专业的博士研究生开设“战略贸易与国际安全”课程，参与辅导博士研究生工作，并就国际核不扩散面临的新形势、新问题以及未来前景展开项目研究。外交学院是国内最早建立国际关系专业博士点和硕士点的教学科研单位，国际关系专业是国家重点学科和北京市重点学科，国际安全研究，包括国际防扩散问题的研究，是外交学院国际关系研究所的重点建设领域。博驰教授的访学不但促进了我院国际关系学科在国际防扩散领域教学和科研的发展，而且扩大和加深了中美间的学术交流与合作。本书的完成，也是博驰教授和我们共同努力的成果，在此，我们谨向他表示衷心的感谢。感谢国家外专局长期以来对外交学院教学科研工作的大力支持，没有“引进海外高层次文教专家重点支持计划”，我们很难完成这项教学科研任务。在博驰教授访学期间，外交学院领导和相关部门给予了大力支持与配合，尤其要感谢学院党委副书记衡孝军教授，国际关系研究所所长王帆教授，外事办公室王燕主任、童新主任和马新宇女士等。本书从筹划、写作到完成历时一年多，在大家的共同努力下得以付梓出版。本书框架设计和组稿工作由朱立群、盖瑞·博驰和卢静共同完成；外文部分的翻译和校对工作主要由外交学院国际关系研究所卢静副教授、林民旺副教授，外交学院科研处助理研究员李敏，以及外交学院国际关系专业2009级博士研究生颜琳和2010级硕士研究生张迅、杨威、刘照慧完成，美国佐治亚大学的刘蓉蓉女士、中国科学院预测科学研究中心张新雨博士在翻译中提供了帮助；全书统稿工作主要由朱立群和卢静完成，外交学院国际关系专业2010级硕士研究生尹绪宝参与了全书的文字校对工作。同时，也感谢世界知识出版社袁路明编审和她的同事认真仔细的编辑、校对和制版等工作，没有他们的共同努力，本书也很难以今天的面目呈现给大家。

希望本书的论文有助于读者了解国际防扩散机制、中国和美国在防扩散领域的政策与行为，以及国际贸易、技术和不扩散出口管制等方面的最新发展。

2011年3月31日

于外交学院

导言　不扩散、国际贸易与安全

[美] 盖瑞·博驰*

贸易、不扩散与安全都是当今世界全球性的核心价值。国家必须通过贸易推动经济发展。然而悲哀的是，全球贸易中的一个微小但危险的组成部分却对扩散起到了重要推动作用——先进武器的流散，包括我们通常称之为大规模杀伤性武器（WMD）的核武器。当代的全球贸易与技术转让的重要动力，正通过损害和威胁国家及国际安全的方式促进了武器的扩散。与此同时，当今诸多管控此类威胁及大规模杀伤性武器相关贸易的行为反而妨碍了合法与和平的贸易。

如果依照现行的政策和实施，无论是鼓励贸易与保障安全，还是不扩散与战略贸易，都是难以兼得的。这些挑战让决策者们沮丧不已。然而有些议题他们是必须关注的，例如，2010年4月在华盛顿的核安全峰会，5月在纽约的《不扩散核武器条约》审议大会以及同月在北京的中美战略与经济对话。这些会议往往因为真相和分析的缺失、种种误解及缺乏明晰的解决方案而蒙上了阴影。我们学者和他们（决策者和官员们）需要对这些议题有更多的了解，比如关于核能发展——有时称之为“核能复兴”，与核扩散、核安全之间的关系。我们还需要增加关于贸易和安全的知识。这些知识大有裨益；有些可以对政府行

---

* [美] 盖瑞·博驰（Gary Bertsch）：美国佐治亚大学国际贸易与安全中心创始人、荣誉退休教授，外交学院访问教授。

为和政策出台有所贡献。

其中一个需要着重研究和理解的议题是两用品贸易、技术转让和武器扩散的问题。所谓两用技术，就是可在军事和民事中应用的技术。该技术是否应当因为涉及武器扩散和国家安全问题而受到政府管制？那么应当怎样管制？此外，行业和政府如何像限制核武器相关技术那样，限制非法销售和转让两用品或者导弹技术及设备？与此同时，还要为促进和平利用核能或太空探索，推动相关两用品及技术的贸易吗？尽管美国一直努力坚持当今时代的国际领导地位，但许多国家已开始失去耐心。例如，中国因为美国缺乏关于出口管制的明确政策而倍感失意。尽管经过多次尝试，即便前一部出口管制法过期已逾十年，美国国会还是未能批准在这一监管领域亟待通过的法律。

2010年4月，美国国防部长罗伯特·盖茨提出了一个颇为大胆的方案，旨在制定更进步、更有效率的出口管制政策。一些观察家仍对美国能否将其整合为连贯的政策持怀疑态度。由于在这个复杂的政策领域缺乏有效的相关政策研究和分析，实现该目标确实存在困难。

本序言提出了一些有关的议题、核心观念和它们在该政策领域的相互关系，并在该议题领域促成更多更好的学术分析，借此为学术界做出必要的贡献；更重要的是，愿本研究能对政府和商业界的实践有所帮助。衷心希望这些学术贡献能由此增进21世纪的贸易与安全、和平与繁荣。

我首先将谈谈贸易议题，更具体地说，是从当代和21世纪以来新兴世界中的“战略性贸易”说起。战略性贸易是指对于国家来说，具有重大国家安全意义的商品和服务的交换。我们注意到，起初的商品和服务的生产、分配性质已经在最近的几十年里发生了根本性的改变，并且这一根本性变化深刻地重塑了我们在这里所提的问题。比如，从占整个贸易的比例看，在最近几十年里战略性贸易与两用技术转让的总额出现了急剧性地增长。此外，技术的进步也使得转移更快速、更不易控制，而且产品及零部件的散播范围更加广阔，途径更加复杂，这使毁灭性武器的扩散如虎添翼。

如今的全球供应链是一个复杂的运输和后勤网络，它融合了庞大复杂的联络网，包含生产者、跨洋运输者和购买者。这条供应链非常脆弱，难以抵御风险，特别是当有人想借此获得先进武器及其零部件时尤显如此。尽管一些政府和企业做出了种种努力，但是要想管理和控制相关的供应链仍显困难，因为在21世纪的今天，世界上的供求关系受到诸多因素的影响而日趋复杂和多样。例如，从导弹到核武器项目的关键部分，许多产品中的两用技术部件和组装已在全球呈现供应商分散化的趋势。

太空武器、生物化学武器和核武器作为世界上最危险的武器，它们的零部件和专业技术的供给能力正日益泛化。不仅存在对此类武器的需求，在大规模杀伤性武器相关部件的供应商间，还经常存在激烈的竞争。国际商务的水平参差、经营混乱，有时供应商在业务竞争中会受到主观情绪的影响，在不知不觉间或是不知情的情况下，向某些挂名的公司或经纪人提供关键零部件，而这些购买商往往与复杂的核扩散网络有着千丝万缕的联系。从现有的研究和情报中可以清楚地发现，全球经济中存在着危险的核扩散和其他类型的武器扩散。

以著名的阿卜杜勒·卡迪尔·汗（A. Q. Khan）（译者注：巴基斯坦的科学家）案件为例。卡迪尔·汗等人在最近几十年组建了核扩散网络，这不是个简单的“一手交钱一手交货”的案件，也不是仅仅一两年的单一事件。这是一个超过20年的大案件，是有知识、有目的的个人在掌握零星核武器技术的情况下，将供应商、跨洋运输者和购买商整合在一个复杂网络中，并借此出售包括设计图纸在内的核武器计划的关键部分。

卡迪尔·汗的扩散网络最早是在20世纪70年代建立的，旨在获取气体离心机技术，曾为巴基斯坦的核计划提供武器级铀。随着时间推移，这一相当简单的活动逐渐拓展为一项广泛的、非法的和跨国的行动，并悄然融入蓬勃发展的全球经济之中。卡迪尔·汗在完成巴基斯坦核计划的过程中积累了丰富经验，而伊朗因在20世纪80年代末想获得离心机的相关技术，从而成为了他的第二个大客户。随后在90年代，卡迪尔·汗的扩散网络更加广阔、愈发嚣张——它还向利比亚、朝鲜和伊拉克提供核武器技术。相关案件显示，卡迪尔汗的网络向利比亚提供了气体离心机的技术和辅助设施——这是生产核裂变材料的基本手段，还提供了核武器设计图纸和装配信息。

当阿卜杜勒·卡迪尔·汗和他的扩散网络在2003年被曝光后，包括马来西亚、南非、瑞士、土耳其、阿联酋和英国，诸多重要参与方纷纷浮出水面。其他的供应商、跨国运输者和不知情的参与生产者在其他许多国家被相继指认出来。国际原子能机构（IAEA）总干事默罕默德·厄尔巴拉迪评价道："核武器的零部件能够在一国设计出来并交由另一国生产，然后通过第三国托运（往往以合法经营者的身份出现），在第四国组装完成后指定交付给具有最终用途的第五国。"有资料显示，遍布非洲、亚洲和中东的生产部门和相关车间都曾为利比亚的离心机计划提供帮助。

阿卜杜勒·卡迪尔·汗的扩散网络是孤立和罕见的现象吗？是不可复制的吗？完全不是。许多分析人士认为只不过是因为这起武器扩散案例被曝光了而已，它采取了经由现代全球经济中的商业化的渠道来进行扩散。这起非法的网络化核扩散让我们对已发生和可能发生的事情反思颇多，并且有助于学者利用历史事实和数据来避免将来更多的扩散事件。

如此，学者应怎样进行研究和分析，又应作何贡献？我认为，在贸易、技术转让和核扩散领域，我们有范围广阔、类型多样的学术工作能够并且应当开展起来。这些研究应当基于坚实的规范性和伦理性基础。例如，在大规模杀伤性武器扩散领域，我们的政府和行业具有怎样的责任？在21世纪不断改进的国际规范下，国家又应当怎样做？阿卜杜勒·卡迪尔·汗的案例颇具警示意义。这表明巴基斯坦的有关部门疏于构建国家出口管制系统，让这种关于核武器的非法贸易轻易得逞。尽管他们有机会进行管制，但却没能采取必要的行动。所幸巴基斯坦近年来屡出重拳打击核扩散行为，包括控制核扩散，降低今后有关大规模杀伤性武器转让的可能性等。在这里我又要指出一点：联合国和其他国际机构近来一直在向许多国家提供帮助，而且从总体上说国际社会也正在将有关决议转化为对国家和行业行为的规范与期望，并通过开展援助项目帮助国家提高相关能力以达到国际社会的期望。

学术研究工作应当体现出对这些发展的关注，并研究21世纪的国家和产业如何行为才是适当的、道德的和负责任的。

此类问题的学术调查研究还应当力求细致，并以当代社会科学和国际问题研究的方法为指导。这些调查研究可包括描述性的、定性的研究和案例分析。卡迪尔汗的案例就是个例子，该案例已经得到研究者的重视，并取得了很多有益成果，这有助于我们阐述和解释许多重要事件。在这一点上，科学与国际安全研究所的大卫·奥尔布赖特和他同事们的研究工作值得我们关注。

重点议题的定量分析亦有必要，例如关注于贸易流量、技术转让和扩散进程之间关系的研究。本书中马修·富尔曼所写的章节论述了民用核能合作对核武器扩散的推动作用，是一个定量与定性研究兼备的优秀案例。富尔曼在该议题的研究工作表明，一些接受和平的核开发帮助或援助的国家更有可能追求核武器计划。他的研究成果显示，和平的核开发合作涉及核技术、材料和专业秘密的转让，将会导致核武器的扩散。如果该研究被证实，其影响如何？并应采取何种措施处理此类不幸形势？

加强对诸如战略性贸易、技术转让和扩散等概念之间关系的研究，对我们的学术研究和政府管理都大有裨益。战略性贸易的概念包含了商品的商业交易（比如原料和精料材料、配套散件以及整个系统），还包含国家安全和全球安全相关服务的交易。技术转让是指现代技术以多种形式进行流转，包括有形和无形的、军民两用的、受管制和不受管制的技术。扩散指传统武器、导弹系统和战斗机等先进武器、生物化学武器以及核武器的传播。

此类研究将从这些概念及其相互关系的角度阐明事情的发展，并有助于对更多问题的思考。例如，多少有关武器的贸易和技术转让正在进行，其产生的原因是什么，又会造成怎样的安全后果？贸易与技术转让对武器扩散究竟具有怎样的推动作用？在世界哪些区域产生作用，又是在何种条件下起作用的？有关民用核能计划的贸易与技术转让能否做到不刺激核武器计划？怎样的政府政策和商业活动会推进和平的两用贸易，同时又限制武器的扩散？在这个国际安全研究的新兴领域，这些正是学者们正在提出和可以提出的重要问题。

按照上述方法开展扎实的学术分析，不仅将推进该领域的研究，加深我们对这一学术领域的理解，还将向决策者和政府官员提供一个更好的解决思路。这些研究和分析将更好的描述和解释武器扩散的动力和限制扩散的途径，并在此情况下使政府和行业在21世纪更好地应对新出现的安全威胁。

本书的编纂汇集中美两国学者，共同分享了他们关于上述议题的专题研究成果。我的这些介绍性的评论旨在就该领域的研究提供一点引导和介绍。本书第一部分主要阐述国际防扩散体系及其重要进展。第二部分关注国际防扩散制度中的中国和美国。第三部分主要研究与扩散有关的国际贸易和出口管制问题。希望本书的这些论文能深化该领域的研究，并有助于学术提高和政策改进。

第一部分

国际防扩散体系

Part one: International Non-proliferation System

第1章

当前国际核不扩散机制的构成及特点

卢 静 王文辉*

[内容提要]国际核不扩散机制指的是国际社会为防止核扩散、推动核裁军和核军控而制订的所有国家与国际的法律、条约、协定和所成立的机构的总和。国际核不扩散机制的构成主要包括有关法律架构、组织机构、会议机制，以及原则和准则等构成。国际核不扩散机制的特点是广泛性、有效性、不公正性和不完备性。

Composition & Charactors of the Current International Nuclear Non-proliferation Regime

Abstract: International nuclear non-proliferation regime refers to all the national and international laws, treaties and organizations which are to prevent nuclear proliferation and promote the development of arms control. It is mainly composed of international non-proliferation laws, organizations, conventions, principles and norms. The current international nuclear non-proliferation regime is comprehensive, efficient, unjust and unperfected.

* 卢静：外交学院国际关系研究所副教授；王文辉：外交学院2009级国际关系专业硕士研究生。

核武器是指利用能自身进行的核裂变或聚变反应瞬时释放的能量，产生爆炸作用，具有大规模杀伤破坏效应的武器。[①] 核武器因其巨大杀伤力，成为冷战时期制约美苏战争的主要手段。冷战后，核武器的威胁不但没有消除，反而有进一步发展和扩散的势头，这对世界安全造成了巨大威胁。因此，核不扩散是国际社会长期关注并努力解决的问题。

“核不扩散”包括广义与狭义两个范畴。狭义的核不扩散仅仅着眼于防止核武器技术和核裂变材料的扩散，而广义的核不扩散则着眼于整个核裁军与核军控过程，并且最终着眼于彻底消除核武器。[②] 本章立足于广义的核不扩散范畴分析当前国际核不扩散机制的构成与特点。

核扩散通常区分为两个向度：水平扩散和垂直扩散，也就是横向扩散和纵向扩散。水平扩散指核武器及其技术从有核国家向无核国家的扩散，垂直扩散指一个核国家内部现有核技术的加强、核相关新技术的发展或者核武器和运载工具的增加和部署。[③] 根据《不扩散核武器条约》（Non-Proliferation of Nuclear Weapons Treaty，又称《防止核武器扩散条约》、《核不扩散条约》），[④] 核武器国家“指在1967年1月1日前制造并爆炸核武器或其他核爆炸装置的国家”。[⑤] 国际社会公认的核国家是美国、俄罗斯、英国、法国、中国。其他如印度、巴基斯坦、以色列等虽然事实上是拥有核武器，但国际社会不承认其核武器国家地位。

自核武器产生以来，国际社会一直在努力地避免核扩散，为此逐渐凝聚共识，建立并不断完善国际核不扩散机制。

---

① 《辞海》第5卷，上海辞书出版社，1999年版，第3517页。

② 李少军：《论核不扩散体制》，载《世界经济与政治》，2001年第1期，第37页。

③ 焦世新：《利益的权衡——美国在中国加入国际机制中的作用》，北京：世界知识出版社，2009年版，第239页。

④ 《不扩散核武器条约》于1970年生效，并在许多发展中国家出于国际和平与安全的考虑和力推下，于1995年无限期延长。该条约是当今国际核不扩散机制的基础和核心。它规定了防止核武器横向扩散的基本原则和规范，旨在通过对各国竞相发展核武器以谋求其短期个体利益的控制，来维护和促进作为各国长期共同利益的国际和平与安全。

⑤ 《不扩散核武器条约》，见中华人民共和国原子能机构网站：http://www.caea.gov.cn/n16/n83690/83827.html。

一、国际核不扩散机制的内涵

国际核不扩散机制是国际安全机制的重要组成。国际安全机制指的是在安全领域内，国家基于相信其他国家能够采取互惠行为而克制自我行为的原则、规则与规范。[①]它一般是由一系列的条约、组织、单边或双边协定以及多边的核查机制组成。它是国家之间为减小对安全的威胁，增进信赖，创建对话和合作框架的一种架构。国际安全机制“不仅指便于合作的规范和期望，而且指一种超出短期自我利益追逐的合作形式”。[②]

关于国际核不扩散机制，学术界主要从国际制度（包括国际组织）和国际网络这两个角度加以定义。从国际制度的角度进行定义的有：核不扩散机制包括一系列涉及核不扩散问题的国际条约、政策、协定以及各种多边裁军谈判会议、出口管制与核查机构。[③]它是“核国家和非核国家参加的国际协议与组织，以及各成员国国内法律的综合体现，其目的是防止在1967年之前不具有核地位的国家具有这种地位”。[④]国际核不扩散机制与核不扩散体制有内在的一致性，它是“国际社会为了预防核战争而制定各种各样的公约、协定和所成立的机构的总和”。[⑤]从国际网络进行定义的有：国际核不扩散机制是指二战结束以来，为应对核扩散所带来的可能威胁，国际社会逐渐形成的一个全球性的机制，这一机制是由为防止核武器的扩散而出现的所有单方面的安排、双边与多边的条约和其他安排而组成的一个完整的网络。[⑥]它是“所有国际的、国家的、双边的、多边的（核）不扩散法律、政策和协

① Robert Jervis, “Security Regimes” *International Organization*, Vol.36, No.2, Spring 1982, p.357.

② 转引自王杰：《国际机制论》，北京：新华出版社，2002年版，第237页。

③ 李少军：《论核不扩散体制》，第37页。

④ 转引自B.M.库拉金：《国际安全》（纽菊生、雷晓菊译），武汉大学出版社，2009年版，第86页。

⑤ 姜振飞：《国际核不扩散体制：国外研究综述》，载《欧洲研究》，2005年第6期，第127页。

⑥ Emily Bailey, *The Evolution* of the Nuclear Non-Proliferation Regime, p.3，转引自周宝根：《中国与国际核不扩散机制的一种建构主义分析》，载《世界经济与政治》，2003年第2期，第24页。

定的总和”。它也是为阻止核扩散而构筑的一个法律的、技术的、经济的和政治的广泛性国际网络。[①]

从内容上来说，国际核不扩散机制主要包括以下几个方面。[②]

第一，有关核裁军的条约，其中包括《美苏关于销毁中程和中短程导弹条约》(Treaty between the United States of America and the Union of Soviet Socialist Republics on the Elimination of Their Intermediate –Range and Shorter-Range Missiles，简称《美苏中导条约》)，《美苏削减和限制进攻性战略武器条约》(Treaty between the United States of America and the Union of Soviet Socialist Republics on the Reduction and Limitation of Strategic Offensive Arms, Treaty, START-I Treaty)，《美俄关于进一步削减和限制进攻性战略武器条约》(Treaty between the United States of America and the Russian Federation on Further Reduction and Limitation of Offensive Strategic Arms, Treaty, START-II Treaty)，《美俄第三阶段削减战略武器条约》(Treaty between the United States of America and the Russian Federation on Reduction of Offensive Strategic Arms, START-III Treaty，又称《关于裁减进攻性战略武器条约》、《莫斯科条约》)，美俄新核裁军条约《削减和限制进攻性战略武器条约》(Treaty between the United States of America and the Russian Federation on Measures for the Further Reduction and Limitation of Strategic offensive Arms, New START Treaty)等。

第二，关于限制核武器部署空间及有关无核区的条约，其中包括《南极条约》(Antarctic Treaty)，《外层空间条约》(Outer Space Treaty)，《海床条约》(Sea-Bed Treaty)，《拉丁美洲和加勒比地区禁止核武器条约》(简称《拉丁美洲禁止核武器条约》，Treaty for the Prohibition of Nuclear Weapons in Latin America，又称《特拉特洛尔科条约》)，《南太平洋无核区条约》(South Pacific Nuclear-Free Zone Treaty)，《东南亚

① Oxford Research Group, *Strengthening the Non-Proliferation Regime: 1995 and Beyond,* Current Decision Report No. 13, December 1993, p.11, 转引自陈须隆：《核不扩散机制透析——国际安全机制的一个案例研究》，载《世界经济与政治》，2000年第8期，第36页。

② 参见李少军：《论核不扩散体制》，第37页；姜振飞，《国际核不扩散体制：国外研究综述》，第127页；赵丕主编：《中国军事百科全书·国际军事安全学科分册I》(第二版)，中国大百科全书出版社，2008年版。

无核区条约》(Treaty on the Southeast Asia Nuclear-Weapon-Free Zone, 又称《拉罗汤加条约》),《非洲无核区条约》(African Nuclear Weapon Free Zone Treaty),《中亚无核区条约》(Central Asia's Nuclear-Free Zone Treaty)等。

第三，限制核武器发展的条约，包括《部分禁止核试验条约》(Partial Nuclear Test Ban Treaty),《全面禁止核试验条约》(Comprehensive Nuclear Test Ban Treaty),《不扩散核武器条约》,《美苏关于限制反弹道导弹系统条约》(Treaty between the United States of America and the Union of Soviet Socialist Republics on the Limitation of Anti-Ballistic Missile Systems),《美苏关于限制地下核武器试验条约》(Treaty between the United States of America and the Union o Soviet Socialist Republics on the Limitation of Underground Nuclear Weapon Tests),《美苏关于和平利用地下核爆炸条约》(Treaty between the United States of America and the Union o Soviet Socialist Republics on Underground Nuclear Explosion for Peaceful Purpose, PNET),《核材料的实物保护公约》(Convention on the Physical of Nuclear Material)等。

第四，有关无核国家安全保障问题的联合国决议和政府声明，其中包括1968年联合国安理会的255号、984号决议，1995年美、俄、英、法、中分别发表的关于无核国家安全保障问题的声明，1998年联大通过的支持蒙古关于在其全境设立无核武器区的声明等。

第五，有关国际核安全的其他协定，诸如《美苏关于减少爆发核战争危险的措施的协议》(Agreement on Measures to Reduce the Risk of Outbreak of Nuclear War between the United States of America and the Union o Soviet Socialist Republics),《美苏关于防止公海水面和公海上空意外事件的协定》(Agreement between the United States of America and the Union of Soviet Socialist Republics on the Prevention of Incidents on and over the High Seas)等。

第六，核裁军与核军控组织，其中包括联合国大会、联合国大会第一委员会（裁军与国际安全委员会）、联合国大会裁军特别会议、联合国裁军审议委员会(U.N. Disarmament Commission)、日内瓦裁军谈判会议（Conference on Disarmament in Geneva，简称裁谈会）等。

第七，国际出口控制与核查机构，其中包括国际原子能机构（International Atomic Energy Agency，IAEA）、桑戈委员会（Zangger Committcc，ZAC，又称“核出口国委员会”）、核供应国集团（Nuclear Suppliers Group，NSG）、导弹及其技术控制制度（Missil Technology Control Regime，MTCR）、巴黎统筹委员会（Coordinating Committee for Export to Communist Countries）、瓦森纳安排（Wassenaar Arrangement）等。

从机制架构和主导者方面来说，国际核不扩散机制由以下构成：

第一，核不扩散机制的机制架构。其一，全球性制度架构。包括普遍意义上的全球架构。如《部分禁止核试验条约》、《不扩散核武器条约》、《全面禁止核试验条约》、《制止核恐怖主义行为国际公约》、国际原子能机构、桑戈委员会、核供应国集团等；具有全球架构性质的双边机制架构，如《美苏关于削减和限制进攻性战略武器条约》、《美俄关于进一步削减和限制进攻性战略武器条约》、《美苏关于消除两国中程和中短程导弹条约》等；核国家的积极与消极保证。其二，特定区域不扩散架构。包括特定地区的无核化，如《拉丁美洲和加勒比地区禁止核武器条约》、《南太平洋无核区条约》、《东南亚无核区条约》等；特定公共区域的无核化，如《南极条约》、《外空条约》、《海床条约》等；欧洲原子能共同体。

第二，核不扩散的机制保障。其一，国际保障，如国际原子能机构《规约》与《附加议定书》、条约自身设置的保障条款、条约法的义务、出口控制等；其二，国内政策保障。

第三，联合国的核不扩散努力。

第四，主权国家的自愿努力。[①]

结合上述分析，本章认为，国际核不扩散机制指的是国际社会为防止核扩散、推动核裁军和核军控而制定的所有国家的和国际的，双边与多边的，法律、条约、协定和所成立的机构的总和。现行的国际核不扩散机制以《不扩散核武器条约》为核心，在内容上包括有关核

① 参见赵恒：《核不扩散机制：历史与理论》，北京：世界知识出版社，2009年版，第84—103页；Gary T. Gardner, *Nuclear Nonproliferation, A Primer*, Lynne Rienner Publishers,Inc.1994, p53-65。

裁军、建立无核区以及限制核武器发展和部署的国际条约、有关无核国家安全保障问题的联合国决议和政府声明、有关国际安全的其他协定、有关核裁军和核军控的组织以及有关国际出口控制与核查的机构。[①] 核不扩散机制作为一种全球性的有效的安全合作机制，在防止核扩散、推动核裁军和核军控等方面发挥了至关重要的作用。

二、国际核不扩散机制的历史发展

1945年7月16日，美国成功试爆了世界上第一颗原子弹。半个多月后，即1945年8月6日和8月9日，美国在日本广岛和长崎各投放了一颗原子弹。这是人类历史上原子武器首次应用于实战，也是迄今为止唯一的一次。

第二次世界大战期间，为了在战争中以及战后的国际形势中占据主动，美国总统罗斯福于1941年10月9日做出了研制原子弹的决定。鉴于与德国在研制原子弹方面的竞争加剧，美国不得不考虑借助英国的科技资源，加快研制进度。英国出于自身政治军事利益考虑，也愿意加入美国的研制计划。1943年8月19日，美英两国在加拿大魁北克签署了防止原子技术扩散的协议，规定非经双方同意，任何一方不得与第三方分享原子技术和情报。

对日本使用原子弹之后，美国开始寻求对原子能实行国际控制。1945年11月15日，美国总统杜鲁门、英国首相艾德礼和加拿大总理马克尼斯金在美国的华盛顿举行会晤，发表联合声明，主张在联合国之下设立一个委员会，建立一套原子能管制、和平利用核能、有效视察遵约情况的国际机制。1946年8月1日，美国国会通过了《原子能法》（也称《麦克马洪法》），对原子能实行严格的国内控制，确保核技术和

---

① 参见：Rodney W. Jones and Mark G. McDonough, *Tracking Nuclear Proliferation*, Washington, D.C.: Brookings Institution Press, 1998, pp. 14-17; Roger Smith, “Explaining the Non-Proliferation Regime: Anomalies for Contemporary International Relations Theory”, *Internatjional Organization,* Vol.41, No.2, Spring 1987, pp.257-260。

资料不被其他国家获得。1946年6月14日，美国向联合国正式提交《巴鲁克计划》，提出建立一个国际机构，控制和管理所有原子能的活动，防止对原子能的应用由和平目的转变为研制核武器的军事目的；对任何违约者予以制裁，而且要求联合国安理会在原子能控制问题上没有否决权；在联合国建立起新的机构前，美国必须保管好所有的核武器。美国的该项提议因遭到苏联的强烈反对而失败。苏联加快了研制原子弹的步伐，于1949年8月29日成功爆炸原子弹，打破了美国的核垄断地位。1952年10月3日，英国成功进行了原子弹试验，成为第三个拥有核武器的国家。

苏联和英国的核试验成功，表明美国的核保密政策的失败。1953年12月8日，美国总统艾森豪威尔在联合国大会第八届会议上发表题为“原子为了和平”的演说，提出“和平利用原子能”计划，主张把核武器国家的裂变材料集中储存起来供世界上所有国家和平利用。为此，他呼吁建立一个国际性机构，致力于有效防止原子能被滥用、核武器扩散，并进行原子能的民用研发工作，让原子能技术真正造福于人类。[①]1954年12月，第九届联合国大会通过决议，要求成立一个专门致力于和平利用原子能的国际机构，建立一个预防和监管体系。经过长期谈判，1956年10月26日，《国际原子能机构法》得到与会82个国家的一致认同，在纽约联合国总部签署。该法律于1957年7月29日正式生效。同年10月，国际原子能机构（IAEA）成立。该机构主要目的是“谋求加速和扩大原子能对世界和平、健康及繁荣的贡献；确保由其本身，或经其请求，或在其监督或管制下提供之援助不致用以推进任何军事目的”。《国际原子能机构法》即国际原子能规约的生效标志着国际核不扩散机制从此有了专门保障机构。

1959年，联合国大会通过了一项由爱尔兰提出的议案，该议案要求已拥有核武器的国家不向尚未拥有核武器的国家提供核武器和传播制造技术。1961年，爱尔兰又向联合国大会提出了“关于防止核扩散

---

① “Atoms for Peace”, Address by Mr. Dwight D. Eisenhower, President of the United States of America, to the 470th Plenary Meeting of the United Nations General Assembly, Tuesday, 8 December 1953, http://www.iaea.org/About/history_speech.html.

问题的国际协定”草案，呼吁所有国家特别是有核武器国家缔结一项核不扩散协定。

1963年8月5日，美国、苏联和英国在莫斯科签署《禁止在大气层、外层空间和水下进行核武器试验条约》(简称《部分禁止核试验条约》)。规定：禁止在大气层、外层空间和水下进行核试验，但未禁止在地下进行核试验。这是人类进入核时代以来美苏英签订的第一项重要条约。虽然该条约具有明显的歧视性，其限制法国，特别是中国发展独立核力量的目的是明显的，但是，它在客观上提高了第一次核试验的技术成本，仍有一定的积极意义，所以属于核不扩散机制的一项重要成果。

在《部分禁止核试验条约》签署之前，法国已经于1960年2月成功进行核试验。1964年10月16日，中国成功试验了原子弹，成为世界上第五个拥有核武器的国家，这对美苏推行的核垄断政策是一次沉重打击。在防止核武器进一步扩散的问题上，美苏两国找到了共同利益，加快了合作步伐。从1965年开始，美国和苏联在18国裁军委员会和联合国大会上，就分别提出的防止核武器扩散的条约草案进行了长期谈判。1967年8月，美苏两国经过激烈斗争和相互妥协又分别向裁军委员会呈递了内容相同的《不扩散核武器条约》的草案。此后，经过与不结盟国家的讨论与磋商，美苏于1968年3月向18国裁军委员会提出了联合修正的条约草案，并提交联合国大会。同年6月12日，联合国大会通过该草案。1968年7月1日，《不扩散核武器条约》分别在莫斯科、华盛顿和伦敦签署。该条约于1970年3月5日正式生效，有效期为25年，并在1995年的《不扩散核武器条约》审议大会上得到无限期延长。

《不扩散核武器条约》是核武器国家对裁军目标做出有约束力承诺的唯一多边条约，也是迄今为止世界上适用范围最广、最具权威性的一项核不扩散条约。它是全球核不扩散机制的基石。《不扩散核武器条约》全文共有11项条款，界定了有核国家和无核国家的概念；要求缔约国就及早停止核军备竞赛以及全面彻底核裁军进行谈判；明确了有核缔约国不得向任何无核缔约国直接或间接转让核武器或核爆炸装置，并且不帮助无核缔约国制造核武器；无核缔约国有不研制、不接受、不获取核武器的法律义务；建立起国际原子能机构的监督保障框架，促进和平利用核能。《不扩散核武器条约》的通过标志着国际核不扩散机制的正式形成。条约以防止核武器扩散、推动核裁军与促进和平利用核能作为三大支柱，由此奠定了国际核不扩散机制的基石，并在遏制核扩散、降低核危险、维护国际和平与安全方面发挥了重要作用。

此后，一些相关国际组织的成立和国际条约的签订进一步补充和完善了国际核不扩散机制。主要包括对核材料出口进行控制核查的国际机构，建立无核区的各种条约，美国和苏/俄签署的一系列关于核军控与核裁军的条约，以及联合国大会通过的《全面禁止核试验条约》等。

1971年，核出口委员会（即桑戈委员会）成立。其主要职能是落实《不扩散核武器条约》的规定，根据“触发清单”控制核材料、核设施的出口，1975年，美国、苏联、英国、法国、联邦德国、加拿大和日本七国发起成立了核供应国集团（NSG），又称“伦敦俱乐部”，宗旨是加强缔约国的核出口管制控制，确保国际核贸易的和平用途。1977年，核供应国集团制定了“核转让准则”和“控制清单”。

为加强《不扩散核武器条约》的执行，多个无核区条约相继签订。此类条约包括：1959年《南极条约》；1967年《关于各国探索和利用包括月球和其他天体在内外层空间的原则条约》（简称《外层空间条约》）；1967年《关于禁止在海床及其下层土壤放置核武器和其他大规模杀伤性武器的条约》（简称《海床条约》）；1967年《拉美及加勒比禁止核武器条约》（亦称《特拉特洛尔科条约》）；1985年《南太平洋无核区条约》；1995年《东南亚无核区条约》（尚未生效）；1996年《非洲无核区条约》；2006年的《中亚无核区条约》。

1972年5月，美苏在莫斯科签订《关于限制反弹道导弹条约》，简称《反导条约》。1987年12月，美苏签署《美苏两国消除中程和中短程导弹条约》。1991年7月，美苏正式签署《关于削减和限制进攻性战略武器条约》，也称美苏《第一阶段削减战略武器条约》。1993年1月，美俄正式签署了《进一步削减战略武器条约》。2002年5月，美俄签署了《削减进攻性战略武器条约》，又称《莫斯科条约》。2010年4月，美国总统奥巴马和俄罗斯总统梅德韦杰夫在捷克首都布拉格签署《削减和限制进攻性战略武器新条约》。

1996年9月，联合国大会以158票赞成、3票反对（印度、不丹、利比亚）、5票弃权（黎巴嫩、叙利亚、古巴、毛里求斯、坦桑尼亚）的压倒性多数通过《全面禁止核试验条约》。条约规定所有缔约国承诺不进行任何核武器试验。由于条约附件中列出的44个有核能力的关键国家中有美国等国尚未批准，所以至今该条约尚未生效。

三、国际核不扩散机制的构成

当前的国际核不扩散机制的构成主要包括一系列国际条约和相关国家的国内法律法规，有关核裁军与核军控，和有关国际出口控制与核查的正式与非正式机构，以及国际社会公认的国际准则、规则等。

（一）法律架构

核不扩散机制的法律架构包括主要由全球性条约、地区性条约和双边条约构成的国际条约、协定，也包括有核国家的国内法律法规。

全球性条约是具有普遍国际意义的制度架构，主要涉及核不扩散、核裁军、核禁试等相关领域的国际条约、国际公约、国际协议、联合国决议等。最具代表性的全球性条约有《不扩散核武器条约》、《全面禁止核试验条约》、《国际原子能机构规约》、《外层空间条约》，以及联合国安理会1540号决议和1887号决议等。地区性条约是全球性条约的重要补充，对于巩固完善全球核不扩散机制的法律架构、推动核不扩散机制全面推进，有着积极意义。比较有代表性的地区性条约有：《拉丁美洲无核区条约》、《南太平洋无核区条约》、《东南亚无核区条约》和《非洲无核区条约》等。此外，还有主要由美苏（以及苏联解体后美俄）两国签订的一系列核军控、核裁军的双边法律条约，如《美苏关于限制反弹道导弹条约》、《美苏限制地下核武器试验条约》、《美苏两国消除中程和中短程导弹条约》、《美苏第一阶段削减战略武器条约》、《美俄进一步削减战略武器条约》和美俄在2010年4月签署的《削减和限制进攻性战略武器新条约》等。

除了国际性条约协定外，有核国家的国内法律法规也是国际核不扩散机制中法律架构的组成部分。比如，美国1946和1954年的《原子能法》、1976年的《武器出口管制法》以及1978年的《核不扩散法》；中国颁布实施的《中华人民共和国核出口管制条例》、《中华人民共和国核两用品及相关技术出口管制条例》等，都属于此。

（二）组织机制

国际核不扩散机制的组织机制主要有国际组织、区域组织和核不扩散出口控制机构三方面。

国际组织是该机制中普遍性最强、权威性最高的决策与执行机构，是讨论核不扩散议题、通过核不扩散决议、处理违规行为、核查和禁止核试验等工作的多边国际场所。主要构成有联合国及其下设机构；日内瓦裁军谈判会议等；国际原子能机构及其下设机构；《全面禁止核试验条约》筹备委员会等。区域组织与机制是指地区内各国为推动核不扩散进程，在执行和落实国际核不扩散机制的有关规定以及在建立无核区和解决核危机过程中形成的区域性国家间组织及机制。主要包括欧洲原子能共同体、朝核问题六方会谈、非洲联盟等相关核不扩散组织。核不扩散出口控制机构及机制是一些有核出口能力的《不扩散核武器条约》缔约国形成的非正式组织，主要负责对核武器及其技术和材料以及核武器运载工具的进出口贸易进行管理和控制。主要包括桑戈委员会、核供应国集团、瓦森纳安排等。[①] 此外，还有相当数量的非政府组织，有的以防止大规模杀伤性武器扩散为核心行动目标，如忧思科学家联盟（Union of Concerned Scientists）、促进持久和平（Promoting Enduring Peace）、有社会责任的心理学家（Psychologists for Social Responsibility）、为生存而动员（Mobilization for Survival）；有

① 郭新宁、卢柄池:《国际核不扩散机制的现状、挑战与前景》，载《当代世界》,2009年第6期，第26页。

的关注核裁军、无核世界的和平、不首先使用核武器以及战略稳定性等议题，如军控协会（Arms Control Association）、无核区注册（Nuclear Free Zone Registry）、不首先使用核武器国家运动（National Campaign for No-First Use of Nuclear Weapons）、宜居世界委员会（Council for a Livable World）等。[①]

下面重点介绍联合国及其下设机构、日内瓦裁军谈判机构、国际原子能机构、桑戈委员会和核供应国集团。

1. 联合国及其下设机构

在联合国及其下设机构中，联合国大会（简称“联大”）是联合国的主要审议机构，由全体成员派代表组成。联大有权讨论联合国宪章范围内的任何问题或事项，并向成员国和安理会提出建议。联大也是国际裁军领域最权威的审议机构，为各国提供裁军问题的论坛。联大还就一些重大裁军问题做出决议，要求日内瓦裁军谈判会议等机构进行谈判和研究。联大通过的裁军决议没有强制性，但不少决议有一定的约束效果，许多决议促进了后来条约的谈判和达成。[②]联合国安理会作为联合国的执行机构，负责维护世界和平与安全。安理会的决议具有强制性。根据《联合国宪章》，安理会也有负责参与军控裁军有关决策活动的责任。此外，联合国裁军审议委员会是联合国审议裁军问题的专门机构，隶属于联合国大会，由联合国所有成员国组成。该委员会根据1978年5月第一届裁军特别联大决议建立，其前身为1952年设立的裁军委员会。其职责是就裁军领域的各种问题进行审议和提出建议。联大第一委员会，又称裁军和国际安全委员会，是联合国大会7个主要委员会之一，其成员包括联合国所有成员国。联合国大会期间，第一委员会专门审议裁军和国际安全问题。该委员会通常于联合国大会一般性辩论后举行会议，会期为4—5周，为各国提供裁军论坛。委员会还负责审议联大分配的裁军议题，并酝酿、通过有关裁军决议草

① 参见刘华平：《析冷战后核军控领域的非政府组织》，载《世界经济与政治》，2002年第1期，第28—31页。

② 滕建群等：《国际军备控制与裁军概论》，第516页。

案，提交联合国大会通过后成为联大正式决议。

2. 日内瓦裁军谈判会议

日内瓦裁军谈判会议是当前国际社会唯一的多边裁军谈判机构，其前身可追溯到1960年成立的十国裁军委员会。此后，该机构曾先后改称18国裁军委员会、裁军委员会会议，1984年2月，根据联大决议更改为日内瓦裁军谈判会议。由于历史原因，裁谈会成员国分为西方集团、东欧集团和21国集团（又称不结盟国家集团）三大集团，中国为独立的一方。各集团由其协调员组织内部磋商，有时以集团名义提出建议或制订工作文件。

裁谈会不是联合国的直属机构，但与联合国联系密切。裁谈会秘书长由联合国秘书长指派，并为其私人代表。裁谈会每年举行三期会议，会议议程通常需考虑联合国大会的建议，并且每年向联合国大会提交工作报告。裁谈会的议题包括核裁军、禁止生产核武器用裂变材料、防止外空军备竞赛和无核国家安全保障等问题。近半个世纪以来，裁谈会及其前身经过谈判先后达成了《不扩散核武器条约》、《禁止生物武器公约》、《禁止化学武器公约》等一系列重要国际条约。

3. 国际原子能机构（IAEA）

国际原子能机构是国际社会为监督国际核活动、防止核扩散、保障原子能的和平利用而设立的全球性组织。20世纪50年代初，国际社会反对核军备竞赛、要求和平利用核能的呼声非常强烈。为了维持美国的核优势地位、防止核武器进一步扩散、确保美国核能工业在国际市场上的竞争力，美国总统艾森豪威尔呼吁建立一个有效防止被滥用、核武器扩散，和平利用原子能的国际机构。1956年10月，联合国最后批准《国际原子能机构规约》。1957年7月29日，《规约》正式生效。同年10月，国际原子能机构召开首次全体会议，宣布国际原子能机构正式成立。[①] 该机构是国际核不扩散机制中最权威、最重要的国际

① *David Fisher,* "History of the IAEA", http://www.iaea.org/About/history.html.

组织。它不是联合国的专门机构，但与联合国订有关系协定，同联大、经社理事会和安理会有直接联系。宗旨是谋求加速和扩大原子能对全世界和平、健康及繁荣的贡献，确保由其本身，或经其请求，或在其监督或管制下提供的援助不用于推进任何军事目的。

4. 桑戈委员会

桑戈委员会成立于1971年，其宗旨是加强国际间关于核出口控制的协调与合作，制定向未参加该条约的无核国家出口核材料、设备和技术的控制条件和程序。该委员会制定了核出口控制“触发清单”，规定出口清单项目须接受国际原子能机构保障监督。该委员会是非正式组织，每年5月和10月在维也纳举行两次会议。

5. 核供应国集团

核供应国集团是一个由拥有核供应能力的国家组成的多国出口控制组织，成立于1975年，由加拿大、法国、联邦德国、日本、英国、美国和苏联等7个主要核出口国发起建立。在伦敦多次召开会议，又称“伦敦俱乐部”。该集团的宗旨是通过加强核出口管制，防止敏感物项出口到未参加《不扩散核武器条约》的国家。通过《核转让准则》和《触发清单》实现对敏感核材料和设备的出口控制。集团不定期召开会议，对“准则”和“清单”的执行情况进行审议。截至2011年6月，核供应国集团成员国有46个。2004年5月27日，该集团全会决定接纳中国为集团成员国。核供应国集团在国际防核扩散及核出口控制领域发挥着重要作用。

（三）会议机制

会议机制是国际核不扩散机制的重要构成。由于国际核不扩散机制包括了诸多的条约、公约和组织机构等，而这些条约和组织等又各自都形成了自己的会议机制，所以国际核不扩散机制的会议机制也相当广泛和多样。如联合国大会下属的联合国裁军委员会每年春季在纽约召开为期3—4周的会议，通常审议3—4个裁军议题，多数议题需多年反复审议。每年向联合国大会报告工作进展情况。为保证《不扩散核武器条约》的宗旨和条约的各项条款得到实现，每隔5年《不扩散核武器条约》定期举行审议大会。《国际原子能规约》也规定有明确的会议机制，即大会由全体成员国代表组成，每年应举行常会，并由总干事应理事会或过半数成员国的请求，举行特别会议。除大会另有决定外，各届大会应在机构总部举行；每一成员国应派代表一人出席各届大会。国际核不扩散机制的会议机制因包含内容相当广泛，这里不一一介绍。

（四）原则、规范和决策程序

原则和规范属于机制的意识层面，是机制的基础，决定着规则和决策程序的运作；决策程序是机制的实践层面，为机制提供表达的方式。原则和规范决定机制的本质特征，同样的原则和规范可以有不同的国际规则和决策程序。如果原则和规范保持不变，规则和决策程序发生了变化，这属于机制内的变化。如果原则和规范发生了变化，这就意味着机制本身发生了变化。[①]

1. 原则与规范

国际核不扩散的机制的基本原则是：有核武器国家不帮助无核武器国家获得核武器，无核武器国家不谋求获得和发展核武器；和平利用核能；尽早实现全面彻底的核裁军。这些原则通过具体的条约转变为明确的核禁忌规范。这些条约包括核禁试条约（如《部分禁止核试验条约》、《全面禁止核试验条约》）、核裁军条约（如《美苏关于销毁中程和中短程导弹条约》、《美苏关于削减和限制进攻性战略武器条约》、《美俄关于进一步削减和限制进攻性战略武器条约》）、无核区条约（如《南极条约》、《外层空间条约》、《拉丁美洲无核区条约》）等

① Stephen D. Krasner, " Structural Cause and Regime Consequences: Regimes as Intervening Variables", *International Organization,* Vol. 36, 1982, pp.186-189.

一系列条约网络，其中最重要、最核心的是《不扩散核武器条约》。

2. 决策程序

核不扩散机制的规则和决策程序体现在多个有关核不扩散的组织机构和机制中。其中，在国际原子能机构管理的国际安全保障措施制度中，《不扩散核武器条约》第三条明确规定各缔约国须按照国际原子能机构规约及保障制度履约，以保证核能的和平用途。《国际原子能规约》第十二条明确表述了安全保障的规则和程序：国际安全保障措施通过审查制度，确保相关设备设施的非军事目的；通过实地核查等措施掌握核材料、核设施的资料；提供已获得安全保障的材料和设施的地点、状况和用途的详细知识。这些保障措施对于推动核不扩散机制的有效运作是非常重要的。但它并不具备强制执行性，受到缔约国政府意志和配合程度的影响。

在核供应国集团的相关规约中也体现了核不扩散机制的规则和决策程序。集团通过《核转让准则》和《触发清单》进行控制。《转让准则》和《触发清单》中的物项须提请国际原子能机构实施保障监督；严格控制敏感物项的出口。1992年，集团通过了一项与核有关的两用设备、材料和相关技术的转让准则和清单，并提出核供应国以进口国接受全面保障监督为核出口条件。目前，集团正在对有关转让准则和清单进行审议修订。此外，核供应国集团缔约国的相关国内立法也是核不扩散机制规则、决策程序的体现。

四、国际核不扩散机制的特点

（一）参与的广泛性

国际核不扩散机制是一个国际社会广泛认同、普遍参与，具有广泛性特点的安全机制。

第一，参与国家多。国际核不扩散机制包含了一系列条约，其中既有国际条约也有地区性条约，既有多边条约也有双边条约。这些条约构成的条约网络涵盖了当今世界的大多数主权国家。机制中的相关国际和地区组织机构也吸引相当数量国家的参与。作为该机制基石的《不扩散核武器条约》迄今为止已有189个缔约国，其中包括了五个核大国——美国、俄罗斯、英国、法国和中国。作为机制主要执行保障机构的国际原子能机构，截止到2010年12月，已拥有151个成员国。[①] 可以看出，参与条约和组织的国家既包括世界和地区大国，也有许多中小国家；既有发达国家，也有广大发展中国家；既有核武器国家，也有无核武器国家。无核区的地域范围也逐步扩大，《南极条约》、《拉丁美洲无核区条约》、《南太平洋无核区条约》、《非洲无核区条约》的签署已经使得整个南半球基本上成为无核区。因此，从参与机制国家的数量和类型上看，该机制具有相当的普遍性和广泛性。

第二，覆盖地域广。国际核不扩散机制所覆盖的地域非常广阔。《不扩散核武器》条约的189个缔约国几乎覆盖了全球所有的主权国家领土范围。《外层空间条约》和《海床条约》也明确禁止在外空和海床部署核武器。由于核国家都位于北半球，考虑到现实状况，这些国家已不可能建立无核区，但蒙古无核区、东南亚无核区和中亚无核区的发展使得北半球的无核区覆盖地域明显扩大。所以说，国际核不扩散机制在地域覆盖范围上具有普遍性和广泛性。

（二）有效性

以《不扩散核武器条约》为基石的国际核不扩散机制自从确立以来，在防止核扩散、和平利用核能、维护地区稳定和世界和平方面发挥了重要作用。主要表现在：

第一，有效控制了核国家的数量。目前，全球拥有核武器国家数量不超过10个，其中美国、俄罗斯、英国、法国和中国是国际社会公认的合法的核武器国家；印度和巴基斯坦是两个事实上的核国家，但

① 国际原子能机构网站：http://www.iaea.org/About/Policy/Memberstates/index.html。

其合法核国家地位一直不被国际社会所承认；朝鲜是宣布拥有核武器的国家；以色列是国际社会普遍认为其拥有核武器，但长期奉行核模糊政策的国家。核国家的数量大大低于一些观察家的预期。核国家数量的控制，对减少冲突可能、维护地区安全和全球战略稳定有着重要意义。所以，核不扩散机制对控制核国家数量发挥了积极的作用。一方面，核不扩散机制提高了一个国家发展和获得核武器的成本。国际原子能机构的监督保障制度使得参加国核的完全秘密化非常困难，一系列核禁试、无核区条约也使得发展获得核武器成为违反国际法律和道义的行为。比如印度、巴基斯坦在1998年核试验之后，受到国际社会的一致谴责和制裁，朝鲜因其核计划也面临着严厉的经济制裁和贸易禁运。在核不扩散机制的作用下，谋取发展核武器使得一国背负上沉重的政治、经济和道义上的压力，大大提高了一国成为核武器国家的门槛。另一方面，核不扩散机制的存在和运行，使得一些拥有核武器的国家放弃了核武器。苏联的解体使得俄罗斯、乌克兰、白俄罗斯和哈萨克斯坦四个加盟共和国都拥有了核武器，但在国际社会的强大压力和相关国家的共同努力下，乌克兰、白俄罗斯哈萨克斯坦三国销毁了其领土内的核武器，成为无核国家，并分别于1994年12月5日、1993年7月22日和1994年2月14日加入《不扩散核武器条约》。南非于1993年3月放弃核计划，销毁已经制造出来的6个核装置，之后加入《不扩散核武器条约》。利比亚于2003年12月19日宣布放弃大规模杀伤性武器计划。这些都是核不扩散机制在控制核国家数量方面取得的成绩。

第二，有效推动了美俄的核裁军。自20世纪70年代以来，美国和苏联（俄罗斯）通过谈判，先后签订了多个核裁军协议。美苏/俄根据《关于消除两国中程和中短程导弹条约》、《关于削减和限制进攻性战略武器条约》、《关于进一步削减和限制进攻性战略武器条约》等，明显削减和控制了两国的核武器数量。2010年4月8日，美国总统奥巴马和俄罗斯总统梅德韦杰夫在捷克首都布拉格签署削减和限制进攻性战略武器新条约。根据新条约，美俄双方各自部署的核弹头应削减至1550枚以下，战略武器运载工具应削减至800件以下。新条约还规定了操作性更强的核查措施，以确保美俄核裁军进程接受有力的监督。[①] 由此可见，国际核不扩散机制推动了世界上两个最大核国家的核裁军，对于维护人类和平和全球战略稳定有着积极意义。

（三）不公正性

国际核不扩散机制从本质上说是一个不平等的机制，带有“歧视性”，这主要体现在:《不扩散核武器条约》规定的缔约国权利和义务的不平衡；美国在相关问题上实行“双重标准”。

《不扩散核武器条约》是当今国际核不扩散机制的基础和核心。但该条约规定的缔约国的权利和义务是不平衡的。条约在承认现状的基础上，把缔约国分为“有核国家”和“无核国家”两类。无核国家须承担放弃发展核武器的义务，以换得和平利用核能的权利；有核国家得到缔约国对其核国家地位的承认，义务是不向无核国家提供核武器，尽早实行核裁军。在实际运作过程中，国际社会，尤其是机制的主导大国关注的是无核国家履行和平利用核能、不谋求发展核武器的义务，而有核国家对自身核裁军的进程往往避而不谈或与其他问题相挂钩，从而影响了履约效果。这一方面是由于《不扩散核武器条约》本身对有核国家核裁军的规定不够具体，缺乏具体目标和可操作性措施，导致核大国对条约进行利己性解读，只是空泛承诺，没有实际措施，或是在不影响本国核威慑能力的前提下，对核武库中过剩的老化的那一部分核武器进行削减，这达不到条约规定的彻底核裁军的目的；另一方面，条约也缺乏对核国家进行核裁军的强制性规定和惩罚措施，加之无核国家实力相对弱小，难以对核国家核裁军施加实质性的影响。这些因素都是该条约的“歧视性”的表现，也是核不扩散机制的不平等不公正性的最重要表现。

另外，西方大国尤其是美国在核问题上执行“双重标准”，是影响国际核不扩散机制公平与公正性的负面因素。“双重标准”有两方面

① 《美俄签署削减进攻性战略武器新条约》，载《人民日报》，2010年4月9日，第3版。

的体现。一是对待本国和他国的态度截然不同。美国一方面要求他国限制发展核武器；另一方面维持着世界上最大的核武库，不断对核武器进行升级换代，谋求军事优势。二是根据其本国利益，对待“友好国家”和“敌对国家”的核政策差异很大。对以色列的核能力采取默许和纵容态度，对伊拉克却以所谓的“拥有大规模杀伤性武器”为由，对一个主权国家进行军事打击和政权颠覆。

（四）不完备性

国际核不扩散机制确立以来，取得了一些成绩，但是，该机制仍有一些局限性和不完善之处。主要表现在以下几点：

第一，机制的约束作用范围存有局限性。核不扩散机制所包含的法律、协议、规约等，约束对象都是其缔约国，对于缔约国之外的国家并没有约束力。比如，一些企图发展核武器的国家，可以选择不加入《不扩散核武器条约》（比如印度、巴基斯坦、以色列），或者加入之后再退出条约（比如朝鲜），这就使得在全球范围内建立起涵盖所有主权国家的普遍有效的理想机制十分困难。此外，机制约束的对象只是主权国家，而对一些非国家行为体，如国际恐怖组织，则没有监督约束力。这都使核不扩散机制在约束对象上的数量和种类都是有限的。

第二，机制的一些法律条款存在漏洞。《不扩散核武器条约》作为机制的基石，本身存在着一些漏洞。比如，条约的退约机制模糊不清。条约第十条第一款规定：“每个缔约国如果断定与本条约主题有关的非常事件已危及其国家的最高利益，为行使其国家主权，应有权退出本条约。该国应在退出前3个月将此事通知所有其他缔约国和联合国安全理事会。这项通知应包括关于该国认为已危及其最高利益的非常事件的说明。”很明显，条约赋予了缔约国单方面退约的权力和自由，却没有对关键概念“非常事件”、“危及其国家的最高利益”进行界定，这就在法律文本上留下了明显的漏洞，缔约国可以根据本国意志，对“危及国家利益的非常事件”做不同的解读，这给缔约国随时随意退约制造了借口。再如，条约也没有规定对违约国制裁措施，这使得有效贯彻实施难度增加。机制核心条约中这样的漏洞不利于NPT宗旨的实现，也不利于整个核不扩散机制的有效运作。

第三，机制的相关执行机构职能有限。国际原子能机构作为机制中最重要的监督保障执行机构，其职能的发挥受到多种因素的制约。比如，其核安全保障措施受制于当事国意志，核查行动能否顺利展开取决于当事国意愿，若当事国不合作，则核查无法进行；其工作开展受西方大国影响，因为国际原子能机构的情报来源主要依靠美国等西方国家的侦查监测系统，很难保证情报、信息、数据来源的客观性和中立性；其监督核查的范围有限，只能对成员国的核活动负责，对非成员国以及主权国家以外的组织或个人的活动则无能为力。此外，国际原子能机构也面临着资金、人员不足等一系列问题。这些不利因素都影响着机构职能的有效发挥和安全保障制度的正常运行。

第四，非国家行为体的核扩散行为所带来的挑战。现有的核不扩散机制主要的规范目标是约束主权国家的核能力建设问题，核扩散只是主权国家面临的问题，但冷战结束后，非国家行为体成为核技术与核材料扩散中的重要成员。如朱立群教授和博驰教授在导言中提到的，由于各国对核能需求的不断增长，对获取核技术的追求日益呈上升趋势，非国家行为体将核材料和技术的销售看成是商机所在。在国际贸易中，核材料的零部件和专业技术的供给日益泛化。在大规模杀伤性武器相关部件的供应商间还经常存在激烈的竞争。国际商务的水平参差、经营混乱，有时供应商在业务竞争中会受到主观情绪的影响，在不知不觉间或是不知情的情况下，向某些挂名的公司或经纪人提供关键零部件，而这些购买商往往与复杂的核扩散网络有着千丝万缕的联系。阿卜杜勒·卡迪尔·汗（A. Q. Khan）事件就是一个显著例子。此外，关于恐怖分子可能会获取大规模杀伤性武器的判断不断出现在国际安全人士的分析中。

从上述可以看到，国际核不扩散机制的建立、形成和实践运作，为国际社会的核裁军、核不扩散、和平利用核能和维护国际核安全发挥了积极作用，但同时它也面临着许多挑战。具体体现为：一是核裁军领域取得重要进展，建立无核武器世界的理念得到越来越多国家的认同。美俄就核裁军问题达成的一系列条约，特别是尽管核裁军进程并不顺畅，但它得到了世界各国的支持和响应，连一些无核武器的国家及非政府组织也纷纷提出自己的核裁军倡议。然而，世界上仍存在上万枚核武器，国际安全形势不容乐观，实现无核武器的世界目标，国际核不扩散机制面临着诸多考验，并须做出长期艰苦的努力。二是核不扩散理念深入人心，但各国在防扩散问题上的分歧明显存在，短期内难以达成共识。自核不扩散机制形成以来，在全球防止核扩散问题上发挥了重要作用，取得了一系列积极成果。但核不扩散机制的普遍性、有效性、公正公平性仍有待加强；一些地区的核扩散形势依然严峻，并引发某些地区的不稳定性，严重影响着国际安全局势。三是核不扩散机制的功能仍有局限性，核安全问题仍是当前国际安全领域值得关注的问题。随着核能的广泛应用，越来越多的核材料和核设施被一些国家和非政府组织所拥有或利用，核材料流失的风险在上升。核扩散与恐怖主义相结合的潜在风险也不容乐观。核不扩散机制在防范核材料流失和核恐怖主义威胁方面仍须做出不懈努力。

第2章

从伊朗核问题看国际原子能机构的局限*

刘华平**

[内容提要] 国际原子能机构是国际社会为监督国际核活动、防止核扩散、保障原子能的和平利用而设立的全球性组织。在半个多世纪的发展历程中，国际原子能机构的保障监督机制也经历了不断完善、发展的过程，在防止核武器扩散方面发挥了无可替代的作用。但也存在着一些问题与困难。以伊朗核问题为例，深入分析国际原子能机构在核不扩散领域存在的局限与失误，有利于今后进一步加强国际原子能机构的地位与作用。

Limitations of International Atomic Energy Agency Regarding Non-proliferation and the Iran Nuclear Issue

(Liu Huaping)

Abstract: The International Atomic Energy Agency (IAEA) was

* 本章为2010年度教育部人文社会科学研究规划基金项目《深度核裁军形势下的最低核威慑与战略稳定》(批准号10YJAGJW009)成果之一。原载《外交评论》，2010年第3期，原题为《国际原子能机构的局限：以伊朗核问题为例》，作者于2010年12月提供。感谢《外交评论》准许我们免费录用。

** 刘华平：北京语言大学国际政治系教授，博士。

founded as a global organization dedicated to monitor international nuclear activities, prevent nuclear proliferation and ensure peaceful use of nuclear technology. Since the time of its coming into being, the Nuclear Safeguards System (NSS), which is based on nuclear safeguards provisions of the IAEA and underpinned by nuclear safeguards model agreements, has gone through an ever-changing process of improvement. While the IAEA has played an irreplaceable role in preventing nuclear proliferation, there are some problems and difficulties as well. Taking the Iran nuclear issue as an example, this chapter analyzes the limitations and shortcomings of IAEA. We hope such analysis can contribute to strengthening the role and status of the IAEA in non-proliferation area.

成立一个国际机构、对原子能进行集中统一的管理与利用，最初出自美国的设想。1945年7、8月间，美国试验成功，并随后在日本使用了原子弹，从而正式开启了国际政治的核时代。为垄断核武器，美国在战后初期向其他国家出口核材料和核设施时，要求对方承诺不将其用于制造核武器，并接受美国对这些材料或设施的核查与监督。然而一国的能力毕竟是有限的。1945年11月15日，美、英、加三国首脑在华盛顿召开会议，首次探讨建立一个国际机构，集中管理利用核能、防止核武器扩散。同年12月27日，在莫斯科召开的美、英、苏三国外长会议上，苏联以拟议中的机构必须接受联合国安理会的指导为条件，同意美、英关于建立联合国原子能委员会的建议。1946年1月24日在伦敦举行的联合国大会第一届会议上，51个成员国代表一致通过联大第1（I）号决议，决定设立一个（原子能）委员会，“以处理由于发现原子能所引起的问题以及其他有关事项”。[①] 然而，在接下来的几年里，美苏在原子能委员会围绕“先管制（核能利用）后消除（核武器），还是先消除后管制”的问题争吵不休，致使原子能委员会的工作陷入僵局。1949年9月苏联也试验成功了原子弹。1952年1月11日，联合国

① 联合国秘书处政治和安全理事会事务部裁军事务处编：《联合国与裁军》（北京大学法律系编译组译），北京：商务印书馆，1974年版，第10页。

大会通过第502（VI）号决议，解散了已经名存实亡的原子能委员会。①

20世纪50年代初，国际社会反对核军备竞赛、要求和平利用核能的呼声非常强烈。为了维持美国的核优势地位、防止核武器进一步扩散、确保美国核能工业在国际市场上的竞争力，1953年12月8日，美国总统艾森豪威尔在联合国大会上发表题为“原子为了和平”的演说，主张把核武器国家的裂变材料集中储存起来供世界上所有国家和平利用。为此，他呼吁建立一个国际性机构，致力于有效防止原子能被滥用、核武器扩散，并进行原子能的民用研发工作，让原子能技术真正造福于人类。②1956年10月23日，81国在联合国总部召开大会，复审并最后批准了《国际原子能机构规约》。1957年7月29日，《规约》正式生效。同年10月，国际原子能机构召开首次全体会议，宣布国际原子能机构（IAEA）正式成立，总部设在维也纳。③

从上述背景可以看出，国际原子能机构从酝酿到成立，更多地体现了美国（后期也得到苏联的认可）希望通过一个国际机构，防止核武器进一步扩散、对核材料和核技术进行控制的意愿和思想，当时也符合世界上广大无核武器国家反对核武器、争取和平利用核能的愿望。国际原子能机构从1957年成立至今，特别是1997年通过了统一加强型的全面保障《附加议定书》范本，逐渐建立起了一套完整的保障监督系统。在应对和处理核扩散风险的过程中，国际原子能机构作为负责世界范围内保障监督业务的唯一的国际组织，发挥了不可替代的作用，但也存在着一些明显的局限，出现了一些失误。下面将主要以

① 参见《联合国与裁军》，第12—25页。

② “Atoms for Peace”, Address by Mr. Dwight D. Eisenhower, President of the United States of America, to the 470th Plenary Meeting of the United Nations General Assembly, Tuesday, 8 December 1953, http://www.iaea.org/About/history_speech.html.

③ David Fisher, “History of the IAEA”, http://www.iaea.org/About/history.html.

伊朗核问题[①]为例，对国际原子能机构在核不扩散领域的局限与失误做一些探讨。

一、国际原子能机构在和平利用核能与防核扩散方面轻重失衡且标准不一

《国际原子能机构规约》规定国际原子能机构的主旨是："谋求加速和扩大原子能对全世界和平、健康及繁荣的贡献；并尽其所能，确保由其本身，或经其请求，或在其监督或管制下提供的援助不至用于推进任何军事目的。"[②]很明显，理论上，促进和平利用核能和实施核保障监督防止核武器扩散，是国际原子能机构并行不悖的两大功能或者目的。但执行起来，二者之间很难保持平衡。因为核大国，特别是美国注重的是，通过国际原子能机构防控核扩散；无核武器国家则更注重通过国际原子能机构获取开发利用核能方面的援助与支持。

在1970年《不扩散核武器条约》（NPT）生效以前，国际原子能机构在防核扩散领域的保障监督职能没有充分体现出来。[③]因此，上述不

① 自伊朗伊斯兰革命以后，美国等西方国家就不时指责伊朗有核扩散的嫌疑。2002年8月出现了关于伊朗秘密核设施的报道，12月商业卫星揭露了伊朗正在建设未向国际原子能机构事前申报的核设施。2003年2月9日，伊朗宣布自己正在提炼能为其核电站提供燃料的铀。美国等西方国家立即对伊朗核计划的性质提出"严重质疑"，并多次警告伊朗必须停止与铀浓缩相关的活动，伊朗则声明其核活动只用于和平目的。伊朗的秘密核活动违反了其与国际原子能机构的保障监督协定。国际原子能机构多次通过有关伊朗核问题的决议。2006年该问题被提交安理会。迄今联合国安理会已经先后四次通过制裁伊朗的决议（第1737、1747、1803、1929号决议）。伊朗核问题的症结是：如何验证并确保伊朗的核能计划不至于发展到核的武器化。

② 《国际原子能机构规约》，中华人民共和国国家原子能机构网站，http://www.caea.gov.cn/n16/n83690/83822.html。

③ 20世纪五六十年代美苏展开激烈的核军备竞赛，双方都倾向于通过双边协议直接向伙伴国提供核援助，自行实施核安全保障。同时，西欧地区成立了欧洲原子能共同体和欧洲原子能机构，自行监督本地区的核交易。日本也以国内有核查机构为由，拒绝接受国际原子能机构的核查（参阅孙德刚：《国际原子能机构及其核查效能研究——以该机构在中东核查为例》，《阿拉伯世界研究》，2008年11月第6期，第47—48页；岳汉景：《国际原子能机构产生的背景及其基本功能与局限》，《解放军外国语学院学报》，2008年3月第2期，第126页）。国际原子能机构的监督职能是《规约》赋予的，但具体对一国进行保障监督的法律依据，是根据当事国与国际原子能机构的双边协议来进行的。1970年以前，国际原子能机构的主要监督形式是项目保障型（INFCIRC/66/Rev.2）——当事国为购买核材料或核设备，根据核出口国的要求与国际原子能机构签订的保障监督协定，核查只用于所涉及的物项及有关设施。

平衡也不明显。但是1970年以后，所有加入NPT的无核武器国家都必须根据条约第3条的规定，与国际原子能机构签订全面保障监督型协定，即INFCIRC/153型（1971年国际原子能机构为此类保障制定的专门文件）保障协定，接受国际原子能机构的全面监督与核查。国际原子能机构的主要职责逐渐向防止核武器扩散方面倾斜，监督与核查也主要针对无核武器国家，而不太注重和平利用核能。然而，20世纪70年代石油危机以后，许多发达国家都加紧发展核能工业，发展中国家也有此需求。但由于核材料、核技术（人才）、核设备主要掌控在发达国家，特别是核武器国家手中，无核武器国家和平利用核能的道路并不顺畅。冷战结束以后，国际关系发生了很大的调整与变化。一些国家试图突破核封锁，以和平利用核能为掩护，发展核武器。国际恐怖主义分子也蠢蠢欲动，图谋获取大规模毁灭性武器，核扩散的风险大增。因此，国际原子能机构进一步加大了对核活动保障监督的力度与范围。但同时国际能源竞争加剧，能源安全成为各国普遍关注的核心问题之一。国际原子能机构虽然鼓励、支持和平利用核能，但一旦出现或大国认为存在核武器扩散的风险，就马上进行调查、中止甚或追回援助，通过理事会决议，甚至提交安理会讨论。这一系列行动，从防扩散的角度来讲是可以理解的；但从主权国家和平利用核能的权利来讲，就会认为受到很大制约。伊朗核问题，就涉及国际原子能机构如何在防核扩散和促进核能利用方面保持平衡的问题。

伊朗于1970年2月加入《不扩散核武器条约》。按照条约要求，它与国际原子能机构签订的《全面保障监督协定》（INFCIRC/214）于1974年5月15日生效。作为一个无核武器的《不扩散核武器条约》成员国，伊朗有义务遵守核不扩散的义务（NPT第1条）；同时伊朗也有权利得到国际社会的援助与合作，不受限制地和平发展并利用核能（NPT第4条）。早在1957年，伊朗就与美国签署了民用核能合作协议，美国向伊朗提供核能技术和材料方面的支持，鼓励伊朗进行和平研究。但是，伊朗核发展计划主要始于20世纪70年代。美国国际战略研究中心（CSIS）1998年的一份研究报告，概括了1979年前伊朗核计划的发展状况：1974年伊朗与美国、1976年与德国、1977年与法国分别签订了长达10年的核燃料供应合同；1975年伊朗参与了欧洲气体扩散工厂的合资集团，占股10%。根据合同，伊朗有权接触扩散技术和购买浓缩铀的份额；伊朗制订了一个到90年代发展伊朗核电站的计划，计划建造23台核电机组，并从德国和法国购买核电站。到1979年伊朗发生革命前，伊朗已经签订了6台核电机组的建设合同，并且准备从德、法、美引进12台核电机组。2台130万千瓦的德国技术的核电机组已分别完工了60%和75%，而且已为引入法国两个90万千瓦的核电机组选定了厂址。[①] 从中可以看出，20世纪70年代，伊朗在和平核发展方面还是比较顺利的。但是这种“顺利”与其说来自与国际原子能机构的合作，毋宁说更来自与西方国家的良好关系。

1979伊朗伊斯兰革命以后，美国开始频繁指责伊朗有发展核武器的计划（上述报告详细列举了伊朗发展核武器的“企图和迹象”），因而主导国际社会和国际原子能机构对伊朗核活动加强监督与控制，并反对其他国家与伊朗进行任何核合作。在此期间，虽然国际原子能机构根据与伊朗的保障监督协定，没有发现伊朗有发展核武器的证据，但却对以美国等西方国家对伊朗的指控与制裁无能为力。伊朗布什尔发电站建设的曲折过程，充分反映了伊朗在核能发展方面的不易。

伊朗曾于1974年开始与德国合作在波斯湾北岸的布什尔建立核电站。1979年伊朗革命后德国中断了合作。其后，伊朗多次想恢复该项目但终因力所不及而作罢。1995年1月伊朗与俄罗斯签订了建造布什尔核电站的协议。此举遭到美国的激烈反对，认为俄罗斯在助长伊朗搞核武器扩散。1998年3月，在美国的压力之下，曾预定向该项目提供汽轮发电机的乌克兰撤回了供应合同。此后十几年间，俄罗斯虽然坚持自己在国际原子能机构保障监督体制下与伊朗进行核合作，合理合法，但在具体实践中，经常以各种理由，拖延工程进展。而且在很长一段时期里，布什尔核电站竟然成为美俄关系中一个争论的焦点。在这种背景下，布什尔核电站建设很不顺利，走走停停，从原计划2003年建成发电，一拖再拖，直到2010年4月才开始试运行。

---

① 《伊朗的核力量》，载《国外核新闻》，1998年第6期，第9页。

西方国家质疑伊朗作为一个石油输出国发展核能的必要性；并且认为伊朗自己生产核燃料比从国际市场上购买要昂贵得多，故其铀浓缩活动一定有着不可告人的目的。对此，伊朗一方面坚决否认自己有发展核武器的野心与计划；另一方面坚持伊朗有权利，也有必要发展自己的核能工业。因为“伊朗的石油和天然气资源总有一天会消耗殆尽；油气资源不会永远存在，如果一个国家不考虑这个事实，那它终将要在能源供应方面依赖别的国家”。还认为，“有些大国执意反对伊朗和平发展核计划的目的就是为了控制世界能源的未来”。[①] 对于国际社会普遍关注的铀浓缩活动，伊朗一直强调，这是为了保证本国核能原料的自给自足，因为国际市场存在着不稳定和不公正的现象。客观地讲，这也是事实。伊朗作为NPT成员国，作为接受国际原子能机构全面保障监督的国家，在核能的和平开发利用方面没有得到它所希望的援助与合作，或许是导致其独立甚至秘密核开发的一个重要原因。

更为严重的是，国际原子能机构在保障监督方面有区别地对待不同国家的核活动，也使另一些国家深感不满，进而影响到与国际原子能机构的合作，甚至不惜铤而走险。国际原子能机构在对待印度、巴基斯坦、朝鲜、伊朗核问题上，存在着千差万别。印度始终拒绝签署《不扩散核武器条约》，1975年起一直被核供应国集团（NSG）所孤立。1998年印度率先进行核试验，引发南亚核军备竞赛，严重损害了国际核不扩散机制。但是，从2005年开始，美国展开旨在结束印度核孤立状态的国际努力，2006年3月与印度签署了《美印核能合作协议》，2008年又促使国际原子能机构与印度签署对印度民用核实施进行全面保障监督的《附加议定书》，使印度成为世界上唯一一个不加入《不扩散核武器条约》，却可以突破国际社会核封锁的例外。另外，2004年11月国际原子能机构理事会讨论了韩国违反与国际原子能机构保障协定、未申报曾经进行的铀浓缩和钚分离活动事件，但结论是“涉及的

① 梁有昶、徐俨俨：《哈梅内伊强调伊朗必须要进行核燃料生产》，2007年2月18日，新华网，http://news.xinhuanet.com/world/2007-02/18/content_5751703.htm。

材料数量并不大，也没有证据显示这种实验在继续。”[①] 有评论就认为，（韩国）的铀浓缩水平远远超过伊朗。但是，国际原子能机构对伊朗三令五申，对韩国则连轻微的处罚都没有，国际原子能机构总干事和理事会对两国采取截然不同的态度，是美国领导下的该机构及其理事会出于政治目的而实施双重目标的最具戏剧性的证明。[②] 国际原子能机构在国际核监督活动中，不时秉持双重，甚至多重标准，不仅难以服众，而且损害了自身的权威性与合法性。

二、国际原子能机构在与联合国安理会的关系中缺乏应有的独立性

国际原子能机构是在联合国主持下成立的，但在法律上它不是联合国的直属机构，具有相当的独立性。根据《国际原子能机构规约》，国际原子能机构需要定期向联合国大会、安理会、经社理事会等汇报工作进展。然而，在实际运行中，国际原子能机构与联合国安理会的关系异常复杂，缺乏独立处理核扩散危机的环境、意志、能力与手段。这一点在伊核问题上表现得相当明显。

伊朗核问题迄今已经经历了几个阶段。从2002年8月初露端倪，至2006年2月国际原子能机构决定将其提交联合国安理会，伊核问题主要国际原子能机构框架下讨论解决。2003年9月12日国际原子能机构理事会通过一份决议，要求伊朗2003年10月前必须采取以下行动：证明已经完全申报所有进口的与铀浓缩计划相关的材料和零件；准许核查员进入机构要求的所有场地，包括提取环境样本；解决关于用核材料试验气体离心机的疑问；提供关于铀转换实验的全部资料。呼吁伊朗签署和履行保障监督协定的所有附加议定书。并且暗示伊朗，若

① IAEA Board Concludes Consideration of Safeguards in South Korea, Staff Report, http://www.iaea.org/NewsCenter/News/2004/south_korea.html.

② Gareth Porter, “South Korea Let Off for Nuclear Deceptions”, *Asia Times Online*, Dec 22, 2009. http://www.atimes.com/atimes/Middle_East/KL22Ak02.html.

限期内不解决突出问题，将把此事提交联合国安理会。[①] 伊朗则回应，接受国际原子能机构全面视察的前提是伊朗有权获得和平利用铀浓缩技术，并且呼吁国际原子能机构抵制美国将此事提交联合国安理会的压力。

为了打破上述僵局，2003年10月开始，英、法、德三国及欧盟共同外交与安全政策高级代表索拉纳介入伊朗核问题的解决进程。2003年11月26日，国际原子能机构理事会通过了一项决议，对伊朗过去违反其遵守保障协定的行为深表遗憾，但决定暂不将该问题提交联合国安理会，从而为欧洲的努力留下余地。2003年12月18日，伊朗与国际原子能机构签署了加强型全面保障监督的《附加议定书》，但需通过伊朗议会批准方可生效。2004年11月，伊朗与欧洲三国达成更大范围解决伊朗核问题的一揽子措施，伊朗答应暂停一切铀浓缩相关活动。在此过程中，无论是欧洲国家，还是国际原子能机构，都认为伊朗核问题向乐观的方向发展，但美国仍在竭力推动国际原子能机构将该伊朗问题提交安理会。[②] 2005年围绕伊朗永久放弃铀浓缩计划问题，欧盟三国与伊朗进行了长期的谈判，未果。2005年5月美国出台一份《国家情报评估报告》，认为伊朗正在进行秘密研制核武器计划，为伊朗核问题定性。2005年7月内贾德就任伊朗总统，8月伊朗取消暂停铀浓缩的承诺。2005年9月24日，在欧洲三国与美国协调立场后，国际原子能机构理事会通过决议称，伊朗多次违反其遵守保障监督协议的义务，已构成不遵守国际原子能机构章程第7条C款，理事会考虑向安理会报告。伊朗与美国及西方的关系骤然紧张。伊朗宣称将重新启动铀浓缩活动，暂停遵守尚未批准的《附加议定书》。伊朗议会还通过立法：国际原子能机构一旦将核问题提交联合国安理会，就不再允许该机构对伊核设施进行核查。[③] 2006年2月4日，国际原子能机构理事会通过欧

① Implementation of the NPT Safeguards Agreement in the Islamic Republic of Iran, Resolution adopted by the Board on 12 September 2003, http://www.iaea.org/Publications/Documents/Board/2003/gov2003-69.pdf.

② 斯德哥尔摩国际和平研究所:《SIPRI年鉴2005——军备、裁军和国际安全》(中国军控与裁军协会译)，北京：时事出版社，2006年版，第804—805页。

③ 斯德哥尔摩国际和平研究所:《SIPRI年鉴2006——军备、裁军和国际安全》(中国军控与裁军协会译)，北京：时事出版社，2007年版，第888—889页。

盟国家提出的一项新决议，要求总干事向安理会通报国际原子能机构所有有关伊朗核问题的报告和决议。2月6日，伊朗通知国际原子能机构，它将不再遵守《附加议定书》的规定，还将停止执行其他所有不具有法律约束力和透明度的措施，全面恢复铀浓缩活动。[①] 至此，欧洲协调宣告失败。

将核问题提交安理会成为伊朗核问题的一个转折点，此后解决伊核问题从以谈判为主转向以制裁为主。国际原子能机构虽然仍就伊核问题发表核查评估报告，但已不掌握主动权，完全成为安理会的配角。2006年2月27日，国际原子能机构总干事向理事会提交伊朗执行保障监督协议的系列报告。报告称，机构已查清伊朗境内已申报的核材料没有用于违禁活动，但是机构无法满意地全面查清伊朗先前未申报核活动的历史。[②] 模棱两可的结论，没有阻止安理会对伊朗核问题的介入。2006年3月29日，安理会就伊朗核计划发表主席声明，对伊朗恢复铀浓缩相关活动及中止与国际原子能机构在《附加议定书》框架下的合作（这本是伊朗为抗议国际原子能机构提交安理会和美国指责其核扩散而采取的报复行动），表示严重关切。要求伊朗按照国际原子能机构理事会2月决议的要求采取措施，包括重新全面停止铀浓缩及相关的研发活动。伊朗未予回应，并且拒绝了其后的一系列谈判建议。2006年5月31日，美国宣布，如果伊朗立即停止一切铀浓缩和后处理活动，并恢复与国际原子能机构展开在《附加议定书》框架下的合作，美国将加入欧洲三国/欧盟与伊朗的直接对话。伊朗强调不会接受停止铀浓缩计划作为与美国开展直接对话的前提条件。[③] 2006年6月6日，中国、法国、德国、俄罗斯、英国和美国宣布了新的关于核能、技术合作以及政治和安全问题的一揽子方案，说服伊朗无限期停止铀浓缩活动。伊朗也未响应。

2006年7月31日，联合国安理会通过1696号决议，限期伊朗8月

① 斯德哥尔摩国际和平研究所：《SIPRI年鉴2007——军备、裁军和国际安全》（中国军控与裁军协会译），北京：时事出版社，2008年版，第646—647页。

② 斯德哥尔摩国际和平研究所：《SIPRI年鉴2007——军备、裁军和国际安全》，第648页。

③ 斯德哥尔摩国际和平研究所：《SIPRI年鉴2007——军备、裁军和国际安全》，第652页。

31日之前，伊朗必须停止铀浓缩活动，并且解释前述所有核关切。2006年8月31日，国际原子能机构总干事巴拉迪报告证实，伊朗决意无视安理会要求其停止铀浓缩的活动。接下来，联合国安理会先后三次通过制裁伊朗的决议（第1737、1747、1803号）。值得注意的是，第三份决议通过之前的2008年2月22日，国际原子能机构理事会发表了一份关于伊朗核问题的报告，详细描述了伊朗与国际原子能机构合作方面的进展及存在的不足，认可了伊朗核问题已经取得的进展。[①] 但是，美国以该报告中仍然存在未决问题为由，主导联合国安理会继续加大对伊朗的制裁。

然而，连续的制裁不仅没有使伊朗妥协，相反伊朗的核计划还在不断扩大。2009年10月，六大国与国际原子能机构讨论后，以国际原子能机构的名义向伊朗提出了核燃料交换协议作为谈判基础：伊朗一次性将全部低纯度浓缩铀（1200千克）运往俄罗斯，由俄罗斯加工成20%左右的高纯度浓缩铀，然后交由法国生产出核燃料棒，最后把这些燃料棒交还给伊朗用于研究用核反应堆；伊朗停止铀浓缩活动。伊朗对该协议提出种种修改方案，但未得到有关各方的认可。2010年2月7日，伊朗总统下令立即提纯；2月8日，伊朗正式通知国际原子能机构计划生产纯度为20%的浓缩铀，目的是为伊朗核反应堆提供燃料。2月11日，伊朗宣布已经生产出首批燃料用浓缩铀，声称伊朗已经是一个“核国家”。美国于是主导酝酿安理会新一轮对伊制裁。2010年6月9日，联合国安理会以12票赞成，巴西、土耳其反对，黎巴嫩弃权，通过了第四份制裁伊朗的决议（第1929号）。

核问题从国际原子能机构到联合国安理会，一方面加强了对违约行为的制裁力度；另一方面也加剧了有关国家的对抗情绪。如果说2006年伊核问题提交安理会之前，伊朗与国际原子能机构的合作存在瑕疵，那么此后的合作就属聊胜于无了。伊核问题被提交安理会后，大大缩小了国际原子能机构的活动空间，使其完全处于从属地位。

① 国际原子能机构理事会：“在伊朗伊斯兰共和国执行与《不扩散核武器条约》有关的保障协定以及安全理事会第1737（2006）号决议和第1747（2007）号决议的相关规定”，GOV/2008/4，Date: 22 February 2008, http://www.iaea.org/Publications/Documents/Board/2008/Chinese/gov2008-4_ch.pdf。

三、国际原子能机构深受大国影响 中立客观性屡遭质疑

国际原子能机构与安理会错综复杂的关系归根到底还在于大国，特别是核大国对机构的影响根深蒂固。从前面的论述可以看出，国际原子能机构从建立到发展，都与核大国，特别是美国的支持分不开，因此很难摆脱后者在人员、资金、技术、决策等各方面的影响，其中立客观性常常受到置疑。

按照《国际原子能机构规约》，国际原子能机构的组织机构包括大会、理事会和秘书处。大会由全体成员国代表组成，每年召开一次会议。理事会是该机构的决策机构，每年举行四次会议。理事会每年改选一次，理事由国际原子能机构大会指定或选举产生。秘书处是执行机构，由总干事领导。总干事由理事会任命并经大会批准。事实上，国际原子能机构总干事的人选通常必须得到大国，特别是美国的认可。美国常常通过对国际原子能机构总干事人选的支持，影响国际原子能机构的立场。第一任总干事就是美国人威廉·斯特林·科尔，在担任总干事之前，他曾担任美国国会原子能联合委员会主席，并在美国国会讨论《国际原子能机构规约》时担任顾问。[①]前任总干事巴拉迪在伊拉克战争、伊朗核问题上，不时与美国意见相左，导致2005年谋求连任时，遭到美国的极力反对。最后在理事会绝大多数国家支持、且候选人只有一名的情况下，美国“有条件”地支持巴拉迪连任，希望其“投桃报李”。另外，国际原子能机构成立半个多世纪以来，总干事任职时间普遍过长，[②]与新人选产生不易也有很大关系。

---

① In Memoriam, Sterling Cole, IAEA Director General from 1957-1961, http://www.iaea.org/About/dg/memoriam_cole.html.

② 国际原子能机构历任总干事威廉·斯特林·科尔（William Sterling Cole，美国人，1957—1961），西格瓦德·埃克伦德（Sigvard Eklund，瑞典人，1961—1981），汉斯·布利克斯（Hans Blix，瑞典人，1981—1997），穆罕默德·巴拉迪（Mohamed ElBaradei，埃及人，1997—2009），天野之弥（Yukiya Amano，日本人，2009—　）——Former Directors General, http://www.iaea.org/About/dg/former_dgs.html。

国际原子能机构新一任总干事天野之弥（2009年12月1日上任）由于其在对待伊核等地区核问题上与西方国家立场接近，深得美国的认可。2010年2月18日，天野之弥向国际原子能机构理事会提交其上任以来首份关于伊朗核问题的报告，断定伊朗没有与国际原子能机构进行全面充分的合作，也没有停止铀浓缩等敏感核活动。报告还多处提到伊朗可能正在致力于研发可携带核武器的导弹。[①]有评论认为，该报告标志着国际原子能机构对伊朗核计划的态度发生了重大转变：首次明确警告伊朗可能正在研制核弹头（但却没有提供任何新的证据作为依据）。报告关于伊朗核问题的定性对美国推动进一步制裁伊朗的政策是一场“及时雨”。[②]这一报告一出台，西方各国纷纷谴责伊朗，呼吁安理会扩大对伊朗的制裁；连一贯对伊朗核问题持谨慎态度的俄罗斯，也对伊朗的行为“感到非常震惊，无法接受”。[③]

2010年5月24日，伊朗向国际原子能机构正式通报了与巴西、土耳其达成的有关燃料交换协议[④]，希望国际原子能机构减轻对伊朗核活动的担忧以及防止有可能施加的新制裁。联合国秘书长潘基文同日表示，“如果国际原子能机构接受并实施它，它可能成为建立互信的重要途径，并为谈判解决伊朗核问题打开大门”。中国和世界上许多国家也对三国协议表示欢迎。连西方国家也迫于舆论压力纷纷表态，认为协议虽然不能解决根本性的问题，但也是伊朗态度缓和的表现，需要研究。但国际原子能机构及总干事却对此协议未见任何积极回应。5月31日，天野之弥又向理事会提交了一份最新的关于伊朗核问题的报告，认为伊朗目前已经提取出5.7千克纯度接近20%的浓缩铀；同时伊朗低浓缩铀储备已经增至2.4吨，因此即使现在运出1.2吨低浓缩铀换取核

---

① “在伊朗伊斯兰共和国执行与《不扩散核武器条约》有关的保障协定以及安全理事会第1737（2006）号决议、第1747（2007）号决议、第1803（2008）号决议和第1835（2008）号决议的相关规定”，第9页，http://www.iaea.org/Publications/Documents/Board/2010/Chinese/gov2010-10_ch.pdf。

② Catherine Philp, “Analysis: IAEA’s Iran Warning Offers Timely Help to US in Its Bid For Sanctions”, *Times Online*, February 19, 2010, http://www.timesonline.co.uk/tol/news/world/middle_east/article7033246.ece.

③ Russia Urges Iran To Be More Cooperative With IAEA, http://www.reuters.com/article/idUSLDE61I0O820100219.

④ 为了避免伊朗核危机升级，2010年5月17日，经过多日的磋商和会谈，三国签署了一份核燃料交换协议：伊朗将纯度为3.5%的1200千克低浓缩铀运至土耳其，换取120千克纯度为20%的高浓缩铀，用于伊朗一个核反应堆所需的核燃料。但是伊朗不放弃铀浓缩的权利。

燃料，伊朗仍然有足够原料提炼更多更高纯度的铀。[①] 新报告为美国在安理会推动新一轮对伊制裁提供了进一步的依据，也变相地将伊、巴、土三国协议弃置一边。国际原子能机构关于核扩散风险、违约现象的核查与报告，是国际社会采取对策的重要依据，本应是客观的、中立的。然而天野之弥2月和5月的两份报告，在时间上和内容上如此配合美国的立场，难免让人对其客观中立性产生怀疑。

除了总干事外，在机构的人员构成方面，无论是普通职员和专业人员，美国籍职员所占比例最高，特别是在核查监察部门。

大国对国际原子能机构的经费预算也起着决定性的作用。国际原子能机构要完成众多的核查监督任务，需要大量的资金支持。按照原子能机构规约的规定，经费主要来源于各成员国的会费和自愿捐助。无论是前者还是后者，美国等发达国家都占了绝大部分。其中美国交纳会费比例最高，多达25%。[②]

在技术支持方面，国际原子能机构缺乏自己独立的情报收集系统，较多依靠某些成员国，特别是美国提供的情报，对可疑活动提出核查要求。在核查过程中，也严重依赖发达国家的技术人员和技术设备。例如，海湾战争后国际原子能机构对伊拉克的核查，以及20世纪90年代对朝鲜、2003年以后对伊朗的核查与监控，都是依据美国的卫星侦察和电子信号截取系统获得的信息而展开的。

四、结语

成也萧何，败也萧何。无可置疑，国际原子能机构在其半个多世纪的历程中，随着其机构、职能、经验的不断丰富与完善，在国际核不扩散领域发挥了无可替代的作用。设若没有国际原子能机构，今天

① Implementation of the NPT Safeguards Agreement and Relevant Provisions of Security Council Resolutions 1737 (2006), 1747 (2007),1803 (2008) and 1835 (2008) in the Islamic Republic of Iran, Report by the Director General, No.A1.12, No.A1.5, http://www.iaea.org/Publications/Documents/Board/2010/gov2010-28.pdf.

② 金昆：《"旋涡"中的国际原子能机构》，载《环球时报》，2005年10月12日。

的核武器扩散状况必定更无章法，核危险将更加严峻。国际原子能机构在防扩散方面存在的问题与不足，归根结底，既有其作为国际机构本身不可避免的局限性，如机构在人员、资金、技术等方面对大国的依赖，使其中立客观性受到置疑；缺乏强有力的执行手段，使其必然借助联合国安理会对当事国采取强制措施；作为国际组织，国际原子能机构只是就核保障及防核扩散领域的事情进行调查解决，而大多数此类问题涉及到主权国家的根本利益冲突，国际原子能机构作用受限在所难免。与此同时，国际原子能机构在运作过程中，也有其自身的失误与缺陷，如在处理与联合国安理会的关系上，过分依赖后者；屈从于大国的压力，将伊核问题过早提交给安理会解决，并推波助澜，使安理会对伊朗的制裁升级，从而激化了与伊朗的矛盾，也丧失了在伊核问题上的主动权。在和平利用核能与防止核扩散方面，缺乏统一的标准对待所有国家，削弱了其公信力和权威性。尽管存在这诸多问题，但进一步加强其地位，完善其机制，而非推倒重来，依然是国际社会的共识。未来如何增强国际原子能机构的独立性和权威性，提高其在国际核不扩散领域的地位与作用，需要各方共同努力。

首先，国际原子能机构需要理顺与联合国安理会、核大国及无核成员国的关系。防扩散的任务除了国际合作外，更多的需要落实到国家层面。各成员国与国际原子能机构认真、密切的合作，是防扩散的重要保障。联合国安理会1540号决议，要求所有国家都必须通过法律，将扩散视为非法，并且建立有效的出口控制制度。[①] 核安全峰会联合公报，也敦促各国制定严格的国内法，防范任何核材料的扩散。一个真正独立、中立、权威的国际监督核查机构，可以赢得更多国家的支持与合作。未来核大国和安理会应该考虑如何强化国际原子能机构独立、中立、有“手段”地实施保障监督任务，尽量减少对国际原子能机构的干扰。国际原子能机构也应该在此方面多做反思与改革。

其次，充分考虑到无核国家的诉求，帮助无核国家能够无障碍、无歧视地和平利用核能。目前国际原子能机构与美俄等国合作的核燃

① 斯德哥尔摩国际和平研究所:《SIPRI年鉴2005——军备、裁军和国际安全》，第779—780页。

料银行计划，就是希望通过集中储存核电站用低浓缩铀，然后以市场价格向各国核电站提供所需核燃料，这样可以通过不增加浓缩铀的生产设施来减少核材料外流的机会。遗憾的是，在核燃料供应方面，美俄又一次居于领先地位。如何加强国际原子能机构在统一管理核材料中的作用，使未来供求关系更加公正客观，值得关注。

最后，国际原子能机构在建立和发展的过程中，承担了很多条约、组织、制度的核查监督任务，但与此同时，这些条约、组织和制度本身还承担着各自的义务。如何将核查监督的任务集中到国际原子能机构上来，以便进行统一、均质的监督与核查，是国际原子能机构和国际社会需要共同解决的一个问题。有专家建议，为了加强核不扩散机制，核供应国集团应该采纳一项富有约束性的政策，要求所有成员国必须向国际原子能机构及时通报自己许可的每一项敏感核技术和核材料的出口项目。另根据1540号决议，联合国安理会应该请求国际原子能机构制定一份普遍适用符合通报要求的范本，以作为区别对待合法贸易和非法扩散的法律基础。[①] 这些设想都很有启发性，但是最重要的，莫过于既建立一套严格、统一的监督、核查与奖惩制度，又能够在实施这些制度时尽量做到客观、独立、中立，一视同仁。

① George Perkovich etc., *Universal Compliance, A Strategy for Nuclear Security, New: 2007 Report Card on Progess*, Carnegie Endowment for International Peace, p.55.

第3章

传播诱导：核扩散与和平性核合作协议*

［美］马修·富尔曼**

［内容提要］和平性核合作（即国家之间基于和平目的转移涉核技术、材料及知识）导致了核武器的扩散。尤其是接受和平核援助的国家在面临安全威胁的情况下更会可能启动核计划并成功研制出导弹。本章通过对1950—2000年间签署的2000多个双边民用核合作协议的一组新数据的统计分析更加论证了此观点。而印度和巴基斯坦核武器计划案例进一步证明和平性核援助与核扩散之间的关系。本章研究发现供应国无意中带来了核扩散危险，此发现是对传统观点的一个挑战。事实上，民用核合作与核扩散之间的关系是十分广泛的。常常被视为无害的援助，如培训核科学家、提供研究或反应堆，都增加了核武器扩散的可能。因为有扩散证据的核援助是不存在的，所以随着全球核能的复兴，包括美国在内的主要核供应国须重新审视它们对援助其他国家和平核项目的意愿。

---

* 本章原载美国《国际安全》(*International Security*) 2009年夏季号，第34卷，第1期，作者于2010年11月提供。感谢麻省理工出版期刊（MIT Press Journals）准许我们免费录用。

** ［美］马修·富尔曼(Matthew Fuhrmann)：美国南卡罗来纳大学政治学助理教授。

Spreading Temptation: Proliferation and Peaceful Nuclear Cooperation Agreements

Abstract: Peaceful nuclear cooperation—the transfer of nuclear technology, materials, or know-how from one state to another for peaceful purposes—leads to the spread of nuclear weapons. In particular, countries that receive peaceful nuclear assistance are more likely to initiate weapons programs and successfully develop the bomb, especially when they are also faced with security threats. Statistical analysis based on a new data set of more than 2,000 bilateral civilian nuclear cooperation agreements signed from 1950 to 2000 lends strong support for this argument. Brief case studies of the Indian and Pakistani nuclear weapons programs provide further evidence of the links between peaceful nuclear assistance and proliferation. The finding that supplier countries inadvertently raise the risks of nuclear proliferation poses challenges to the conventional wisdom. Indeed, the relationship between civilian nuclear cooperation and proliferation is surprisingly broad. Even assistance that is often viewed as innocuous, such as training nuclear scientists or providing research or power reactors, increases the likelihood that nuclear weapons will spread. "Proliferation-proof " nuclear assistance does not exist. With a renaissance in nuclear power on the horizon, major suppliers, including the United States, should reconsider their willingness to assist other countries in developing peaceful nuclear programs.

和平性核合作，即国家之间基于和平目的转移涉核技术、材料及知识，是核时代国际政治领域中的一个突出特点。[①]1953年12月，美国总统德怀特·艾森豪威尔（Dwight Eisenhower）在联合国大会上发

① 文中"和平性核合作"(peaceful nuclear cooperation)、"民用核合作"(civilian nuclear cooperation)、"核援助"(nuclear assistance)三者所指相同。

表了题为“原子为了和平”（atoms for peace）的演讲，鼓励核供应国为促进国际和平与繁荣而分享其核技术、技能。[①] 此次讲演之后，国际社会达成了2000多个双边民用核合作协议（NCAs），承诺所有涉核技术、材料和信息的交换仅为和平目的。[②] 近来，国际社会为解决全球气候变化问题、共同应对能源短缺和高油价而签署核合作协议速度不断加快。例如，法国总统尼古拉斯·萨科齐（Nicolas Sarkozy）自2007年就任后就与许多准备启动或寻求复兴民用核项目的国家签署核合作协议，这些国家包括阿尔及利亚、约旦、利比亚、卡塔尔、阿拉伯联合酋长国和越南。

本章目的是考察和平性核合作与核武器扩散之间的关系，具体探讨是否那些一直接受民用核援助的国家会更倾向于启动核计划和研制核武器。传统观点认为，民用核合作与核扩散之间没有因果关系。大多数学者指出，只有国家有核武器需求而非具备扩散核能力时才会进行核扩散。[③] 而关注扩散供应问题的学者认为，从核不扩散角度来看，尽管有的援助是无害甚至积极的，但特定类型的核援助会导致国家发展核武器。核供应者通常会限制可直接用来生产核武器裂变材料的铀浓缩或钚后处理设施（uranium enrichment or plutonium reprocessing facilities）的买卖，但它们也通常会在其他国家开展研究或建立核反应

① “美国总统德怀特·艾森豪威尔先生在联大第470届全体会议上的讲话”，1953年12月8日，参见http://www.iaea.org/About/history_speech.html。

② 参见Matthew Fuhrmann,“Taking a Walk on the Supply Side: The Determinants of Civilian Nuclear Cooperation”, *Journal of Conflict Resolution*, Vol. 53, No. 2, April 2009, pp. 181-208。

③ 参见George H. Quester, *The Politics of Nuclear Proliferation*, Baltimore, Md.: Johns Hopkins University Press, 1973; Etel Solingen,“The Political Economy of Nuclear Restraint,”*International Security*, Vol. 19, No. 2, Fall 1994, pp. 126-169; Mitchell Reiss, *Bridled Ambition: Why Countries Constrain Their Nuclear Capabilities*, Washington, D.C.: Woodrow Wilson Center Press, 1995; Scott D. Sagan,“Why Do States Build Nuclear Weapons? Three Models in Search of a Bomb,”*International Security*, Vol. 21, No. 3, Winter 1996/97, pp. 54-86; T.V. Paul, *Power versus Prudence: Why Nations Forgo Nuclear Weapons*, Montreal: McGill-Queens University Press, 2000; Jacques E.C. Hymans, *The Psychology of Nuclear Proliferation: Identity, Emotions, and Foreign Policy*, Cambridge: Cambridge University Press, 2006; and Etel Solingen, *Nuclear Logics: Contrasting Paths in East Asia and the Middle East*, Princeton, N.J.: Princeton University Press, 2007。

堆，培训当地科学家。[①] 最近研究表明，接受铀浓缩和后处理设备、炸弹设计或大量武器级裂变材料的国家更可能获得核武器。[②] 本项研究的言外之意是其他形式的核援助不会导致核武器扩散。

本章认为，传统观点是错误且危险的。所有类型的民用核援助均会提高核扩散风险。和平性核合作与核扩散之间因核技术的两用性（dual-use nature）产生因果联系。[③] 民用合作提供核武器计划所必需的技术和材料，同时也帮助发展与研制核武器有关的专业经验。在此基础上，本章做出四项假设：第一，接受民用核援助的国家因可降低研制的预期成本、提高领导者关于成功研制的信心，因此国家发展核计划的可能性（likelihood）将提高。第二，当该国与他国发生武装冲突时，核援助导致国家发展核武器的可能性提高。第三，和平性援助能提高国家成功研制核武器的可能性。第四，当国家安全环境恶化时情况更是如此。

为验证这些假设，本章通过对1945年至2000年间签署的所有核合作协议进行处理，生成一项有关民用核援助的数据集，[④] 通过定性分析和定量分析相结合的方法加以论证。本章经由数据分析所得结论，认为一国的工业水平和《不扩散核武器条约》成员国身份等因素对该国的核扩散有重要影响，而和平性合作却不是一国启动核武器计划和获得核武器重要变量。

本章的结论将有助于引起美国及他国决策者的关注。50多年来，国际社会似乎一直表明和平性核援助可作为一种有效的武器控制政策。1957年，联合国创建国际原子能机构（IAEA），旨在世界范围内推广核能源并建立起确保国家不将和平性援助用于军事目的的保障体

---

① 参见Office of the Press Secretary(新闻秘书办公室), "Statement by Bush on Nonproliferation of Nuclear Weapons Treaty", Washington, D.C.: White House, July 1, 2008, http://www.america.gov/st/texttrans-english/2008/July/20080701141025eaifas0.9588587.html，核供应国集团作为旨在协调核出口政策的国家间非正式组织，其主要任务是明确阻止浓缩或再生(回收)设施的供给。

② Matthew Kroenig,"Importing the Bomb: Sensitive Nuclear Assistance and Nuclear Proliferation,"Journal of Conflict Resolution, Vol. 53, No. 2, April 2009, pp. 161-180.

③ 有关两用性困境，参见see Matthew Fuhrmann,"Exporting Mass Destruction: The Determinants of Dual-Use Trade," *Journal of Peace Research*, Vol. 45, No. 5, September 2008, pp. 633-652。

④ 因数据限制故采样截至2000年。样本期间内共签署协议数量超过2000项。具体参见James F. Keeley, "A List of Bilateral Civilian Nuclear Cooperation Agreements," University of Calgary, 2003。

系。[①] 十年之后，艾森豪威尔的“原子为了和平”主张被写入《不扩散核武器条约》，目的是通过和平利用核技术换取缔约国放弃核武器。本章研究发现，和平性核合作可能很大程度上将事与愿违。由于核能出现复苏迹象，美国及其他核供应国应重估自身的输出核技术行为。

此前研究发现，“流氓”国家经营的非法传播网络可导致核扩散。[②] 其中最臭名昭著的莫过于扮演着核扩散者自由市场（Wal-Mart for proliferators）而向伊朗、朝鲜、巴基斯坦和其他可能的国家兜售核武器技术的阿卜杜勒·卡迪尔·汗（Abdul Qadeer Khan）网络。[③] 但本章无意讨论二级供应商主导下的非法商业行为可致使核武器扩散，相反，而是指出，《不扩散核武器条约》允许下的合法核买卖同样能危及国家和国际社会的安全。

下文在综述有关核扩散成因已有成果的基础上，提出和平性核合作与核扩散两者关系的假设，之后选用案例阐述作者的观点，并描述民用核合作如何导致核武器扩散，最后对用以验证假设的数据检验进行分析，结尾总结本章观点，强调该研究的贡献和意义，并为今后继续研究提供方向。

一、为何国家谋求发展核武器

关于“为何国家谋求发展核武器”这一问题，已有不少文献涉及。近年来学者们的注意力转移到了影响国家核武器需求的因素上来，技

① 参见Leonard Weiss, “Atoms for Peace,” *Bulletin of the Atomic Scientists*, Vol. 59, No. 6, November-December 2003, p. 40。

② 参见Chaim Braun and Christopher F. Chyba,“Proliferation Rings: New Challenges to the Nuclear Nonproliferation Regime,”*International Security*, Vol. 29, No. 2, Fall 2004, pp. 5-49; Alexander H. Montgomery, “Ringing in Proliferation: How to Dismantle an Atomic Bomb Network,”*International Security*, Vol. 30, No. 2, Fall 2005, pp. 153-187; Sheena Chestnut,“Illicit Activity and Proliferation: North Korean Smuggling Networks,”*International Security*, Vol. 32, No. 1, Summer 2007, pp. 80-111; and Gordon Corera, *Shopping for Bombs: Nuclear Proliferation, Global Insecurity, and the Rise and Fall of the A.Q. Khan Network* , Oxford: Oxford University Press, 2006。

③ 国际原子能机构总干事穆罕默德·巴拉迪将汗网络(Khan network)比做沃尔玛超市(Walmart)，参见Corera, *Shopping for Bombs*。

术方面的考虑退居其次。例如，斯科特·萨根（Scott Sagan）认为学界和政界应将关注焦点放在有关核武器政治需求的根源问题上，而非保护现有核材料存贮和限制具体核技术从有核国家（haves）到无核国家（have-nots）扩散方面。[①] 现有文献中已有许多解释核扩散需求方面的因素，具体包括：国家的安全环境、国际规范、国内政治，以及不明或表面的动机。[②] 这些研究通常忽略有关供给方面的解释，因为部分国家（如德国和日本）具备研制核武器的技术能力却并未选择这样做，所以技术因素是一国发展核武器的可能条件而非决定性条件。[③]

近期研究从供给视角解释核扩散。已有学者探讨过为何国家转让可用于制造大规模杀伤性武器的两用技术，为何国家基于和平目的出口涉核技术、材料和方法等。[④] 马修·克罗尼格（Matthew Kroenig）分析过国家为何提供敏感核援助以帮助他国研制核武器的原因。[⑤] 其他定量研究检验技术水平与核武器扩散之间的关系。[⑥] 这些研究发现一国经济能力（如国内生产总值）与核相关资源占有程度与核武器扩散相关。尽管持有此论点的文献众多，但都未足够厘清民用核合作与核武器扩散之间的联系，也未能充分验证“知识和技术的扩散使核扩散更易于发生”这个论断。金东俊（Dong-Joon Jo）和埃里克·加兹克（Erik Gartzke）引入了一个变量到其模型中，以测量1938年至时间t之

---

① Sagan, “Why Do States Build Nuclear Weapons?” p. 56 (emphasis in original).

② 参见Quester, *The Politics of Nuclear Proliferation*; Richard K. Betts,“Paranoids, Pygmies, Pariahs, and Nonproliferation,”*Foreign Policy*, No. 26, Spring 1977, pp. 157-183; Sagan,“Why Do States Build Nuclear Weapons?” Hymans, *The Psychology of Nuclear Proliferation*; William Epstein,“Why States Go-and Don't Go-Nuclear,”*Annals of the American Academy of Political and Social Science*, Vol. 430, March 1977, pp. 16-28; Lewis A. Dunn and Herman Kahn, *Trends in Nuclear Proliferation, 1975-1995: Projections, Problems, and Policy Options*, Washington, D.C.: Hudson Institute, 1976; Ashok Kapur, *International Nuclear Proliferation: Multilateral Diplomacy and Regional Aspects*, New York: Praeger, 1979; and Solingen, *Nuclear Logics*。

③ 有关论述详见Sonali Singh and Christopher R. Way,“The Correlates of Nuclear Proliferation: A Quantitative Test,” *Journal of Conflict Resolution*, Vol. 48, No. 6, December 2004, pp. 859-885。

④ Fuhrmann,“Exporting Mass Destruction”; and Fuhrmann,“Taking a Walk on the Supply Side.”

⑤ Matthew Kroenig,“Exporting the Bomb: Why States Provide Sensitive Nuclear Assistance,”*American Political Science Review*, Vol. 103, No. 1, February 2009, pp. 113-133.

⑥ 参见Singh and Way, “The Correlates of Nuclear Proliferation”; Dong-Joon Jo and Erik Gartzke, “Determinants of Nuclear Weapons Proliferation,” *Journal of Conflict Resolution*, Vol. 51, No. 1 (February 2007), pp.167-194; and Kroenig, “Importing the Bomb”; 早期研究参见Stephen M. Meyer, *The Dynamics of Nuclear Proliferation* (Chicago: University of Chicago Press, 1984)。

间年数的自然对数（natural log），这使得作者能够检验扩散的系统效应。然而扩散的发生程度在不同的国家不等。[①] 克罗尼格更直接地检验了核援助和核扩散之间关系，但没有研究和平性援助如何促使国家发展核武器，[②] 也没有验证战略因素（如军事化国家间冲突）如何与核援助相互作用。克罗尼格认为，只有特定的敏感性核援助才会导致国家发展核武器。[③] 然而此类援助只是所有核援助中的一部分。在1945年到2000年间签署的超过2000个双边民用核合作协议中，仅有14个（低于0.7%）符合克罗尼格定义下的敏感性援助。本章认为，核援助和核扩散之间的关系更为密切，所有形式的核援助，无论是否培训科学家、供应反应堆或建造原料制作设施，都加大了核武器扩散的可能性。

二、民用核合作与核武器

几十年前曾有学者提出“技术动力说”假设，认为一国一旦获得民用核技术和经验将更可能谋求核武器。[④] 该假设的逻辑是：核技术与知识累积推动核计划的不断发展，并最终会导致一国正式决定制造核武器前就已经启动了发展核武器能力的进程。[⑤] 约翰·霍尔德伦（John

① Jo and Gartzke, “The Determinants of Nuclear Weapons Proliferation”, 例如，接受大量民用核援助的国家(如印度)将出现较大程度的扩散，而没有接受援助的国家(如黎巴嫩)则不会遇到类似情况。

② Kroenig,“Importing the Bomb”.

③ 他将“敏感性核援助”定义为核武器设计和制作中的援助，武器级别裂变材料的提供，或在建设铀浓缩和钚再处理设施中的援助。

④ Lawrence Scheinman, *Atomic Energy Policy in France under the Fourth Republic*, Princeton, N.J.: Princeton University Press, 1965; Dunn and Kahn, *Trends in Nuclear Proliferation*; Richard N. Rosecrance, *The Dispersion of Nuclear Weapons: Strategy and Politics*, New York: Columbia University Press, 1964; and William C. Potter, *Nuclear Power and Nonproliferation: An Interdisciplinary Perspective*, Cambridge, Mass.: Oelgeschlager, Gunn, and Hain, 1982.

⑤ Potter, *Nuclear Power and Nonproliferation*; John Holdren,“Nuclear Power and Nuclear Weapons: The Connection Is Dangerous,”*Bulletin of the Atomic Scientists*, Vol. 39, No. 1, January 1983, pp. 40-45; Roberta Wohlstetter,“U.S. Peaceful Aid and the Indian Bomb,”in Albert Wohlstetter, Victor Gilinsky, Robert Gillette, and Roberta Wohlstetter, *Nuclear Policies: Fuel without the Bomb*, Cambridge, Mass.: Ballinger, 1978, pp. 57-72; and Peter Lavoy,“Nuclear Myths and the Causes of Nuclear Proliferation,”in Zachary S. Davis and Benjamin Frankel, eds., *The Proliferation Puzzle: Why Nuclear Weapons Spread (and What Results)*, Portland, Ore.: Frank Cass, 1993, pp. 192-212.

Holdren）对此有详尽论述。他认为，核武器的扩散即是诱惑性滋害的传播。[①] 该逻辑强调核武器的民用和军用之间的关系，但对核扩散的政治考量关注不够。[②]

和平性核合作与发展核武器在两个重要方面相关联。第一，所有涉核技术与材料作为民用是合法的。例如，铀浓缩与钚后处理设施由于能生产出核反应堆燃料或制造核武器的裂变材料，因此具有两用性。第二，民用核合作需要核方面的知识，这些知识可被应用到制造核武器方面。民用核计划必须要熟悉放射性材料的处理、燃料制造过程、有化学或核特性的材料以及反应堆和电子控制系统的功能和运行等方面。这也为其他重要领域，如冶金学和中子学，提供了经验。[③] 这些经验均为核武器研制提供技术支持。[④]

和平性核援助降低了核武器研发的预期成本，这使得一国更容易做出启动核武器研发的决定。因为核武器研发需要较高的政治和经济代价，如国际制裁、外交孤立和与盟国关系的紧张等，[⑤] 除非一国领导人相信核武器研发工作能较快的成功，否则他们不愿承担这些代价。[⑥]·如斯蒂芬·迈耶（Stephen Meyer）指出，"当启动核武器计划的资金和能源需求压力减小时，一国领导人权衡发展核武器的刺激因素和遏制因素，从而选择是否进行该计划"。[⑦]

有时，核援助会使得领导者在不存在紧迫安全威胁的情况下启动核计划。尤其是在科学家或其他原子能委员会成员劝说一国领导人研制核武器将不仅技术上可行而且成本也相对较低时，这种情况往往发

① Holdren, "Nuclear Power and Nuclear Weapons," p. 42.

② Meyer, *The Dynamics of Nuclear Proliferation*; Matthew Bunn,"Realist, Idealist, and Integrative Approaches to Proliferation Policy,"Harvard University, 2003.

③ Donald MacKenzie and Graham Spinardi,"Tacit Knowledge, Weapons Design, and the Uninvention of Nuclear Weapons,"*American Journal of Sociology*, Vol. 101, No. 1 (July 1995), pp. 44-99.

④ U.S. Congress, United States Office of Technology Assessment, *Technologies Underlying Weapons of Mass Destruction* (Washington, D.C.: U.S. Government Printing Office, December 1993), No. OTA-BP-ISC-115, p. 153.

⑤ 参见 Solingen, *Nuclear Logics*。

⑥ Ted Greenwood, Harold A. Feiveson, and Theodore B. Taylor, *Nuclear Proliferation: Motivations, Capabilities, and Strategies for Control*, New York: McGraw-Hill, 1977, p. 150.

⑦ Meyer, *the Dynamics of Nuclear Proliferation*, p. 143.

生。[①] 科学家们并不总是诱导领导人发展核计划，但在很多情况下他们确实这样做了。[②] 领导者之所以被说服是因为他们迫切感受到如果核武器早日研发出来，会使一些重要国家利益遭受损失小一些。

尽管核援助在不存在安全威胁的情况下偶尔会导致核扩散，但这种援助和核扩散之间的关系通常只表现出更多的细微差异。接受大量核援助的国家很可能在威胁出现时启动核武器计划，因为它们对核武器所带来的战略优势有很大的需求。[③] 也就是说，和平性核援助往往是安全环境因素对国家决定发展核武器产生作用的条件。战败或因其他原因受到威胁的国家如果没有发达的民用核项目便不大可能启动核计划。而若无现成技术支撑，研制核武器成本也较大。这或许能部分解释为何沙特阿拉伯即使面临众多安全威胁却仍尚未启动核计划。[④] 同样，若无安全威胁，即使接受了大量援助的国家也不太可能核武化。换言之，身处危险境况且同时拥有大量和平性核设施以及一批训练有素的科学家和技术人员骨干的国家更可能会启动核计划。

从理论方面同样充分表明，民用核合作与发展核武器之间确实存在联系。鉴于此，民用核能源合作可通过提供生产裂变材料所必需的技术和项目等推动核武器的研制。[⑤] 这一点至关重要，因为裂变材料的

① Peter Liberman,“The Rise and Fall of the South African Bomb,”*International Security*, Vol. 26, No. 2, Fall 2001, pp. 45-86; Lavoy,“Nuclear Myths and the Causes of Nuclear Proliferation”; Matthew Bunn,“Civilian Nuclear Energy and Nuclear Weapons Programs: The Record,”working draft, Belfer Center for Science and International Affairs, Harvard University, June 29, 2001.

② 在德国和巴西，科学家们游说领导人不要发展核武器。感谢Etel Solingen补充这一点。

③ 有关核武器的战略收益，参见Thomas C. Schelling, *the Strategy of Conflict*, Cambridge, Mass.: Harvard University Press, 1960; Bruce Bueno de Mesquita and William H. Riker,“An Assessment of the Merits of Selective Nuclear Proliferation,”*Journal of Conflict Resolution*, Vol. 26, No. 2, June 1982, pp. 283-306; Robert Powell, *Nuclear Deterrence Theory: The Search for Credibility*, Cambridge: Cambridge University Press, 1990; Erik Gartzke and Dong-Joon Jo,“Bargaining, Nuclear Proliferation, and International Disputes,”*Journal of Conflict Resolution*, Vol. 53, No. 2, April 2009, pp. 209-233; Michael Horowitz,“The Spread of Nuclear Weapons and International Conflict: Does Experience Matter?”*Journal of Conflict Resolution*, Vol. 53, No. 2, April 2009, pp. 234-257; Robert Rauchhaus,“Evaluating the Nuclear Peace Hypothesis: A Quantitative Approach,”*Journal of Conflict Resolution*, Vol. 53, No. 2, April 2009, pp. 258-277; and Kyle Beardsley and Victor Asal,“Winning with the Bomb,”*Journal of Conflict Resolution*, Vol. 53, No. 2, April 2009, pp. 278-301。

④ Singh and Way将沙特阿拉伯归入“不吠的狗”(Dogs That Did Not Bark)中。参见Singh and Way,“The Correlates of Nuclear Proliferation”。

⑤ Bunn,“Civilian Nuclear Energy and Nuclear Weapons Programs”.

生产是发展核武器过程中最难的一步。[①] 合作同样会形成技术平台，借此推动核探索和相关领域取得进展并最终有利于核武器的发展。单独具备技术能力的国家很少发展核武器。这一点也正如接受核援助的国家不一定都启动核计划，寻求接受援助的国家也不一定会制造核武器一样。安全威胁提供了制造核武器的政治动机，如果加上核援助，可能容易导致国家获取核武器。

以此做出四个假设：

假设一：接受和平性核援助的国家更可能会启动核武器计划。

假设二：当安全威胁增大时，接受和平性核援助的国家更可能会启动核武器计划。

假设三：接受和平性核援助的国家更可能会获得核武器。

假设四：面临安全威胁并接受和平性核援助的国家更可能会获得核武器。

下面，本章将通过具体案例阐释和平性核援助与核扩散之间的关系。

三、案例研究

本部分首先简述本章论点对三个核扩散案例中的核决策的解释，之后详细分析两个案例：1964年印度启动核计划和1987年巴基斯坦拥有核武器。在定性方面，认为核援助将导致核扩散，尤其是有安全威胁时。在上述讨论后转向定量数据分析。

南非的案例说明在没有安全威胁的情况下和平性核援助也导致一国发展核武器计划。美国自1957年7月开始向南非提供和平性核援助，这对后者启动核武器计划影响显著。美国的援助内容包括：在佩林达巴（Pelindaba）建造研究用核反应堆，提供高浓度铀，培训核研究人员。合作不仅推动南非核能技术上的重大提高，培养了相关方面的主

① Joseph Cirincione, Jon B. Wolfsthal, and Miriam Rajkumar, *Deadly Arsenals: Nuclear, Biological, and Chemical Threats*, Washington, D.C.: Carnegie Endowment for International Peace, 2005.

要研究人员，也产生了很大的政治影响。[①] 特别是原子能合作项目主席A. J. 鲁（A.J. "Ampie" Roux）曾揶揄道："我可以要求南非政府提供任何我想要的东西，而且我能得到它。"[②] 事实上，鲁曾在1968年说服南非总理约翰·沃斯特（John Vorster）资助建造一个铀浓缩中试厂，但后者对成本有所顾虑。[③] 20世纪70年代，鲁开始以技术上可行为由游说总理发展核武器。[④] 最终，沃斯特总理决定批准这项核武器计划，部分是因为他意识到南非的民用核基础设施有助于该计划快速成功。如米切尔·赖斯（Mitchell Reiss）认为，如有现成民用核能力做保障，一国更容易决定发展核武器。[⑤] 从近期解密的档案来看，这一说法是有说服力，安全动因，特别是遏制苏联支持下来自安哥拉和莫桑比克袭击的需要，对南非启动核武器计划影响甚小。[⑥] 因为这项计划若离开美国自20世纪50年代以来的持续支持就不会有后来那样的发展。以上简述即是和平性核援助促成核决定的例证。

另外两个案例也表明和平性核援助可导致核武器的获得。1958年至1965年间，法国向以色列提供的后处理技术援助提高了后者更快地制造核武器的能力。[⑦] 但是仅仅这项援助还不足以使以色列跨过核门槛。挪威、英国和美国等国家提供的重水（Heavy water）也有助以色列获得核武器。[⑧] 加里·米尔霍林（Gary Milhollin）注意到，"在迪摩纳（Dimona）的反应堆是以色列制造钚的唯一设备，而钚是以色列生

---

① 参见David Albright, "South Africa and the Affordable Bomb," *Bulletin of the Atomic Scientists*, Vol. 50, No. 4, July/August 1994, pp. 37-47。

② 引自Liberman, "The Rise and Fall of the South African Bomb," p. 64。

③ Verne Harris, Sello Hatang, and Peter Liberman, "Unveiling South Africa's Nuclear Past," *Journal of Southern African Studies*, Vol. 30, No. 3, September 2004, pp. 457-476; and Reiss, *Bridled Ambition*, p. 29.

④ Waldo Stumpf, "South Africa's Nuclear Weapons Program: From Deterrence to Dismantlement," *Arms Control Today*, Vol. 25, No. 10, December/January 1995/96, p.4; and Liberman,"The Rise and Fall of the South African Bomb".

⑤ Reiss, *Bridled Ambition*, p. 29.

⑥ Harris, Hatang, and Liberman, "Unveiling South Africa's Nuclear Past".

⑦ Kroenig, "Importing the Bomb"; and Avner Cohen, *Israel and the Bomb*, New York: Columbia University Press, 1998.

⑧ Gary Milhollin, "Heavy Water Cheaters,"*Foreign Policy*, Vol. 69, Winter 1987/88, pp. 100-119; Astrid Forlan, "Norway's Nuclear Odyssey: From Optimistic Proponent to Nonproliferator," *Nonproliferation Review*, Vol. 4, No. 2, Winter 1997, pp. 1-16; and "UK Helped Israel Get Nuclear Bomb," *BBC News*, August 4, 2005, http://news.bbc.co.uk/2/hi/uk_news/4743987.stm.

产核武器的主要材料。1963年迪摩纳开始运转时，以色列只能生产实验室当量的重水。因此，建造迪摩纳若没有美国和挪威的重水援助，在硬件条件方面是不可能的（physically impossible）”，[①] 由此，他指出外国援助的重水对以色列发展核计划意义重大。

因此，本章认为从和平性核援助中获得的知识同样在国家发展核武器过程中扮演着重要角色。[②] 朝鲜方面的情况同样说明了这一点。苏联从20世纪50年代后期开始为朝鲜培训核研究人员，并于1965年在宁边（Yongbyon）建成了一座研究型核反应堆。这些技术援助提供的涉核知识，从而为朝鲜在20世纪80年代建造实验性核设施提供了充分的基本条件。[③] 平壤通过这些设施获取钚，并将其用在2006年10月的核试爆中。[④] 下文的案例研究更能说明这点。

（一）1964年印度核武器计划的由来

1955年，印度用英国提供的设计方案建成第一座研究型核反应堆。这套被称为Apsara反应堆的设备在1956年使用同样来自英国的浓缩铀原料加以运转。1956年4月，加拿大同意向印度提供一个40兆瓦特的CIRUS反应堆（the Canada-India-United States research reactor，即加印美反应堆）。这是仿效马歇尔计划而专门面向南亚国家的发展性援助项目——科伦坡计划（Colombo Plan）的一部分，[⑤] 其有意帮助印度获取自己的核经验。[⑥] 美国除为CIRUS反应堆提供重水使之于1960年运转起来之外，自1955年开始还邀请了1104名印度核研究人员专门到阿尔贡核科学与工程学试验室（Argonne Laboratory School of Nuclear

① Milhollin, “Heavy Water Cheaters,” p.105.

② Bunn, “Civilian Energy Programs and Nuclear Weapons Programs”.

③ Alexander Zhebin, “A Political History of Soviet-North Korean Nuclear Cooperation,” in James Clay Moltz and Alexander Y. Mansourov, eds., *The North Korean Nuclear Program: Security, Strategy, and New Perspectives from Russia*, New York: Routledge, 2000, pp. 27-40.

④ Faye Flam, “American Scientists Explain North Korean Nuclear Test,” *Philadelphia Inquirer*, October 10, 2006.

⑤ Shyam Bhatia, *India's Nuclear Bomb*, Ghaziabad, India: Vikas, 1979.

⑥ Duane Bratt, *The Politics of CANDU Exports*, Toronto: University of Toronto Press, 2006, p. 89.

Science and Engineering）接受培训。[①]

美国和加拿大的援助20世纪60年代仍在继续。1961年4月，印度开始建造后处理设施，从使用过的核燃料中提取钚。这项代号为“凤凰”（Phoenix）的工程部分由美国公司Vitro国际（Vitro International）设计，并以解密的用普雷克斯法（PUREX method，指核燃料水法后处理流程之一，是用磷酸三丁酯萃取法从辐照核燃料中回收铀、钚的一种化工过程——译者注）进行后处理的美国方法作蓝本。[②]1964年，加拿大同意帮助印度建造第一个核反应堆，即拉贾斯坦核电站（Rajasthan Atomic Power Plant，RAPP–1），并提供半数初始装载所需的铀燃料。这次援助使印度获得了“具体的设计数据，包括与重水型核电站设计和建造有关的计划和工作图”。[③]加拿大又额外同意为拉贾斯坦反应堆提供半数初始装载所需的铀燃料。1966年12月，加拿大同意帮助在拉贾斯坦设计和建造第二座核反应堆（RAPP–2）。同时，美国批准向印度提供用于研究目的的钚。[④]

这些涉核材料与技术的输入与印度民用核计划有很大关联。印度在20世纪五六十年代如果没有外国援助，是不会发展核项目的。[⑤]和平性核援助也促使印度决定启动核武器计划。它使得获取核武器的预期成本降低，而能相对较快研制成功的可能性增大。印度接受的各种培训和技术可同时用在民用和军用项目上。印度的最高决策者非常清楚这一点。1956年9月，印度原子能委员会主席霍米·巴巴（Homi Bhabha）曾言，国家很容易使用通过和平性核援助获得的方法和经验独立发展军事核计划。[⑥]霍米·巴巴在1964年1月指出“任何运转民用核反应堆的技术都可被用来操作军用核反应堆”时，也流露出类似

① George Perkovich, *India's Nuclear Bomb: The Impact on Global Proliferation*, Berkeley: University of California Press, 1999, p. 30.

② Ibid, p. 64.

③ “India Profile: Nuclear Chronology, 1960-1964”, Monterey, Calif.: Center for Nonproliferation Studies, Monterey Institute for International Studies, August 2003, http://www.nti.org/e_research/proales/India/Nuclear/2296_2346.html.

④ Bratt, *The Politics of CANDU Exports*.

⑤ Wohlstetter, “U.S. Peaceful Aid and the Indian Bomb”.

⑥ Perkovich, *India's Nuclear Bomb*, p. 29.

的观点。[1] 印度的贾瓦哈拉尔·尼赫鲁总理（Jawaharlal Nehru）同样认识到核援助的两用性，并在多个场合公开提到这一观点。[2] 美国和加拿大两国和平性核援助的结果对印度民用和军用核计划产生的影响到1964年显现出来。该年6月，CIRUS反应堆的乏核燃料首次被送到特朗贝（Trombay）的后处理设备中。这意味着印度不久将会首次实现钚的分离。钚可被用作特定类型核反应堆燃料，但也是核武器的重要组成部分。把这些钚用于核武器尽管会违背印度此前声称的仅将加拿大和美国提供的技术和培训用于和平目的的承诺，但民用领域的进展对拉尔·巴哈杜尔·夏斯特里（Lal Bahadur Shastri）总理的决策有显著影响。

印度在夏斯特里总理任期内由于经济困难、食物匮乏，夏斯特里总理十分关注核武器计划的预期成本。起初他并不愿意启动核计划，因为这将迫使政府放弃经济发展目标，分流其他国内项目的大量资源。[3] 在1964年8月《政治家》（*Statesman*）的一篇社论中，这样指出："如果以损失经济发展作代价保障武器研制和成功发射，那么任何一个负责任的人都会认为这样的代价是不值得的。"[4]

最初对技术困难和资源分流的担心使夏斯特里总理反对启动核武器计划。但是霍米·巴巴声称民用核计划使发展核武器相对容易，并以此不断游说总理。1964年10月，霍米·巴巴宣布印度可在研制核武器的政治决定做出后18个月内获得核武器，而一次10千吨核爆（a 10-kiloton blast）成本仅为35万美元。[5] 这一估计过于乐观，因为印度直到1965年才获得武器用钚（尽管乏燃料在1964年6月已装入后处理设施中），此外也缺乏可靠的核弹设计。[6] 但是这些困难被忽略了，部分因为霍米·巴巴权倾一时，同时还因为涉核信息属于高度机密，他

---

① Homi J. Bhabha, "The Implications of a Wider Dispersal of Military Power for World Security and the Problem of Safeguards,"proceedings of the Twelfth Pugwash Conference on Science and World Affairs, January 27-February 1, 1964, Udaipur, India, pp. 78-79.

② Ashok Kapur, *India's Nuclear Option: Atomic Diplomacy and Decisionmaking*, New York: Praeger, 1976, p. 193.

③ K. Rangaswami,"Leaders Reject Demand for Atom Bomb,"*Hindu*, November 9, 1964.

④ Perkovich, *India's Nuclear Bomb*, p. 65.

⑤ Ibid., p. 65.

⑥ Ibid., p. 71.

人没有机会质疑。最终，霍米·巴巴劝说夏斯特里总理，核武器的获得可在不从经济发展项目中分流大量资源的前提下相对较快地实现。加上印度当时与中国交恶，从而为其研制核武器提供了战略动机，[①] 霍米·巴巴的劝说也更具说服力。

1964年11月27日，夏斯特里总理在会见霍米·巴巴后正式批准核武器计划。该决定标志着印度核武器计划的正式启动，它是外国核援助与中国安全威胁的共同结果。而前者扮演着尤其关键却通常被低估的作用。

（二）1987年巴基斯坦核武器的获得

巴基斯坦在外国援助下自20世纪50年代开始启动民用核计划。1955年8月，美国与巴基斯坦签署核合作协议，之后在巴基斯坦核科学与技术研究所（PINSTECH）建起了一座小型研究型核反应堆，并为之提供装载的浓缩铀。PINSTECH反应堆自1963年开始运转，其用途是培训巴方研究人员、生产同位素、开展中子核试验。[②] 20世纪60年代，加拿大同巴基斯坦签署核合作协议，加方开始建造卡拉奇核电站，并向巴基斯坦提供装载反应堆的重水和铀。1972年该反应堆开始运行。20世纪70年代末期，加方还帮助巴基斯坦在卡斯玛（Chasma）建成了一套燃料生产设备。[③] 西欧国家同样对巴基斯坦予以大量援助。如，英国提供了可分离出实验室当量钚的“热室”（hot cells，即高放射性物质工作屏蔽室——译者注）；[④] 比利时和法国帮助巴基斯坦在PINSTECH研制再处理用废弃核燃料的新型实验室（“New Laboratories”）。[⑤] 布鲁塞尔甚至为巴基斯坦提供了一套重水生产设备，该设备于1980年在木

---

① Brahma Chellaney, “India,” in Mitchell Reiss and Robert S. Litwak, eds., *Nuclear Proliferation after the Cold War*, Washington, D.C.: Woodrow Wilson Center Press, 1994, pp. 165-190; Kapur, *India's Nuclear Option*; and Ashok Kapur, *Pokhran and Beyond: India's Nuclear Behaviour*, Oxford: Oxford University Press, 2001.

② Central Intelligence Agency, “Pakistan's Nuclear Program,” National Intelligence Estimate, April 26, 1978.

③ Ashok Kapur, *Pakistan's Nuclear Development*, London: Croom Helm, 1987, p. 75.

④ 鉴于其规模，这套设备并不太适合生产武器用钚。同上，第156页。

⑤ U.S. Department of State, “The Pakistani Nuclear Program,” briefing paper, June 23, 1983.

尔坦（Multan，巴基斯坦中东部城市——译者注）投入使用。[①] 法国早在1976年同意在卡斯玛提供一座大型后处理中心，但该计划1978年后被搁置。[②]

许多供应国除输入材料和技术之外还向巴基斯坦提供技能。[③] 如，1955年至1961年间美国曾在芝加哥郊区的阿尔贡国家实验室为来自巴基斯坦的年轻科学家们提供培训。[④] 内容包括核反应堆设计与建造，放射性材料的处理，化学与冶金学以及原子能的其他和平应用等。[⑤] 西欧的英国、比利时和其他国家也为巴基斯坦提供过类似的人员培训。[⑥]

巴基斯坦于1971年印巴冲突中由于败于印度，随后启动核武器计划。1974年5月印度核试爆后，巴基斯坦更加紧研发核武器。[⑦] 总理佐勒菲卡尔·阿里·布托（Zulfikar Ali Bhutto）曾言："为对抗（counter）印度核威胁，所有巴基斯坦人就是饿着肚子（eat grass or leaves, even go hungry）也要把核武器造出来。"[⑧] 当布托启动核项目时，他计划研制反应堆和后处理设施为核武器生产钚。布托总理钦定巴基斯坦原子能委员会（Pakistan Atomic Energy Commission, PAEC）主席穆尼尔·艾哈迈德·汗（Munir Ahmad Khan）实施这项方案。艾哈迈德·汗是十

① Andrew Koch and Jennifer Topping, "Pakistan's Nuclear-Related Facilities," fact sheet, Monterey, Calif.: Center for Nonproliferation Studies, Monterey Institute of International Studies, 1997, http://cns.miis.edu/reports/pdfs/9707paki.pdf.

② U.S. Department of State, "Apprehensions Regarding Pakistan's Nuclear Intentions," memorandum of conversation, September 3, 1975.

③ Central Intelligence Agency, "Pakistan's Nuclear Program".

④ *International Institute of Nuclear Science and Engineering Classbook*, Argonne, Ill.: Argonne National Laboratory, 1961.

⑤ Argonne National Laboratory, "International School Focused on Peaceful Uses of Nuclear Energy", Washington, D.C.: U.S. Department of Energy, October 12, 1996, http://www.anl.gov/ Media_Center/News/History/news961012.html.

⑥ Shahid-Ur Rehman, *Long Road to Chagai*, Islamabad: Print Wise, 1999, pp. 36-37.

⑦ Kapur, *Pakistan's Nuclear Development*; Corera, *Shopping for Bombs*; and Hassan Abbas,"Causes That Led to Nuclear Proliferation from Pakistan to Iran, Libya, and North Korea,"Fletcher School of Law and Diplomacy, Tufts University, 2008.

⑧ 20世纪60年代布托担任国防部长时如是说。Mitchell B. Reiss, "The Nuclear Tipping Point: Prospects for a World of Many Nuclear Weapons States," in Kurt M. Campbell, Robert J. Einhorn, and Reiss, eds., *The Nuclear Tipping Point: Why States Reconsider Their Nuclear Choices*, Washington, D.C.: Brookings Institution Press, 2004, p. 6。

多年前曾在阿尔贡国家实验室接受过培训的人员之一。[①]他本人不仅得益于这项培训，而且他作为PAEC主席一旦回到巴基斯坦就能够与其他人分享学到的内容。其他在海外接受培训的研究人员同样可与巴基斯坦科学家共享所学。方法知识的积累使巴基斯坦在20世纪70年代早期就具备了与印度科学能力相当的技术平台。这也增加了PAEC为巴基斯坦研制出第一颗核武器的决心。

虽然布托和汗相信巴基斯坦可以使用基于和平目的建造的设施研制核武器，如同印度在1974年所做的那样，[②]但最终巴基斯坦却选择了相同的途径，通过铀发展核武器。巴基斯坦铀浓缩计划的过程众所周知。[③]1974年9月，一位名叫A. Q. 汗的年轻冶金学家（metallurgist）写信给布托总理，声称可帮助巴基斯坦研制核武器。[④]汗长期在荷兰为欧洲铀浓缩公司（URENCO）的一位转包商（subcontractor）工作。在受雇URENCO期间，他窃取了有关浓缩铀离心技术的机密信息。1975年底，汗携带着所获离心机图纸以及一张有关100多个提供浓缩技术公司信息的名单突然离开荷兰回到巴基斯坦。[⑤]

巴基斯坦使用这些信息从国外购买部件，并专门为核武器计划建造起转换浓缩设施。[⑥]汗行为的结果是，巴基斯坦早在1979年就实际上获得了建造离心浓缩设施的所有东西。[⑦]巴基斯坦凭借这些条件开始在西哈拉（Sihala）和卡胡塔（Kahuta）两地建造浓缩设施。[⑧]结果，该设施生产的高浓度铀使得巴基斯坦到1987年即可组装至少一个核武器，

---

① 作者曾于2008年11月20日在马萨诸塞州剑桥市采访沃尔特·卡托(Walter Kato)。卡托博士曾以个人身份参加了阿尔贡国家实验室的培训工作。

② Ibid., p.169; and Central Intelligence Agency,"Pakistan's Nuclear Program".

③ Corera, *Shopping for Bombs*.

④ Michael Laufer,"A.Q. Khan Nuclear Chronology, *Nonproliferation Issue Brief*, Vol. 8, No. 8, Washington, D.C.: Carnegie Endowment for International Peace, September 7, 2005, http://www.carnegieendowment.org/static/npp/Khan_Chronology.pdf.

⑤ Ibid.

⑥ James M. Markham,"Bonn Checks Report of Smuggling of Atomic Technology to Pakistan,"*New York Times*, May 5, 1987; Corera, *Shopping for Bombs*, p. 23; and Shelby McNichols,"Chronology of Pakistani Nuclear Development", Monterey, Calif.: Center for Nonproliferation Studies, Monterey Institute of International Studies, July 2000.

⑦ Corera, *Shopping for Bombs*, p. 27.

⑧ Ibid., p. 22.

并在11年后进行了核试验。[①]

巴基斯坦由于自20世纪50年代中期就开始接受和平性核援助，使得它掌握了复杂的浓缩技术，并生产用以核武器的高浓度铀。巴基斯坦也依靠美国、加拿大和西欧国家提供的培训在西哈拉和卡胡塔建造并运行浓缩设施。巴基斯坦研究人员接受铀冶炼（uranium metallurgy，即生产铀及其合金的物理和化学过程）方面的培训。冶炼技术是用气体离心方法（gas centrifuge method）浓缩铀的关键。没有这些专业技术，巴基斯坦即使拥有从国外获取的方法和材料也不知该如何去做。巴基斯坦作为发展中国家仅通过自身努力是无法获得这些必要经验的。对此，穆尼尔·汗强调了外国援助的重要意义：

> 我遍寻不到优秀的科学家和技术人员参与我们的核建设。我们没有培训所需的核心骨干体系。但是，如果我们能让法国或其他国家前来建造大规模的核基础设施、核电站和实验室，我就能以自己的人永不可能得到的培训方式培训数以百计我们的人。有了这些培训、图纸以及取得的其他进展，我们就能建造不受监督、不直接依赖外国援助的独立核设施，但是我们找不到可以做这些事情的人。如果没有合作，我无法培训人员开展核计划。[②]

作为巴基斯坦1998年核试爆科学家队伍总负责人的萨马尔·穆巴拉克曼德（Samar Mubarakmand）也流露出类似的观点。[③]他认为，虽然任何国家都可购得与核武器计划相关的两用设施，但“该国除非有一定可行的人力基础，涉核工作才能从零开始、自力更生地进行研发，

---

① David Albright and Kevin O'Neill, "ISIS Technical Assessment: Pakistan's Stock of Weapon-Grade Uranium", Washington, D.C.: Institute for Science and International Security, June 1998, http://www.isis-online.org/publications/southasia/ta-pak060198.html; Christopher Clary, "Dr. Khan's Nuclear WalMart," *Disarmament Diplomacy*, No. 76, March/April 2004; David Albright and Mark Hibbs, "Pakistan's Bomb: Out of the Closet," *Bulletin of the Atomic Scientists*, Vol. 48, July/August 1992, p. 39; Corera, *Shopping for Bombs*, p. 49; and Kapur, *Pakistan's Nuclear Development*, p. 208.

② George Perkovich, "Nuclear Power and Nuclear Weapons in India, Pakistan, and Iran,"in Paul Leventhal, Sharon Tanzer, and Steven Dolley, eds., *Nuclear Power and the Spread of Nuclear Weapons: Can We Have One without the Other?* Washington, D.C.: Brassey's, 2002, p. 194.

③ Samar Mubarakmand, *Capital Talk Special*, Geo-TV, May 3, 2004, http://www.pakdef.info/forum/showthread.php?t+9214.

否则这个国家是无法制成核武器的”。[①] 他还补充道，之所以像利比亚这样的国家未能研制出核武器，是因为它们缺少巴基斯坦具备的条件，即必要的人力基础。1970年至2003年间，利比亚均试图从黑市购买有关核武器方面的技术，却从未能研制出核武器。

四、数据检验

由于所有经验性方法（empirical approach）都有不足，所以对本章观点进行多种方法检验（multimethod assessment）会使我们对文中发现更有信心。[②] 上文案例分析已详尽阐述了本章的观点，并揭示出因果关系。[③] 下面的定量分析能够降低选择偏倚带来的风险，确定自变量对核扩散目标和结果产生的总体影响。[④] 此外，它能控制干扰变量（confounding variables）进而证明和平性核援助而非其他因素导致核扩散。这尤其重要，因为核扩散是一个复杂的过程，用唯一因素解释核扩散是不行的。[⑤]

在定量分析中，本章使用索纳利·辛格（Sonali Singh）和克里斯托弗·威（Christopher Way）收集的数据集来甄别核扩散的决定因素，[⑥] 采用标准的时序横截面数据结构（time-series cross-sectional data structure）处理1945年到2000年的数据，其分析单元是每个国家的每一年［country（monad）year］。在分析核武器计划启动时，国家一旦有开始谋求核武器的行动便要被剔除出数据集；而在分析核武器的获取时，国家一旦获得至少一件核武器也同样要被剔除出数据集。

① Samar Mubarakmand, *Capital Talk Special*, Geo-TV, May 3, 2004, http://www.pakdef.info/forum/showthread.php?t+9214.

② 类似讨论参见 Alexander B. Downes, *Targeting Civilians in War*, Ithaca, N.Y.: Cornell University Press, 2008, pp. 40-41。

③ Alexander L. George and Andrew Bennett, *Case Studies and Theory Development in the Social Sciences*, Cambridge, Mass.: MIT Press, 2005.

④ Will H. Moore,"Synthesis v. Purity and Large-N Studies: How Might We Assess the Gap between Promise and Performance?"*Human Rights and Human Welfare*, Vol. 6, 2006, pp. 89-97.

⑤ Sagan, "Why Do States Build Nuclear Weapons?"

⑥ Singh and Way, "The Correlates of Nuclear Proliferation".

（一）因变量

本章引入两个二元（dichotomous）因变量来分析核扩散。若国家在年度t启动核武器计划，第一个因变量赋值为1，否则为0；若国家在年度t获得核武器，第二个因变量赋值为1，否则为0。为生成这些变量，本章参考了辛格和威编写的核扩散时间表。[①]

（二）自变量

在上文，假设民用核援助使得国家尤其在有安全威胁的情况下更可能启动核计划并获得核武器。为使民用核援助可操作，本章收集并处理有关1945年至2000年间签署的核合作协议的新数据。核合作协议作为自变量对本章研究来说是合适的，因为事实上在所有案例中它们必须在涉核技术、材料和知识的转移得以出现前就已经存在。这些协议往往导致核电站或研究用核反应堆的建造，裂变材料的提供（如钚或浓缩铀），裂变材料生产设备的出口，研究人员和技术人员的培训等。不像核合作协议那样的分类的相关协议还包括：（1）明显与防务有关的协议；（2）金融协议；（3）与核能源无关的农业或工业协议；（4）核材料租赁协议；（5）债务协议。

为生成这些数据，本章参考了詹姆斯·基利（James Keeley）编写的载有2000多个核合作协议的资料清单。[②] Figure 1为1950年至2000年间所签署核合作协议的数量，显示随时间推移，核合作协议的数量总体在增长，当然数量也有轻微波动，其中20世纪80年代末期和90年代中期达到峰值。第一份核合作协议于1952年签署，此后每年平均签署58个这样的协议。

---

① Singh and Way, “The Correlates of Nuclear Proliferation”.

② 参见Keeley,“A List of Bilateral Civilian Nuclear Cooperation Agreements”，为确保仅将实际中为涉核技术、材料和知识的交换提供基础的协议包括在内，作者对基利资料中的所有协议做了进一步研究。此外，基利收录的部分核合作协议仅为先前协议的补充 (amendments)，并未批准额外涉核技术、材料和方法的提供。作者在自变量设计时将这些协议排除在外。

Figure 1. Total Number of Nuclear Cooperation Agreements Signed, 1950-2000

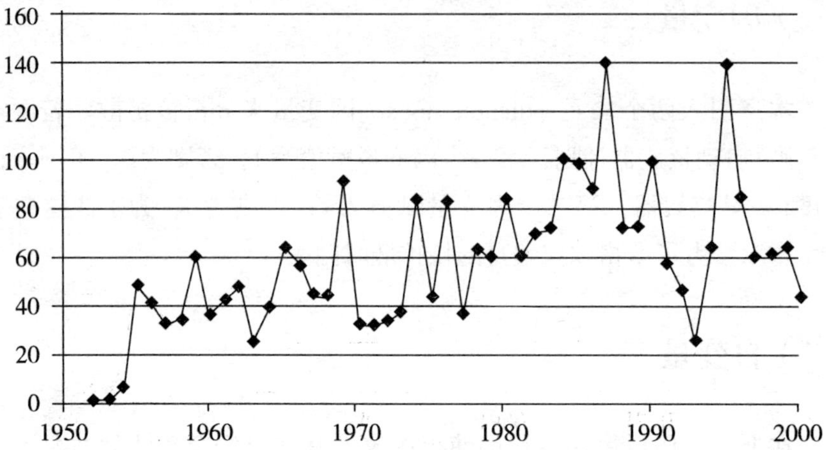

SOURCES: Matthew Fuhrmann, "Taking a Walk on the Supply Side: The Determinants of Civilian Nuclear Cooperation," *Journal of Conflict Resolution*, Vol. 53, No. 2 (April 2009), pp.181-208; and James F. Keeley, "A List of Bilateral Civilian Nuclear Cooperation Agreements," University of Calgary, 2003.

本章引入了一个自变量以测量给定年度内国家签署的使其可从他国获取涉核技术、材料或知识的核合作协议的总体数量。① 如果一个国家签署了核合作协议但只提供却并未像协议条款规定的那样得到核援助，那么就不能纳入核合作协议变量中。Table 1列出了1945年至2000年间通过核合作协议获得最多核援助的30个国家。②

为使安全威胁可操作化，本章又引入变量测量相关国家每年武装化国家间冲突（MIDs）数目的五年变动的平均数。该变量依据3.0版"战争相关系数"（the Correlates of War）的MID数据集。③ 本章还设定了第三个变量与前两个指标相互作用，以检验核合作对核扩散的因果效应。

① 有时，核合作协议签署时间和涉核技术、材料或方法实际转移的时间之间会存在延迟(delay)。鉴于这种可能性，作者将自变量滞后5年。因此，若国家1975年签署协议，1980年才会起作用。作者考量了使用这种变量间隔设定方法的所有模型，发现结果都大体相同。

② 由于一旦启动或获得核武器国家将被剔除，因此部分国家仅出现在作者样本的特定年限里。第一份核合作协议签署于1952年。

③ Faten Ghosn, Glenn Palmer, and Stuart A. Bremer, "The MID3 Data Set, 1993-2001: Procedures, Coding Rules, and Description," *Conflict Management and Peace Science*, Vol. 21, No. 2, 2004, pp. 133-154.

Table 1. Top Recipients of Nuclear Cooperation Agreements, 1945-2000

Country	Total Number of Agreements
United States	396
France	221
Germany	171
Russia	136
United Kingdom	133
Japan	122
Italy	112
Belgium	93
Argentina	92
Netherlands	80
Canada	77
Brazil	70
Spain	70
Switzerland	68
Luxembourg	63
Sweden	56
Denmark	55
China	53
South Korea	49
India	39
Ireland	36
Romania	35
Portugal	33
Czechoslovakia(1945-91)	30
Greece	30
Egypt	29
Finland	29
Poland	28
Australia	25
Indonesia	22

NOTE: summary statistics: N = 186; mean = 15.34; minimum = 0; maximum = 396

（三）变量控制

本章对其他被认为会影响核扩散的因素进行了控制。[①] 为控制科技水平引入一国人均国内生产总值作为变量，并生成其平方项（squared term）以求经济发展和核武器谋取之间可能存在的曲线关系。[②] 为控制工业水平引入了一个二元变量：如果一国能够自己生产钢铁并且有超过5000兆瓦特的发电能力，该变量赋值为1，否则为0。还引入了一个二元变量作为该国安全状况额外的代理变量：如果一国被卷入至少一个持

① 这些大体上也是辛格和威使用的变量，“The Correlates of Nuclear Proliferation”。

② Ibid., p. 868.

续敌对状态中，[①] 该变量赋值为1。由于相关程度的安全保障将会降低国家发展核武器的动机，还引入了一个二元变量：如果一国与有核大国之一签署了防务协议（defense pact），该变量赋值为1，否则为0。[②]

另有为数不少的内部变量可能会影响核扩散动机。本章引入了两个关涉“民主”的变量。第一个变量度量一国Polity IV等级分值。[③] 第二个变量度量一国是否正在民主化，通过从t年度Polity分值中减去t-5年度Polity分值以五年为时间跨度计算该国的民主化进程。为控制经济开放程度，本章引入进出口总额所占国内生产总值的百分比为变量，[④] 还引入贸易自由度的变量，其度量方式与上述民主化进程相似。

为可靠起见，本章还引入了一个辛格和威模型中排除在外的变量，[⑤] 设置了一个二元变量：如果一国在t年度签署《不扩散核武器协议》，该变量赋值为1；否则为0。由于国家在签署《不扩散核武器条约》时正式承诺不谋求核武器，因此条约成员国身份在解释核扩散决策时较为显著。

（四）分析方法

本章使用probit回归分析（probit regression analysis）估测自变量对核武器计划启动和核武器获得的影响。鉴于本章讨论的核扩散后果相对较少发生，还使用小概率事件logit模型（rare events logit）估测自

---

① 辛格和威以斯科特·本尼特(D. Scott Bennett)1998年列出的敌对状态表为基础设定该变量。参见Bennett, "Integrating and Testing Models of Rivalry Duration," *American Journal of Political Science*, Vol. 42, No. 4 (October 1998), pp. 1200-1232。

② 辛格和威依据3.0版“战争相关系数”联盟数据集设置该变量。Douglas M. Gibler and Meredith Reid Sarkees, "Measuring Alliances: The Correlates of War Formal Interstate Alliance Dataset," *Journal of Peace Research*, Vol. 41, No. 2 (March 2004), pp. 211-222。

③ Polity IV数据以测量政治体制相对开放度的21级分值为基础。参见Monty G. Marshall and Keith Jaggers, "Polity IV Project: Political Regime Characteristics and Transitions, 1800-2002," http://www.systemicpeace.org/polity/polity4.htm。

④ 辛格和威从6.1版本the Penn World Tables中获得国内生产总值数据。A. Heston, R. Summers, and B. Aten, *Penn World Table*, Philadelphia: Center for International Comparisons, University of Pennsylvania, 2002, ver. 6.1。

⑤ Singh and Way,"The Correlates of Nuclear Proliferation".

变量对核武器计划启动和核武器获得的影响。① 当因变量为1的情形远远小于为0时这种估测方式就是合适的。本章通过对国家分组控制异方差性（heteroskedastic error variance）。为控制可能出现的暂时数据依赖，还引入一个国家谋求和获得核武器的年份的数量为变量。② 最后，为控制可能的联立性偏误（simultaneity bias），本章将所有自变量滞后因变量一年。

五、数据检验结果

在进行多变量分析之前，本章列出了核合作协议与核武器计划启动及核武器获得的交叉表。其结果如Table 2和Table 3所示。简易的交叉表强调核扩散是相对小概率事件。启动核计划的决定在样本观察中共出现15次（0.22%），获得核武器在样本观察中共出现9次（0.13%）。尽管核扩散较少发生，交叉表显示核合作将对国家是否走核道路有重大影响。参与至少一个核合作协议可将启动核计划的可能性提高5倍左右。武装冲突和核援助同时出现对核武器计划启动有更大的实质性影响，此情形下后者的可能性将增加6.38倍。该简要分析强调这种关系并非决定性的。尽管接受和平性核援助的国家更可能会启动核武器计划，但是从中受益的大多数国家不会走向核扩散。同样值得注意的是，启动核计划国家中有八成是在接受民用核援助后才有此举动的。在和平性核合作尚未出现的20世纪40年代和50年代早期，法国、苏联、英国和美国等四个国家就已在未接受核援助的情况下启动了核计划。1955年至2000年间，所有启动核武器计划的国家都事先获

① Gary King and Langche Zeng,"Logistic Regression in Rare Events Data," *Political Analysis*, Vol. 9, No 2, February 2001, pp. 137-163；作者还使用考克斯比例风险模型(Cox proportional hazard model)来对所有样本(models)进行估测，其结果实际相同。由于篇幅所限作者未列出考克斯模型结果。

② Nathaniel Beck, Jonathan N. Katz, and Richard Tucker,"Taking Time Seriously: Time-Series-Cross-Section Analysis with a Binary Dependent Variable," *American Journal of Political Science*, Vol. 42, No. 4, October 1998, pp. 1260-1288.由于核扩散结果不会再次发生(recur)，三次样条(Cubic splines)未包括其中；国家一旦开始核计划或获得核武器即被剔除出样本。

得民用核援助。这表明核援助后来成为发展核武器计划的必要条件。

Table 2. Nuclear Cooperation, Militarized Disputes, and Nuclear Weapons Program Onset, 1945-2000

		civilian Nuclear Cooperation			civilian Nuclear Cooperation and Militarized Disputes		
		No	Yes	Total	No	Yes	Total
Nuclear weapons program onset	No	4,066 (99.3%)	2,865 (99.58%)	6,931 (99.78%)	5,080 (99.92%)	1,851 (99.41%)	6,931 (99.78%)
	Yes	3 (0.07%)	12 (0.42%)	15 (0.22%)	4 (0.08%)	11 (0.59%)	15 (0.22%)
	Total	4,069 (100%)	2,877 (100%)	6,946 (100%)	5,084 (100%)	1,862 (100%)	6,946 (100%)
		Pearson Chi2(1) = 9.22, Pr = 0.002			Pearson Chi2(1) = 16.59, Pr < 0.0001		

Table 3. Nuclear Cooperation, Militarized Disputes, and Nuclear Weapons Acquisition, 1945-2000

		civilian Nuclear Cooperation			civilian Nuclear Cooperation and Militarized Disputes		
		No	Yes	Total	No	Yes	Total
Nuclear weapons program onset	No	4,077 (99.95%)	3,050 (99.77%)	7,127 (99.87%)	5,099 (99.96%)	2,028 (99.66%)	7,127 (99.78%)
	Yes	2 (0.05%)	7 (0.23%)	9 (0.13%)	2 (0.04%)	7 (0.34%)	9 (0.13%)
	Total	4,079 (100%)	3,057 (100%)	7,136 (100%)	5,101 (100%)	2,035 (100%)	7,136 (100%)
		Pearson Chi2(1) = 4.49, Pr = 0.034			Pearson Chi2(1) = 10.73, Pr = 0.0001		

核援助与核武器获得之间情形类似，前者可将后者的可能性提高3.6倍；核援助加上军事冲突则将制造核武器的可能性提高7.5倍。核援助与核拥有之间的关系同样是可能而非必然性的（probabilistic not deterministic），因为并非所有接受核援助的国家都跨过了核门槛。Table 3表明核援助并不总是导致核拥有的必然条件，尽管扩散者中绝大多数都受到过核援助。制造核武器的国家中有78%曾接受过援助，且自1953年至2000年没有国家在未接受援助的前提下获得核武器。

本章采用多变量分析探讨可能存在的干扰变量的作用。Table 4列出了多变量数据分析的初始结果。奇数和偶数号模型（models）分别通过probit回归分析和小概率事件logit模型进行估测。在模型1—4中，

Table 4. Determinants of Nuclear Weapons Proliteration, 1945-2000

Atomic Assistance	Model 1	Model 2	Model 3	Model 4	Model 5	Model 6	Model 7	Model 8
Peaceful nuclear cooperation	0.023***	0.062***	0.016**	0.049***	0.019***	0.055***	0.004	0.014
	(0.009)	(0.023)	(0.007)	(0.018)	(0.006)	(0.020)	(0.011)	(0.033)
Mlitarized disputes	0.152***	0.286***	0.132***	0.265***	0.107**	0.206	0.069*	0.155
	(0.040)	(0.096)	(0.030)	(0.066)	(0.047)	(0.126)	(0.041)	(0.121)
Peaooful nuclear cooperation X militarized disputes			0.025**	0.057***			0.013**	0.024**
			(0.010)	(0.022)			(0.006)	(0.011)
Contral Vanables								
Nuclear protection	0.085	0.105	0.043	0.005	–0.297	–0.544	–0.340	–0.693
	(0.264)	(0.742)	(0.274)	(0.775)	(0.348)	(1.042)	(0.360)	(1.121)
Nuclear Norproliteration Treaty	–1.040**	–2.375*	–1.168**	–2.642**				
	(0.463)	(1.286)	(0.536)	(1.435)				
Demoeracy	–0.000	0.007	–0.006	–0.008	0.016	0.025	0.010	–0.011
	(0.016)	(0.045)	(0.016)	(0.042)	(0.016)	(0.053)	(0.017)	(0.055)
Demoeratization	–0.014	–0.034	–0.015	–0.036	–0.036	–0.079	–0.036	–0.099
	(0.022)	(0.065)	(0.024)	(0.075)	(0.035)	(0.103)	(0.040)	(0.127)
Economic oporness	0.002	0.008	0.001	0.008	0.003	0.014	0.003	0.015
	(0.005)	(0.013)	(0.005)	(0.016)	(0.003)	(0.012)	(0.003)	(0.009)
Liberalization	–0.001	–0.004	0.003	0.019	0.005	0.040***	0.005	0.036***
	(0.006)	(0.017)	(0.006)	(0.017)	(0.004)	(0.012)	(0.003)	(0.011)
GDP per capits	0.000*	0.000*	0.000**	0.001	0.000*	0.000	0.000	0.000
	(0.000)	(0.000)	(0.000)	(0.000)	(0.000)	(0.000)	(0.000)	(0.000)
GDP per capita squsred	–0.000***	–0.000*	–0.000***	–0.000**	–0.000***	–0.000	–0.000**	–0.000
	(0.000)	(0.000)	(0.000)	(0.000)	(0.000)	(0.000)	(0.000)	(0.000)
Industrisa capacity threstold	0.874***	2.150**	0.878***	2.219***	1.259***	2.666**	1.258***	2.867***
	(0.334)	(0.875)	(0.340)	(0.861)	(0.233)	(1.056)	(0.248)	(1.099)
Rivalry	0.909***	2.385**	0.758***	1.863**	0.884**	1.977	0.759*	1.588
	(0.317)	(0.975)	(0.286)	(0.816)	(0.384)	(1.288)	(0.404)	(0.323)
No proliferation years	0.012	0.031	0.007	0.016	–0.017**	–0.038	–0.021**	–0.049*
	(0.009)	(0.026)	(0.009)	(0.026)	(0.008)	(0.024)	(0.009)	(0.026)
Constant	–4.510***	–9.280***	–4.417***	–9.097***	–4.431***	–8.787***	–4.232***	–8.155***
	(0.459)	(1.195)	(0.430)	(1.067)	(0.481)	(1.433)	(0.461)	(1.264)
Observstions	5,511	5,511	5,511	5,511	5,702	5,702	5,702	5,702

NOTE: Robust standard errors in parertheses; *sigmiricant at 0.10; **sigmiticant at 0.05; ***sigmiticant at 0.01. GDP = gross domestic product.

因变量是核计划的启动。模型1和模型2将交叉项（interaction term）排除，使本章对和平性核援助是否能不受安全环境因素影响而作用启动核计划的决定进行评估。模型3和模型4包含交叉项，使本章得以评估核援助对核武器计划启动的条件性作用（conditional effect）。模型5—8中，因变量为核武器的拥有。模型5和模型6将交叉项排除，使本章得以评估核援助对发展核计划的非条件性作用。模型7和模型8包含交叉项，本章以此评估核援助对国家成功获得核武器的条件性作用。

结果表明，和平性核援助仍然有助于核武器计划启动和核武器的获得，即使在有干扰变量存在的情况下。在模型1—2中，衡量一国接受的累积核援助量的变量系数为正，并非常显著。[①] 这表明接受核援助的国家总体上更可能去启动核计划。该变量的实质性影响同样显著。《核合作协议》变量（NCA variable）值从均值（6.69）提高到均值之上一个标准差（22.72）可将启动核计划的可能性提高1.85倍。[②] Table 4显示核援助和核拥有之间存在同样的关系。模型5—6中，度量一国签署的《核合作协议》数量的变量系数为正且很显著，这表明接受和平性核援助的国家更有可能制造核武器。将《核合作协议》变量的数值从其均值提高到均值之上一个标准差可使国家制造核武器的概率提高2.43倍。[③]

当国家同时面临安全威胁时，和平性核援助是否会对核扩散产生特别重大的影响？本章使用了一个交叉项检验该假设，若仅依靠Table 4中信息是不可能评估出这一结果。解释交叉项的适当方法是在国家间武装冲突变量覆盖的范围内对核援助边际效应及相应标准差进行制图。[④] 如果置信区间（confidence interval）中包含0，那么在特定冲突规模下核援助对核扩散没有显著影响。从Figure 2和Figure 3中可以测量

① 可能有人会认为就《核合作协议》存在一个门槛效应(threshold effect)，借此少许协议的签订将增加核扩散的风险，然而很多协议使得国家更倾向于放弃核武器。为验证这一点，作者在Table 4模型中添加了一个《核合作协议》变量的平方项。这不会影响到结果。

② 该计算以模型2的结果为基础。

③ 该计算以模型6的结果为基础。

④ Thomas Brambor, William Roberts Clark, and Matt Golder,"Understanding Interaction Models: Improving Empirical Analyses,"*Political Analysis*, Vol. 14, No. 1, Winter 2006, pp. 63-82.

Figure 2. Marginal Effect of Nuctlear Assistance on Weapons Program Onset as Number of Disputes Increases

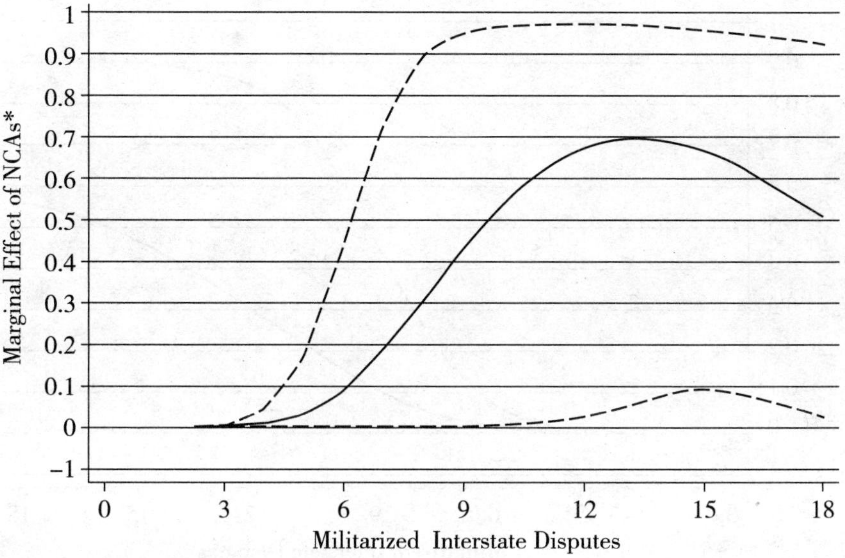

*NCAs = nuclear cooperation agreements

核援助加之军事冲突的情况如何影响核扩散的。

Figure 2是随武装化冲突数量的增加核援助对核武器计划启动的边际效应。[①] 尽管图中很难看到这一点，然而由于0从未落入置信区间中，实际上在所有频次的冲突中核援助对核武器计划有显著影响。在低频次冲突中，和平性核援助的增加对可能启动核武器计划的实质影响相对较小。但是当安全环境恶化时，核援助对启动核计划的实质性影响会被放大。

当接受到的核援助增加时，一个经历过6次武装冲突的普通国家研制核武器的概率将从0.000936提高到0.0902。[②] 这表明国家在没有援助的情况下即使遇到安全威胁也极不可能启动核武器计划。但如果威胁显现且国家接受额外核援助，启动核计划的可能性将显著提高。如果同一国家在一年之内卷入12次武装冲突，增加核援助将会使启动核

① Figure 2以模型3的结果为基础。为计算边际效应，作者将和平性核援助变量的数值从其均值提高到均值之上0.5个(one-half)标准差。

② 为计算该图表，作者将其他所有变量设为各自均值(set all other variables at their mean)。

Figure 3. Marginal Effect of Nuclear Assistance on Weapons Acquisition as Number of Disputes Increases

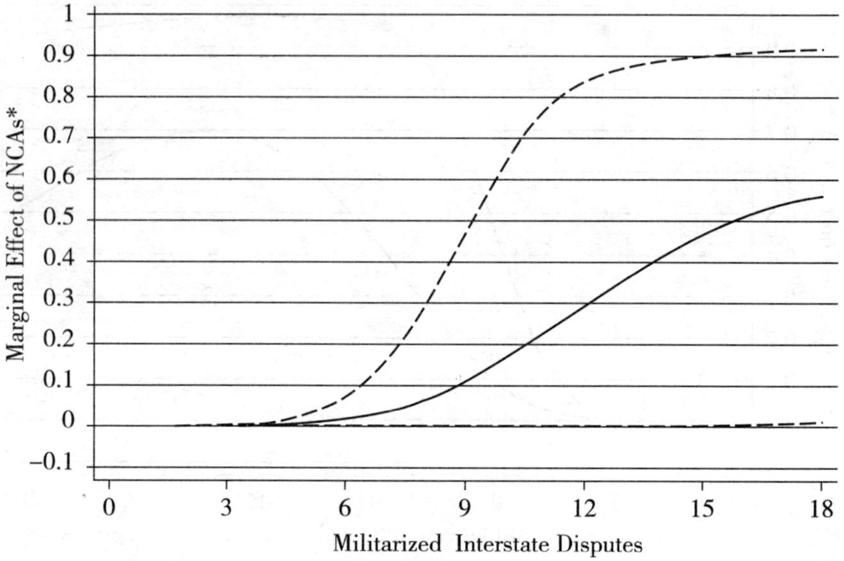

*NCAs = nuclear cooperation agreements

计划的概率从0.0625提高至0.737，增加10.78倍。如果一个在一年内经历过18次武装冲突的普通国家接受了额外核援助，其启动核武器计划的可能性将从0.426提高到0.933，增加1.19倍。在冲突频发的时候，随着和平性核援助增加启动核武器计划的概率趋近于1，但是面临多个安全威胁的国家在援助缺失的情况下同样可能发展核武器。其结果是，冲突多发时核援助增加对核扩散概率促进作用不大。这也是为何Figure 2显示的边际效应曲线在冲突达到13次之后略微下滑的原因。

Figure 3显示的是随着武装冲突数量的增加核援助对核拥有的条件性作用。[①] 当国家经历的武装冲突大体为0时，核援助对核拥有产生不了显著影响，因为0包括在置信区间中。对于所有其他频次的冲突状态，核援助对核拥有则产生显著影响。如果国家经历的武装冲突数量大体为1，核援助的实质性影响适中。增加和平性核援助将核拥有的概率从0.0000165提高到0.0000122，增加0.43倍。若一普通国家经

① Figure 3以模型7的结果为基础。

历了6次冲突，接受核援助显著提高获得核武器概率从0.000504增加到0.00202。如果同样的国家一年内经历12次冲突，核拥有的概率将从0.0144提高到0.306，增加20.31倍。依此类推，接受核援助且经历18次冲突将发展核武器的概率增加5.11倍，从0.110提高到0.671。这些结果表明，总体上接受核援助的国家更可能进行核扩散，特别是在安全威胁上升的情况下。

还有控制变量。一国是否与某一有核国家存在军事同盟关系的变量系数在八个模型中都不显著，这表明核保护对国家是否谋求核武器或成功获取没有影响。一国是否民主或是否正经历民主化的变量系数同样不显著，这表明政体类型对核扩散目标和结果几乎没有影响。许多政策制定者认为，核扩散是由“流氓”国家或非民主国家引起的问题，朝鲜等专制国家近年来就出现核扩散，但民主因素在解释核扩散方面与传统观点相比总体上不明显。检验结果证明贸易依存度对核扩散的影响不明显。度量贸易依存度和自由化程度的两个变量的系数在模型1—4中均不显著，这意味着这些因素对国家制造核武器的决策不产生影响。经济开放度同样对获取核武器没有显著影响。然而有趣的是，自由化程度的变量系数在模型6和模型8中为正且影响显著，这表明经历自由化的国家更可能跨越核门槛。今后研究还需验证产生这些结果的原因是否是因对概念的度量存在疏漏。

关于控制变量的作用像预期的一样。一国是否签署《不扩散核武器条约》的变量系数在模型1—4中为负且影响显著，这表明有不扩散核武承诺的国家启动核计划的可能性较小。实质上，《不扩散核武器条约》成员国身份将国家启动核武器计划的可能性减小90%以上。鉴于统计原因，将《不扩散核武器条约》变量（NPT variable）排除在模型5—8外是必要的。[①] 一国是否卷入敌对状态的变量系数在模型1—4中为正且影响显著，但在模型6和模型8中却不然。同样，国内生产总值变量（the GDP variables）在模型1和3中较为显著，而其他模型中并非如此。工业水平变量的系数在所有模型中为正且影响显著，表明有

① 《不扩散核武器条约》变量并未包括在核拥有分析中，是因为它可以准确预测失败(predicts failure perfectly)。这影响标准统计方法。

高度工业水平的国家更可能会启动核武器计划并成功制造核武器。这是验证本章观点的变量之外唯一一个在所有模型中都有显著影响的变量。拥有足够的工业能力可将启动核计划的概率从0.00000226提高到0.000105，将获得核武器的概率从0.000487提高到0.000804。

为进一步检验观点的可靠性，本章进行了灵敏性分析，引入新变量解释可能出现的内生性（endogeneity）并对因变量重新设定，此外还将敏感核合作协议从其关键自变量的设定中排除。鉴于篇幅有限，本章仅简要讨论可靠性检验的结果。有关结果和步骤的详细论证，以及显示数据结果的所有表格均在网络附录（online appendix）中可以找到。①

（一）内生性

本章的观点是，核合作协议的增多将推动国家启动核计划，接受核援助最终使国家获得核武器。但是当国家正在谋求核武器时寻求核援助同样是可能的。② 因此，核合作可能内生于获取核武器。

解决内生性问题的常规方法之一是将自变量滞后因变量一年。③ 上述分析采用了这一方法，还通过同时检验两个内生性方程（endogenous equations）来解决这一问题。第一个方程代表特定年度内一国签署《核合作协议》的总数，第二个方程检验其谋求核武器可能性。如上述案例所示，扩散方程（the proliferation equation）与辛格和威的研究类似。④ 本章采用的核合作方程以一项有关核援助动机的近期研究成果为基础，⑤ 还采用了由马德拉（G.S. Maddala）最初发明、由奥马尔·凯什克（Omar Keshk）实际应用的方法来检验这些方程。⑥ 该方法

① 参见数据部分，http://people.cas.sc.edu/fuhrmann。

② Fuhrmann,"Taking a Walk on the Supply Side".

③ Erik Gartzke and Quan Li,"Measure for Measure: Concept Operationalization and the Trade Interdependence-Conflict Debate,"*Journal of Peace Research*, Vol. 40, No. 5, September 2003, pp. 553-571.

④ Singh and Way, "The Correlates of Nuclear Proliferation".

⑤ Fuhrmann, "Taking a Walk on the Supply Side".

⑥ G.S. Maddala, *Limited-Dependent and Qualitative Variables in Econometrics*, Cambridge: Cambridge University Press, 1986; and Omar Keshk, "CDSIMEQ: A Program to Implement Two-Stage Probit Least Squares,"*Stata Journal*, Vol. 3, No. 2, June 2003, pp. 157-167.

专为一个内生变量是连续的而另一个内生变量是二元的联立方程模型（simultaneous equation models）设计，本章中变量的情况正好如此。两阶段检验法（two-stage estimation technique）为每个内生性变量生成工具变量（instruments）并在不同的结构方程中将其替换。第一个方程（连续变量者）由普通最小二乘法检验，第二个方程（二元变量者）则由probit方法检验。[①]

用以解决同步问题（simultaneity issue）的两阶段probit最小二乘法模型的结果与上文观点大体符合。[②] 最重要的是，核合作对核武器获得有正向且显著的影响。这一结果对其他模型来说都是可靠的。[③]

（二）因变量设定

由于这类军事行动多隐秘进行，因此确定一国启动核计划或获得核武器的年份通常较为困难。结果，学者之间对特定国家开始核扩散的时间方面意见不同。本章采用金东俊和加兹克整理的另外一组扩散者和扩散时间数据检验其结果是否对核扩散敏感，[④] 用其他扩散时间数

---

① 政治学中采用该方法的其他研究参见Omar M.G. Keshk, Brian M. Pollins, and Rafael Reuveny, "Trade Still Follows the Flag: The Primacy of Politics in a Simultaneous Model of Interdependence and Armed Conflict," *Journal of Politics*, Vol. 66, No. 4, November 2004, pp. 1155-1179; Hyung Min Kim and David L. Rousseau, "The Classical Liberals Were Half Right, or Half Wrong: New Tests of the 'Liberal Peace,' 1960-88," *Journal of Peace Research*, Vol. 42, No. 5, September 2005, pp. 523-543; and Cameron Thies, "Of Rules, Rebels, and Revenue: State Capacity, Civil War Onset, and Primary Commodities," paper presented at the Pan-European Conference on International Relations, Torino, Italy, September 12-15, 2007。

② 作者未将交叉项包括在联立方程模型(simultaneous equations model)中。通过计算内生变量(和平性核援助)的预期值，将该预期值与外生变量(武装化冲突)交叉相乘，以及检验第二个方程等，将交叉项包括在这些模型中是可能的。但这种方法也存在问题，因为它没有适当地纠正标准差。参见Jeffrey M. Wooldridge, *Introductory Econometrics: A Modern Approach* (New York: South-Western College, 2000), pp. 501-528。

③ 联立方程模型的不足之一是第一个方程中自变量应该是外生的。换言之，其不应与第二个方程中的因变量有关联。而在国际关系领域，使用联立方程模型时符合这一假设对研究人员来说难度较大。比如，国际贸易和武装冲突是内生变量，因为贸易抑制冲突、冲突减少贸易。这也是为何有学者采用与本章相同的变量检验"贸易—冲突"关系(nexus)。然而与贸易相关联的一些因素，如两国之间的距离，也同样与冲突关联。参见Keshk, Pollins, and Reuveny, "Trade Still Follows the Flag"；为解决这一问题，作者所能想到的最好办法是在排除第一个方程中明确与核扩散相关的变量同时对模型进行再检验。这一方法不影响作者的主要观点。

④ Jo and Gartzke, "Determinants of Nuclear Weapons Proliferation".

据检验上述同组模型亦不影响与本论点有关的结果。

（三）敏感协议剔除

近期研究发现接受特定敏感性核援助的国家更有可能获得核武器。[①]由于上述原因，核援助与核扩散之间的联系更为宽泛。核工程技术方面的培训，提供研究或能源用反应堆，以及传播特定核材料，同样影响核扩散。为检验结果是否可能受到少量敏感案例的影响，本章在自变量设定时将其排除在外。此类敏感协议数量极少，因此这一改变导致少量协议的剔除。之后，用重新生成的自变量对Table 4中各模型进行检验。当敏感性协议从本章的核援助变量设定中剔除时与本论点相关的结果总体上未有改变。[②]

六、结语

通过使用新数据集，本章系统讨论了民用核援助与核扩散之间的关系，认为，民用核援助与核武器扩散存在关联，其原因是前者导致可应用在核能源和核武器方面的技术和材料的供应，同时民用核援助可建立起有助于核武器计划的涉核自主知识平台（indigenous base of knowledge in nuclear matters）。这些关联降低了核武器计划的预期成本，使得国家更可能在得到足够多的和平性援助后，特别是危机或安全威胁加剧的情况下，启动核计划。同样，由于重要技术的门槛降低，接受民用核援助的国家更可能获得核武器。

本章的分析有助于这一论点，甚至在对被认为影响核扩散的其他

① Kroenig, “Importing the Bomb”.

② 在一个未在此列出的相关可靠性检验中，作者将敏感性协议从其自变量中剔除，同时引入了一个独立的二元变量：该变量从一国接受敏感性核援助的第一年开始即被设定为1。之后作者对表4中所有模型进行重新检验。结果同样表明核援助对两个阶段的核扩散均有显著影响。唯一值得注意的不同是在高冲突频次状态下(每年7次武装化冲突以上)，核援助失去其显著性。但尚不清楚敏感性核援助是否是该现象发生的原因。仅测量敏感性核援助的虚拟变量(dummy variable)在所有模型中均未获得符合常规水平的显著性。

变量进行控制的情况下，其他因素同样对核扩散产生显著影响，但是在解释核扩散原因时和平性核援助是更为显著的变量之一。因此，本章建议研究核扩散问题的学生应对民用核援助有更多关注，因为核能两用性之间的联系看起来比先前想象的更为广泛。甚至培训核科研人员或提供能源 / 研究用反应堆等看似无害的核合作也能导致有害的影响。不产生核扩散的核援助是不存在的。

自核时代早期开始，决策者们已试图促成核能源的和平利用，其初衷是由于或部分由于这样的信念，即传播技术使国家有更少可能去谋求核武器，但本章分析表明，"原子为了和平"政策总体上便利而非限制核武器的扩散。"原子为了和平"变成"原子为了战争"（atoms for war）。从防止核扩散角度看，这是一个有大量政策含义的麻烦结论，特别是在核能源复兴的情况下。与过去的20年相比，今天的国际核市场更为活跃。一些拉丁美洲、东南亚、中东和非洲国家已表露启动或复苏民用核计划的意愿。它们中的很多正在从法国、日本、俄国、美国以及其他有能力的国家获得发展这些计划的援助。

本章认为，核复兴出现时核扩散将会发生。然而决策者仍有章可循以减少伴随核技术传播产生的风险。毕竟如美国前参议员和不扩散核武器支持者萨姆·纳恩（Sam Nunn）时常提及的，决策者的任务是降低风险而非消除风险。重复先前的结论，大多民用核援助案例并不导致核扩散，期待两种现象有必然联系是没有理由的。因此，国际社会迅速而有意义的行动可能会扭转先前的趋势。国家必须向国际原子能机构提供额外资源，由国际原子能机构实施的安全协议使其对核设施进行监督以确保这些设施严格用于和平目的。但是国际原子能机构资金严重不足，总干事穆罕默德·厄尔巴拉迪近来表示，该机构预算无法满足自身基本和实质需求的情况已超乎想象，其执行能力正逐渐减弱。[①] 这是不容乐观的，因为核能源需求的上升将要求国际原子能机构增加保护与监督方面的工作。国家必须确保国际原子能机构有足够资源来履行其职能。扩展国际原子能机构职能以进一步降低民用核援

① Paul Kerr, "ElBaradei: IAEA Budget Problems Dangerous," *Arms Control Today*, Vol. 37, No. 6 (July/August 2007), http://www.armscontrol.org/act/2007_07-08/IAEABudget.

助带来核武器获取的可能是明智的。

此外，有核国家应当采取负责的出口措施，同时避免为追求短期经济或政治收益而牺牲长期核不扩散目标。有核国家在向面临严重安全威胁的国家提供技术和方法时尤其要小心。当前启动或扩大民用核计划的大多数国家都在中东，这是世界上最危险的地区。阿尔及利亚、约旦、利比亚、沙特阿拉伯和阿联酋等国自2006年以来均获得过至少一个有核国家给予其支持的承诺。目前这些国家尚未打算制造核武器。但如果伊朗跨过核门槛或以色列进行核试验并转变其暧昧态度，上述情况将会改变。本章的重要结论之一是核援助加之安全威胁的情况导致核扩散。法国、美国等国家因此应对其向中东和其他危险地区提供核援助进行反思。

为推动有关和平性核合作与核扩散两者关系的学术研究，还有许多工作要去做。未来研究应当检验非法核贸易并探讨其如何与和平性核援助关联，分析其他有关合法与非法核贸易案例以证实或证否本章观点也将是建设性的。尤其是希望看到关注为何一些接受和平性援助的国家谋求核武器却另一些却没有的案例研究，因为它们可能就如何在最小化扩散风险同时推动核能源给出有用的政策建议。

本章同时也提出一个有趣的谜题：为何供应国会提供民用核援助？若国家大多致力限制核武器传播且若核合作协议导致核扩散，那么供应国参与民用核合作看起来让人费解。近期研究表明，为追求战略或经济收益，国家无视核扩散风险的存在。[①] 比如，法国最近与沙特阿拉伯和阿联酋签署的《核合作协议》部分是获取原油供应保障。也有其他可能，如国家通过援助有意扩散核武器和压制他国。有关供应国动机的研究是缺乏的，这将为解开核武器如何以及为何传播带来希望。

① Fuhrmann, “Taking a Walk on the Supply Side”.

第4章

出口核弹：国家为何提供敏感性核援助*

[美] 马修·克罗尼格**

[内容提要] 国家为何向无核国家提供敏感性核援助，导致核武器的国际扩散？通过使用敏感性核转让的新数据库，本章分析了敏感性核援助的决定因素。笔者首先叙述了一个简单的核扩散差异效应逻辑，并用该逻辑生成国家在何种条件下提供敏感性核援助的假设。然后，笔者认为潜在核供应国的战略特性是敏感性核援助的重要决定因素。强调经济动机重要性的解释没有在数据中得到支持。集中研究核不扩散的核供应国，本章提出了核武器扩散研究的新路径。

Exporting the Bomb: Why States Provide Sensitive Nuclear Assistance

Abstract: Why do states provide sensitive nuclear assistance to nonnuclear weapon states, contributing to the international spread of nuclear weapons? Using a new dataset on sensitive nuclear transfers, this paper

---

* 本章原载《美国政治科学评论》(*American Political Science Review*)第103卷，第1号，2009年2月，作者2010年11月提供。感谢《美国政治科学评论》杂志准许我们免费录用。

** [美] 马修·克罗尼格(Matthew Kroenig)：美国乔治敦大学助理教授。

analyzes the determinants of sensitive nuclear assistance. I first describe a simple logic of the differential effects of nuclear proliferation, which I use to generate hypotheses about the conditions under which states provide sensitive nuclear assistance. I then show that the strategic characteristics of the potential nuclear suppliers are the most important determinants of sensitive nuclear assistance. Explanations that emphasize the importance of economic motivations do not find support in the data. This paper presents a new approach to the study of the spread of nuclear weapons, focusing on the supply side of nuclear proliferation.

核扩散被广泛地认为对国际和平与安全构成了严重的威胁。政治家、决策者以及学者担忧，有核能力的国家（nuclear-capable states）可能向其他国家或恐怖分子网络提供敏感性核援助，引发核武器扩散。经验证据（empirical record）为该担忧提供了证明。就我们所知，国家虽然未向恐怖分子提供敏感性核援助，但向其他国家多次转让敏感性核原料与核技术。1959—1965年，法国向以色列提供了敏感性核援助，而仅在法国核援助结束的两年之后，人们普遍认为以色列就研制了第一件核武器。一国帮助其他国家发展核武器的故事既不罕见，也非限定于遥远的过去。1978—2002年，巴基斯坦在巴基斯坦核科学家阿卜杜勒·卡迪尔·汗（A. Q. Khan）的帮助下，向伊朗、利比亚和朝鲜扩散敏感性核技术与核原料。[①] 自2002年该合作结束以来，利比亚同意放弃其核项目，但朝鲜已经试验了第一件核装置，而伊朗正在核能力建设上取得了稳步的进步。

---

① 巴基斯坦1987—2002年对伊朗、利比亚和朝鲜的援助是得到国家支持的。资深政府官员，包括国家元首和陆军总参谋长积极地支持核转让。参见：Shyam Bhatia, *Goodbye Shahzadi*, New Dehli: Eastern Book Corporation, 2008; Gordon Corera, *Shopping for Bombs: Nuclear Proliferation, Global Insecurity, and the Rise and Fall of the A.Q. Khan Network*, Oxford: Oxford University Press, 2006; Douglas Frantz and Kathleen Collins, *The Nuclear Jihadist: The True Story of the Man Who Sold the World's Most Dangerous Secrets and How We Could Have Stopped Him*, New York: Twelve, 2007; William Langewiesche, *The Atomic Bazaar: The Rise of the Nuclear Poor*, Farrar, Straus and Giroux, 2007; Adrian Levy and Katherine Scott Clark, *Deception: Pakistan, the United States, and the Secret Trade in Nuclear Weapons*, New York: Walker and Company, 2007; Scott D. Sagan, "Keeping the Bomb Away from Tehran," *Foreign Affairs,* Vol. 85, No. 5, September/October 2006, p. 53。

事实上，这是令人费解的，即国家将转让核原料与核技术来帮助其他国家获取世界上最具破坏性的核武器，而这些武器可能在未来威胁到核供应国的生存。这就提出了一个有关核供应国动机的有趣问题。国家为何向无核国家提供敏感性核援助，尤其是帮助他国获取核武器呢？

学者已经解释了国家为何追求核武器，① 常规军售的原因与后果，② 核扩散对战争与核危机行为可能性的影响，③ 但还没有检验核扩散的核供应国一方。笔者描述了一个简单的核扩散差异效应（differential effects）逻辑，该逻辑是以核威慑研究文献为基础。笔者认为核武器扩散对相对强大的国家比对相对弱小的国家更具威胁。从该基本观点出发，笔者推导出国家在何种条件下将或多或少地可能提供敏感性核援助的三个假设。一、一国越是比潜在核接收国强大，其将越不可能提供敏感性核援助；二、国家更可能向与之有着共同敌人的国家提供敏感性核援助；三、国家对超级大国压力的脆弱性越低，越可能提供敏感性核援助。基于国际转让敏感性核原料与核技术的最新数据，笔者发现该数据支持了战略核扩散理论。经济动机决定敏感性核援助的这一观点并没有获得数据支持。笔者还发现一些经验性依据，即国际制度中的成员国身份塑造了核供应国的行为。

集中研究核扩散的核供应国一方，本章为核武器扩散研究提供了一个新路径。现有理论研究文献过多地关注核扩散的需求国，④ 并详细检验了导致国家追求或放弃核武器项目的因素。了解国家为何需要核

① Scott D. Sagan, "Why Do States Build Nuclear Weapons: Three Models in Search of a Bomb," *International Security*, Vol. 21, No. 3, Winter 1996/1997, pp. 54-86.

② Shannon Lindsey Blanton, "Promoting Human Rights and Democracy in the Developing World: U.S. Rhetoric versus U.S. Arms Exports," *American Journal of Political Science*, Vol. 44, 2000, pp. 123-131; David Kinsella, "Conflict in Context: Superpower Arms Transfers and Third World Rivalry during the Cold War," *American Journal of Political Science*, Vol. 38, No. 3, August 1994, pp. 557-581.

③ Thomas Schelling, *The Strategy of Conflict*, Cambridge: Harvard University Press, 1960; Robert Powell, *Nuclear Deterrence Theory: The Search for Credibility*, Cambridge MA: Cambridge University Press, 1990; Scott D. Sagan and Kenneth Waltz, *The Spread of Nuclear Weapons: A Debate*, New York: W.W. Norton & Company, 1995.

④ Scott D. Sagan, "Why Do States Build Nuclear Weapons: Three Models in Search of a Bomb," *International Security*, pp. 54-86.

武器是重要的，但是需求国路径仅仅描绘了核扩散图景的一部分。当需求国企图发展核武器时，其他国家采取了旨在帮助或阻碍需求国的行动。如果我们想要理解核武器扩散的方式和原因，了解核扩散核供应国一方是有必要的。本章为敏感性核援助的原因提供了首个理论解释与经验验证。

一、解释核扩散与军备出口

大量核扩散文献已详尽解释了国家为何追求或放弃核武器项目。[①] 近年来，有学者通过对新数据库进行统计分析以推进我们对核扩散原因的理解。[②] 然而，与本章的分析不同，上述研究并未探讨国家为何援助他国的核项目。个案研究已记录了国家核武器项目的发展，[③] 包括敏感性核转让的案例，但该个案并未从一个跨国的或理论的视角加以分析。常规军事的研究已检验军事转让对地区稳定的影响，[④] 特定供应国中常规军备出口的原因。例如，布兰顿研究了民主、人权与

---

① Scott D. Sagan, "Why Do States Build Nuclear Weapons: Three Models in Search of a Bomb," *International Security*, pp. 54-86; Etel Solingen, *Nuclear Logics: Contrasting Paths in East Asia and the Middle East*. Princeton, NJ: Princeton University Press, 2007; George Quester, *The Politics of Nuclear Proliferation*, Baltimore: Johns Hopkins University Press, 1973; Jacques E.C. Hymans, *The Psychology of Nuclear Proliferation: Identity, Emotions, and Foreign Policy*, Cambridge: Cambridge University Press, 2006; Kurt M. Campbell, Robert J. Einhorn and Mitchell B. Reiss, *The Nuclear Tipping Point: Why States Reconsider Their Nuclear Choices*, Washington DC: Brookings Institution Press, 2004.

② Sonali Singh and Christopher R. Way, "The Correlates of Nuclear Proliferation: a Quantitative Test," Journal of Conflict Resolution, Vol. 48, No. 6, December2004, pp. 859-885; Dong-Joon Jo and Erik Gartzke, "Determinants of Nuclear Weapons Proliferation: A Quantitative Model," Journal of Conflict Resolution, Vol. 51, No.1, February 2007, pp. 167-194.

③ Avner Cohen, *Israel and the Bomb*, New York: Colombia University Press, 1998; David Holloway, *Stalin and the Bomb: The Soviet Union and Atomic Energy, 1939-1956*, New Haven: Yale University Press, 1994; John W. Lewis and Xue Litai, *China Builds the Bomb*, Stanford, CA: Stanford University Press, 1988; George Perkovich, *India's Nuclear Bomb: the Impact on Global Proliferation*, Berkeley: University of California Press, 1999.

④ David Kinsella, "Conflict in Context: Superpower Arms Transfers and Third World Rivalry during the Cold War," *American Journal of Political Science*, Vol. 38, No. 3, August 1994, 557-581; David Kinsella and Herbert K. Tillema, "Arms and Aggression in the Middle East: Overt Military Interventions, 1948-1991," *Journal of Conflict Resolution*, Vol. 39, No. 2, June 1995, pp.306-329; Gregory Sanjin, "Promoting Stability or Instability? Arms Transfers and Regional Rivalries, 1950-1991," *International Studies Quarterly*, Vol. 43, No. 4, December 1999, pp. 641-670.

美国军售之间的关联，[①] 富尔曼检验了美国对军民两用物品（dual-use commodities）的出口可能被用于合法的民用设施（civilian applications）或大规模杀伤性武器项目，[②] 唐纳森夫妇解释了2001年俄中军事合作协定。[③] 但是，上述文献没有从整个供应国范畴系统地分析常规军事援助的原因，或检验敏感性核援助这一具体问题。

核扩散后果的文献已探讨了核武器是如何影响危机行为，讨论了核扩散对国际体系稳定的影响。核威慑理论家认为，出于对核报复的恐惧国家将不愿使用军事力量来打击拥有核装备的国家。[④] 美国对外政策的研究一致同意，当对手拥有核武器时，美国将更有可能在与对手（adversaries）的对抗中让步。[⑤] 基于核威慑理论家的视角，“核扩散乐观主义者”认为核武器扩散实质上导致了更多的国际稳定，因为核武器制止了军事侵犯。“核扩散悲观主义者”认为核扩散降低了国际稳定，因为更多的国家拥有更多的核武器增加了预防性战争、危机不稳定性

① Shannon Lindsey Blanton, “Promoting Human Rights and Democracy in the Developing World: U.S. Rhetoric versus U.S. Arms Exports,” *American Journal of Political Science*, Vol. 44, 2000, pp. 123-131; Shannon Lindsey Blanton, “Foreign Policy in Transition? Human Rights, Democracy, and U.S. Arms Exports,” *International Studies Quarterly*, Vol. 49, No. 4, December 2005, pp.647-667.

② Matthew Fuhrmann, “Exporting Mass Destruction? The Determinants of Dual-Use Trade,” *Journal of Peace Research*, Vol. 45, No. 5, September 2008, pp. 633-652.

③ Robert H. Donaldson and John A. Donaldson, “The Arms Trade in Russian-Chinese Relations: Identity, Domestic Politics, and Geopolitical Positioning,” *International Studies Quarterly*, Vol. 47, No. 4, December 2003, pp. 709-732.

④ Thomas Schelling, *Arms and Influence*, New Haven: Yale University Press, 1966; Klaus Knorr, “Limited Strategic War,” in Klaus Knorr and Thorton ed., *Limited Strategic War*, Read. Princeton, NJ: Princeton University Press, 1962; Christopher Achen and Duncan Snidal, “The Rational Deterrence Debate: A Symposium Rational Deterrence Theory and Comparative Case Studies,” *World Politics*, Vol. 41, No. 2, January 1989, pp. 143-169; Robert Powell, *Nuclear Deterrence Theory: The Search for Credibility*, Cambridge MA: Cambridge University Press, 1990.

⑤ Richard K. Betts, “Universal Deterrence or Conceptual Collapse? Liberal Pessimism and Utopian Realism,” in Victor A. Utgoff ed., *The Coming Crisis: Nuclear Proliferation, U.S. Interests, and World Order*, Cambridge, MA: MIT Press, 2000; Kenneth Waltz, “More May Be Better,” in Scott D. Sagan, Kenneth N. Waltz ed., *The Spread of Nuclear Weapons: A Debate*, New York/London: W.W. Norton & Company, 1995; Robert Powell, “Nuclear Deterrence Theory, Nuclear Proliferation, and National Missile Defense,” *International Security*, Vol. 27, No. 4, Spring 2003, pp. 86–118; Charles L. Glaser and Steve Fetter, “National Missile Defense and the Future of U.S. Nuclear Weapons Policy,” *International Security*, Vol. 26, No. 1, Summer 2001, p.69.

以及突发性核爆炸的可能性。[①] 然而，学者们没有解释国家为何提供敏感性核援助，或明确地提出一个国家为何对其他国家核扩散行为有着不同的反应。

还有人已提出有些国家为何比其他国家更激烈地反对核扩散的解释。派拉特和科斯特认为，已拥有核武器的国家应比无核国家更可能采取一种反对核武器扩散的强硬姿态，因为他们在限制核俱乐部规模以最大化其核武器拥有的相对优势方面存在利益关切。[②] 另一些学者以及许多记者与政策分析人员，把有关核扩散议题的国家行为归因于经济动机。[③] 按照经济逻辑推理，国家将不可能采取阻止核扩散的措施，尤其当这样做与其经济利益相悖时。在特定环境下，国家甚至可能出口敏感性核原料与核技术以寻求经济利益。然而，与上述文献的分析不同，这些学者求助的是核武器的拥有或经济激励，而不是常规军事力量，作为解开扩散偏好的关键。

二、战略核扩散理论

基于核威慑文献，笔者提炼出核扩散对不同水平常规军事力量的国家有着不同效应的观点。从该视角出发，笔者发展出一种新的战略核扩散理论及其三个假设，用来分析敏感性核援助这一具体问题。

---

① Scott D. Sagan and Kenneth Waltz, *The Spread of Nuclear Weapons: A Debate*, New York: W.W. Norton & Company, 1995; Bruce G. Blair, "Nuclear Inadvertence: Theory and Evidence," *Security Studies*, Vol. 3, No. 3, Spring 1994, pp. 494–500; Peter Douglas Feaver, *Guarding the Guardians: Civilian Control of Nuclear Weapons in the United States*, Ithaca, NY: Cornell University Press, 1993; Bradley Thayer, "The Risk of Nuclear Inadvertence: A Review Essay," *Security Studies*, Vol. 3, No. 3, Spring 1994, pp. 428-493.

② Joseph F. Pilat, "The French, Germans, and Japanese and the Future of the Nuclear Supply Regime," in Rodney W. Jones, Cesare Merlini, Joseph F. Pilat and William C. Potter ed., *The Nuclear Suppliers and Nonproliferation: International Policy Choices*, Lexington MA: Lexington Books, 1985, pp. 81-92; George Quester, "The Statistical 'N' of the 'Nth' Nuclear Weapon States," *Journal of Conflict Resolution*, Vol. 27, No. 1, March 1983, pp. 161-179.

③ Nicholas Jabko and Steven Weber, "A Certain Idea of Nuclear Weapons: France's Non-Proliferation Policies in Theoretical Perspective," *Security Studies*, Vol. 8, No. 1, Fall 1998, pp. 108-150; William C. Potter ed., *International Nuclear Trade and Nonproliferation: The Challenge of the Emerging Nuclear Suppliers*, Lexington, MA: Lexington Books, 1990.

核威慑理论认为，核武器制止了国家使用大规模常规军事力量去追求其国家利益。[①] 如果这是正确的，我们预计核武器扩散对选择使用常规军事力量的国家最为不利。当特定国家获得了核武器时，对于某个能够对其投放常规军事力量能力的国家而言，则会失去某些优势。

笔者将某一特定国家相对于另一特定国家投放军事力量的能力界定为一国在另一国领土上进行全面的、常规的、地面战争的能力。[②] 同样，笔者将相对强大的国家界定为相对于另一国拥有更强投放军事力量能力的国家。相对弱小的国家是缺乏军事力量投放能力的国家。[③]

简而言之，当一个新的国家获得核武器时，战略成本会不成比例地由相对于该国曾享有投放常规军事力量能力的国家来承担。能够更好地运用其常规军事力量打击某一特定国家的国家应激烈地反对对该国的核扩散，因为核扩散将遏制其常规军事力量。例如，美国通常反对对其他国家的核扩散，因为这限制了其军事行动自由。[④] 另一方面，当核武器扩散至某一特定国家时，不能使用常规军事力量打击该国的国家并不会招致如此多的战略成本，且将不可能竭力地反对对该国的核扩散。巴基斯坦前驻美大使、前陆军参谋长（former chief of the army staff）杰汗吉尔·卡拉麦特（Jehangir Karamat）认为："朝鲜的核能力并不会直接威胁到我们。"[⑤] 将该逻辑运用至敏感性核援助问题，我们推导出假设1：*一国比潜在核接收国越为强大，其越不可能向后者提供*

---

① 稳定—不稳定悖论的倡导者认为核武器扩散可能实质上增加低层次常规军事冲突的可能性，参见：Glenn H. Snyder, "The Balance of Power and the Balance of Terror," in Paul Seabury ed., *The Balance of Power*, San Francisco: Chandler, 1965；然而，稳定—不稳定悖论在理论与经验层面上也遭到了学者们的反对，参见：Robert Powell, *Nuclear Deterrence Theory: The Search for Credibility*, Cambridge MA: Cambridge University Press, 1990; S. Paul. Kapur, "India and Pakistan's Unstable Peace: Why Nuclear South Asia Is Not Like Cold War Europe," *International Security*, Vol. 30, No. 2, Fall 2005, pp. 127-152。

② 军事力量或军事能力投放能力通常在美国国防部门使用，表示拥有航空母舰。我不是从这个意义上使用军事力量投放能力。

③ 国家可能拥有对某一特定国家进行常规战争的能力，由于地缘的临近性（大多数国家拥有发动对与其有着共同边界的国家战争的能力）或因为他们拥有跨大规模距离投放军事力量的能力。例如，在与朝鲜的关系中，韩国（由于地缘的临近性）和美国（由于其全球军事力量投放能力）是相对强大的国家。另一方面，在与朝鲜的关系中，巴基斯坦是相对弱小的国家，因为巴基斯坦不能令人置信地在朝鲜领土上发动一场全面的、常规地面战争。

④ Jeffrey T. Richelson, *Spying on the Bomb: American Nuclear Intelligence from Nazi Germany to Iran and North Korea*, New York: W.W. Norton & Company, 2006.

⑤ Interview with the author, April 2006.

敏感性核援助。

但是，相对实力与敏感性核援助之间的反向关系也是可能的。相对强大的国家，由于其能更好地防御或制止一场核攻击，且更少地受到核扩散的威胁，因此，更有可能提供敏感性核援助。但是，这个对立的假设基于该前提条件，即有核能力的核供应国相信核接收国将可能使用核武器，并不仅是制止外国入侵，而是发动一场核攻击。该前提条件与许多核武器文献的相悖，后者认为核武器在制止外国入侵上是有效的，但在很大程度上是无效的强制和作战工具。[①] 这仍是一个在理论范畴不能完全解决，需要在经验分析中将进一步评估的问题。

既然核扩散使相对强大的国家必须承担成本，其他国家可能在特定条件下真正地欢迎核武器扩散。当它对其他敌对国家（rival states）强加战略成本时，核武器扩散可能对国家是有利的。运用敏感性核援助问题，我们应预计核供应国能够通过敏感性核援助向其敌对国家强加战略成本。例如，1959年至1965年，法国向以色列——埃及的核心敌对国——提供敏感性核援助，以遏制埃及在中东不断增长的军事力量。敏感性核援助能够对一个敌对国家强加战略成本，该逻辑导出假设2：*国家更有可能向与其共有一个共同敌人的国家提供敏感性核援助。*

因核扩散而处于最不利地位的国家倾向于防止核扩散。核扩散的差异效应招致了超级大国的干预。当核扩散在国际体系内任何地方发生，超级大国——拥有全球军事力量投放能力的国家——的战略地位遭受了损害。因此，超级大国特别地反对核扩散，并试图建立一个霸权下的核不扩散秩序以防止核武器扩散。[②] 超级大国主导建立了核不扩散机制的多边制度，包括《不扩散核武器条约》（NPT）、核供应国集

---

① Charles L. Glaser, *Analyzing Strategic Nuclear Policy*, Princeton NJ: Princeton University Press, 1991; Robert Powell, "Nuclear Deterrence Theory, Nuclear Proliferation, and National Missile Defense," *International Security*, Vol. 27, No. 4, Spring 2003, pp. 86-118.

② 霸权稳定论集中研究大国在维持一个开放国际经济体系的利益，参见：Stephen D. Krasner, "State Power and the Structure of International Trade," *World Politics*, Vol. 28, No. 3, April 1976, pp. 317-347; Robert O.Keohane, *After Hegemony: Cooperation and Discord in the World Political Economy*, Princeton NJ: Princeton University Press,1984。相反，一个霸权下的扩散秩序强调霸权国在阻碍核武器扩散时的利益。

团（the Nuclear Suppliers Group, NSG）。此外，在核扩散个案中，通常是超级大国处于最重要的位置，使用一揽子的胡萝卜与大棒政策来扭转核武器扩散的趋势。超级大国运用其权力与影响力来劝阻其他国家出口敏感性核技术。超级大国在引入核克制方面的成功取决于潜在核供应国对超级大国压力的脆弱性。依赖于超级大国提供其自身安全的国家更有可能判断，危害与超级大国庇护者（superpower patron）关系的潜在成本超过提供敏感性核援助的潜在收益。[①] 例如，阿根廷与美国之间有一个正式的防御协定，其迫于美国的压力，于1985年取消了一项对利比亚拟出售的钚后处理技术（a proposed sale of plutonium reprocessing technology）。[②] 另一方面，更少依赖于超级大国庇护者的国家更有可能提供敏感性核援助，尽管超级大国反对。该逻辑推导出假设3：*依赖于超级大国庇护者的国家更不可能提供敏感性核援助*。

对战略核扩散三个假设最强大的挑战是：经济激励驱动国家提供敏感性核援助。因此，笔者对一系列广泛的经济因素进行了控制。学者认为，朝鲜的经济落后与低经济增长率可能促使平壤转让敏感性核援助以挣取急需的硬通货。[③] 其他学者认为后苏联时代俄罗斯糟糕的经济条件可能刺激莫斯科向德黑兰出口民用核设施。[④] 该逻辑证明了两个假设。一、越不发达的国家越有可能提供敏感性核援助。因此，在潜在的核供应国中，更低水平的经济发展可能伴随着更高的出口敏感性核技术与核原料的倾向。二、遭受低经济增长率的国家更有可能采取极端措施，例如出口敏感性核技术与核原料，以改善其经济状况。

---

① 理论上，没有核武器并依赖一个超级大国的，且有核能力的供应国能够获取核武器作为一种转移对超级大国依赖的工具。然而，核扩散供应国方面的研究证明，与一个核大国有着防御协定的国家更不可能获取核武器，参见：Sonali Singh and Christopher R. Way, "The Correlates of Nuclear Proliferation: a Quantitative Test," *Journal of Conflict Resolution*, Vol. 48, No. 6, December 2004, pp. 859-885。

② Rodney W. Jones and Mark G. McDonough with Toby F. Dalton and Gregory D. Koblentz, *Tracking Nuclear Proliferation: A Guide in Maps and Charts*, Washington DC: Carnegie Endowment for International Peace, 1998, p. 224.

③ Michael Horowitz, "Who's behind that Curtain? Unveiling Potential Leverage over Pyongyang," *The Washington Quarterly*, Vol. 28, No. 1, Winter 2004/2005, pp. 21-44; Sheena Chestnut, "Illicit Activity and Proliferation: North Korean Smuggling Networks," *International Security*, Vol. 32, No. 1, Summer 2007, pp. 80-111.

④ Vladimir A. Orlov and Alexander Vinnikov, "The Great Guessing Game: Russia and the Iranian Nuclear Issue," *The Washington Quarterly*, Vol. 28, No. 2, Spring 2005, pp. 49-66.

还有其他潜在的对敏感性核援助类型的经济解释。学者认为，对国际经济体系开放的国家更不可能寻求发展核武器，因为他们不愿进行争议性的外交政策而使国际贸易与投资承担风险。① 相应的，对国际经济开放的国家更不可能提供敏感性核援助，以避免危害其国际经济关系。与之相反，杰布科与韦伯认为出于对国际贸易的依赖，法国比其他国家更可能出口民用核技术。② 因此，我们可能预计，对国际经济越开放的国家越可能提供敏感性核援助。布兰顿已发现，美国更可能向与其有着紧密贸易关系的国家出口常规军事武器。③ 相似地，依赖于特定贸易伙伴的国家更可能向贸易伙伴提供敏感性核援助，以避免损害重要的贸易关系。

三、敏感性核援助数据

为验证战略性核援助理论，笔者建立了一个原始的敏感性核援助的数据库。该数据库包括了1951—2000年国际体系中所有有能力的核供应国与潜在的核接收国双重的年度信息。有能力的核供应国是向他国可靠地转让敏感性核原料与核技术的国家。国家被编为有能力的核供应国首先应在一年内成功地运作一个国内的钚后处理或铀浓缩设施（表4-1）。潜在的核接收国是国际体系中所有的无核武器的国家。拥有核武器能力的国家不被包括在潜在核接收国内，因为推动本研究的难题关注的是导致国家向无核武器国家提供敏感性核援助的动机。

① Etel Solingen, *Nuclear Logics: Contrasting Paths in East Asia and the Middle East.* Princeton, NJ: Princeton University Press, 2007; T.V. Paul, *Power Versus Prudence: Why Nations Forgo Nuclear Weapons*, Montreal: McGill-Queen's University Press, 2000.

② Nicholas Jabko and Steven Weber, "A Certain Idea of Nuclear Weapons: France's Non-Proliferation Policies in Theoretical Perspective," *Security Studies*, Vol. 8, No. 1, Fall 1998, pp. 108-150.

③ Shannon Lindsey Blanton, "Promoting Human Rights and Democracy in the Developing World: U.S. Rhetoric versus U.S. Arms Exports," *American Journal of Political Science*, Vol. 44, 2000, pp.123-131; Shannon Lindsey Blanton, "Foreign Policy in Transition? Human Rights, Democracy, and U.S. Arms Exports," *International Studies Quarterly*, Vol. 49, No. 4, December 2005, pp. 647-667.

表 4–1　有能力的核供应国

国家	年份	国家	年份
阿根廷	1969	荷兰	1971
比利时	1966	朝鲜	1993
巴西	1988	挪威	1961
中国	1964	巴基斯坦	1986
法国	1958	苏联/俄罗斯	1949
德国	1969	南非	1977
印度	1964	英国	1951
以色列	1966	美国	1945
意大利	1970	南斯拉夫/塞尔维亚	1966
日本	1977		

二分因变量（dichotomous dependent variable）是敏感性核援助。这衡量了一个有能力的核供应国是否在给定一年时间内向一个潜在核接收国提供敏感性核援助。笔者将敏感性核援助界定为国家支持转让关键的核原料与核技术，该转让是一个无核武器国家建造核武库的必要条件。敏感性核援助有三种形式：帮助无核武器国家设计和制造核武器；向无核武器国家转让具有重大意义数量的武器级别的核裂变原料；帮助无核武器国家建造可能被由于生产武器级别的核裂变原料的铀浓缩或钚后处理设施。敏感性核援助还包括敏感性核转让，无论其是否在国际保护措施（international safeguards）下被提供。国际保护措施考虑到核设施的监管以及追踪和报告核裂变原料的转用。然而，国家利用在国际保护措施下获得的技术性专长，来发展平行的、无保护措施的核项目，绕行保护措施条款，驱逐国际核查人员，并最终从保护措施中退出。敏感性核援助排除了与核武器项目发展很少有关联的其他类型的核合作。民用核援助条款，例如科学技术交流、帮助勘探和开采天然铀、核反应堆与设施条款以及建造用于研究与原子动力反应堆，都不具备敏感性核援助的资格。国家为何决定帮助他国发展可能被用于运输核武器的平台，例如轰炸机和弹道导弹，是一个有趣的

问题，但超出了本研究的范围。敏感性核援助同样排除了向已制造出核武器国家转让敏感性核援助，或者那些实质上并没有促进一国核项目发展的转让。次国家行为体，如个人、公司或官僚进行没有得到政府承认或许可的敏感性核原料与核技术的国际走私不在笔者界定的敏感性核援助范围之内。以国家为中心可以研究几乎每个敏感性核援助案例，因为次国家行为体走私敏感性核原料与核技术在经验上是少见的。有一个或可能两个没有国家直接卷入的敏感性核援助案例。[①]

为了对敏感性核援助进行编码，笔者从由核威胁倡议（the Nuclear Threat Initiative，NTI）维持的一个在线核武器数据库开始。笔者同时利用重要的核武器开始评估报告与国家核武器项目有关的历史性研究。[②] 一个敏感性核转让的案例要被纳入至该数据库，必须要得到至少两个渠道的证实。也有一些所选的敏感性核援助没有发生的案例，见表4–2。

笔者设置自变量来验证上述阐述的战略假设。相对实力——核供应国相对于一个潜在核接收国的投放军事力量的能力——被用来衡量核供应国的能力，其实力因核供应国到潜在核接收国的地理距离而打折扣，再减去潜在核接收国的能力。能力是一个复合指标，包括总人口、城市人口、能源消费、钢铁生产、军事人力资源和军费开支信息。能力的数据来源于3.01版战争相关性（the Correlates of War）的复合能力指标以及概括性使用尤金数据库（extracted using EUGene）。[③] 由于一国相对于另一国投放军事力量的能力取决于两个国家之间的地理距离，利用布鲁斯·布尔诺·德·梅斯基塔提出的公式，[④] 核供应国的能力因距离而打折扣。笔者还建立了一个替代性的权力率变量，以核供应国的复合能力除以核供应国与核接收国复合能力之和来衡量。

---

① 这些案例的分析将会很有趣，但超出本章的研究范围。这些案例的描述可参见附录B和C。

② 来源的完整清单，参见附录A、B、C中的引用。

③ J. David Singer, Stuart Bremer and John Stuckey, "Capability, Distribution, Uncertainty, and Major Power War, 1820-1965," in Bruce Russett ed., *Peace, War, and Numbers*, Beverly Hills, CA: Sage, 1972; Scott D. Bennett and Allan Stam, "*EUGene*: A Conceptual Manual," *International Interactions*, Vol. 26, No. 2, April-June 2000, pp. 179-204.

④ Bruce Bueno de Mesquita, *The War Trap*, New Haven: Yale University Press, 1981.

表 4–2　所选的敏感性核援助没发生的案例

有能力的核供应国	潜在的核接收国	年份	有能力的核供应国	潜在的核接收国	年份
阿根廷	巴拉圭	1970—2000	挪威	沙特阿拉伯	1962—2000
阿根廷	利比亚	1970—2000	挪威	瑞典	1962—2000
比利时	白俄罗斯	1992—2000	荷兰	埃及	1972—2000
比利时	丹麦	1967—2000	荷兰	以色列	1972—2000
巴西	阿根廷	1988—2000	巴基斯坦	阿富汗	1987—2000
巴西	智利	1988—2000	巴基斯坦	巴西	1987—2000
中国	日本	1965—2000	巴基斯坦	加拿大	1987—2000
中国	越南	1965—2000	朝鲜	哥伦比亚	1994—2000
法国	比利时	1959—2000	朝鲜	印度尼西亚	1994—2000
法国	意大利	1959—2000	朝鲜	韩国	1994—2000
法国	西班牙	1959—2000	苏联/俄罗斯	澳大利亚	1951—2000
德国	保加利亚	1972—2000	苏联/俄罗斯	芬兰	1951—2000
德国	希腊	1972—2000	苏联/俄罗斯	乌克兰	1992—2000
印度	孟加拉国	1973—2000	南非	伊朗	1978—2000
印度	巴基斯坦	1965—1991	南非	利比亚	1978—2000
以色列	埃及	1967—2000	南非	纳米比亚	1978—2000
以色列	波兰	1967—2000	英国	法国	1952—1959
以色列	叙利亚	1967—2000	英国	墨西哥	1952—2000
意大利	瑞士	1971—2000	英国	土耳其	1952—2000
意大利	伊朗	1971—2000	美国	巴西	1951—2000
日本	朝鲜	1978—2000	美国	中国	1951—1963
日本	委内瑞拉	1978—2000	美国	东德	1955—1990
日本	古巴	1978—2000	美国	以色列	1951—1967
挪威	捷克斯洛伐克	1962—1992	美国	伊拉克	1951—2000
			美国	韩国	1951—2000

为了衡量核供应国与核接收国是否受到一个共同敌对国家的威胁，笔者设置了敌人概念。[①] 该二分变量表示了核供应国与核接收国是否拥

① 对“我敌人的敌人”概念的讨论，参见：Zeev Maoz, Lesley G. Terris, Ranan D. Kuperman and Ilan Talmud, “What Is the Enemy of My Enemy? Causes and Consequences of Imbalanced Relations, 1816-2001,” *Journal of Politics*, Vol. 69, No. 1, February 2007, pp. 100-115.

有一个共同的敌对国家。该变量利用来自克莱因、格尔兹和迪尔的敌对国家数据，该数据将敌对国家界定为两个国家在特定时期内参与多个相关的军事化的国家间争端。①

笔者设置了三个变量来衡量一国对超级大国压力的脆弱性。超级大国协定（superpower pact）是一个虚拟变量（dummy variable），表示一国是否依赖于一个超级大国的安全保证。依赖于一个超级大国安全保证的国家是缺乏核武器能力，并与超级大国有着防御协定的国家。②笔者将1951—2000年的美国和1951—1989年的苏联编码为超级大国。防御协定与核武器拥有量的数据来源于第3版战争相关性联盟数据库以及辛格和卫对核武器国家的编码。③另一个替代性衡量标准，超级大国投票（superpower vote）利用来自埃里克·伽兹柯国家亲和力指数（Affinity of Nations Index）的数据，④并衡量了一国在联合国大会（the United Nations General Assembly，UNGA）投票行为与最亲近超级大国投票行为的相似性。对超级大国压力脆弱的国家很有可能与其庇护者投票保持一致，而非反对。1951—1989年，该变量衡量国家与超级大国投票行为的相似性在每年都有非常相似的投票轮廓。1990—2000年，该变量衡量了国家与美国投票行为的相似性。关于超级大国依赖程度的一个最终的、供替代的衡量标准，笔者利用了辛格和卫的核武器国家编码来建立一个模拟变量，核武器，表示一国是否拥有核武库。⑤拥有一次核威慑的国家能更好地供给自身安全，并应该对超级大国压力的脆弱性程度更低。这也是可能的，即核武器国家更有可能提供敏感性核援助，因为核武器的拥有赋予他们能够制止来自新核武器国家袭

① James P. Klein, Gary Goertz, and Paul F. Diehl, "The New Rivalry Dataset: Procedures and Patterns," *Journal of Peace Research*, Vol. 43, No. 3, May 2006, pp. 331-348.

② 按照辛格和卫的界定，笔者将防御协定视为一个安全保证。

③ Douglas M. Gibler and Meredith Sarkees, *Coding Manual for v3.0 of the Correlates of War Formal Interstate Alliance Data Set, 1816-2000*, 2002, unpublished manuscript; Sonali Singh and Christopher R. Way, "The Correlates of Nuclear Proliferation: a Quantitative Test," *Journal of Conflict Resolution*, Vol. 48, No. 6, December 2004, pp. 859-885.

④ Erik Gartzke, *Codebook for the Affinity of Nations Index, 1946-2002, version 3.0*, Accessed from http://www.columbia.edu/~eg589, 2006.

⑤ Sonali Singh and Christopher R. Way, "The Correlates of Nuclear Proliferation: a Quantitative Test," *Journal of Conflict Resolution*, Vol. 48, No. 6, December 2004, pp. 859-885.

击的自信。此外，核武器国家可能是更多产的核供应国，因为他们能够提供与核武器设计和制造相关的核援助。该变量的纳入也能对替代性解释进行评估，即核武器国家将更不可能提供敏感性核援助，因为他们在限制核武器俱乐部的国家数量方面有着利益。

笔者同样纳入了一系列控制变量。我们预计，不论其常规军事力量的水平如何，国家不愿向地缘上相近的国家提供敏感性核援助。为了控制该要素，笔者建构了地理距离，一个用来衡量重要城市之间距离的存储数据的标准，正如尤金数据库所计算的一样。然而地理距离与敏感性核援助之间关系有可能是非单调的（nonmonotonic）。先前的研究认为后勤问题可能使国家很难向远距离国家转让敏感性核技术。[①] 为了检验地理距离与敏感性核转让之间的非单调关系，笔者也纳入了地理距离方差（distance squared），一个地理距离变量的方差术语。[②]

为了评估经济动机对国家提供敏感性核决策的影响，笔者纳入了一系列经济控制变量。经济发展（Economic development）以1996年固定美元的一国人均国民生产总值来衡量。经济增长（Economic Growth）通过增长= log（GDPt）- log（GDPt-1）来计算。按照奥尼阿尔和拉西特的方法，[③] 笔者将贸易依赖（Trade dependence）通过两国之间的总贸易（进口加出口）占第一国国民生产总值的百分比来衡量。国际贸易的开放（openness）通过一国贸易率和总贸易（进口加出口）除以国民生产总值来计算。开放变量利用了来自辛格和卫的数据。[④] 其他经济数据来自格里蒂奇，[⑤] 并概括性的使用了尤金数据库。

笔者也对一系列影响国际核交易类型的制度变量进行了控制。国家制度被认为通过建立调节国家行为的正式规则和通过创建塑造对适

① Amy Sands, "Emerging Nuclear Suppliers: What's the Beef?" In *International Nuclear Trade and Nonproliferation*, William C. Potter ed., Lexington, MA: Lexington Books, 1990.

② 模型中包括一个变量及其方差是一个检验一种非单调关系的常用方法，参见 Ramsey and Schafer 2002, pp. 244-245.

③ John R. Oneal and Bruce Russett, "The Classical Liberals Were Right: Democracy, Interdependence, and Conflict, 1950-1985," *International Studies Quarterly*, Vol. 41, No. 2, June 1997, pp.267-294.

④ Sonali Singh and Christopher R. Way, "The Correlates of Nuclear Proliferation: a Quantitative Test," *Journal of Conflict Resolution*, Vol. 48, No. 6, December 2004, pp. 859-885.

⑤ Kristian Gleditsch, "Expanded Trade and GDP Data," *Journal of Conflict Resolution*, Vol. 46, No. 5, October 2002, pp. 712-724.

当行为理解的非正式规范来影响国家行为。① 核不扩散机制中的制度对核原料与核技术转让设立了限制，这可能使得成员国更不可能提供敏感性核援助。为了衡量国家制度对敏感性核援助的影响，笔者建立了两个二分变量。《不扩散核武器条约》衡量核供应国是否是该条约的成员国。② 核供应国集团衡量潜在核供应国是否是核供应国集团的成员国。③ 先前的研究表明，国内政权类型可能在核武器议题上影响国家行为。④ 为了衡量政权类型，笔者采用了政体分数，即使用来自政体自变量（the Polity IV dataset）数据库来赋值，从 –10（最独裁政体）到 +10（最民主政体）。⑤

有人可能预计国家将更有可能对其盟国提供敏感性核援助。乔安妮·戈娃（Joanne Gowa）认为，国家从强大的盟国中获利，并且国家进行诸如国际贸易能授权盟国的行为。⑥ 一个联盟变量并不包括在下列呈述的模型中，但是，因为与该联盟建立假设的预期相反，国家从未向与其共享一个正式联盟的一国提供敏感性核援助。⑦

笔者同样对影响核交易的需求国要素进行了控制。先前的研究表明，经济发展、国际经济的开放、经济自由化、《不扩散核武器条约》成员国以及威胁环境塑造了一国对核武器的需求。因此，这些变量同样可能塑造核接收国对敏感性核援助的需求。我们也可能认为，像核供应国一样，依赖于一个超级大国庇护者的潜在核接收国可能对超级大国的压力更为脆弱，且更不可能接收敏感性核援助。经济发展、开

① Stephen Krasner ed., *International Regimes*, Ithaca: Cornell University Press, 1983; Robert O.Keohane, *After Hegemony: Cooperation and Discord in the World Political Economy,* Princeton NJ: Princeton University Press, 1984; Barbara Koremenos, Charles Lipson, and Duncan Snidal, "The Rational Design of International Institutions," *International Organization*, Vol. 55, No. 4, Autumn 2001, pp. 761-799.

② 有关《核武器不扩散条约》成员国的信息来源于：the Institute for Defense & Disarmament Studies, http://www.idds.org/issNucTreatiesNPT.html。

③ 核供应国集团成员国的信息来源于：Tadeusz Strulak, "The Nuclear Suppliers Group," Nonproliferation Review, Vol. 1, No. 1, Fall 1993, pp.1–10; 核供应国集团网站：http://www.nuclearsuppliersgroup.org/, 以及 the NTI 网站。

④ Sonali Singh and Christopher R. Way, "The Correlates of Nuclear Proliferation: a Quantitative Test," *Journal of Conflict Resolution*, Vol. 48, No. 6, December 2004, pp. 859-885.

⑤ K. Jaggers and T.R. Gurr, "Tracking Democracy's Third Wave with the Polity III Data," *Journal of Peace Research*, Vol. 32, No. 4, July 1995, pp. 469-482.

⑥ Joanne Gowa, *Allies, Adversaries, and International Trade*, Princeton NJ: Princeton University Press, 1994.

⑦ 战争联盟相关性变量衡量四种类型的联盟关系：防御协定、谅解、中立条约或不结盟。

放、《不扩散核武器条约》成员国以及超级大国的依赖等标准已经被讨论。为了衡量经济自由化，笔者采用了一个来自辛格和卫的变量，通过计算3年、5年和10年开放程度的变化，来测量趋向更大程度贸易开放的活动。争端是核接收国安全环境的一个标准，是一个核接收国每年卷入一系列军事化国家间争端的5年移动平均数（5-year moving average）。该衡量标准来自辛格和卫，并利用了来自3.0版国家间争端军事化数据库（version 3.0 of the Militarized Interstate Dispute data set）的数据。[①]

四、数据分析

笔者的核心假设是关注核供应国与核接收国之间相对实力、核供应国与核接收国共同敌人存在以及核供应国对超级大国依赖对理解敏感性核援助原因的重要性。笔者采用了罕见事件逻辑回归（Rare Events Logistic Regression, ReLogit）来检验有关敏感性核援助相关性的观点。[②]

统计分析类型在解释论据支持或反对前面描述的每个假设方面被证明是有用的。笔者检验了核心战略和经济变量同敏感性核援助之间的简单双重变量关系（表4–3）。对每个衡量标准来说，在纳入三次样条函数（cubic splines）来控制因变量中时间依赖（temporal dependent）后，[③] 笔者也检验了该双重变量关系。为了控制潜在混合因素（confounding factor），笔者又评估了每个解释变量的效果，包括控制变量与三次样条函数（表4–4）。

---

① Faten Ghosen and Glenn Palmer, *Codebook for the Militarized Interstate Dispute Data, Version 3.0*, http://cow2.la.psu.edu, 2003.

② Gary King and Langche Zeng, "Logistic Regression in Rare Events Data," *Political Analysis*, Vol. 92, Spring 2001, pp. 137-163.

③ Nathaniel Beck, Jonathan N. Katz, and Richard Tucker, "Taking Time Seriously in Binary Time-Series—Cross-Section Analysis," *American Journal of Political Science*, Vol. 42, No. 4, October 1998, 1260-1288.

表4-3　1951—2000年敏感性核援助的相关性：三次样条函数和没有三次样条函数的双重变量关系

因变量	系数	牢固的标准错误	N	模型
战略变量				
假设1：相对实力	–53.371	3.396***	81952	ReL
	–49.037	7.772***	81952	CS
假设2：敌人	2.376	0.234***	81952	ReL
	2.545	0.547***	81952	CS
假设3：超级大国协定	–0.961	0.248***	81952	ReL
	–1.033	0.662	81952	CS
假设3：超级大国投票[a]	–0.384	0.275	81127	ReL
	–1.160	0.399**	81127	CS
假设3：核武器	0.752	0.242**	81952	ReL
	1.192	0.606*	81952	CS
经济变量				
变量1：经济发展	–0.065	0.018***	81952	ReL
	–0.002	0.063	81952	CS
变量2：经济增长	5.239	3.011	81952	ReL
	5.503	4.044	81952	CS
变量3：开放	–0.007	0.002***	81952	ReL
	–0.001	0.005	81952	CS
变量4：贸易依赖	12.020	1.886***	81952	ReL
	16.872	4.361***	81952	CS

注：表格每行代表一个双重变量回归的结果。

a:超级大国投票和超级大国投票（核接收国）是基于联合国大会的投票。包括这些标准的模型失去了观察值，即在两个国家中至少有一个国家不是联合国的成员国。这些模型并没有遗漏任何观测值，即当两个国家都不是联合国成员国时，敏感性核援助发生了。中国在联合国的席位在1971年前由台湾地区占有，从1971年至今由中国大陆所有。使用该变量的模型并不包括法国1975年对台湾地区的核援助以及苏联从1958—1960年对中国大陆的援助。其他的模型使用超级大国依赖的替代标准来囊括所有的敏感性核援助案例。

*p<.05;

**<.01;

***p<.001.

因变量是敏感性核援助，赋值从0（无核援助）到1（核援助）。牢固的标准错误通过聚集两个双重变量回归模型而得以校正。对于每个自变量，笔者呈报了结果，即罕见事件逻辑回归的双重变量回归（ReL）以及在包括对暂时依赖（temporal dependence）的样条函数校正后的罕见事件逻辑回归的双重变量回归（CS）。

表4-4　1951—2000年敏感性核援助的相关性：多重变量的结果

		模型				
	自变量	1	2	3	4	5
战略自变量	相对实力	−25.301*	−33.194***	−46.072***	−46.379***	−47.389***
		(11.307)	(9.895)	(13.099)	(14.246)	(9.728)
	敌人	1.7429***	2.090***	1.986***	2.039***	1.497**
		(0.511)	(0.586)	(0.549)	(0.611)	(0.505)
	超级大国协定	−1.334***	−1.576**			
		(0.404)	(0.565)			
	超级大国投票			−1.314***	−1.261**	
				(0.323)	(0.420)	
	核武器					1.101**
						(0.398)
经济自变量	经济发展	0.031		−0.034		−0.035
		(0.085)		(0.068)		(0.059)
	经济增长	3.597		7.240*	9.701*	4.799*
		(3.345)		(2.896)	(3.899)	(2.447)
	开放	−0.010		−0.094		−0.019
		(0.088)		(0.080)		(0.078)
	贸易依赖	44.420***	47.558***	50.160***	60.538***	53.275***
		(10.872)	(12.124)	(10.766)	(11.898)	(11.760)
制度自变量	政体类型	−0.043		−0.059		−0.027
		(0.042)		(0.032)		(0.034)
	核不扩散条约成员国	−1.053		−2.118*	−1.662*	−1.672*
		(0.647)		(0.910)	(0.778)	(0.847)
	核供应国集团	2.292*	1.572*	3.597***	2.378***	3.163***
		(0.917)	(0.672)	(1.080)	(0.688)	(0.890)

续表

		模型				
自变量		1	2	3	4	5
战略控制自变量	地理距离	19.818* (8.490)	18.264* (8.375)	20.852** (7.790)	22.503** (8.256)	18.779* (7.776)
	地理距离方差	−1.259* (0.532)	−1.156* (0.528)	−1.303** (0.492)	−1.394** (0.517)	−1.174* (0.490)
核接收国需求自变量	争端（核接收国）	0.157 (0.134)		0.474*** (0.118)	0.444*** (0.125)	0.483*** (0.115)
	超级大国协定（核接收国）	0.457 (0.858)				
	超级大国投票（核接收国）			−1.596* (0.759)	−1.355 (0.759)	−2.322** (0.757)
	经济发展（核接收国）	0.023 (0.020)		0.035 (0.023)		0.026 (0.024)
	经济自由化（核接收国）	0.008 (0.022)		−0.012 (0.017)		−0.011 (0.017)
	开放（核接收国）	−0.014** (0.005)	−0.011* (0.005)	−0.011** (0.004)	−0.011** (0.004)	−0.012* (0.005)
	何不扩散条约成员国（核接收国）	−0.016 (0.690)		−0.945 (0.526)		−0.472 (0.520)
	常数	−81.552* (34.033)	−75.545* (33.259)	−85.352** (30.625)	−93.746** (32.682)	−78.487* (30.712)
	N	81952	81952	78143	78143	78920

注：*p<.05; **<.01; ***p<.001.

因变量是敏感性核援助，赋值从0（无核援助）到1（核援助）。牢固的标准错误见括号中数据，并通过聚集两个多重变量回归模型而得以校正。在包括对暂时依赖（temporal dependence）的样条函数的校正后，模型得以预估。

笔者首先检验了相对实力与敏感性核援助负相关关系的假设。假设1表明，一国相对于一个潜在核接收国越强大，其越不可能对后者提供敏感性核援助。首先转向双重变量模型，我们看见相对实力与敏感性核援助之间的关系在两个模型中是负相关关系，且统计上显著（statistically significant）。下一步，多重变量回归分析（multivariate regressions）的检验显示出一个相似的类型。再一次，在每个模型中，系数中的符号（the sign on the coefficient）为负，且统计上显著。[①] 这是核供应国与核接收国相对实力差异因果关系显著对理解敏感性核援助的有力的经验支持。

第 2 个假设集中研究存在一个共同敌人对潜在核供应国提供敏感性核援助的一个动机。一个共同敌人的存在与敏感性核援助之间存在正相关关系。首先转向双重变量模型，我们发现该模型支持假设。在双重变量模型中，敌人与敏感性核援助之间的关系是正相关关系，且统计上显著。控制变量的纳入并没有改变该关系。在多重变量模型中我们再一次看到，在每个模型中敌人变量系数中的符号为正，且统计上显著。该分析显示一个共同敌人的存在和敏感性核援助类型之间有着一个强大的关联。

笔者检验对超级大国压力脆弱的国家将更不可能提供敏感性核援助这一假设。在双重变量分析中，我们发现超级大国协定与敏感性核援助，超级大国投票与敏感性核援助之间存在预期的负相关关系。我们也发现，核武器与敏感性核援助之间存在预期的正相关关系。通过控制时间因变量，超级大国协定在简单的双边变量模型中统计上显著，超级大国投票在双重变量模式中统计上显著。核武器在两个标准中也在统计上显著。然而，其余的关系并非在统计上显著。但是，一旦笔者控制了其他相关变量，一种可辨别的关系出现了。在每一个多重变量模型中，表示核供应国对超级大国依赖的变量在统计上显著，且处在预期的方向。对超级大国压力脆弱的国家更不可能提供敏感性核援助。

该分析发现并不支持国家为何转让敏感性核原料与核技术的竞争性解释。核武器国家有动机来限制核俱乐部的规模，因此更不可能提供敏感性核援助。然而，该假设并没有得到论据的支持。多重变量与多重变量分析显示了核武器与敏感性核援助之间有着强大的关系，但

① 当权力率替代了相对实力时，该结果是稳健的。

是呈相反地方向。正如在上述部分所讨论的一样，核武器国家是更有可能，而不是更不可能提供敏感性核援助，这损害了核武器国家更可能反对核扩散这一观点。

一系列经济变量也并没有表现出提供了更多的解释力。更低经济发展水平或更低增长水平的国家将更可能提供敏感性核援助，因为他们更愿意采取措施来改善其经济环境。该预期与许多经验数据支持不符。衡量供应国经济发展水平的变量是处在预计的方向，且在简单的双重变量模型中在统计上显著，但在任何其他的双重变量或多重变量中并没有在统计上显著。[①] 此外，经济发展的符号（sign）是不一致的，在不同模型标准中，从负相关转向正相关。在任何双重变量模型中，经济增长变量并未在统计上显著。在其所纳入的3/4的多重变量模型中，它在统计上显著，但系数中的符号是处于无法预计的方向，表明经历低经济增长的国家实质上是更不可能提供敏感性核援助。国际经济的开放程度与敏感性核援助之间也不存在一个一致的、统计上显著的关系。开放在简单的双重变量模型中是负相关的，且在统计上显著，但在任何其他模型中并未在统计上显著。贸易依赖的系数是处在预期方向，且在所有双重变量和多重变量模型中是在统计上显著，表明国家更有可能向与之拥有紧密贸易关系的国家提供敏感性核援助。

笔者简要地评论其他控制变量。地理距离与地理距离方差在每个多重变量模型中在统计上显著，证明了地理距离与敏感性核援助之间预期的非单调关系。《不扩散核武器条约》在其所纳入的3/4个模型中是负相关关系，且在统计上显著。《不扩散核武器条约》成员国身份的确表现出对核供应国行为的限制作用。核供应国集团在每个多重变量模型中是在统计上显著，且呈现出正相关系数，这表明，与预期相反，核供应国集团的成员国身份实质上可能增加了一国将出口敏感性核原料与核技术的可能性。该研究发现不能被解释为核供应国集团成员的优先供应能力，因为分析排除了不能通过敏感性核援助的国家。相反，该结果可以通过三个因素得以解释。一、由于其作为核卡特尔的地位，

① 使用国民生产总值，而非人均国民生产总值也产生了相似的结果。

核供应国集团可能不能获得国际合法性，因此不能对其成员国强加有意义的规范性限制。二、核供应国集团早期的反向选择效应可能最初就带入了最有可能出口敏感性核技术的国家。这些国家加入核供应国集团，但继续提供敏感性核援助。例如，美国说服一个不情愿的法国于1975年加入核供应国集团机制，但法国继续在巴基斯坦建造一个钚后处理中试（pilot-scale）工厂，直到1982年才停止。三、核供应国集团的指导条例允许国家出口敏感性核原料与核技术，只要该出口处在国际保护措施的监管下。例如，德国于1975年加入核供应国集团，并要求对其1978—1994年对巴西的敏感性核出口进行保护措施监管。

转向需求国变量，我们看到，争端系数在其纳入的3/4个模型中是正相关关系，且在统计上显著，表示国家在一个竞争性安全环境下更有可能获得敏感性核援助。超级大国投票的符号在多重变量模型中为负，且在统计上显著，表明依赖于一个超级大国庇护者的国家更不可能获得敏感性核援助。开放系数在每个多重变量模型中是负相关关系，且在统计上显著。这支持了该观点，即对国际经济开放的国家更少需要核武器，因此更不可能获得敏感性核援助。其他的控制变量在任何模型中都未在统计上显著。

表4–5　1951—2000年变量对敏感性核援助可能性的实际影响

变量	相对风险	95%的置信区间	初始差异	95%的置信区间
相对实力	2.894	1.630 – 5.457	0.0012	0.0002 – 0.0047
敌人	7.200	2.248 – 22.554	0.0057	0.0014 – 0.0199
超级大国协定	4.791	1.526 – 15.573	0.0033	0.0010 – 0.0089
超级大国投票	2.968	1.753 – 5.133	0.0011	0.0003 – 0.0044
贸易依赖	1.360	1.195 – 1.547	0.0003	0.0001 – 0.0010
何不扩散条约成员国	8.559	1.620 – 47.546	0.0029	0.0003 – 0.0109

注：可能性通过使用表4–4的模型3中的多重变量回归估值而计算。由于超级大国协定并没有包括在模型3内，该变量的可能性通过使用表4–4的模型2中的多重变量回归估值而计算。该计算结果被用来考虑展现作为积极数字的相对风险。相对实力与超级大国投票变量的纳入代表了自变量从一个平均值之上的标准偏差

到一个平均值之下的标准偏差的变化效应。贸易依赖与争端变量的纳入代表了从一个平均值之下的标准偏差到一个平均值之上的标准偏差的变化效应。敌人与何不扩散条约成员国变量的纳入代表了二分变量从0到1的变化效应。超级大国协议变量的纳入代表了二分变量从0到1的变化效应。所用其他的变量都取其平均值。

利用源于表4–4、模型2和模型3的结果，表4–5解释了这些变量对敏感性核援助的实际影响（substantive effect）。该记载的条目展示了自变量对给定变化范围的敏感性核援助的初始差异和相对风险，[①] 当所有其他变量取其平均值时。正如金和曾所推荐，可能性通过使用类似贝叶斯方法（Bayesian method）来预测罕见事件可能性来计算。表4–5也使用由金、托姆兹和维腾伯格所发展的程序来报告95%的置信界限（confidence bounds）。[②] 由于敏感性核援助是一个罕见事件，可能性间的差异是很小的。像其他国际关系学者一样，在处理罕见事件数据时（例如，Bennet and Stam 2003），笔者研究相对风险来说明解释变量的实际影响。先转向相对实力，该表显示相对于一个潜在核接收国缺乏投放军事力量能力的国家比相对于该潜在核接收国拥有投放军事力量的同一国家有着近3倍的可能向潜在核接收国提供敏感性核援助。

相对实力对敏感性核援助可能性的影响在图4–1中得以说明。在该图中，敌人被设定为1，超级大国协定被设定为0，且所有其他的变量都取其平均值。虚线表示95%的置信区间（confidence interval）。该图证明了相对实力与敏感性核援助可能性之间存在一种清晰的负相关关系。当有能力的核供应国相对于潜在核接收国缺乏投放军事力量的能力（通过图表中相对实力正值而显示），敏感性核援助可能性减至零。

回到表4–5中报告的其他变量的实际影响，我们看见国家向与其共享一个敌人的国家提供敏感性核援助，比没有受到共同敌人威胁的同一国家有着超过7倍的可能向后者提供敏感性核援助。不依赖于一个凭借与其有防御协定的超级大国庇护者的国家，比同一个依赖于一个

① Gary King and Langche Zeng, "Logistic Regression in Rare Events Data," Political Analysis, Vol. 92, Spring 2001, pp. 137-163.

② Gary King, Michael Tomz and Jason Wittenberg, "Making the Most of Statistical Analyses: Improving Interpretation and Presentation," American Journal of Political Science, Vol. 44, No. 2, April 2000, pp. 341-355.

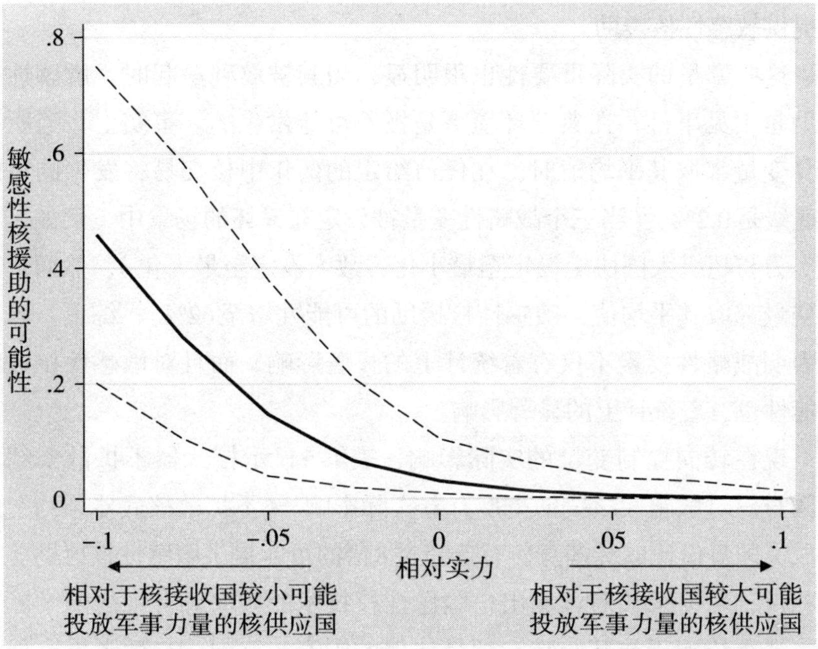

图4–1　1951—2000年相对实力对敏感性核援助的影响

注：可能性通过使用表4–4的模型2中的多重变量回归估值而计算。敌人被设定为1，超级大国协议被设定为0，且其他所有变量都取其平均值。相对实力被用来衡量核供应国的实力，其实力因核供应国到潜在核接收国的地理距离而打折扣，再减去潜在核接收国的能力。测量单位是国际体系中所有实力的比例。一国的相对实力为–0.1分，表示在折扣地理距离的影响后，相对于核接收国，核供应国在国际体系中的全部实力要减少10%。相对实力的负值（Negative values）表明，核供应国缺少向核接收国投放军事力量的能力。在该分类范畴的双年份（Dyad–years）包括1973年的法国——日本（–0.059）以及1999年的巴基斯坦——朝鲜（–0.011）。一国的相对实力为0.1分，表示在折扣地理距离的影响后，相对于核接收国，核供应国在国际体系中的全部实力要增加10%。相对实力的正值（Positive values）表明，核供应国拥有向潜在核接收国投放军事力量的能力。在该分类范畴的双年份包括1960年的法国——比利时（0.015）以及1951年美国——朝鲜（0.039）。虚线代表95%的置信区间。

超级大国庇护者的国家有着近5倍的可能向后者提供敏感性核援助。此外，不依赖于一个超级大国庇护者的国家，通过联合国大会投票数据来衡量，比同一个依赖于超级大国庇护者的国家大概有3倍的可能向后者提供敏感性核援助。

这些变量的实际重要性也很明显，当其被放到一起时。敏感性核援助是罕见事件，在典型环境下是极不可能发生的。事实上，当所有解释变量都取其平均值时，在任何给定的两年中核交易将发生的可能性底线是0.2%。[①] 当三个战略性变量被设定在最坏的场景中（例如，相对实力与超级大国协定设定至最小化，敌人设定至最大化），然而，其他变量都取其平均值，敏感性核援助的可能性增至62%。[②] 综上，该分析表明战略性要素不仅有着统计上的显著影响，而且对敏感性核援助可能性也有着统计上的显著影响。

现在转向控制变量的实际影响，表4–5显示核武器不扩散条约成员国身份对敏感性核援助类型有着实际影响。《不扩散核武器条约》的非成员国身份比成员国身份有着超过8倍的可能提供敏感性核援助。与此相反，贸易依赖对国家出口敏感性核技术的倾向只有很少的实际影响。严重依赖于与某一特定贸易伙伴的国家，比同一与后者没有任何贸易关系的国家仅有36%的可能向后者提供敏感性核援助。

五、结语

本章的目的是解释国家为何向无核武器国家提供敏感性核援助，促进核武器的国际扩散。笔者发现，为了解释敏感性核援助的类型，我们必须关注核供应国的战略环境。核武器扩散的成本集中于相对强大的国家。这一简单的核扩散差异成本逻辑导致国家在三种条件下提供敏感性核援助。首先，由于核扩散遏制了国家使用常规军事力量来获得优势的能力，一国相对于一个潜在核接收国越强大，其越不可能提供敏感性核援助。国家不希望对其自身强加限制。其次，也正因为核扩散遏制了国家军事行动自由，但是，国家更有可能向与其拥有一

① 95%的置信区间是0.001到0.005。这个报告的可能性通过使用罕见事件逻辑回归估算而计算得出，见表4–4，模型2。

② 95%的置信区间是0.125到0.945。

个共同敌人的国家提供敏感性核援助。通过提供敏感性核援助，核供应国能够对敌对国家强加战略成本。最后，由于超级大国，拥有全球军事力量投放能力的国家，在国际体系中任何地方都受到核扩散的威胁，他们对其他国家施加压力，意图阻碍敏感性核转让。对超级大国压力脆弱的国家更不可能提供敏感性核援助。

国家受经济利润动机驱动而提供敏感性核援助的竞争观点在数据中没有得到支持。在糟糕的经济表现与敏感性核援助之间不存在任何可辨别关系。这并不是说，经济动机与转让敏感性核原料与核技术的国家决策无关。事实上，在敏感性核转让发生的许多案例中，核供应国的确寻求经济收益。然而，这些研究发现所表明的是，当结果危害自身安全时，国家不可能追求经济收益。在出口敏感性核技术时，国家可能仍然寻求经济收益，但仅当该行为与潜在战略环境相一致时，他们才可能这样做。

经验分析为核不扩散机制的支持者提供了一些再保证。研究发现表明：《不扩散核武器条约》成员国比非成员国更少可能出口敏感性核原料与核技术；核供应国集团成员国更有可能进行敏感性核转让；核不扩散机制的国际制度并未表现出对敏感性核出口强加一个一致性的抑制作用。

对敏感性核援助原因的研究为核扩散研究提供了一个新的、核供应国的路径。学者已分析了国家发展核武器的决策，但还未通过理论棱镜来解释其他国家促进或阻碍核武器向另外的国家扩散的行为。这是国家是否，且在何种程度上支持或反对对另外国家核扩散的实际变化。在一个极端中，正如本研究表明，国家乐意提供敏感性核援助来帮助他国获得核武器。在另一个极端中，国家如此地反对向另一国进行核扩散，以至愿意使用军事力量来阻止核扩散。国家还通过其他较温和的措施来影响核扩散的核供应国。在国际原子能机构理事会（the International Atomic Energy Agency Board of Governors）与联合国安理会中，国家表现出不同的倾向来投票赞同或反对核不扩散措施。国家对经济制裁发展核项目的国家的意愿也不同。所有这些话题能够成为未来学术探索的焦点。事实上，决定国家是否提供敏感性核援助的条件也可能塑造了国家对与核扩散供应相关的其他议题领域的反应。例如，如果相对强大的国家更可能受到核扩散的威胁，正如本章所言，我们可能预计该国更可能支持旨在阻碍其他国家获取核武器的措施，如预防性军事打击。

本章的理论路径可能为常规武器转让的研究提供一个有用的框架。布兰顿认为，美国更可能向民主国家转让常规武器。相反，通过分析核供应国的整体情况，本研究发现，以权力为基础的（power-based）因素是最重要的（paramount），而供应国的政体类型并未影响转让敏感性核原料与核技术的决策。通过系统性检验潜在核供应国的整体情况以及纳入解释变量中所确定的战略要素，学者能探究和深入理解在何种情况下国家会出口常规军事硬件。相对实力、存在一个共同敌人以及超级大国依赖因素决定国家转让核原料与核技术，也可能决定国家转让常规军事原料与技术。

本章论点始于一个简单的基于核威慑对核扩散差异效应研究的视角。核扩散后果的现有学术研究围绕着有关核武器扩散是否造成国际体系层面上更多或更少稳定的争论而展开。[①] 然而，很少有人关注核扩散是否可能威胁特定的国家类型，而非其他的国家类型。本章研究发现与观察相一致，即核武器扩散对相对强大的国家比其对相对弱小的国家更糟糕。在一定程度上，核扩散遏制了更强大的敌对国家，然而，在特定环境下，全球核武器扩散可能改善相对弱小国家的战略环境。核扩散差异效应的论点有助于我们理论上理解核扩散的结果。

本章提出了三个假设能指导情报分析人员和决策者，当他们试图确定和制止未来的核供应国。第一，随着一国投放军事力量能力的增加或下降，其提供敏感性核援助的倾向也会相应地调整。冷战期间，苏联是一个拥有全球军事力量投放能力的大国，任何地方的核扩散威胁到遏制其军事力量。部分地出于该原因，苏联表现出一副反对核扩散的强硬姿态，不愿提供敏感性核援助。但是，莫斯科的常规军事力量随着苏联而解体，核扩散不再是莫斯科军事力量投放能力的一个限

① Scott D. Sagan and Kenneth Waltz, The Spread of Nuclear Weapons: A Debate. New York: W.W. Norton & Company, 1995.

制因素。在改变的安全环境下，俄罗斯变得更愿意提供敏感性核援助。例如，1995 年——仅在苏联解体后的五年时间，俄罗斯提供建造了伊朗境内的一个铀浓缩工厂。[①] 中国则与之相反。中国的军事力量投放能力传统上受限于与其边境接壤的一系列国家。在核时代的大多数时间里，超出其影响范围的国际核扩散并没有直接地损害中国实力。然而近年来，随着中国现代化其军事力量，并开始考虑境外的投放能力，中国更可能关注遥远地区的核扩散会遏制其军事力量这一问题。该考虑可能有助于降低来自北京的敏感性核出口，并提高北京对核不扩散的关注。

第二，官员们必须认识到，受到美国威胁的国家可能向华盛顿的敌人提供敏感性核援助，以遏制美国军事行动自由。例如，巴基斯坦的领导人支持对伊朗、利比亚、朝鲜的敏感性核出口，部分因为他们认为在苏联解体后，美国已成为中东与南亚地区最强大的国家。他们相信，通过向对华盛顿有敌意的一系列国家提供敏感性核援助，能够组成一个“战略性挑战”美国的联盟。[②]

第三，决策者应意识到安全联盟的终结。依赖一个超级大国来提供安全的国家更少可能出口敏感性核原料与核技术。苏联解体遗留下许多没有一个超级大国庇护者的国家。例如，朝鲜可能冒险提供敏感性核援助，部分因为它这样做没有反抗一个强大的保护者。官员们必须认识到，核保护伞能减少核原料与核技术的需求和供应。正确理解国家在何种条件下提供敏感性核援助不仅对核不扩散的学术研究至关重要，也有利于阻止世界上最危险武器进一步扩散的努力。

---

① 迫于美国的强大压力，俄罗斯后来取消了铀浓缩转让。

② 巴基斯坦敏感性核出口后的战略动机，参见：Gordon Corera, *Shopping for Bombs: Nuclear Proliferation, Global Insecurity, and the Rise and Fall of the A.Q. Khan Network,* Oxford: Oxford University Press, 2006, pp. 74-79。

附录A：敏感性核援助的案例

1. 苏联对中国（1958—1960年）。苏联向中国酒泉的钚后处理工厂以及兰州铀浓缩设施提供了设计与核心组件部分。莫斯科违背了向北京提供一个原子弹原型的承诺。①

2. 法国对以色列（1959—1965年）。法国帮助以色列建造迪摩纳（Dimona）钚后处理设施。法国也被认为曾转让过一个核武器设计。②法国核援助被摩勒（Guy Mollet）政府于1956年正式批准。在对以色列核项目发展的新闻报道中，赫斯（Hersh）错误地暗示，1960年法国总统戴高乐命令完全终止与以色列的核合作，但是法国的官僚人员在没有戴高乐的知情或批准下继续进行核转让。③然而，在以色列核项目的学术史（scholarly history）中，科恩记载了戴高乐于1960年停止法国官方政府卷入以色列核项目的决定，但是明确地授权法国公司在以色列继续建造敏感性钚回收设施。④

3. 法国对日本（1971—1974年）。法国为日本在东海村（TokaiMura）建造了一个实验性规模的后处理工厂。⑤

4. 法国对巴基斯坦（1974—1982年）。法国帮助巴基斯坦建造了恰希玛（Chashma）与皮斯特奇（Pinstech）后处理工厂。在美国的压力下，法国对恰希玛工厂的帮助在1978年10月终止。法国继续在皮斯特奇建

---

① John W. Lewis and Xue Litai, China Builds the Bomb, Stanford, CA: Stanford University Press, 1988, pp. 60–61, 72, 112, 118–121.

② Joseph Cirincione, Jon B. Wolfsthal and Miriam Rajkumar, Deadly Arsenals: Tracking Weapons of Mass Destruction, Washington, DC: Carnegie Endowment for International Peace, 2002, pp. 225; Avner Cohen, Israel and the Bomb, New York: Colombia University Press, 1998, pp. 73-75.

③ Seymour Hersh, The Samson Option: Israel's Nuclear Arsenal and American Foreign Policy, New York: Random House, 1991.

④ Avner Cohen, Israel and the Bomb, pp. 73-75.

⑤ Robert W. Gale, "Nuclear Power and Japan's Proliferation Option," Asian Survey, Vol. 18, No. 11, November 1978, p. 1124; Richard K. Lester, "U.S.-Japanese Nuclear Relations: Structural Change and Political Strain," Asian Survey, Vol. 22, No. 5, May 1982, p. 422; Mitchell Reiss, Without the Bomb: The Politics of Nuclear Nonproliferation, New York: Columbia University Press, 1988, p. 115.

造实验性规模设施，直到1982年完成。①

5. 意大利对伊拉克（1976—1978年）。意大利在伊朗建造了一个放射化学实验室，由三个铅屏蔽的（lead-shielded）能够进行钚回收的热室（hot cells）组成。②

6. 德国对巴西（1979—1994年）。1975年，德国同意向巴西的雷森迪（Resende）提供十个核反应堆、一个钚回收工厂、一个射流喷嘴（jet-nozzle）铀浓缩工厂。工厂的建造始于1979年。在多年建造工期延迟和成本超支后，巴西在1985年决定仅完成十个核反应堆中的两个，并无限期推迟钚回收工厂的建造。1994年3月，巴西又取消了铀浓缩工厂。③

7. 法国对埃及（1980—1982年）。法国在埃及建立了两个热室，用于在热实验室和废料管理中心的（Hot Laboratory and Waste Management Center）进行钚回收。④

8. 中国对巴基斯坦（1981—1983年；1984—1986年）。在20世纪80年代初期，中国向巴基斯坦提供了一个核武器设计以及充足的用于制造两件核武器的高浓缩铀。此后，中国被认为帮助巴基斯坦建造了卡胡塔（kahuta）铀浓缩工厂。20世纪90年代，中国又帮助巴基斯坦在恰希玛（Chashma）建造其钚回收设施。1995年，中国向巴基斯坦提供了5000个磁环，该磁环是一个气体离心（gaseous centrifuge）铀浓缩工厂的组件部分之一。⑤ 梅德罗斯认为，1995年的磁环转让（但不是20世纪80年代提供的核援助）可能是松散的出口控制的结果，这使得

---

① Leonard S. Spector, Nuclear Ambitions: The Spread of Nuclear Weapons 1989–1990, Boulder, CO: Westview, 1990, pp. 90-117; Steve Weissman and Herbert Krosney, The Islamic Bomb: The Nuclear Threat to Israel and the Middle East, New York: New York Times Books, 1981, pp. 74-84, 161-174.

② Steve Weissman and Herbert Krosney, The Islamic Bomb: The Nuclear Threat to Israel and the Middle East, pp. 97-99.

③ Rodney W. Jones and Mark G. McDonough, with Toby F. Dalton and Gregory D. Koblentz, Tracking Nuclear Proliferation: A Guide in Maps and Charts, Washington, DC: Carnegie Endowment for International Peace, 1998, pp. 231-242; Leonard S. Spector, Nuclear Ambitions: The Spread of Nuclear Weapons 1989–1990, pp. 242-266.

④ Shyam Bhatia, Nuclear Rivals in the Middle East, New York: Routledge, 1988, p. 61.

⑤ Rodney W. Jones and Mark G. McDonough, with Toby F. Dalton and Gregory D. Koblentz, *Tracking Nuclear Proliferation: A Guide in Maps and Charts*, pp. 50, 57-58; Robert Shuey and Shirley A. Kan, "Chinese Missile and Nuclear Proliferation: Issues for Congress," *CRS Issue Brief*, Vol. 29, No. 9, September 1995.

中国公司在没有中央政府的授权下可以出口敏感性核技术。[1] 在巴基斯坦被认为已获得核武器能力之后，20世纪90年代发生的核转让不被记录为敏感性核援助案例。

9. 中国对伊朗（1984年、1987年、1989年、1995年）。中国向伊朗提供了电磁型同位素分离器（calutrons），这是铀浓缩使用电磁同位素分离法的一个核心组成部分。[2]

10. 中国对阿尔及利亚（1986—1991年）。中国为阿尔及利亚在艾因·奎塞拉（Ain Oussera）建造了热室，并开始装置一个更大的钚回收设施。[3]

11. 巴基斯坦对伊朗（1987—1995年）。巴基斯坦向伊朗提供了用于一个气体离心铀浓缩工厂的设计与核心组件部分。它可能还转让了一个核武器设计。[4] 穆沙拉夫总统在其回忆录中称，当他于1999年就任总统时，他没有意识到巴基斯坦对伊朗、利比亚和朝鲜的敏感性核出口。[5] 然而，有理由质疑穆沙拉夫的说法。更重要的是，不管穆沙拉夫最初是否意识到核转让，存在压倒性的证据表明核出口得到了资深政府官员的积极支持，包括陆军总参谋长和国家元首。[6]

---

① Evan S. Medeiros, *Chasing the Dragon: Assessing China's System of Export Controls for WMD-Related Goods and Technologies*, Santa Monica, CA: RAND Corporation, 2005.

② David Albright, Frans Berkhout and William Walker, *Plutonium and Highly Enriched Uranium 1996: World Inventories, Capabilities, and Policies*, Oxford: Oxford University Press, 1997, pp. 359-360.

③ David Albright and Corey Hinderstein, "Algeria: Big Deal in theDesert?" *The Bulletin of theAtomic Scientists*, Vol. 57, No. 3, May/June 2001, pp. 45–52; Rodney W. Jones and Mark G. McDonough, with Toby F. Dalton and Gregory D. Koblentz, *Tracking Nuclear Proliferation: A Guide in Maps and Charts*, p. 163.

④ Gordon Corera, *Shopping for Bombs: Nuclear Proliferation, Global Insecurity, and the Rise and Fall of the A.Q. Khan Network*, Oxford: Oxford University Press, 2006; William Langewiesche, *The Atomic Bazaar: The Rise of the Nuclear Poor*, New York: Farrar, Straus and Giroux, 2007; Alexander H. Montgomery, "Ringing in Proliferation: How to Dismantle an Atomic Bomb Network," *International Security*, Vol. 30, No. 2, Fall 2005, pp. 153–187.

⑤ Pervez Musharraf, *In the Line of Fire: A Memoir*, New York: Free Press, 2006, pp. 288–289.

⑥ Shyam Bhatia, *Goodbye Shahzadi*, New Dehli: Eastern Book Corporation, 2008; Gordon Corera, *Shopping for Bombs: Nuclear Proliferation, Global Insecurity, and the Rise and Fall of the A.Q. Khan Network*, 2006; Douglas Frantz and Kathleen Collins, *The Nuclear Jihadist: The True Story of the Man Who Sold the World's Most Dangerous Secrets and How We Could Have Stopped Him*, New York: Twelve, 2007; Adrian Levy and Katherine Scott-Clark, *Deception: Pakistan, the United States, and the Secret Trade in Nuclear Weapons*, New York: Walker and Company, 2007; Scott D. Sagan, "Keeping the Bomb Away from Tehran." *Foreign Affairs*, Vol. 85, No. 5 September/October 2006, p. 53.

12. 巴基斯坦对利比亚（1997—2001年）。巴基斯坦向利比亚提供了用于一个气体离心铀浓缩工厂的设计和核心组成部分。它还转让了一个核武器设计。[①] 这些转让得到了国家的支持。

13. 巴基斯坦对朝鲜（1997—2002年）。巴基斯坦向朝鲜提供了用于一个气体离心铀浓缩工厂的设计和核心组成部分。它还转让了一个核武器设计。[②] 这些转让得到了国家的支持。

附录B：选择的非敏感性核援助案例

1. 加拿大和美国对印度（1955年）。加拿大向印度提供了一个核反应堆，并按照美国的重水反应堆而调整。[③] 核反应堆和重水反应堆并不被视为敏感性核援助。

2. 法国对日本（2001年至今）。在六所村钚回收设施的建造过程中，法国阿海珐公司（AREVA）帮助了日本。这不被视为敏感性核援助，是因为这并没有实质性的提升日本制造核武器的能力。日本自1977年就享有了回收钚的能力。[④]

3. 德国对伊朗（1985—1994年）。德国公司出口原料，伊朗在建造其核设施的过程中使用了该原料。[⑤] 这些原料包括军民两用的工业原料，例如电子元件、工业管道、软铁和电炉设备。德国没有向伊朗出口敏感性核燃料循环设施或者其主要组件部分。

---

① Gordon Corera, *Shopping for Bombs: Nuclear Proliferation, Global Insecurity, and the Rise and Fall of the A.Q. Khan Network*, 2006; William Langewiesche, The Atomic Bazaar: The Rise of the Nuclear Poor, 2007; Alexander H. Montgomery, "Ringing in Proliferation: How to Dismantle an Atomic Bomb Network," pp. 153–187.

② Gordon Corera, *Shopping for Bombs: Nuclear Proliferation, Global Insecurity, and the Rise and Fall of the A.Q. Khan Network*, 2006; William Langewiesche, The Atomic Bazaar: The Rise of the Nuclear Poor, 2007; Alexander H. Montgomery, "Ringing in Proliferation: How to Dismantle an Atomic Bomb Network," pp. 153–187.

③ George Perkovich, India's Nuclear Bomb: The Impact on Global Proliferation, Berkeley: University of California Press, 1999.

④ Mitchell Reiss, *Without the Bomb: The Politics of Nuclear Nonproliferation*, New York: Columbia University Press, 1988, p. 113.

⑤ Jennifer Hunt Morstein and Wayne D. Perry, "Commercial Nuclear Trading Networks as Indicators of Nuclear Weapons Intentions," *The Nonproliferation Review*, Fall/Winter 2000, pp. 75–91.

4. 以色列对南非（1977—1980年）。以色列可能曾向南非提供导弹技术和超重氢，以交换天然铀。① 正如所定义的那样，导弹技术和超重氢不被视为敏感性核援助。虽然超重氢能被用来将一个基本的核裂变武器转变成一个更高产出的、增强的核武器，但这不能帮助一个无核国家跨国核门槛。② 尽管有许多质疑，没有证据表明以色列向南非提供了敏感性核援助。有些人推测，南非可能也向以色列提供过一次核试验场地，但是该指控被顶尖的核物理家所驳回。

5. 荷兰对巴基斯坦（1974—1976年）。在20世纪70年代中期在荷兰工作时，巴基斯坦裔科学家阿卜杜勒·卡迪尔·汗（A. Q. Khan）在没有荷兰政府的知情和批准下就从荷兰向巴基斯坦走私铀浓缩设计与装备。③ 该案例不被视为敏感性核援助是因为它并没有得到国家的支持。

6. 朝鲜或巴基斯坦对利比亚（2000年）。2005年2月，美国政府指控朝鲜向利比亚转让六氟化铀（uranium hexafluoride）。该案例现被认为，六氟化铀是来源于巴基斯坦。六氟化铀不被视为敏感性核援助。

7. 朝鲜对叙利亚（2001—2007年）。朝鲜可能曾帮助叙利亚建造一个核反应堆。核反应堆不被视为敏感性核援助。有些人怀疑朝鲜是否可能也曾向叙利亚提供钚回收能力，但是并没有确切的证据表明这些国家参与了任何敏感性核合作。

8. 俄罗斯对伊朗（1995年至今）。俄罗斯在伊朗重建了布什尔（Bushehr）轻水核能反应堆，但是核反应堆不被视为敏感性核援助。俄罗斯考虑建造一个铀浓缩设施，但在美国的压力下取消了该交易。

9. 苏联对朝鲜（1956—1967年）。苏联帮助朝鲜建造一个研究反应堆，并提供基础的科学培训，但是没有帮助朝鲜发展钚回收或其他敏

① Peter Liberman, "Israel and the South African Bomb," *The Nonproliferation Review*, Vol. 11, No. 2, Summer 2004, pp. 46–80.

② 将以色列对南非转让超重氢编为敏感性核援助案例并重新分析数据，并不改变该结果。

③ Gordon Corera, *Shopping for Bombs: Nuclear Proliferation, Global Insecurity, and the Rise and Fall of the A.Q. Khan Network*, 2006.

感性核技术。[①]

10. 美国原子用于和平项目（1953—1975年）。在艾森豪威尔总统倡议的原子用于和平项目下，美国向许多发展中国家转让了研究反应堆，并提供了基础的科学培训。然而，美国停止提供敏感性核援助。[②]

11. 美国对法国（20世纪70年代和80年代）。在该时期，美国向法国提供旨在改善法国核弹头安全性能与安全的援助。[③] 这不被视为敏感性核援助，因为法国在此时已是一个确立的核武器国家。

12. 美国对印度（1961年、2005年）。一个美国公司——体外国际（Vitro International）1961年准备了在特朗贝回收设施（Trombay reprocessing facility）建造物理地址的蓝图。得到美国可获得的有关钚回收解密文件的帮助，特朗贝回收设施的敏感性技术得到自主地发展。[④] 于2005年签署的美印核交易，仅关系到民用核援助，且不提供敏感性核援助与核技术的转让。此外，在美印核交易于2005年签署时，印度已是一个确定的核武器国家。

附录C：所选的非援助案例

1. 阿根廷对伊朗（1992年）。阿根廷否认了伊朗对热室的要求。[⑤]

2. 阿根廷对利比亚（1985年）。阿根廷答应向利比亚出售回收技术，但在美国压力下取消了该交易。[⑥]

---

① Joel S. Wit, Daniel B. Poneman and Robert L. Gallucci, Going *Critical: The First North Korean Nuclear Crisis*, Washington, DC: Brookings, 2004.

② Richard G. Hewlett and Jack M. Holl, *Atoms for Peace and War, 1953–1961: Eisenhower and the Atomic Energy Commission*, Berkeley: University of California Press, 1989.

③ Richard H. Ullman, "The Covert French Connection," *Foreign Policy*, Vol. 75, Summer 1989, pp. 3-33.

④ Rodney W. Jones and Mark G. McDonough, with Toby F. Dalton and Gregory D. Koblentz, *Tracking Nuclear Proliferation: A Guide in Maps and Charts*, p. 112; George Perkovich, *India's Nuclear Bomb: The Impact on Global Proliferation*. Berkeley: University of California Press, 1999, p. 28.

⑤ Mark Hibbs, "Iran Sought Sensitive Nuclear Supplies from Argentina," *Nucleonics Week*, Vol. 24, September 1992, pp. 2-3.

⑥ Rodney W. Jones and Mark G. McDonough, with Toby F. Dalton and Gregory D. Koblentz, *Tracking Nuclear Proliferation: A Guide in Maps and Charts*, p. 224.

3. 中国、德国、英国和南斯拉夫对伊朗（1987—1990年）。伊朗能够从欧洲和亚洲的众多供应国那获得用于其铀浓缩项目的组件部分和原料。这是零星获取的，但是组成了几乎整个不受限制的军民两用物品。伊朗在该时期从未从外国得到大量敏感性核援助输入。

4. 中国对朝鲜（1964年）。中国否认了朝鲜曾要求得到与换武器技术有关的援助。①

5. 法国对韩国（1975—1976年）。法国同意向韩国出售回收技术，但在美国压力下取消了该交易。②

6. 德国对南非（1968—1972年）。有人猜测但没有具体的证据证明，在德国内阁明确禁止核合作后，一个德国公司仍帮助南非发展射流喷嘴铀浓缩。③ 如果该合作确实发生，这不是国家支持的，且不被视为我所定义的敏感性核援助。

7. 意大利对阿根廷（1969年）。专家曾猜测，意大利可能曾帮助阿根廷建造埃塞萨（Ezeiza）回收设施。该案例现在被认为，该设施是由阿根廷本国建造的。

8. 挪威对南斯拉夫（1966年）。挪威曾考虑向南斯拉夫出售回收技术，但该交易从未完成。④

9. 巴基斯坦对伊拉克和叙利亚（1990年）。巴基斯坦可能曾向伊拉克和叙利亚提供铀浓缩技术，但该交易从未执行。⑤

10. 美国对英国（1940—1951年以及20世纪60年代）。与大多数人的观点相反，美国并没有向英国提供按照本章所界定的敏感性核援助。在曼哈顿计划中（Manhattan Project），美国在核物理领域选择性的利用英国的专家，并系统地拒绝英国接触美国大多数的敏感性核武

---

① Joel S. Wit, Daniel B. Poneman and Robert L. Gallucci, *Going Critical: The First North Korean Nuclear Crisis*, Washington, DC: Brookings, 2004.

② James Everett Katz and Onkar S. Marwah, *Nuclear Power in Developing Countries. Lexington*, MA: Lexington Books, 1982, p. 227.

③ Barbara Rogers and Zedenk, Cervenka, *The Nuclear Axis: Secret Collaboration between West Germany and South Africa*, New York: Times Books, 1978.

④ William C. Potter, Djuro Miljanic, and Ivo Slaus, "Tito's Nuclear Legacy," *The Bulletin of Atomic Scientists*, Vol. 56, No. 2, March/April 2000, pp. 63-70.

⑤ Alexander H. Montgomery, "Ringing in Proliferation: How to Dismantle an Atomic Bomb Network," *International Security*, Vol. 30, No. 2, Fall 2005, p. 173.

器研究。美国官方政策是阻止英国在该时期获得原子弹。[①]20世纪60年代，美国帮助英国发展核武库，但是这不被视为敏感性核援助，因为在该时期，英国已是一个确定的核武器国家。

① Margaret Gowing, *Britain and Atomic Energy, 1939–1945*, London: Macmillan, 1964; Margaret Gowing, *Independence and Deterrence: Britain and Atomic Energy 1945–1952, Vols. 1 and 2*, London: Macmillan, 1974; Richard Rhodes, *The Making of the Atomic Bomb*, NewYork: Simon and Schuster, 1995.

第5章

禁忌与军备控制*

戴 颖 李 彬 吴日强**

[**内容提要**]禁忌是一种强烈的禁止性的社会规范。在军备领域，通过宣传来塑造人们对武器杀伤力和杀伤机理的厌恶感，可以建构和强化对这种武器的禁忌，从而在国际、国家和次国家行为体三个层次约束相关的军备行为，推动军备控制的发展和深入。在生化武器、核武器和常规武器等领域中，那些被主流话语塑造了恐怖形象的武器及其相关行为逐渐成为禁忌的内容更容易受到限制。

Taboo and Arms Control

Abstract: Taboos are very strong prohibitive social norms. In the domain of arms control, taboos can be constructed and strengthened by stigmatizing the power and killing capabilities of specific weapons. Consequently, the taboo can restrain some behaviors related to these

---

* 本章原载《世界经济与政治》2010年第8期，作者于2010年12月提供。感谢《世界经济与政治》准许我们免费录用。

** 戴颖：清华大学国际关系学系博士研究生；李彬：清华大学国际关系学系教授；吴日强：清华大学国际关系学系博士研究生。

weapons at international, national and sub-state levels and therefore promote the development of arms control. In chemical, biological, nuclear and conventional areas, the weapons that have terrible images in the main discourses are more likely to be included into various taboos and to be controlled.

军备控制思想有两个基本的出发点：国家利益的出发点和道德伦理的出发点。以道德伦理为出发点可以形成各种规范，禁忌是这些规范中最为强烈的一批，在军备控制中占有重要的地位。目前，学术界对“核禁忌（nuclear taboo）”和“化学武器禁忌（chemical weapons taboo）”都有较为深入的研究，考察这些禁忌形成的过程和作用。这些研究让我们认识到，禁忌在推动核武器和化学武器的控制中发挥了重要的作用。① 但是，禁忌现象并不是只出现在核生化这样的大规模杀伤性武器领域；在大规模杀伤性武器领域也不是所有的行为都成为禁忌的内容。为了准确地了解禁忌形成的必要因素以及途径，我们还应该关心那些没有形成禁忌以及正在形成禁忌的领域，从而通过横向对比，获得对军备领域禁忌现象的全面认识。本章中，我们将首先明确禁忌的概念与起源，从整体上分析禁忌在军备控制中发挥的作用以及发挥作用的方式。然后，我们将具体观察禁忌在生化武器、核武器以及常规武器控制中扮演的角色，从而全面认识禁忌的作用及其在当前军备控制中的发展状况。

---

① 例如，在核禁忌领域，美国学者尼娜·坦嫩瓦尔德（Nina Tannenwald）撰写了一系列文章分析核禁忌的起源和影响，比如，Nina Tannenwald, “Stigmatizing the Bomb: Origins of the Nuclear Taboo,” *International Security*, Vol.29, No.4, 2005, pp.5-49; “The Nuclear Taboo: The United States and the Normative Basis of Nuclear Non-Use,” *International Organization*, Vol.53, No.3, 1999, pp.433-468；加拿大学者保罗（T. V. Paul）分析了核禁忌在地区冲突中的作用，参见T. V. Paul, “Nuclear Taboo and War Initiation in Regional Conflicts,” *The Journal of Conflict Resolution*, Vol.39, No.4, pp.696-717。在化学禁忌领域，美国学者理查德·普赖斯（Richard Price）用宗谱学的方法讨论了化学禁忌的形成根源和过程，参见Richard Price, “A Genealogy of the Chemical Weapons Taboo,” *International Organization*, Vol.49, No.1, 1995, pp.73-103。

一、军备控制中的禁忌现象及其来源

禁忌（taboo）是指在特定文化中被社会所禁止的行为和思想。禁忌并不是绝对不可违反，只是违犯者会感到非常惶恐。从社会文化的角度来看，违反禁忌的行为被认为可能会带来极为不祥的后果。

最早对禁忌进行系统研究的主要是在宗教和人类文化学领域，其中被广泛引用的是西格蒙德·弗洛伊德（Sigmund Freud）和恩斯特·卡西尔（Ernst Cassirer）的著作。在他们的研究中，"禁忌"这个词具有宗教和道德的双重含义，他们尤其强调禁忌神秘色彩的一面。卡西尔认为，在人类文明的初级阶段，禁忌包括了宗教和道德的全部领域。① 弗洛伊德认为，禁忌是最古老的无形法律，比任何神的观念和宗教信仰都要早。禁忌既包含"崇高的"、"神圣的"含义，也具有"神秘的"、"危险的"、"禁止的"、"不洁的"一面。② 迄今为止，世界上所知的所有民族都有各自的禁忌。在中国历史文献中，汉代就已正式出现"禁忌"一词。根据《汉书·艺文志·阴阳家》记载："及拘者为之，则牵于禁忌，泥于小数，含人事而任鬼神。"③

军备领域中的禁忌与宗教领域的禁忌有着类似的渊源，都是对不祥后果的规避。有所不同的是，军备领域的禁忌根源常常可以得到科学研究的实证支持，因此，更具有科学理性的特点。在军备控制的理论和实践中，"禁忌"这个概念指的是禁止性的规范。这些规范是如此强大，即使突破这些规范能够获得一些现实的物质利益，决策者仍不敢甚至想都不敢想去突破这些规范。④

在军备控制领域，"核禁忌"和"化学武器禁忌"是非常突出的话题。与宗教以及其他社会文化领域的禁忌一样，形成军备领域禁忌的

---

① ［德］恩斯特·卡西尔：《人论》（甘阳译），上海译文出版社，1985年版，第133页。

② ［奥］西格蒙德·弗洛伊德：《图腾与禁忌》（杨庸一译），台北：忠文出版社，1975年版，第31页。

③ 万建忠：《解读禁忌——中国神话、传说中的禁忌》，北京：商务印书馆，2001年版，第7页。

④ 李彬：《军备控制理论与分析》，北京：国防工业出版社，2006年版，第208页。

关键因素是让人类（包括平民和战斗人员）对某些武器及其使用产生强烈的恐惧。这种恐惧心理包括畏惧感和厌恶感。在这种畏惧感或厌恶感的驱动下，一些社会不能接受使用这些武器，有时甚至无法接受其中一些武器的存在。这样，也就形成了禁忌性的规范。

一些武器能够让国际社会产生恐惧感，从而形成对这类武器的禁忌；而其他武器则未能让人类产生同样的感觉，其中有技术的原因，也有社会文化（道德伦理）的原因。

从技术角度来看，一些武器破坏力巨大或者杀伤机理残忍，容易唤起人类的恐惧感和厌恶感，在特定社会文化环境下就可能形成对这类武器的禁忌。在工业革命之前，一些作战方式（例如火攻和水淹）可能产生大规模杀伤效果，但是需要一些偶然的条件，而这些偶然条件并不能够经常出现，因此，很多社会对这些作战方式有一些恐惧和厌恶情绪，但是，并未针对这些作战方式形成较为稳定的社会禁忌。工业革命之后，武器的杀伤规模不断扩大。19世纪，出现了工业技术和平主义。一些科学家深信，如果武器的威力足够大，就会让人们对武器和战争产生恐惧感，从而结束战争。例如，法国科学家路易斯·巴斯德（Louis Pasteur）认为，如果科学的进展促使毁灭有可能达到极度，以致任何矛盾都成为不可能，那么战争就会自行消灭。[①]

一些武器巨大的破坏力让人类对这些武器的使用产生了恐惧的社会心理，害怕使用这些武器不仅会毁灭敌人，也会毁灭自己。如果削弱了这些武器的破坏力，人们对这些武器的恐惧感就会减轻，在此基础上形成的禁忌也就有可能会被打破。国际社会一直强烈反对核武器威力小型化，因为这样做会降低核武器的破坏力，使核武器从心理上“不可用”转变为“可用”。例如，中子弹对除人员外的附带物件毁伤较小，放射性污染也相对较少，但却受到强烈批评，没有国家对其进行部署，主要原因就在于中子弹可能降低人们对核武器的恐惧和厌恶，模糊核战争和常规战争的界限，令核武器变得容易使用。[②]

除了巨大的杀伤力，一些武器残忍的杀伤机理也会给人们带来畏

① 刘戟锋、曾华锋:《战争伦理——一种世界观念》，载《伦理学研究》，2006年第4期，第87页。

② Sherri Wasserman, *The Neutron Bomb Controversy: A Study in Alliance Politics, New York: Praeger, 1983.*

惧和厌恶感，这种畏惧和厌恶感也是禁忌的重要来源。例如，一些非金属的弹片进入人体后，就很难查明或全部清除，会使受伤者长期遭受痛苦。这些武器伤害生命的方式让人感到了痛苦和恶心，在此基础上，人类社会形成了深刻的厌恶心理。

值得注意的是，仅仅根据技术原因来判断禁忌是否能够形成是不够的。在现有的技术条件下，完全可以将核武器的威力降低到大型常规炸弹的威力之下，但是，国际社会仍然不能接受小型核武器的使用，却对大型常规炸弹的使用持较为麻木的态度。一些常规武器的杀伤机理并不比化学武器更人道，例如，一些炸弹产生的高温也可能形成皮肤灼伤溃烂，而窒息性化学武器可能使人快速致死。但是，这种技术差异并没有使国际社会对二者的看法出现根本性的改变。禁忌的建构必须仰仗社会文化因素的推动。从社会文化的角度来看，在战争伦理的基础上，广泛的宣传和强大的舆论可以塑造人们对某些武器的恐惧感，从而形成和强化禁忌。

道德伦理一直影响着人类社会对作战方式的选择。孟子把儒家道德原则的“仁”与现实主张“民本”融合于一体，战争作为政治工具只是行仁政的手段。孟子反对以纯粹功利为目标的战争，对“争地以战，杀人盈野；争城以战，杀人盈城”的战争深恶痛绝。① 在西方文化中，正义战争理论认为，为了降低战争的残酷性，战争应该受到道德伦理的约束。战争的正义性不仅在于开战的理由是否道德，还在于作战的方式是否道德。② 正义战争理论提出了两个重要原则：“区别原则”和“相称原则”，要求区分军人和平民，任何情况下不得蓄意攻击非战斗人员，并使用相称的暴力，不得过度杀伤和重复伤害。③ 如果交战方违背了这两个原则，就会被认为违反了正义原则，这样的作战方式是不道德的。

在现实中，上述道德原则与实际作战环境相结合，人们会强化自

---

① 倪乐雄：《儒家战争观及其历史命运》，载《军事历史研究》，1993年第1期，第102—107页。

② ［美］迈克尔·沃尔泽：《正义与非正义战争：通过历史实例的道德论证》（任辉献译），南京：江苏人民出版社，2008年版，第23页。

③ 周桂银、沈宏：《西方正义战争理论传统及其当代论争》，载《国际政治研究》，2004年第3期，第28页。

己感触最深的部分，并加以广泛宣传，建构和强化对某些武器的禁忌。按照建构主义，观念可以通过建立话语权的方式建构出来。也就是说，人们对某些武器的恐惧感和厌恶感在很大程度上是通过接受宣传而建构出来的。在军备控制领域，国际舆论把政治厌恶与某些武器联系到一起。当这种厌恶感发展到一定程度，国际社会不仅认为使用这些武器是不道德和非人道的，连拥有这些武器也会被视为是罪恶的，从而要求彻底销毁这些武器。在这个禁忌观念的建构过程中，宗教说教、社会运动、艺术传播等多种宣传方式发挥了重要的作用。

以“核冬天”理论为例。从科学角度，这个理论的结论仍值得探讨，但是，这个理论却产生了全球性的影响力。除了“核冬天”，大规模核战争也会产生其他一些全球性的严重后果，独独“核冬天”理论深入人心。这里的原因在于，世界反核运动使用了各种宣传手段来传播这个理论。1983年，在华盛顿召开了“核战争以后的世界——关于核战争带来的长期的全球性生物学后果讨论会”，苏美等近20个国家的500名正式代表参加。会议不仅邀请了科学家，还邀请了各国的外交使节、教育学家、环境问题专家、企业界领导人、外交政策制定者和军界头面人物。除了发表学术报告，会议还安排了一个90分钟的电视节目，与苏联科学家进行对话。会议结束后，日本专门拍摄了影片《地球冻结》，描述核战争发生后的恐怖景象，逐渐在世界范围内建构和加强了这样的观念：核战争爆发的后果是毁灭性，人类不能使用核武器。[①] 在这个例子中我们可以看到，在建构禁忌的过程中，宣传的作用有可能大于技术本身的原因。

二、禁忌的表现及作用方式

规范影响国家的行为的途径有两种：一是规制性作用，即决策者把违反规范当做成本之一，进行成本收益计算。在这种模式下，决策

① Lawrence Badash, *A Nuclear Winter's Tale: Science and Politics in the 1980s*, Cambridge: MIT Press, 2009.

者从工具理性的角度来看待这一规范；二是构成性作用，即决策者未做成本收益计算，而是发自内心地认为不应该使用某种武器。[①]这可以看做是人们认识禁忌发生作用的两种途径，前者为理性主义（现实主义等）所推崇，后者为建构主义所推崇。

在考察禁忌是否影响国家决策时，更合适的方法是观察国家的行动，而不仅仅是观察其语言。一个禁忌一旦形成，人们往往会对公开、直接地议论禁忌的内容采取克制态度。这是因为禁忌的内容往往被看做是不祥的，遭人厌恶的。当一个国家考虑违反禁忌时，它很少选择发表公开声明等方式，而会特意回避。因此，我们可以根据国家的行为来判断针对某种武器的禁止性规范是否影响了该国的决策，而不仅仅是通过一个国家的声明来判断。在下述两种情况中，可以说禁忌对国家的行为和决策产生了影响。

第一种情况：在物理上违反禁忌是可行的，但是，国家却没有进行那些违反禁忌的行为。禁忌对国家行为最强的约束力并不在于让国家公开宣布自己会遵守规范，而是在行动上不违反规范。我们可以看到在一些案例中，如果从工具理性的角度来看，违反禁忌能够以更少的成本获得更多的物质性收益，但是，决策者并没有进行这样的行为。例如，核武器国家与无核国家之间已经发生过多次武装冲突。核国家曾经多次面临军事上的困境，使用核武器可以帮助其缓解困境，而且不用担心核报复。但是，除了美国1945年对日本使用过核武器之外，核武器国家再也没有使用过核武器。在这种情况下，我们就可以判断，“核禁忌”在国家决策中发挥了作用，而且是很强的约束作用。

第二种情况：国家从事了违反禁忌的行为，但是感受到了压力，并以掩盖或开脱的方式试图减少这种心理上的压力。在这种情况下，禁忌对决策的影响力要弱于前一种情况。

当国家进行决策时，一方面，决策者认为不应该违反禁忌；而另一方面，违反禁忌能够获得巨大的收益。虽然决策者根据工具理性进行了违反禁忌的行为，但是他们会感受到压力。这种压力既来自外部，

① 吴日强：《正义战争、核禁忌与无核世界》，载《世界经济与政治》，2009年第10期，第53页。

例如国际社会的谴责，也来自内部，例如本国人民的反对以及决策者本人的内心矛盾。这就是禁忌在发挥作用。在很多案例中，我们可以观察到，决策者为了减少这种来自内、外部的压力，会进行一些掩饰，例如，隐藏违反禁忌的行为以及事后为自己的行为开脱。例如，《日内瓦议定书》禁止使用化学武器和细菌作战，尽管在其达成后，化学战仍然时有发生，但这些发动化学武器攻击的国家往往事先极力隐藏使用化学武器的行为，事后辩称所使用的不是化学武器等，都没有选择直接退出议定书来摆脱条约的束缚。这些行为实际上体现出这些国家在违犯"化学武器禁忌"时，心理上都受到了压力，他们并不想公开挑战和颠覆这一规范。

禁忌作为一种禁止性的规范，逐渐发展为习俗、传统和法律，在军备控制的发展中发挥了重要作用。这种作用主要体现在以下三个层面：国际层面的战争规约、国家层面的决策行为以及非国家行为体层面的道德约束。

第一，国际层面。军备控制领域的禁忌促成国际社会形成了相关的战争规约，要求对战争手段进行限制，禁止使用某些导致过分杀伤或不必要痛苦的武器，并要求彻底销毁一些武器。例如，国际社会先后达成了《禁止化学武器条约》、《禁止生物武器条约》以及《禁止使用特定常规武器条约》等国际规约。

第二，国家层面。禁忌在国家决策过程中发挥了重要的作用。由于禁忌的存在，国家决策者选择放弃使用某些武器，并由此限制这类武器的发展和部署，甚至销毁这些武器，以适应禁忌的要求。在个别情况下，决策者可能决定违反禁忌，但会感受到来自内外部的压力，为此，决策者会掩饰违反禁忌的行为以减少这种心理上的压力。

第三，非国家行为体层面。非国家行为体（包括个人和群体）的行为直接受到禁忌的影响，特别是那些研究军事装备的科学技术人员，他们的行为最终会影响国家在军备领域的行为。

在国际关系领域，道德常常被分为国家道德和个人道德，两者具有不同的衡量标准。在个人层面看来不道德的事情，在国家层面却可以接受，比如说伤害生命。[①] 在战争中，武器装备既要保护国家安全利益，又要考虑人的安全关切。作为军事系统中的个人，例如，从事军事装备研究的科学技术人员经常会面临国家道德标准和个人道德标准、国家安全利益和人的安全关切之间的冲突。对于研制过分杀伤以及导致大量痛苦的武器，很多科学技术人员会感受到道德压力，觉得不安，从而减缓甚至放弃研制这样的武器。这就是禁忌这样的禁止性规范在非国家行为体层次发挥了作用。

禁止性规范对科学技术人员的影响源远流长。《阅微草堂笔记》记载了这样的故事。纪晓岚朋友戴遂堂称自己的父亲曾发明一种连发火器，准备献给军营。"夜梦一人苛责曰：'上帝好生，汝如献此器使流布人间，汝子孙无噍类矣。'乃惧而不献。"[②] 在戴遂堂的父亲看来，这样的连发武器具有明显的军事意义，但这种连发武器却具有过分杀伤的后果。因此，他在造出来这种武器之后，又不敢转交给军队进行大量装备。

随着武器日益增强的杀伤力和残酷性，现代以来，科学界的社会责任感也更加强烈。很多科学家反对用道德绝对中立主义来对待科学应用，认为从事武器方面研究的科学家不但应对武器的革新负责，还应对这种革新的建议负责。例如，爱因斯坦指出科技人员要提高道德标准，"自由地恢复人类生命的尊严和非战斗人员的安全"。[③]

从以上分析我们可以看到，在技术因素和社会文化因素的综合作用下，禁忌在军备控制的一些领域成功得到了建构。这些禁忌在国际、国家以及非国家行为体三个层面产生作用。下面我们考察不同的武器领域、禁忌的作用和影响。

---

① Hans J. Morgenthau, *Politics among Nations: The Struggle for Power and Peace*, New York: Alfred A. Knopf, 1961, pp.4-15.

② 纪昀：《阅微草堂笔记·栾洋续录（一）》。

③ 刘戟锋、曾华锋：《战争伦理——一种世界观念》，第89页。

三、禁忌在生化武器控制中的作用

早期人们并不刻意区分化学武器和生物武器，而是笼统地将它们看做有毒物质。直到1969年，英国提出禁止生物作战方法的公约草约；1971年，裁军委员会通过《生物武器公约》草案，生物武器军控才第一次从化学武器中分离讨论。[①] 因此，在长期化学武器军控实践中形成的“化学武器禁忌”实际上也涵盖了生物武器的部分。

战争中使用有毒物质攻击对手的历史非常漫长。例如，斯巴达人的“希腊火”就是化学战史上的有名武器，中国在宋朝就有“毒药烟球”。[②] 限制在战争中使用化学武器源于近代禁止将毒物用于战争的习惯法。第一次世界大战期间，化学战达到了顶峰。据不完全统计，一战中大约11万吨的毒剂共造成130万人伤亡。[③] 这种灾难性后果震惊了整个国际社会，开始出现大规模禁止使用化学武器的活动。

需要强调的是，虽然一战期间大规模的化学战导致了相当数量的伤亡，但破坏力并不是形成化学武器禁忌的唯一原因。与其他类型的武器比较而言，化学武器在战争中使用的次数很少，造成的伤亡也相对有限。而且，化学武器的有效性和可靠性非常容易受到防御措施和天气等因素的影响。[④] 国际社会之所以持续推动全面禁止使用和销毁化学武器的进程，更重要的原因在于化学武器伤害生命的机理。毒剂的物理效应能够造成刺激性、全身中毒和糜烂等后果，给伤者带来不必要的痛苦。[⑤] 而且化学武器在使用时无法区别军人和平民，会造成巨大的恐慌。[⑥]

禁止化学武器运动成功地把恐惧感和化学武器联系到了一起，产

---

① 刘华秋主编:《军备控制与裁军手册》，北京：国防工业出版社，2000年版，第356页。

② 王强、杨清镇编著:《化学武器与战争》，北京：国防工业出版社，1997年版，第2—4页。

③ 于义凤、万学锋:《化学军控与裁军》，中国人民解放军防化指挥工程学院，第5页。

④ Richard Price, “A Genealogy of the Chemical Weapons Taboo,” p.84.

⑤ 于义凤、万学锋:《化学军控与裁军》，第5页。

⑥ Nicholas Fotion and Gerard Elfstrom, *Military Ethics: Guidelines for Peach and War*, London: Routledge and Kegan Paul, 1986, p.168.

生了“谈毒色变”的心理效应。[1]美国学者理查德·普赖斯认为，使用化学武器已经与以下三种政治厌恶联系到了一起：第一，使用化学武器是非人道的，不是文明国家所认可的行为。第二，使用化学武器是阴险的，不是男子汉所为。[2]第三，使用化学武器是无能的，只有弱者才会使用。[3]普赖斯从西方社会的角度分析了建构化学武器禁忌的文化基础，实际上中国社会也塑造出对化学武器的政治厌恶。第一，中国历史上有类似的“下毒禁忌（poison taboo）”。下毒被视为是阴险小人的勾当，经常与谋杀和政治阴谋联系在一起。第二，近现代中国把化学武器视为“侵略者的恶魔”。作为二战中化学战的受害国，中国切身感受到化学武器的残忍，直到今天，日本遗弃在中国的化学武器仍然会对平民造成伤害。特别是日本731部队在东北进行人体试验的残酷暴行被披露后，《黑色太阳731部队》等影片的宣传使使用化学武器被认为“违反天理人道”，化学武器是侵略者使用的灭绝人性的武器，为中国社会所深深厌恶。[4]这可以解释为什么《禁止化学武器公约》达成前中国就不发展和装备化学武器。

化学武器禁忌极大地推进了生化武器裁军的深度和广度，具体来说，主要体现在以下两个方面：

第一，在国际层面上，“化学武器禁忌”推动了化学武器以及生物武器防扩散条约的形成。在化学武器形成一个强大的禁忌之前，有关化学武器控制的讨论仅仅局限在欧洲地区。第一次世界大战结束后，一些欧美国家的政治精英开始把化学武器与道德伦理联系在一起，逐渐形成了“文明国家不使用化学武器”的观念，[5]化学军控的进展开始加速。1921年，国际联盟建立了一个专门研究化学武器问题的小组委员会，对化学武器的分类、使用、未来的发展前景以及化学战的可怕

① 夏志强：《化学武器兴衰史话》，北京：化学工业出版社，2008年版，第10页。

② Margaret Hallissy, *Venomous Woman*, Westport: Greenwood Press, 1987, pp.5-6.

③ Richard Price, “A Genealogy of the Chemical Weapons Taboo,” p.98.

④ 日本化学战罪行研究课题组：《违反天理人道的日本化学战》，http://politics.people.com.cn/GB/1026/3700042.html。

⑤ 例如，在华盛顿会议上，英国代表巴尔弗（Balfour）就认为要建构起这样的人类道德：毒气是文明国家无法接受的战争手段。参见Stockholm International Peace Research Institute, *The Problem of Chemical and Biological Warfare*, Vol.5, “The Prevention of CBW,” Stockholm: Almqvist & Wiksell, 1973, p.126。

后果提供了一份权威详尽的报告。[①] 同年，华盛顿裁减军备会议规定在战争中使用窒息性毒剂等会受到“文明世界舆论所谴责”。[②] 1925年，美国在国联召开的日内瓦会议上提出了禁止化学武器国际贸易以加强化学战禁令的建议，与会国签署了《禁止在战争中使用窒息性、毒气或其他气体和细菌作战方法的议定书》(即《日内瓦议定书》)，这是历史上第一个在世界范围内有效地禁止使用化学武器和细菌作战方法的国际法律文书。[③] 但是，《日内瓦议定书》也有明显的缺陷。[④] 这些缺陷成为二战后国际社会继续推动化学军控的重要原因，并在《禁止化学武器公约》和《禁止生物武器公约》中得到了很大的弥补。

第二，在国家层面上，化学武器禁忌在很大程度上约束了国家在战争中使用化学武器，并推动国家进行化学武器裁军和防扩散的努力。

第一次世界大战结束后，尽管很多国家化学战的能力提升了，化学战的次数却显著减少，规模也相对有限。最明显的案例是第二次世界大战。可以说，第二次世界大战无论是战争规模还是残忍程度都要超过一战，化学武器在这一时期也得到了更大的发展。但除了日本在中国战场使用了化学武器以外，大多数参战国都没有发动化学战。在二战后期的太平洋岛屿战中，如果使用化学武器，美国不会面临报复，而且作战效果可能会比较好，但美国没有使用毒气对付那些隐藏在坑道中的日本士兵，而是使用火焰喷射器等。[⑤] 此外，即便有的国家违反禁忌使用了化学武器，但这些国家都面临巨大压力。1925年《日内瓦议定书》签署以后，那些在战争中使用化学武器的国家都为自己的违约行为进行辩解和开脱。1935—1936年，意大利曾在埃塞俄比亚使用

① Stockholm International Peace Research Institute, *The Problem of Chemical and Biological Warfare*, Vol.4, “CB Disarmament Negotiations, 1920-1970,” Stockholm: Almqvist & Wiksell, 1973, pp.43-46.

② Stockholm International Peace Research Institute, *The Problem of Chemical and Biological Warfare*, Vol.4, pp.46-48.

③ 于义凤、万学锋:《化学军控与裁军》，第36页。

④ 首先，它只禁止使用化学武器，没有禁止化学武器的研制、发展、生产和储存。其次，许多国家特别是大国在签署议定书时，都提出了保留条款，使《日内瓦议定书》成为一份只禁止首先使用而不禁止报复使用化学武器的条约。再次，议定书没有对其使用的技术术语给出法律定义，致使术语含义的不肯定性日益增加。最后，议定书没有监督履约的核查机制和对违约的制裁机制。参见夏志强:《化学武器兴衰史话》，第48—50页。

⑤ 李彬:《军备控制理论与分析》，第210页。

化学战剂，其辩解的理由是“埃塞俄比亚不是一个文明国家，不受到《日内瓦议定书》的保护”。[①]1980—1988年两伊战争中，伊拉克对伊朗军民使用了化学武器。伊拉克直到战争的最后一年才承认自己使用了化学武器，其领导人也表示支持不使用化学武器的国际规范，使用化学武器仅仅是为了保卫领土完整不得已而为之。[②]

一些国家还主动放弃了拥有和使用化学武器的某些权利，并进行防扩散努力。在1925年《日内瓦议定书》刚达成时，几乎所有缔约国都提出了保留报复使用化学武器的权利或其他保留条款。但在二战结束后，缔约国的保留相对减少，在1969—1985年加入议定书的42个国家中，只有10个国家做出报复使用化学武器的保留。在1992年《禁止化学武器公约》达成之前，很多国家就单方面声明放弃与化学武器相关的某些权利。例如，挪威宣布不允许在它的领土上安置或储存化学武器。[③]

可以看出，由于国际社会有效地利用了宣传手段来塑造政治厌恶情绪，化学武器禁忌非常成功地推动了全球性的化学与生物裁军。

四、禁忌对核武器的限制作用

“核禁忌”的产生和强化同样也有技术的和社会文化的因素。核禁忌的技术因素有一些独特之处。首先，核武器的杀伤能力通常远大于其他类型的武器，由此所引发的恐惧感也远大于其他武器。其次，核武器和其他类型武器的技术区分比较鲜明，走边沿路线的余地比较小。最后，获取核武器的技术难度较大。这些技术因素使得核禁忌比其他各种禁忌更为牢固。

在美国对日本使用核武器之后，通过现代传播手段，核武器的杀伤效果得到了广泛的宣传。随之而起的广泛而持久的反核运动极大地

① Richard Price, “A Genealogy of the Chemical Weapons Taboo,” p.97.

② Richard Price, “A Genealogy of the Chemical Weapons Taboo,” p.99.

③ 于义凤、万学锋：《化学军控与裁军》，第48页

唤起了人们对核战争的政治厌恶，并逐渐建构和强化了核禁忌。

现代国际政治的一些因素也对核禁忌有不利的影响。核武器被一些国家看做具有重大的安全和政治意义，是维系一国生存的最后手段，也是彰显权力的重要媒介。冷战期间，美国和北约的核战略明确诉诸核武器来吓阻苏联对欧洲的大规模常规进攻。在冷战结束多年之后，多数核武器国家仍不愿意承诺不首先使用核武器，就是看重核武器的强制性影响力。这对于进一步强化和扩展核禁忌是不利的。

按照禁忌的范围，“核禁忌”可分为两个层次：使用核武器和拥有核武器。在这两个层次中，对核武器使用的禁忌最为牢固，核禁忌对这一层面的军控活动的作用最明显。这一点与“化学武器禁忌”的发展轨迹类似。核裁军、核不扩散和反对在他国部署核武器属于拥有层面，核禁忌在这个层面的作用有限。

核禁忌对核军控的作用首要表现在于核国家对核武器使用的自我克制。即使在一些场合，从直接的、物质利益的角度来看，核国家对非核国家使用核武器是合算的，但是由于核禁忌的作用，二战之后核国家未再使用核武器。目前国际上还没有建立全面的禁止使用核武器的国际条约，核禁忌的作用大多数时候体现为核国家的自我限制，在一些时候体现为对无核区、无核国家进行安全保证。美国学者尼娜·坦嫩瓦尔德研究了美国在四次战争——1945年原子弹轰炸日本、朝鲜战争、越南战争、海湾战争——中的决策过程，分别代表了核禁忌从无到有、逐渐内化的过程。[①] 其他的案例还包括英阿马岛战争、1973年第四次中东战争。[②]

核试验与使用核武器有一些相似的地方，这就是二者都发生了核爆炸。对核战争惨烈的宣传自然也会唤起人们对核爆炸试验的恐惧。这使得使用核武器的禁忌在一定程度向包括核试验的方向扩展。非封闭环境下的核试验，例如，大气层和水下核试验尤其容易给人们带来

---

① Nina Tannenwald, “The Nuclear Taboo: The United States and Normative Basis of Nuclear Nonuse,” *International Organization*, Vol.53, No.3, 1999, pp.433-468.

② T. V. Paul, “Nuclear Taboo and War Initiation in Regional Conflicts,” *The Journal of Conflict Resolution*, Vol.39, No.4, 1995, pp.696-717.

使用核武器的联想，因此，“核禁忌”在推动放弃大气层和水下核试验方面的作用最为明显。美苏在冷战早期的核试验都是在大气层中进行的，对全球环境造成严重的放射性污染，由此引发了规模空前的反核运动。苏、美、英三国在1958年宣布暂停核试验。此后各方在暂停与恢复核试验的较量中，决策者感受到了巨大的压力，他们力图通过减小核试验的威力以及改变核试验的方式来减缓这些压力。[①]《全面禁止核试验条约》达成后，印度、巴基斯坦和朝鲜还相继进行了核试验，但是，它们不约而同地选择了地下核试验的方式，而没有使用技术要求更低的大气层核试验的方式。其中的部分原因可能在于，关于使用核武器的禁忌已经扩展到了大气层核试验方面。

威胁使用核武器也与使用核武器有一些相似之处。由于受到“核禁忌”的压力，国际社会中威胁使用核武器的言论被迫越来越模糊，措辞方式逐渐从早期的考虑使用核武器转变到现在常用的不排除使用核武器。即使一些国家不承诺不首先使用核武器，也往往含糊其辞，不愿意成为众矢之的。可以认为，使用核武器的禁忌正在扩展，但是尚未有效包括威胁使用核武器。

在拥有核武器方面，目前国际社会还没有形成一个全面的、强有力的禁忌，但是，在一些个别问题上，已经出现了一些由于恐惧感所导致的压力，这具体表现为：反对其他国家在本国部署核武器、核不扩散以及核裁军。反对其他国家在本国部署核武器一直是反核运动的内容之一。日本1960年与美国修改《日美安保条约》时达成秘密协议，默许载有核武器的美军舰艇停靠日本港口。[②]作为日本官方政策的“无核三原则”（即“不拥有、不制造、不运进核武器”）是1967年时提出的，日美签订核密约时尚没有这一政策。日本政府之所以将这一约定秘而不宣达数十年之久，显然是感受到了日本民众对运进核武器存在政治厌恶。在核不扩散和核裁军方面，“核禁忌”也发挥着推进作用。

---

① ［美］小阿瑟·施莱辛格：《一千天：约翰·菲·肯尼迪在白宫》（仲宜译），北京：三联书店，1981年版，第340—347页。

② 《揭开日美“核密约”面纱》，新华网东京2010年3月10日电，http://news.xinhuanet.com/mil/2010-03/11/content_13145822.htm。

但是，由于国际安全和政治利益的制衡作用，“核禁忌”在这些方面的作用尚不明显。

可以看出，核武器的技术特点以及全球性的反核运动使得“核禁忌”在二战之后较短的时间内得到了建立和强化。“核禁忌”主要体现在对核武器使用的限制方面，并逐渐向其他方面扩展。

五、禁忌对常规武器的限制作用

由于常规武器的多样性，迄今为止，常规武器控制领域没有形成诸如化学武器禁忌与核禁忌这样全面、明确以及众所周知的禁忌。但是，这一领域中，针对部分武器也存在一些禁止性规范。由于这些被排斥的武器具有某些滥杀伤的技术特点，被看做是不人道武器，因此，这种规范可被看做是“不人道常规武器禁忌”。常规武器技术特点的多样性以及常规武器受到人们厌恶和限制的多样性给我们提供了一个观察禁忌发展的良好场所。

从物理效应来说，不人道武器通常指的是那些过分杀伤或滥杀伤的武器。所谓过分杀伤，是指该种武器不仅可使人丧失战斗力，而且使被杀伤者承受难以治疗或过度、不必要的痛苦。所谓滥杀伤，是指使用这种武器可能使军人和平民不加区别地受到杀伤。①

国际社会建立对不人道常规武器杀伤机理的恐惧和厌恶感，并将其转化为禁止性规范，这一过程经历了较长的时间。1868年的《圣彼得堡宣言》呼吁各国不要使用会造成不必要痛苦的武器，禁止使用“任何轻于400克的爆炸弹丸或是装有易爆易燃物质的弹丸”。1874年，欧洲国家通过了《布鲁塞尔宣言》，不承认交战各方在采用伤害敌人的手段方面拥有不受限制的权力。②20世纪初的两次海牙会议形成了“海牙法”体系，对武器的类型和使用、作战策略以及一般作战行为做出了规定，尽可能减轻战争的残酷性。在国际人道法的基础上，国际社会

① 刘华秋主编:《军备控制与裁军手册》，第315页。

② 黄列:《国际人道法概述》，载《外国法译评》，2000年第4期，第70页。

较为成功地塑造出对不人道常规武器的政治厌恶感。这种恐惧和厌恶感不仅抑制了一些不人道常规武器的使用，也推动达成了一些国际规约。例如，国际社会1981年达成了《特定常规武器公约》，禁止使用燃烧武器、特种碎片武器等武器。与生化武器稍有不同，这种恐惧感的推动力更多地来自非政府国际组织。例如，国际红十字会和禁雷运动等通过持续努力，在缺乏大国支持的情况下，达成了彻底禁止使用以及拥有反人员地雷的《关于禁止使用、储存、生产和转让杀伤人员地雷及销毁此种地雷的公约》(即《渥太华条约》)以及禁止使用集束炸弹的《集束弹药公约》(即《奥斯陆条约》)。

值得关注的是，其他一些常规武器同样也导致了严重的人道主义灾难，但人们却对这些武器及其使用持较为松弛的态度，不认为其属于不人道常规武器，就无法将其纳入不人道常规武器禁忌。例如，冷战结束后，小武器和轻武器在战乱地区的扩散导致大量平民死亡，但国际社会并不认为这些是不人道的，其原因在于，自小武器问世以来，人类已经习惯了其伤害生命的机理，国际社会没有广泛塑造出对小武器的恐惧和厌恶感。国际社会总体上并不否定在战争中使用小武器的作战方式。相反，在很多社会中，小武器有着较为正面的形象。小武器被认为是国家进行正当防卫的合法手段。例如，在联合国有关小武器问题的第一份大会决议中，就重申根据《联合国宪章》第51条的规定，即国家、集体和个人拥有使用武器进行自卫的权利。[①] 小武器被认为是向邪恶势力宣战的手段。这与美国历史上的“民兵传统”和“西进运动”密切相关，并受到了美国宪法的保护。美国宪法第二条修正案赋予了个人拥有枪支的权利，认为枪支在某种程度上能够保护人民免于暴政和犯罪。[②] 小武器还被认为是男人成家立业的工具。这源自很多社会生活中的“打猎传统”，熟练使用枪支被认为是有品位和男子气概的。[③] 这个传统在很多国家持续至今，例如美国、澳大利亚、英国和

---

① General Assembly Resolution (A/RES/50/70B), 1995, http://daccess-dds-ny.un.org/doc/UNDOC/GEN/N96/760/63/PDF/N9676063.pdf?OpenElement.

② Erik Luna, “The 22 Caliber Rorschach Test,” *Houston Law Review*, http://www.houstonlawreview.org/archive/downloads/39-1_pdf/HLR39P53.pdf .

③ Robert Spitzer, *The Politics of Gun Control*, New York: CQ Press, pp.238-244.

很多非洲国家。由于国际社会无法建构出针对小武器的政治厌恶，该领域才难以形成普遍的禁止性规范，偶有进展，也往往会很快倒退。

在常规军备领域的各类武器上，禁忌的发展有着非常不一样的遭遇。从中我们可以看出，不仅是这些武器的技术特点不一样，更为重要的是，社会文化是否有利于塑造对这些武器的恐惧和厌恶感。

六、结语

通过考察各个军备领域中的禁忌现象，我们可以得到如下的结论：

第一，禁忌是促进军备控制发展的重要因素。禁忌会使得决策者超越单纯的物质利益计算，从而限制一些军备行为，包括限制军备的使用、发展和持有。

第二，军备领域的禁忌既可能表现为国际规约的形式，也可能以无形压力的方式对国家和非国家行为体的行为带来限制。在军备领域，禁忌形成的主要因素包括技术和社会文化因素。技术因素主要体现在武器的杀伤力和杀伤机理；社会文化因素主要是塑造人们对一些军备的恐惧和厌恶感。后者在禁忌的建立过程中发挥着更为重要的作用。

在核生化和常规武器领域，禁忌的建构和发展状况不完全一样，但是，从中可以观察到一些共性。那些威力强大、容易造成过分杀伤和滥杀伤的武器往往首先受到人们的关注；在特定社会文化环境中，一些武器容易被塑造出令人厌恶的形象，针对这样的武器的禁忌就更容易被建构出来。核武器、生化武器和不人道常规武器就是这样的典型。其他一些武器即使造成了较大的人道主义灾难，由于缺乏国际主流话语的关注，却未能形成禁忌。

军备领域的禁忌仍在不断发展，包括扩展原有禁忌和建构新的禁忌。禁忌的这些发展将会进一步推动全球性的核、生、化军控和常规军控。

第6章

政权更迭与核逆转

［美］斯科特·A. 琼斯*

［内容提要］ 关于核扩散的研究，多是对技术层面记录或对研发动机和获取动机的分析，鲜有对检查核逆转的研究。阿根廷和巴西、南非、伊朗作为核逆转的经典案例，表明政权更迭是核逆转的重要变量，而且政权类型同样发挥了重要影响。需要指出的是，政权更迭将产生更加民主的统治形式预先设定了两者间存在着相关性，并且坚信民主国家会放弃核武器也是荒谬的。鉴于此，我们应当更多地关注政权更迭的动力，更迭后的政权类型及其对核现状的相应影响。

Regime Change and Nuclear Reversals: the Ambiguous Case of Iran

Abstract: While most nuclear proliferation studies consist of either technical itemizations or analyses of motivations and mechanisms for acquisition, few studies have examined nuclear reversals. According to the typical cases about nuclear reversals, Argentina, Brazil, South Africa and

---

* ［美］斯科特·A. 琼斯（Scott A. Jones）：美国佐治亚大学国际贸易与安全中心研究员。

Iran, regime change is thought to be a critical "reversal" variable meriting further consideration. Regime type is sometimes considered to have great effect. Therefore, it is useful to consider the dynamics of regime change, on the resultant regime type, and on the corresponding impact on nuclear status. This chapter does so in the case of Iran.

1974年8月，美国的一份特别国家情报评估（Special National Intelligence Estimate）宣称，虽然"伊朗已经公开化的核计划还完全处于规划阶段"，但伊朗国王尤其在受到当年5月印度成功进行核试验的影响下，其野心可能导致其发展核武器，[①] 2008年2月，国际原子能机构（IAEA）发布了伊朗全面保障监督履行情况的报告。该报告不仅持续关注伊朗的不合作行为，还对伊朗将二氧化铀（UO_2）转化为四氟化铀（UF_4）（绿盐计划）的积极进展、高能炸药试验及可返回式导弹推进器设计工作表示了严重关切，因为伊朗的这些活动存在其发展军事核技术的可能。[②] 2009年9月，伊朗向国际原子能机构发出通知，决定在库姆（Qom）市附近"新建一个试验性的核燃料浓缩工厂"，即弗尔多（Fordow）核燃料浓缩工厂（FFEP），然而该决定至多只能算是一种核模糊政策。[③] 在历经40年和两代完全相异的政权后，伊朗的核问题依然存在。

关于核扩散的研究，大多要么是技术层面的详细记录，要么是对研发动机和获取机制的分析，鲜有对检查核逆转的研究。[④] 在有限的成果里，研究政权更迭的影响仍属特定案例。由于政权更迭在历史上许

---

① Special National Intelligence Estimate: Prospects for Further Proliferation of Nuclear Weapons, 23 August 1974, http://www.gwu.edu/~nsarchiv/NSAEBB/NSAEBB240/snie.pdf; See also, Greg Bruno, *CFR Backgrounder: Iran's Nuclear Program*, Council on Foreign Relations, 19 February 2010, http://www.cfr.org/publication/16811/.

② Implementation of the NPT Safeguards Agreement and relevant provisions of Security Council resolutions 1737 (2006), 1747 (2007), 1803 (2008) and 1835 (2008) in the Islamic Republic of Iran, Report by the Director General, 19 November 2008, pp. 3-4, http://www.iaea.org/Publications/Documents/Board/2008/gov2008-59.pdf.

③ Report by the Director General, *Implementation of the NPT Safeguards Agreement and relevant provisions of Security Council resolutions 1737 (2006), 1747 (2007), 1803 (2008) and 1835 (2008) in the Islamic Republic of Iran*, GOV/2009/74, 16 November 2009, p. 2.

④ Ariel Levite, "Never Say Never Again: Nuclear Reversal Revisited," *International Security*, Vol. 27, No. 3 (Winter 2002/2003), pp. 59-88.

多核逆转案例中作用突出，所以我们要重视将其作为重要的“逆转”变量进行深入研究。从政权属类的视角研究伊朗核扩散案例对政策和理论皆有裨益，前者表现为布什政府对伊拉克和伊朗的核不扩散政策中明确提到政权更迭；后者则体现为政权更迭和类型的影响作用，这些将有助于推进现有关于获取或放弃核武器的理论。

政权更迭很显然是必要的，但非唯一的自变量，于是伊朗案例引发了许多理论性问题：为什么国家——而且是某些特定类型的国家——放弃他们的核抱负（或者至少参与核对冲）。伊朗案例还将引发更广泛的问题，比如其问题的特殊性，以及事实上的扩散相较于潜在的扩散——怎样才算真正的“核军事化”。该案例还可能会引发更多研究，讨论政权类型和核政策倾向之间可能存在的联系。

本章以伊朗作为研究案例分析政权更迭及政权类型与坚持或抑制核计划之间可能存在的关系，并做进一步的探索性研究。开篇将从理论上回顾国际社会处理阿根廷、巴西和南非典型核克制案例的标准性原则，然后研究伊朗在经历不同政权期间发展核武器的努力。结论部分就伊朗案例做出一些尝试性的总结，并在更广泛的理论和政策层面上探索核不扩散研究与决策的启示。

一、政权更迭与核逆转

先前关于核逆转和抑制的著作在解释其基本原理和结果时运用了一整套标准的外部和内部变量：客观安全和主观安全分析、安全保证、经济动机、地区性考虑（比如声望），还有政权更迭。① 近来有研究开始从深层次考察政权更迭的变量因素，不仅研究其政权更迭本身的现象（Hughes, 2007），还研究政权的类型（Burgess, 2006）。② 虽然如此，没有一个单独的变量能够解释核逆转现象，③ 因此深入研究核逆转案例中的政权更迭有助于理解各种变量如何相互关联，判断政权类型所起的作用及相关政策的含义。如前所述，伊朗案例由于其当前的受关注程度和对伊拉克问题的意义，以及伊朗伊斯兰共和国在过去和未来发生政权更迭后（笔者接下来将阐述）所具有的模糊身份等方面原因，将别具意义。④

当政权更迭作为不扩散的变量进行研究时，有必要给予其可行的

---

① 关于核逆转与政权更迭的例证性分析可参见：Rebecca Hersman and Robert Peters, "Nuclear U-Turns: Learning from South Korean and Taiwanese Rollback," *The Nonproliferation Review*, Vol. 13, No 3 (November 2006), pp. 539-553 and Ariel Levite, "Never Say Never Again: Nuclear Reversal Revisited," *International Security*, Vol. 27, No. 3 (Winter 2002/2003), pp. 59-88。更普遍地来说，选择核决策的理论性分析可参见：T.V. Paul, *Power versus Prudence: Why Nations Forgo Nuclear Weapons* (Montreal: McGill-Queen University Press, 2000); See also Mitchell Reiss, *Bridled Ambitions: Why States Constrain Their Nuclear Capability* (Washington, D.C.: Woodrow Wilson Center Press, 1995); Scott D. Sagan, "Why Do States Build Nuclear Weapons? Three Models in Search of a Bomb," *International Security,* Vol. 21, No. 3 (Winter 1996/97), pp. 54–86; Mitchell Reiss, *Without the Bomb: The Politics of Nuclear Nonproliferation* (New York: Columbia University Press, 1988); Barry R. Schneider and William L. Dowdy, eds., *Pulling Back from the Nuclear Brink: Reducing and Countering Nuclear Threats* (London: Frank Cass, 1998); Etel Solingen, "The Political Economy of Nuclear Restraint," International Security, Vol. 19, No. 2 (Fall 1994), pp. 126–169; Leonard S. Spector, "Repentant Nuclear Proliferants," Foreign Policy, No. 88 (Fall 1992), pp. 3–20; and William C. Potter, T*he Politics of Nuclear Renunciation: The Cases of Belarus, Kazakhstan, and Ukraine*, Occasional Paper No. 22 (Washington, D.C.: Henry L. Stimson Center, 1995)。

② 据休斯（Hughes）观察，"尽管制度性解释相较于国内层面解释在因果分析时的分量有所不同，但其他学者注意到了国内组织和其他变量在影响国家决定开展（或撤销）核武器计划时所起到的作用。在巴基斯坦案例中，萨米纳·艾哈迈德（Samina Ahmed）认为尽管感受到来自印度的安全威胁是推动巴基斯坦开发和试验核装置的一个必要条件，然而印度的政治领导被边缘化，军队在巴基斯坦安全政策架构中居于主导地位，并在核政策的历次制定中起到决定性的作用。大卫·卡尔（David Karl）指出，在印度案例中军队领导在发展核武器计划中态度谨言慎行，是因为担心这将对军方决策造成更大的民意阻碍。法国决定发展独立核威慑力量同样被认为是受到国家威望和制度因素的驱动。最后，阿里尔·利未特（Ariel Levite）写道，当国家决定放弃刚起步的核武器计划时，国内因素在'核逆转'中起到重要作用"。Llewelyn Hughes, "Why Japan Will Not Go Nuclear (Yet): International and Domestic Constraints on the Nuclearization of Japan," *International Security*, Vol. 31, No. 4, Spring 2007, pp. 67-96, p. 69。

③ T.V. Paul, *Power versus Prudence: Why Nations Forgo Nuclear Weapons* (Montreal: McGill-Queen University Press, 2000).

④ 布什政府曾在逆转伊朗核进程的政策方案中列出了更迭政权选项，参见：Robert S. Litwak, "Non-proliferation and the Dilemmas of Regime Change," Survival, Vol. 45, No. 4, Winter 2003–04, pp. 7-32; See also, Seymour Hersh, "The Iran Plans," The New Yorker, 16 April 2006, http://www.newyorker.com/archive/2006/04/17/060417fa_fact?currentPage=all。

定义。颇感意外的是，这一术语无论在理论还是政策上均未明确，并时常出现自相矛盾。例如，阿尔布雷希特（Albrecht）和施伦博格（Schlumberger）在研究中东地区民主和民主化明显失败现象时，就政权更迭给出了较为否定的定义："政权更迭不等于转型：后者意味着政体类型的系统性改变，而前者则指*任何*类型的变化，包括在该政体系统属性保持不变的情况下政权内部发生的变化。"[①]李特华克（Robert Litwak）用该定义描述2003年美国主导下的伊拉克政权更迭，其中伊拉克原政府被彻底取代。[②]在美国对伊朗政策文件中，国会通过了2005年《支持伊朗自由法》（the Iran Freedom and Support Act of 2005），批准了约1000万美元并授予美国总统用作建立社会团体对抗伊朗政府的专项资金。[③]本章中笔者将政权更迭定义为一国统治形式和事实的根本转变。

政权更迭是核进程逆转的决定性因素之一，因此在我们考察相关案例前有必要回顾一下过去和当前核扩散的背景，定义什么是"核逆转"。阿里尔·利未特（Ariel Levite）或许给出了公认的最佳定义："核逆转是指这样一种现象，尽管国家不必完全放弃核抱负，但随后却逆转了谋求核武器的活动。与国家从未进行核计划不同，国家（自主或借助外援）启动了核武器研发且随后放弃，这点差异是该定义的核心。"[④]基于这一定义，利未特绘制出从禁绝核武器到获取核武器的核扩散谱系。笔者曾改进了他的分类法，更加突出了伊拉克、利比亚和朝鲜发生的变化。与利未特不同，笔者观察到南非作为一个模糊案例，可同时归入核逆转和剥夺核计划的类别；另外笔者将埃及归入"仍在努力中"（Still Trying）的分类。[⑤]

① Holger Albrecht and Oliver Schlumberger, "'Waiting for Godot' Regime Change Without Democratization in the Middle East," *International Political Science Review*, Vol 25, No. 4, pp. 371-392.

② Robert Litwak, *Regime Change: U.S. Strategy through the Prism of 9/11* (Woodrow Wilson Center Press and Johns Hopkins University Press, 2007).

③ 该部分出版时配上了标题"政权更迭的准备"，参见：Kelley Vlahos, "Capitol Hill Mulls 'Regime Change' in Iran," Fox News, 4 February 2005, http://www.foxnews.com/story/0,2933,146342,00.html。

④ Levite, op. cit., p. 61.

⑤ *Implementation of the NPT Safeguards Agreement in the Arab Republic of Egypt*, Report by the Director General, 15 February 2005.

将核逆转案例作为一类核扩散状态加以研究时我们发现，政权发生更迭的后果将直接影响核逆转进程。换言之，如果在这些案例中没有政权更迭，核逆转将不大可能发生。[①] 政权更迭因素还有另一个有趣的侧面：在有限的此类案例中我们发现，政权均是从独裁—军事政权向民主政府转变。因此，作为一个关键性问题，政权类型有助于理解政权更迭与核逆转的相互关系。该问题将在文章倒数第二部分里有所展开，政权更迭与核逆转的案例——阿根廷、巴西和南非也将在接下来予以分析。

（一）阿根廷与巴西

阿根廷和巴西的核逆转案例在许多方面是密切相连的。[②] 加之美国和外部各方在其中所起的作用，政权更迭因素在事实和感觉上均推动了双边安全关系的变化。[③] 1983年阿根廷爆发的非军事化和民主化运动导致其核武器和安全政策发生了巨大转变。该国的核计划交由文官政府管理，并且新政府提出立法倡议，从法律上禁止核武器的开发。[④] 阿根廷于1995年单方面（巴西直至1998年）批准签署了《不扩散核武器条约》（NPT）。

尽管巴西军政府的统治在1985年已告终结，而且巴西国会1988年通过新宪法规定所有的涉核活动必须以和平为目的，但其核逆转进程

---

① 当然，在阿根廷、巴西和南非案例中亦有如安全威胁减轻等其他促成因素，但所有因素均非必要且充分条件。参见：Benjamin Frankel, "The Brooding Shadow: Systemic Incentives and Nuclear Weapons Proliferation," and Richard K. Betts, "Paranoids, Pygmies, Pariahs, and Nonproliferation Revisited," both in Zachary S. Davis and Benjamin Frankel, eds., *The Proliferation Puzzle: Why Nuclear Weapons Spread (and What Results)* (Portland: Frank Cass, 1993), pp. 37-38 and pp. 100-124, respectively。

② 1985年阿根廷与巴西两国总统在福斯杜伊瓜苏（Foz de Iguazú）会晤并发表《核政策联合宣言》（Joint Declaration on Nuclear Policy）。该宣言强调两国的核计划完全用于和平目的，并有意加强在该领域的合作。参见：Julio Carasales, "The Argentine-Brazilian Nuclear Rapprochement," *The Nonproliferation Review*, Spring-Summer 1995, pp. 39-49; See also, Jose Goldemberg, "Looking Back: Lessons From the Denuclearization of Brazil and Argentina," *Arms Control Today*, April 2006。

③ An interesting case study is available in, Etel Solingen, "Middle East Denuclearization? Lessons from Latin America's Southern Cone," *Review of International Studies* (2001), No. 27, pp. 375-394.

④ Joseph Cirincione , Jon B. Wolfsthal , Miriam Rajkumar, *Deadly Arsenals: Tracking Weapons of Mass Destruction* (Washington, DC: Carnegie Endowment for International Peace, 2005), pp. 383-392.

直到20世纪90年代中后期方才得以巩固。[①] 以下事例可以证明这一点，1986年巴西总统萨尔内（Sarney）才下令终止卡欣布（Cachimbo）核设施的运转，这是其对核计划仅有的调整。[②] 随后在1990年，巴西与阿根廷签署两国《关于共同核政策的宣言》(Declaration on the Common Nuclear Policy of Brazil and Argentina, 1990)，巴西宣布放弃核武器并与阿根廷建立相互确认与检查机制。1991年7月，据一项完全用于和平目的的核能协定（Exclusively Peaceful Use of Nuclear Energy，瓜达拉哈拉，1991年），双方签署了一项共同的衡算与控制制度，并建立了核材料衡算和控制机构（*Agência Brasileiro-Argentina de Contabilidade e Controle de Materiais Nucleares*, ABACC）。[③] 1994年5月30日，巴西签署并批准了《特拉特洛尔科条约》(the Treaty of Tlatelolco)。1998年7月13日，签署《不扩散核武器条约》[④] 和《全面禁止核试验条约》(CTBT)。巴西也于1996年4月23日在核供应国集团（the Nuclear Suppliers Group, NSG）布宜诺斯艾利斯（Buenos Aires）全体会议上加入该集团并成为完全成员国。

（二）南非

20世纪70年代初期，种族隔离政权下的南非启动了核武器计划，

---

① 2005年8月，巴西前总统何塞·萨尔内（José Sarney）证实巴西军队曾试图研发核武器以应对来自阿根廷的政治和军事竞争。参见：Sharon Squassoni and David Fite, "Brazil's Nuclear History," *Arms Control Today*, October 2005。

② Cachimbo was designated as the test site for nuclear explosives; See, Michael Barletta, The Military Nuclear Program in Brazil, Center for International Security and Arms Control (CISAC) Working Paper, (Stanford, CA: Stanford University, 1997) , http://cisac.stanford.edu/docs/barletta.pdf; See also, Sharon Squassoni and David Fite, *op. cit*.

③ 1991年12月，巴西与阿根廷同时与国际原子能机构签署协议，授权其对各自核设施进行全面的安全保护。国际原子能机构的检查始于1994年。参见阿根廷与巴西核材料衡算和控制机构官网：http://www.abaac.com.br/；亦可参见：Joseph Cirincione, Jon Wolfsthal, Miriam Rajkumar, "Brazil," in *Deadly Arsenals: Nuclear, Biological, and Chemical Threats, Second Edition Revised* (Washington, DC: CEIP, 2006), pp. 393-407。

④ 巴西在起初数十年间始终反对核不扩散条约，认为该条约歧视无核国家并对国家主权构成侵犯。参见：Michael Barletta, p. 15。

在博塔（Botha）政府时期其核武器发展尤甚。① 比勒陀利亚（Pretoria）发展核武器的举动被视为出于国家安全考虑，比如南非在该地区的"被包围"感以及不断恶化的地区安全环境，和诸如邻国安哥拉的地区共产主义威胁等。②20世纪70年代，南非建立了完整的核燃料循环体系和包括至少六枚核武器的有限核威慑力量。③ 随着南非种族隔离政权瓦解，德克勒克（F W de Klerk）政府撤销了全部核计划，1991年6月这项工作结束。④1991年7月，南非以无核国家身份加入了《不扩散核武器条约》，并在同年11月开始执行国际原子能机构《全面保障监督协定》（IAEA Comprehensive Safeguards Agreement）。1993年，弗雷德里克·威廉姆·德克勒克总统也曾公开承认南非曾开展过核武器计划。⑤1995年，南非加入核供应国集团。

从以上三个及相关案例中可以归纳或演绎出哪些初步结论？在回答这个问题前，我们认定核逆转与政权更迭没有联系，南非案例有必要多加说明。与阿根廷和巴西案例不同，南非的核逆转从严格意义上说先于政府的实际变化。⑥ 然而在弗雷德里克·威廉姆·德克勒克当选总统前南非政治的根本特征仍然是种族隔离制度。从1990年到1991

---

① 有争议的是，官方启动核武器计划开始于约翰尼斯·沃斯特（Johannes Vorster）总理时期，参见：Hannes Steyn, Richardt van der Walt, and Jan van Loggerenberg, *Armament and Disarmament: South Africa's Nuclear Weapons Experience* (Pretoria, South Africa: Network Publishers, 2003)。Peter Liberman, "The Rise and Fall of the South African Bomb," *International Security*, Vol. 26, No. 4, Fall 2001, p. 58.

② Peter Liberman, "The Rise and Fall of the South African Bomb," *International Security*, Vol. 26, No. 4, Fall 2001, p. 58.

③ Waldo Stumpf, "Birth and Death of the South Africans Nuclear Weapons Program, Presentation given at the conference "50 Years After Hiroshima," organized by USPID (Unione Scienziati per il Disarmo) and held in Castiglioncello, Italy, 28 September to 2 October 1995, http://www.fas.org/nuke/guide/rsa/nuke/stumpf.htm, Stumpf was the head of the Atomic Energy Corporation in the 1970s.

④ 据施通普夫（Stumpf）的研究，德克勒克（de Klerk）告知议会，南非在20世纪70年代至80年代数年间已着手研发有限的核威慑力量。他也证实，南非加入核不扩散条约仅仅六周后，在1991年9月16日与国际原子能机构签署全面监督保障协定，在此之前南非已经完全废除了核武器计划。他还批准国际原子能机构有充分权限接近曾用以发展核威慑能力的有关设施，并采集相关数据。

⑤ 有趣的是，如利伯曼（Liberman）所述，"尽管有关制裁和规范导致矿产与能源部长斯泰恩（Steyn）在1987年向彼得·威廉·博塔（P.W. Botha）总统建议加入核不扩散条约，但这些似乎均未对博塔总统的核政策产生太大影响。西方在1985年到1986年反对种族隔离的制裁一浪高过一浪，加之南非正面临着债务危机，这些或许可将核不扩散条约推上议事日程。德克勒克分析，博塔总统1987年关于核不扩散条约的谈话反映出他正谋求将核问题作为解除经济制裁的谈判筹码"。参见：Liberman, *op. cit.*, p. 79。

⑥ 关于政权更迭（存在疑问的）定义将在结论部分加以论述。

年，德克勒克政府完全废除了种族隔离制度，并解除了对诸如非洲国民大会（ANC）、联合民主阵线（UDF）、泛非主义者大会（PAC）以及南非共产党（SACP）的禁令。[①]

在所有涉及政权更迭的核逆转成功案例中，政治体制最终均为民主政体。[②]该趋势明显是从军事—独裁政权转向更加民主的国家管理形式，并且研究表明这与索林根（Solingen）阐述的“国际化”选民和反对派之间的差异是一致的。[③]总体上看，政权更迭就其本身作为一个自变量并不足以发挥决定性作用。不过，政权*类型*看来在决定核逆转进程中同样有资格作为干预变量。集中研究政权类型可部分解释伊朗核问题在政权更迭后仍然存在的现实。

二、伊朗：政权更迭却无核逆转

美国法律规定，总统可以获得授权向支持伊朗民主的国内外个人、组织和实体提供财政和政治援助（包括拨款权），以促进伊朗的民主。这些援助包括向符合条件的媒体拨款，如向伊朗宣传民主的独立电台

---

① Robert M. Price, *The Apartheid State in Crisis: Political Transformation in South Africa, 1975–1990* (New York: Oxford University Press, 1991).

② 例如在阿根廷和巴西案例中，罗伯特·李特华克（Robert Litwak）指出：“在巴西和阿根廷，民主和文官治国的转型作为重要的推动力量，终结了军方控制的核武器秘密计划，并促成国家于1994年加入了1967年签订的旨在建立拉美无核区的《特拉特洛尔科条约》（the Treaty of Tlatelolco）。”参见：Litwak, *op. cit.*, p. 10。尽管核逆转与民主的关联性在时间顺序上有所减弱，但韩国与中国台湾的案例提供了类似的比较。欲了解韩国和中国台湾案例的更多内容，参见：Rebecca Hersman and Robert Peters, “Nuclear U-Turns: Learning from South Korean and Taiwanese Rollback,” *The Nonproliferation Review*, Vol. 13, No 3, November 2006, pp. 539-553；作者提出，韩国和中国台湾的统治向更加民主的形式转型，或许对其核武器计划的退出产生影响。不过作者还提醒，例如透明性的增加，并不足以保证对核计划的持久抑制。

③ 根据索林根（Solingen）的理论划分，外向型政权通过融入全球一体化保证经济增长并由此获得国内统治的合法性；内向型政权发展进口替代型模式，赞成极端民族主义和经济自主。然而该理论没有注意到政权更迭，而是关注于常设政府架构内部的联合。在阿根廷和巴西的核逆转案例中索林根指出：“阿根廷领导人认识到两国实行国际化战略的客观要求强化了对巴西未来加入核不扩散条约的预判。需要强调的是，这必须是在巴西国内政局允许的前提下才能实现。”参见：Solingen (2001), p. 393; See also, Solingen, “The Political Economy of Nuclear Restraint,” *International Security,* Vol.19, No. 2 (Fall 1994), pp.126–169 and *Nuclear Logics: Alternative Paths in East Asia and the Middle East* (Princeton, N.J.: Princeton University Press, 2007)。

和电视台等。[①]

大多数报道指出，伊朗似乎正走在发展核武器的道路上。一连串混淆视线、刻意掩饰和闪烁其词的言行使人意识到在发展核能之外伊朗另有他意。[②]然而，对原子能的探索并非肇始当今政权的伊朗伊斯兰共和国。

1957年，在艾森豪威尔（Eisenhower）总统"原子能为和平服务"计划的支持下，依据"(美伊）关于合作研究和平利用原子能的协定草案"，默罕默德·礼萨·巴列维（Mohammed Reza Pahlavi）国王统治下的伊朗已开始谋求核技术。[③]1960年，该协定公布后，巴列维国王成立了德黑兰核研究中心（Tehran Nuclear Research Center），并与美国谈判引进了一个五兆瓦的核反应堆。[④]整个20世纪60年代，美国的核技术援助始终没有间断。[⑤]1968年，伊朗成为首批加入《不扩散核武器条约》的缔约国。

核技术的转让进程在整个20世纪 70年代都在持续，[⑥]加拿大、法国和德国也相继加入到美国对伊朗核计划的援助。有趣的是，伊朗和南非曾签署了一项核协定，旨在将600吨以下的黄饼由南非运往伊朗进行深加工。[⑦]1974年3月，巴列维国王成立了伊朗原子能组织（the Atomic Energy Organization of Iran）。伊朗在发展核技术的过程中，始

---

① *The Iran Freedom and Support Act of 2005*, §303(a).

② 可参见：Paul Kerr, "Iran's Nuclear Program: Status," *Congressional Research Reports for Congress*, November 2008, RL34544。

③ 参见：Greg Bruno, *op. cit.*, and "Iran: Nuclear Overview," Nuclear Threat Initiative (NTI), December 2009, http://www.nti.org/e_research/profiles/Iran/Nuclear/index.html; 亦可参见：Peter Grier Staff, "It was Uncle Sam Who First Gave Iran Nuclear Equipment," The Christian Science Monitor, 2 October 2009, http://www.csmonitor.com/USA/Foreign-Policy/2009/1002/p04s01-usfp.html。

④ Andrew Koch and Jeanette Wolf, "Iran's Nuclear Procurement Program: How Close to the Bomb?" *The Nonproliferation Review*, Fall 1997, pp. 123-134.

⑤ 例如，根据国家安全委员会1975年和1976年的有关文件，美国愿意向伊朗提供核燃料回收技术。1976年德黑兰也与其签订了一份利用激光的试验性铀浓缩设施承包合同(see *Iran*, Report by the Director General, GOV/2007/58, November 15, 2007)。参见：Kerr (2008), p. 2。

⑥ 关于伊朗核开发的美国政府早期机密文件可查阅：*The Nuclear Vault*, http://www.gwu.edu/~nsarchiv/nukevault/ebb268/index.htm；亦可参见：Gawdat Bahgat, "Nuclear Proliferation: The Islamic Republic of Iran," *Iranian Studies*, Volume 39, Issue 3, September 2006 , pp. 307-27。

⑦ 此项原料大量供应于伊朗六氟化铀（UF_6）气体池以及浓缩铀的最终存储。David Albright, Jacqueline Shire, and Paul Brannan, "Is Iran Running out of Yellowcake?" The Institute for Science and International Security, 11 February 2009, http://www.nti.org/e_research/profiles/Iran/Nuclear/index.html。

终公开宣称其目标是为了和平利用核能和科学研究，不过美国却怀疑伊朗有意发展核武器。[①] 尽管巴列维一再强调其核计划完全用于和平目的，但其任内有意回收核燃料钚并坚持“有充分权利”进行回收再处理，这引起了国际社会的关注。[②]

巴列维政权的倒台并没有为伊朗的核意图画上了句号。尽管阿亚图拉·霍梅尼（Ayatollah Khomeini）高唱反核论调，但其核研究和开发的进程却没有中断。例如，1984年伊朗在伊斯法罕（Isfahan）建立一个核研究设施，并在整个20世纪80年代不断寻找核合作伙伴。[③] 也就是说，伊朗的历届政权都没有使核研发停顿。当然，关于其武器开发计划尚有大量疑惑：巴列维国王（或其政权）是否在谋求核军事能力？[④] 1979年后的伊朗政权究竟何时决定谋求核武器？如果有影响的话，政权的更迭又是如何影响当前核态势的？

其他的核逆转案例中政权更迭的因素十分明显，即便不是决定性的，也会对各自核武器计划的放弃和废除起到重要作用。相比之下，伊朗案例中的政权更迭格外引人关注。缺失充分信息是本学科无法避免的缺陷，[⑤] 因此我们假定巴列维国王的意图至少是模糊不清的，而且

---

① Special National Intelligence Estimate: Prospects for Further Proliferation of Nuclear Weapons, 23 August 1974, http://www.gwu.edu/~nsarchiv/NSAEBB/NSAEBB240/snie.pdf。1974年巴列维（Pahlavi）国王称伊朗将“毫无疑问并早于预计地”拥有核武器，该声明遭到伊朗驻法国大使的否认，并且国王随后收回了此项声明，重申“本地区包括伊朗在内的所有国家都不应当存有谋求原子武器的计划”。引自：John K. Cooley, “More Fingers on Nuclear Trigger?” *Christian Science Monitor,* 25 June 1974; in Anne Hessing Cahn, “Determinants of the Nuclear Option: The Case of Iran,” *Nuclear Proliferation in the Near-Nuclear Countries* (Cambridge: Ballinger Publishing Co., 1975)。

② 例如，伊朗原子能组织主席阿克马尔·埃特马（Akbar Etemad）认为伊朗有“完全的权利决定是否回收核燃料或者以其他方式处理，抑或按照协议处理供应的核原料”。引述自：William Burr, “The History of Iran’s Nuclear Program,” *The Bulletin of Atomic Scientists*, 19 January 2009。

③ *Nuclear Engineering International*, December 1984, p. 13; Akbar Etemad, “Iran,” in *European Non-proliferation Policy* (Oxford: Oxford University Press, 1987), Harald Muller, ed., p. 9; “Proliferation: Pulling a Bomb Apart,” *The Economist*, 14 March 1992, vol. 322, No. 7750, p. 46.

④ 20世纪70年代美国获取的部分情报信息指出，巴列维国王组建了秘密的核武器开发计划。另外，据担任伊朗原子能组织主席直至1978年10月的阿克马尔·埃特马称，德黑兰核研究中心的研究人员卷入与回收乏燃料技术相关的室内实验中。参见：Leonard Spector, *Going Nuclear: The Spread of Nuclear Weapons 1986-1987* (Cambridge: Ballinger Publishing Company, 1987), pp. 50-55。

⑤ 正如阿里尔·利未特所述：“由于特别的保密措施、故意的掩盖以及蓄意制造的错误信息，普遍的核扩散和专门的核逆转的经验数据均不完备或者不可靠，但现有文献并未对数据问题的严重性表现出足够的关注。”参见：Levite, *op.cit.*, p. 64。

绝非完全无害。发展核能的努力积聚了核研发力量，包括基础设施和研发人员，而这批核研发力量并没有在随后的政权里走向末路。核政治在这个革命政权中成为流行议题，特别是经历两伊战争的伤痛后尤为盛行。不过，我们对伊朗当前的核问题依然缺乏清晰的认识。倘若更加深入地研究政权更迭与核逆转（更准确地说是保留核计划）之间的推动力量，是否就能更好地指导理论和实践呢？

三、政权类型是否有影响

在先前研究的阿根廷、巴西和南非案例中，政权更迭与核逆转存在着比较稳定的联系。此外，尤其是在与伊朗案例进行比较时，政权类型似乎成为了政权更迭的一个重要特点。这三个案例，以及韩国和中国台湾的核逆转案例在一定程度上都明显体现为独裁—军事政府向更加民主的政治体制转变。尽管索林根的研究并不关注政权类型本身，但这一相关性仍与其关于自由化与民族主义的比较研究是一致的。[①]

罗伯特·李特华克注意到，政权类型是一个重要的影响因素，在上述案例中尤甚。不过，他认为“历史表明，核扩散的关键指标是政权的意图而非类型。政权更迭无论是由外界强加的（如伊拉克）还是内部力量促成的，是否会使政权的意图产生变化才是问题的核心”。[②]李特华克还将政权意图与一国的“战略个性”联系起来。[③]伊朗的核武器研发意向从一定程度上讲自巴列维王朝即已存在，战略个性概念或

① Solingen, *Nuclear Logics: Alternative Paths in East Asia and the Middle East*, p. 17.

② Litwak, op. cit., p. 11；李特华克继续提出，除了意图十分重要外，统治形式的某些方面（如透明性和责任性）在决定核不扩散时同样起作用。他注意到，“南非、乌克兰还有巴西和阿根廷，这些核逆转的积极成果为我们提供了一种冷战后的新模式：核不扩散有赖于民主化、安全保障和融入自由国际秩序下的全球经济之中”。

③ 此项概念源自卡罗琳·齐穆克（Caroline Ziemke）从国家身份类型学角度对伊拉克和伊朗的独到研究。根据齐穆克对战略个性的定义，“作为一国长远生存、凝聚力与国民幸福感的关键要素，其历史演进中逐渐形成的一系列物质、道德和意识形态因素是该国的根本关切。通过观察这些因素可以发现该国战略行为的潜在动力，即国家的战略个性”。参见：Caroline Ziemke, *Strategic Personality and the Effectiveness of Nuclear Deterrence: Deterring Iraq and Iran*, Institute for Defense Analysis, U.S. Defense Threat Reduction Agency, September 2001, http://www.dtra.mil/documents/asco/publications/IranIraq.pdf。

许可以解释为什么在统治发生根本性的政治变革后，对核武器的追求依然如故。这个概念或许还可以表明，在伊朗案例中即使政权朝着更加民主的统治形态发展，仍不足逆转其核计划。

将伊朗的政权更迭作为核不扩散变量进行学术研究始于2001年。研究伊朗安全问题的学者杰弗里・肯普（Geoffrey Kemp）设计了一个矩阵，用来比较伊朗的政权类型与相应的核武器政策。他认定，“温和”政权与“激进”政权在避免发展核武器方面并无差异。[①]2005年美国国防大学关于伊朗核政策选择的一项研究表明，政权类型多半与谋求核武器无关联。[②]关于伊朗核开发的一系列问题，近期的一份伊朗的民意调查结果使目前政权更迭可作为核不扩散手段的观点备受质疑。克里斯汀・费尔（Christine Fair Stephen Shellman）和斯蒂芬・谢尔曼（Stephen Shellman）的研究表明，与国际上普遍观点及德黑兰的论调正好相反，伊朗对以色列的态度并没有对伊朗核研发的进程起到推动作用。相反，伊朗对美国的负面看法似乎推动了其核研发的计划。然而这些事实和对该国核计划的普遍看法并不矛盾，实际上总体是一致的。他们指出，公众态度和政权意见之间的差距比普遍认为的要小。事实上美国提供的“颠覆政权”的经费，其前提多少预设了公众与政权在偏好上的某种程度的差异，而有关数据并不能证明这种差异的存在。[③]

---

① 肯普（Kemp）等人推断：“很明显，即使哈塔米（Khatami）总统领导下的温和派力量最终成功控制包括军队、警察、司法和情报机构在内的所有关键权力部门，他们对待伊拉克或以色列的态度相比伊朗保守派势力也不太可能有太大区别。事实上大多数改革派与保守派关于民族主义的主张具有明显的一致性。有些坚定批评伊朗参与国际军控机制的人士在国内政治问题上持温和的改革主义观点，这些事实即是例证。” Farideh Farhi, “To Have or Not to Have? Iran’s Domestic Debate on Nuclear Options,” in Geoffrey Kemp, ed., *Iran’s Nuclear Weapons Options: Issues and Analyses*, Nixon Center, January 2001, pp. 35-53, http://www.nixoncenter.org/publications/monographs/Iran%27s%20Nuclear%20Weapons%20Options%20-%20Issues%20and%20Analysis2.pdf。

② 该文作者认为“谋求先进核技术的支持力量跨越意识形态差异和派系隔阂。人们很难相信更具改革意识的政府会放弃采用一切视为必要的手段去保障国家安全。更广泛地说，媒体评论日益反感外国势力试图操纵伊朗核能政策，否认其作为伊朗视之为天赋的、民族的权利”。Judith Yaphe and Charles Lutes, eds., *Reassessing the Implications of Nuclear-Armed Iran*, Institute for National Strategic Studies (Washington, D.C: National Defense University, 2005), p. 11。

③ Christine Fair and Stephen Shellman, “Determinants of Popular Support for Iran’s Nuclear Program: Insights from a Nationally Representative Survey,” *Contemporary Security Policy*, Vol.29, No.3 (December 2008), pp.538–558.

同样，该数据指出，即使伊朗的统治朝着更受民众欢迎的形式转变，伊朗核问题的发展也不会遵循阿根廷或巴西的模式。值得注意的是，美国前中情局局长乔治·特尼特（George Tenet）在2003年国会作证期间意外地补充了一段警示性话语，涉及将政权更迭作为核不扩散手段的理论与实践问题。特尼特在记录里写道，“政权的危机或许在于改革家们任由政府和强硬派对领导变革的拥护者发动广泛的镇压；然而反过来说，变革导致的混乱也无助于缓解美国对伊朗国际行为的担忧。不管其意识形态倾向如何，伊朗没有哪个政府会愿意放弃视之为安全保证的大规模杀伤性武器计划”。[①] 特尼特的结论证实了利未特的推断——核逆转研究乃至核不扩散研究，并没有能够在政权的本质与其核取向之间建立一条直接的联系。[②] 不过，正如近来对南非案例的研究，此类案例分析确能指出政权更迭与核逆转之间的因果联系。[③]

如果政权更迭和政权类型是核逆转（或者克制核研发）的关键变量，那么了解其内在机制对于我们全面把握核扩散问题至关重要。换句话说，倘若德黑兰的政权发生民主变革，核逆转的可能性会增加吗？如果是这样的话，那么其原因又是什么？要解决这些核扩散的有关问题和困惑，有赖于国际关系和比较政治方法的结合。[④] 索林根近来（2007年）对核逻辑的研究可视为在前一领域的尝试，她勾勒出了掌握和应对核逻辑的基本方法。如前所述，索林根较少关注政权类型，但是正如核武器的反对者那样，她关于自由化—国际化相结合的类型学理论，同样呼吁实现更加普遍的“民主”形式的统治。历史上的核逆

---

① Statement by Director of Central Intelligence George J. Tenet before the Senate Select Committee on Intelligence on the “Worldwide Threat in 2003: Evolving Dangers in a Complex World”, http://www.au.af.mil/au/awc/awcgate/cia/worldwidethreatbriefing2003.htm.

② 利未特补充说：“因此，即使是那些美国可能会鼓励政权更迭的极少数案例，本身也不能确保核进程的逆转或克制。政权更迭的话题更加引人关注，但其结果也更加复杂。” Levite, *op. cit.*, p. 83。

③ 例如在关于南非核逆转的研究中，斯蒂芬·伯吉斯（Stephen Burgess）指出：“民主改革或许被证明是逆转核武器开发有效的长期性因素。” 参见：Stephen Burgess, “South Africa’s Nuclear Weapons Policies,” *The Nonproliferation Review*, Vol. 13, No 3, November 2006, p. 519。

④ 一般的研究从国际关系和比较政治角度中选择一种方法进行分析，波特（Potter）和穆卡查诺瓦（Mukhatzhanova）在其核不扩散研究中特别强调了这一重要区别。参见：William Potter and Gaukhar Mukhatzhanova, “Divining Nuclear Intentions: A Review Essay,” *International Security,* Vol. 33, No. 1 (Summer 2008), pp. 139-169。

转—政权更迭的案例似乎也从经验上证实了这种联系的存在。

四、结语

为配合伊斯兰革命30周年庆典，伊朗于2009年2月2日利用二级火箭发射了一颗国产通信卫星。火箭发射的背后是与之技术相同的沙哈布（Shahab）系列导弹，许多专家认为该系列导弹加载核弹头的技术正在研发之中。[①] 伊朗的核模糊行径是近年来最受关注的国际安全问题之一。除了外交手段和经济制裁，关于“政权更迭”的讨论同样日益增多，并希望借此扭转伊朗在核问题上的不妥协态度。德黑兰更加“民主”的政府即使不能消除，也将减少伊朗的核威胁——这是政权更迭手段的言下之意，却鲜有质疑之声。仅凭经验来看，尽管不是由外部力量促成，政权更迭将产生更加民主的统治形式预先设定了两者间存在着相关性。[②] 当然，民主国家会放弃核武器的观点显然也是荒谬的。鉴于此，我们应当更多地关注政权更迭的动力，关注更迭后的政权类型，关注其对核现状的相应影响。

在这一系列研究中伊朗案例之所以引人关注，是因为它过去发生的政权更迭，刻意模糊的核政策以及不断变化的国内政局。近来伊朗的经济和人口现状预示现有的统治制度将发生重大的政治变革。根据对这些案例的初步回顾，随后发生的任何朝着更加“民主”方向的政治变革都会相应地增加核逆转进程的可能性。不过，政权的类型不足

---

① 可参见：Anthony H. Cordesman and Martin Kleiber, *Iran's Military Forces and Warfighting Capabilities: The Threat in the Northern Gulf* (Washington, DC: Center for Strategic and International Studies, 2007)。

② 外部力量促成的政权更迭至少会导致未曾预料的政策结果。例如，在利比亚与西方扩大合作进程的研究中，詹特森（Jentleson）和怀托克（Whytock）指出：“谋求政权更迭会对实现政策调整产生不良后果。政权更迭的论调在有些场合具有一定效用，但将政权更迭事实上作为政策目标时，如果对其产生的代价和风险仍然存疑，那么伊拉克的例子将会消除这些疑惑。利比亚案例从反面展示了当政权更迭已无从讨论时，仍然可以取得怎样的成果。美国和英国给予利比亚政策改变而非政权更迭的反复再保证显然至关重要。流氓国家需要知道：强权国家决然不会轻易满足，也必然不会过分逼迫。相较于坚持政权更迭作为政策方案将会增强影响和加大制裁压力，这种观点显然与之背道而驰。”Bruce W. Jentleson and Christopher A. Whytock, “Who ‘Won’ Libya? The Force-Diplomacy Debate and Its Implications for Theory and Policy,” *International Security*, Vol. 30, No. 3 (Winter 2005/06), pp. 47-86。

以成为自变量，必须结合其他变量加以分析，比如地区安全的动力和国家的“战略个性”等。

为了得出更加可靠、更具学理性的结论，有必要就政权更迭对政权类型的影响进行更系统的研究，避免让更大的方法性或概念性问题困扰核不扩散研究。[①] 除了政权类型问题，还有核武器开发的潜伏期问题，阿里尔·利未特所描述的“核对冲”问题，以及国家并不开展完整的核武器计划，而是保留突破核门槛必要的零部件等问题。换言之，假如一国宣誓放弃核武器计划，那么它真的放弃核武器了吗？从伊朗案例我们看到“核扩散”的定义本身缺乏严密性，并在逐渐侵蚀着核扩散的相关理论与政策。

① 波特与穆卡查诺瓦指出，“要从近半个世纪的关于核扩散的文献中提炼出有用的、面向未来的信息，其中一个核心问题在于看这些文献中有多少是带有大量推测性和相互排斥的见解”。核扩散的构成，研究中合适的分析层次，一系列较为可信的核扩散变量的重要性，以及如何揭开核决策的隐秘面纱：在这些问题上缺乏共识导致了罗生门效应（Rashomon effect）的产生。Potter and Mukhatzhanova, *op.cit.*, p. 152。

第二部分

国际防扩散体系:中国与美国

Part two: International Non-proliferation System:

China and the U.S.

第7章

中国防扩散管制体系的演进及其国际制度动力

钟飞腾*

[内容提要]改革开放之后，中国在军控领域经历了由置身度外及相对超脱发展到逐步加入的过程。其原因有国内和国际两个方面。从国际层面看，国际军控条约组织机制起了规范中国的防扩散管制体系建设的作用。本章认为，中国之所以基本上接受国际惯例是出于如下几点考虑：首先，国际军控与防扩散条约作为国际法的一部分具有很强的公信力，中国遵从国际惯例符合中国融入世界的国家利益。其次，军控机制最体现大国力量的较量，中国加入到这一体制当中符合对美外交的需求。20世纪90年代以来，中美两国在防扩散问题上相互理解与协调的不断进展，是推动中美关系发展的一个重要动力。再次，国际机制对国内宏观机制的改革有重大的示范效应，中国需要通过某个问题领域的国际接轨，实现对其他领域的外溢作用。最后，中国走向国际化过程中需要国际制度的多种功效，包括形象、观念等软实力，这加快了中国接受国际安全机制约束的历程。

* 钟飞腾：中国社会科学院亚洲太平洋研究所助理研究员，博士。

China's Non-proliferation Institution and It's Driving Force

Abstract: China's non-proliferation policy has experienced great changes since the late 1970s. China has transformed itself from an outsider into an active player in the international non-proliferation arena. To some extent, China's institutional building was framed by the international arms control and non-proliferation regime. This paper argues that there are four kinds of benefits for China related to the non-proliferation regime. First, the non-proliferation regime is fundamental to world peace. China would benefit from its commitment to this regime. Second, the non-proliferation regime strongly reflects great power' mutual interest, and creates a platform to communicate with each other. China can promote relations with U.S. through this regime. Third, international institutions are widely considered beneficial to China's reform. China needs more international institutional channels to produce spill-over effect on its domestic affairs. Fourth, China tries to improve its soft power through international regime during its increasing internationalization.

一、前言

改革开放之后，中国在军控领域经历由置身事外、相对超脱发展到逐步加入国际军控制度规范这一过程。1980年，中国政府首次派代表参加了日内瓦裁军谈判委员会的工作，并开始正式加入一些条约，承诺不搞扩散，不帮助别国发展核武器。1984年，中国加入“国际原子能机构”，自愿将中国的民用核设施置于该机构的保障监督之下。1992年，中国加入《不扩散核武器条约》，在防扩散的国际接轨上完成了了历史性的跨越。此后，中国参考国际社会关于各类防扩散组织的规章制度，不断完善自身的军控、防扩散制度建设。2008年的《中国国防白皮书》认为，中国参加了防扩散领域所有的国际条约和相关国际组织，已经建立起一套涵盖核、生物、化学、导弹及相关两用物项和技术的完备的出口管制法规体系。[①]

冷战结束以来，国际军控与裁军斗争由过去东西方争夺军事优势和防止核战争转向防止大规模杀伤性武器的扩散。随着科学技术的迅猛发展，核门槛不断降低，越来越多的国家拥有研制核生化导等武器及其技术。国际军备控制斗争在西方国家推动下，越来越关注扩散问题，包括核扩散、导弹技术扩散和生化武器扩散，及高技术常规武器的出口问题。在新的形势下，作为核武器国家和联合国安理会五个常任理事国之一，中国在国际防扩散领域的地位开始提升。

一个不可否认的事实是，中国在军控、裁军，特别是防扩散方面的国内制度建设正加速向国际防扩散机制靠拢。关于中国对军控领域态度的转变以及所取得成就，其原因有国内和国际两方面，比如在国内有中国经济建设的考虑、地区安全的考虑；国际上有利用国际条约参与国际规则制定和约束美国的思考。那么从国际层面看，国际军控条约组织机制到底起了什么样的作用，为什么？本章主要考察中国在融入世界的过程中，国际防扩散条约机制如何影响中国，以及中国考虑迅速接轨这一国际制度的原因。

二、相关概念及文献

国际核不扩散制度的基石是1970年生效的《不扩散核武器条约》（Nuclear Non-Proliferation Treaty, NPT）。同时，该条约也是核武器国家对裁军目标做出有约束力承诺的唯一多边条约。1968年6月12日签署的NPT有三大支柱：核不扩散、核裁军以及和平利用核能。在不扩散方面，五个核武器国家——美国、俄罗斯（苏联）、英国、中国以及法国，一致同意不转让“核武器或其他核设施”，同时也“不以任何方式

① 中华人民共和国国务院新闻办公室：《2008年中国的国防白皮书》，2009年1月。

援助、鼓励或者引导”无核武器国家获取核武器。

我们通常说的武器扩散其实是一个专有名词，指的是大规模杀伤性武器（Weapon of Mass Destruction, WMD）的扩散。大规模杀伤性武器特指核武器、生物武器、化学武器可以最有效地运载这些武器的运载工具——导弹也常在扩散关注之列。2004年4月，联合国安理会第1540号决议重申了1992年1月各国元首和政府首脑会议的主席申明，认为“全体会员国都必须履行有关军控和裁军及防止所有大规模毁灭性武器在所有方面的扩散的义务”。[①] 因此，防扩散就是指防止和反对核、生物、化学武器和导弹技术的对外出口或者技术转让和帮助。敏感物项和技术是指核、核两用品及相关技术、生物两用品及相关设备和技术、有关化学品及相关设备和技术、导弹及相关物项和技术以及为防扩散出口管制目的国家实施临时管制的物项和技术。

因此，反对和禁止大规模杀伤性武器扩散（即防扩散）与一般意义上的武器出口和销售不同。防扩散与不在大规模杀伤性武器序列内的常规武器出口、销售以及敏感武器的出口，是两个概念。在国际军控领域，防扩散是其重要组成部分，也是国际社会加强合作与安全的重要手段，受国际多边军控公约和国际武器出口管制和核查机制的双重制约。例如，《不扩散核武器条约》、《禁止化学武器公约》（CWC）、《禁止生物武器公约》，等等。

在大国主导下，军控与防扩散领域形成了国际性的合作机制。鉴于核不扩散机制对国际安全的重要意义，对这一机制建设进行理论方面的验证和推断也成学术研究的重点。[②] 有学者认为，美国借口推行核不扩散政策，在欧亚大陆的边缘地带进行扩张，改变了大国战略力量的均衡，将引起霸权国与新兴国家的冲突。[③] 有的学者认为，大国权力和制度的功能理论都不足以解释核不扩散领域的合作，而是知识和认

① 联合国安理会：“防止核生化武器扩散”，S/RES/1540，2004。联合国网站：http://www.un.org/chinese/aboutun/prinorgs/sc/sres/04/s1540.htm。

② Joseph S. Nye, “Maintaining a Nonproliferation Regime,” *International Organization*, Vol. 35, No.1, 1981, pp.15-38.

③ 姜振飞：《美国地区战略与核不扩散政策》，载《世界经济与政治》，2008年第2期，第34—40页。

知这类解释变量更容易让人理解该领域国际合作的进展。[①] 与此类似，有中国学者认为，中国自1964年以来对核不扩散的态度发生了明显的转变，除了物质主义的解释之外，还有中国在该问题上的身份认同发生了重大变化。中国对国家身份的界定成从早期的“特殊核国家”演变为20世纪90年代以来的“一般核国家”，特别是1992年3月正式加入《不扩散核武器条约》，标志着这种身份转变的完成。[②]

国际上在肯定中国在防扩散领域机制建设取得进展的同时，也怀有极大的疑虑。20世纪90年代早期，中国刚刚加入《不扩散核武器条约》这个国际防扩散的关键制度后，有分析家承认中国从过去直白的反对转变为有限的参与，但中国的差距依然很大，尤其是民用商品、常规武器与敏感性出口品之间。[③] 1997年，外国学者注意到中国外交部设置军控司，声称中国一部分新官僚增加了对中国外交的影响力，导致中国在军控、防扩散领域的迅速进展。但是，中国在军控和防扩散方面的决策仍然不透明，而这不利于国际社会的相互鉴赏。[④]

鉴于国际防扩散问题的复杂性和标准的差异性，以及中国外交理念的新变革，有必要进一步从国际制度如何影响中国在核不扩散领域的机制建设进行分析。有中国学者指出，中国在对待核扩散威胁问题上，与西方尤其是美国的政策既有一致性也有严重分歧。对中国而言，它不是国际安全战略中的重中之重，但却面临如何平衡发展中国家身份与核武器国家利益的关系。[⑤] 把握国际制度的复杂性十分有必要，虽然有学者倾向于把国际制度和国际组织分离开来，[⑥] 但对本章的分析来

---

① Roger K. Smith, “Explaining the Non-Proliferation Regime: Anomalies for Contemporary International Relations Theory,” *International Organization*, Vol. 41, No. 2, pp.253-281; Chaim Braun and Chritopher F. Chyba, “Proliferation Rings: New Challenges to the Nuclear Nonproliferation Regime,” *International Security*, Vol.29, No.2, 2004, pp.5-49.

② 周宝根:《中国与国际核不扩散机制：一种建构主义分析》，载《世界经济与政治》，2003年第2期，第23—27页。

③ Zachary S. Davis, “China's Nonproliferation and Export Control Policies: Boom or Bust for the NPT Regime?” *Asian Survey*, Vol.35, No.6, 1995, pp.587-603.

④ Bates Gill and Evan S. Medeiros, “Foreign and Domestic Influences on Arms Control and Nonproliferation Policies,”*The China Quaterly*, Vol.161, 2000, pp.66-94.

⑤ 彭霄:《核扩散与国际安全——第三届“名家论坛”综述》，载《世界经济与政治》，2008年第1期，第78—80页。

⑥ 苏长和:《全球公共问题与国际合作：一种制度的分析》，上海人民出版社，2000年版，第78—87页。

讲，我们还是遵从习惯，将国际组织纳入机制分析的一部分，指被国家所接受的一系列原则、规范、规则和决策程序。本章首先给出国际防扩散领域的基本组织、条约，然后归纳中国逐步接受、完善国内相应领域法律法规的建设进程。

三、国际防扩散机制和中国的制度变迁

（一）国际防扩散条约机制的架构

一般认为，国际方面对防扩散机制的法律法规存在着全球层面、地区层面以及国家的制度建设三个层面。以国际核不扩散为例，基本可分为三个层级的管制，第一个层级是在《不扩散核武器条约》中规定各成员国的义务，其目的在于使世界所有的国家均成为条约的成员。第二个层级所涉及的则限于有能力供应核材料、核技术的国家。这些国家被要求采取集体的作为，以监视和限制生产制造核武器所需之知识、专门技术和裂变材料之扩散。第三个层级则为个别国家之出口管制法（参考表7–1、表7–2）。[①]

（二）中国政府在防扩散问题上的政策与实践

中国一贯主张全面禁止和彻底销毁一切大规模杀伤性武器。早在20世纪60年代中国核试验成功之际，中国政府宣布中国是被迫发展核武器的。1994年颁布的《中华人民共和国对外贸易法》就已明确规定了限制或禁止进出口的货物和技术种类。1995年公布的《中国的军备控制与裁军白皮书》认为，中国支持《不扩散核武器条约》关于防止核武器扩散、推进核裁军进程和促进和平利用核能国际合作的三大目标。在实现消除核武器目标的过程中，中国主张防止核武器扩散。

① 袁易：《对于Alexander Wendt有关国家身份与利益分析之批判：以国际防扩散建制为例》，载《美欧季刊》，第15卷第2期，2001年夏季号，第275页。

表 7-1　国际核不扩散管制的三层策略

第一层级　全球条约	
核不扩散管制	不扩散核武器条约（NPT）只有在1968年之前已完成核武器试验的五个国家为核武器国家
	任何非五大核武器国家不准取得或企图取得核武器
条约义务核查	除非基于和平目的或在国际保障监督之下，各国不得提供核武器或相关的技术与材料
	由"国际原子能机构"负责保障监督
	为了维持核材料的衡算，五个核武器国以外的条约签署国宣布将他们所有的核设施均置于"国际原子能机构"的保障监督之下
第二层级　技术管制建制	
供应国联合体	核供应集团（NSG）
	桑戈委员会（ZC）
	《核供应集团》《桑戈委员会》成员运作个别的出口管制体系针对两集团所管制技术和材料予以管制
第三层级　国内出口管制	

资料来源：David Mutimer, "Reconstituting Security? The Practices of Proliferation Control," European Journal of International Relations, Vol. 4, No. 1（1998）, pp.99–129。

表 7-2　国际防扩散管制的制度安排（1991 年）

	核子武器	化学武器	生物武器	弹道导弹	传统武器
第一层级					
全球条约	不扩散核武器条约	禁止化学武器公约（1997）	禁止生物武器公约	–	–
核查机构	国际原子能机构	–	–	–	–
第二层级					
供应国联合体	核供应国集团	澳大利亚集团	澳大利亚集团	导弹及其技术控制制度	多边出口管制委员会
	桑戈委员会				
第三层级					
国内出口管制					

资料来源：David Mutimer, "Reconstituting Security? The Practices of Proliferation Control," European Journal of International Relations, Vol. 4, No. 1(1998), pp.99–129。

1995年5月，中国在《不扩散核武器条约》审议与延期大会上，支持该条约无限期延长的决定，同时也赞成“核不扩散及裁军原则和目标”、“加强条约审议机制”和“中东无核区”三项决议。2005年10月，中国认为《不扩散核武器条约》第七次审议大会未能取得实质性成果，但条约作为国际核不扩散体系的基石，将继续在维护国际核不扩散体系、降低核武器威胁和维护全球和平与安全方面发挥不可替代的作用。

中国重视多边机制在防扩散领域发挥的作用，积极与这些机制对话、沟通，并从这些多边制度中学习如何管理敏感性材料的出口。中国认为，由于防扩散领域的许多材料、设备和技术具有双用途性质，因此各国通过合作，将有利于处理好防扩散与和平利用相关高科技的关系。1996年，中国签署《全面禁止核试验条约》，1997年加入“桑戈委员会”，2004年加入核供应国集团（参考表7–3）。2008年10月，中国全国人大批准了《核材料实物保护公约》。此外，中国还与欧盟、美国等一些国家、组织和多国出口管制机制保持着对话与交流，互相借鉴经验和做法。

作为一个具有一定工业和科技能力的国家，中国认为有效的出口管制是实现防扩散目标的重要手段。经过多年的努力，“中国的防扩散出口管制完成了从行政管理向法制化管理的转变，相关出口管制做法已与国际通行做法基本一致”。[①] 目前，中国在防扩散出口管制方面的法规已涵盖了核、生物、化学和导弹等领域，形成了较为全面的敏感物项和技术出口管制体系。

中国现行的防扩散法律体系具有三个显著特点。[②] 其一，管理体系的范围和领域全面。随着核（1997年）、导弹（2002年）、生物（2002年）、化学（2002年）等防扩散和出口控制法规的出台，这一体系已涵盖了核、生物、化学和导弹等各类敏感物项及所有军品。其二，实现

① 中华人民共和国外交部：“中国的防扩散政策和措施”，外交部网站，2010年5月27日，http://www.fmprc.gov.cn/chn/pds/wjb/zzjg/jks/zclc/fkswtjks/t410692.htm。

② 刘结一：《加强团结合作共同应对挑战——国际防扩散展望与中国的政策》，在卡内基国际防扩散会议午餐会上的讲话，外交部网站，2002年11月14日。

表 7-3　中国在裁军、防扩散领域参与国际机制进程（1980—2010 年）

年份	参加会议、条约、组织名称
1980 年	裁军谈判会议
1981 年	《禁止或限制使用某些可被认为具有过分伤害力或滥杀滥伤作用常规武器公约》(《特定常规武器公约》) 及其所附第 1-3 号议定书（即《关于无法检测的碎片的议定书》） 《禁止或限制使用地雷（水雷）、诱杀装置和其他装置的议定书》和《禁止或限制使用燃烧武器议定书》
1984 年	国际原子能机构； 《禁止细菌（生物）及毒素武器的发展、生产及储存以及销毁这类武器的公约》
1987 年	《南太平洋无核区条约》
1988 年	《中华人民共和国和国际原子能机构关于在中国实施保障的协定》
1989 年	《核材料实物保护公约》
1991 年	《禁止在海床洋底及其底土安置核武器和其他大规模杀伤性武器条约》
1992 年	《不扩散核武器条约》
1993 年	《关于禁止发展、生产、储存和使用化学武器及销毁此种武器的公约》
1996 年	《全面禁止核试验条约》； 《非洲无核武器区条约》第一、第二议定书
1997 年	桑戈委员会； 禁止化学武器组织
1998 年	《关于加强"国际原子能机构"保障监督的附加议定书》 《特定常规武器公约》所附第四号议定书（即《激光致盲武器议定书》及经修订的第二号议定书）
2004 年	核供应国集团（NSG）
2005 年	《禁止为军事或任何其他敌对目的使用改变环境的技术的公约》
2008 年	《核材料实物保护公约》修订案
2010 年	《特定常规武器公约》所附第五号议定书（即《战争遗留爆炸物议定书》）

资料来源：外交部网站以及媒体报道。

了与国际惯常做法的接轨。目前国际通行的最终用户和最终用途证明制度、许可证制度、清单控制办法、全面控制原则等，中国都已在核、生物、化学、导弹等各个领域广泛采用。在清单的控制范围方面，中国的《核出口管制清单》与《核两用品及相关技术出口管制清单》覆盖了“桑戈委员会”清单和“核供应国集团”控制清单包括的所有物项和技术；在生物和化学领域，包括《禁止化学武器公约》及“澳大利亚集团”控制清单监控的全部物项和技术；在导弹领域，在控制范围和有关参数与“导弹及其技术控制制度”的附件基本一致。需要强调的是，中国目前在上述领域与美国、欧盟国家等的出口控制范围和措施基本一致。其三，对各类敏感物项生产、经营、出口等行为，以及对国家主管部门的权利与义务做了严格界定，并对有关违法、违规行为规定了明确惩罚措施（具体可参见表7–4）。

中国的防扩散出口管制机构由多个政府部门构成，主要包括原国防科工委（2008年3月以后归属新组建的工业和信息化部，改为国防科工局）、国防部、商务部、外交部以及海关总署。中国的核出口由国防科工局会同其他相关政府部门进行管理。军品出口，其中包括导弹和直接用于导弹的生产设施和关键设备的出口由国防科工局和国防部有关部门会同其他相关政府部门进行管理。核两用品、生物两用品、有关化学品，以及用于民用目的的导弹相关两用物项和技术的出口，由商务部会同其他相关政府部门进行管理。涉及外交政策的敏感物项及相关设备和技术的出口，由上述主管部门会同外交部进行审查。海关总署负责上述物项和技术的出口监管工作，并参与相关违法出口案件的调查处理。

表7–4　中国的防扩散出口管制法律法规（1980—2010年）

领域	法律法规	颁布年份
核领域	《核材料管制条例》	1987年
	《中华人民共和国核出口管制条例》	1997年颁布，2006年11月修订
	《中华人民共和国核两用品及相关技术出口管制条例》及管制清单	1998年颁布，条例于2007年1月修订，清单于2007年7月修订

续表

领域	法律法规	颁布年份
生物领域	《兽医微生物菌种保藏管理试行办法》	1980年
	《兽药管理条例》	1987年
	《中华人民共和国传染病防治法》	1989年
	《进出境动植物检疫法》	1991年
	《兽用生物制品管理办法》	1996年
	《农业生物基因工程安全管理实施办法》	1996年
	《兽用生物制品质量标准》	2001年
	《中华人民共和国生物两用品及相关设备和技术出口管制条例》及其管制清单	2002年10月颁布，清单于2006年9月更新
	《兽药管理条例》	2004年制定
化学领域	《中华人民共和国监控化学品管理条例》及《各类监控化学品名录》	1995年、1998年对《各类监控化学品名录》进行补充
	《〈中华人民共和国监控化学品管理条例〉实施细则》	1997年
	《有关化学品及相关设备和技术出口管制办法》及管制清单	2002年
导弹领域	《中华人民共和国导弹及相关物项和技术出口管制条例》及管制清单	2002年
军品出口领域	《中华人民共和国军品出口管理条例》	1997年颁布，2002年重新修订
	《军品出口管理清单》	2002年
其他相关法律	《中华人民共和国刑法》修正案	2001年
	《技术进出口管理条例》	2001年
	《中华人民共和国海关法》（修正）	1987年
	《中华人民共和国行政处罚法》	1996年
	《中华人民共和国出入境边防检查条例》	1995年
	《两用物项和技术进出口许可证管理办法》	2006年1月实施

资料来源：外交部网站。

由此，我们可以看出中国政府对当前的国际防扩散体系是持肯定态度的。中国认为，几十年来，在各国的共同努力下，国际社会已经建立起一个相对完整的国际防扩散机制。该机制在防止和减缓大规模杀伤性武器扩散，维护全球和地区的和平与稳定方面发挥了积极作用。在和平与发展为主题的今天，国际防扩散进程已经成为人类求和平、促发展努力的重要组成部分。[①] 而且，中国认为，防扩散体系已成为全球安全环境的重要组成部分，由于中国是该体系的受益者，将致力于维护现有的国际防扩散体系。从根本上讲，防止大规模杀伤性武器及其运载工具的扩散，有利于促进世界与地区的和平与发展，符合包括中国在内的所有国家的共同利益。由此可见，国际军控机制对中国的防扩散管制机制建设发挥了重大作用。

四、中国参与国际防扩散机制的原因分析

中国之所以参与国际防扩散机制，一方面是因为中国作为《不扩散核武器条约》成员国，从道义上讲应该对防止核武器扩散采取严肃、负责的态度；但另一方面，更重要的是，在当今世界，道义只是问题的一个方面，更重要的是国家利益。国家利益是一种综合利益，包括政治、经济、军事、文化，是体现一国人民整体利益的综合指标。所有国家的行为都是自觉或不自觉地从自身的国家利益出发的。对中国来说，积极营造并充分利用一个良好的国际环境，从而推动中国的经济社会发展，是国家利益的重要体现。从这个角度来说，中国需要处理好与现有国际秩序、大国间利益的平衡，尤其是与美国，以及中国周边国家对中国的安全认知等问题。另外一个不可忽视的潜在影响是，利用国际制度的示范效应，推动国内相关领域的改革。具体来讲，包含如下几项重要的考虑。

① 王光亚：《不断完善防扩散机制，促进国际和平与发展——中国的防扩散政策与实践》，载《人民日报》，2002年10月16日，第7版。

第一，国际军控与防扩散条约作为国际法的一部分具有很强的公信力，中国遵从国际惯例符合中国融入世界的国家利益。国际军控与防扩散条约是国际法，不是某个国家的国内法，是国际社会广泛参与谈判、“有取有舍”的结果，体现了国际社会的共同意志。它们构成了国际军控与防扩散努力的法律基础，理应成为各国防扩散实践的指导原则。切实维护这些条约的权威性是每一个缔约国应尽的义务，也符合每一个缔约国的切身利益。国际社会经过长期不懈努力，建立了一个相对完善的国际防扩散体系。几十年来，这一体系在防止核武器扩散，有效控制核材料、设备和技术的转让方面发挥了积极而重要的作用。所以，它对防止大规模杀伤性武器扩散和维护国际和平与安全发挥了重要作用，总体来说是有效的。

第二，军控机制最体现大国力量的较量，中国加入到这一体制当中符合对大国，尤其是对美外交的需求。大国是国际防扩散机制的重要推动者和参与者。大国，特别是军事大国把持军控进程的局面是由大国本身所处的军事矛盾中心位置及其国际事务行为能力所决定的。一方面，只有军事大国才能成为国际军控领域的主要主体。其原因在于军控对象是军事力量，没有大国同意，任何军控进程都将只能陷于空谈；或即便军事大国不同意，如果该军控主张有悖军事大国的利益，该军事大国仍然是当事主体之一。另一方面，军事大国往往也是政治大国，在国际事务中具有举足轻重的作用，这使其有能力宣传鼓动、组织推动国际军控进程。[①] 中国政府在防扩散问题上的接轨立场，一个重要原因是，冷战结束后，国际形势总体趋向缓和，大国之间关系不断改善。在这一背景之下，防止大规模杀伤性武器显然是有利于世界的稳定，符合绝大多数国家的利益。事实上，这也是冷战后国际军控与防扩散领域取得诸多令人瞩目的成果的根本原因之所在。

中国与法国和英国双边关系的拓展，其中就有在防扩散方面的推动力。中法在《深化中法全面战略伙伴关系，建立更加安全、更加尊重多样性和更加团结的世界》的联合声明中同意，在继续贯彻1997年

① 吴兴佐:《从军控角度看当前世界主要矛盾》，载《国际论坛》，2002年第11期，第2页。

联合声明的基础上，巩固、发展、充实中法全面战略伙伴关系。中法两国重申遵守并加强军控和防扩散国际文书的重要性，坚决反对大规模杀伤性武器及其运载工具的扩散。两国同意，在双方战略对话框架下成立军控和防扩散工作小组，加强在军控、防扩散和敏感物项出口控制方面的合作与交流。中国和英国于2004年5月发表的联合声明中，重申在推动防扩散问题上的决心。英国欢迎中国在防扩散问题上所做的承诺和为此采取的行动，特别欢迎中国为加强与防扩散出口控制机制的关系所采取的措施。中国赞赏英国在国际原子能机构框架内为推动伊朗执行《不扩散核武器条约》保障监督协议，以及说服利比亚放弃大规模杀伤性武器计划所做的努力。英国欢迎中国在朝鲜半岛核问题六方会谈中发挥的领导作用。双方将加强在安全、军控、裁军和防扩散领域的交流与合作。

2009年7月，在《不扩散核武器条约》审议大会的第三次筹备会议上，中、法、俄、英、美五大国代表重申了致力于裁军的承诺。五国代表团同意需要采取行动，加强国际原子能机构保障监督体系，确保缔约国全面遵守其国际义务。①同年9月24日，中国国家主席胡锦涛出席安理会核不扩散与核裁军峰会，并发表了“共同缔造普遍安全的世界”讲话，主张，“所有国家应该加入《不扩散核武器条约》，切实维护和加强条约权威性和有效性。强化国际原子能机构保障监督职能。所有国家应该严格履行防扩散义务，不搞双重标准，加强和改进防扩散出口管制”。②

尤其重要的是，中国加入国际防扩散体系也是对美外交的考虑。20世纪90年代以来，中美两国在防扩散问题上相互理解与协调的不断进展，是推动中美关系发展的一个重要动力。中国从1992年正式加入《不扩散核武器条约》以来，在防扩散领域与国际社会积极合作，坚持履行对所加入公约的各种义务，并逐步加强中国有关法律和法规在防

① 五国代表团在2010年《不扩散核武器条约》审议大会第三次筹备会发表的共同新闻稿，载国防部网站，2009年7月8日，http://news.mod.gov.cn/acd/2009-07/08/content_3055054.htm。

② 胡锦涛:《共同缔造普遍安全的世界》，人民网，2009年9月25日，http://politics.people.com.cn/GB/1024/10113035.html。

扩散问题上的发展和完善。1992年，中国宣布在导弹和技术出口问题上按照“导弹及其技术控制制度”准则和主要参数行事。此外，中美与各国的合作成功地推动了1995年《不扩散核武器条约》的无限期延长。次年，经过艰苦的多边谈判，《全面禁止核试验条约》开放供签署，中国和美国成为首批签约国。同样，在防止生化武器的扩散问题上，中美都已签署并批准了《禁止生物武器公约》和《禁止化学武器公约》，在克林顿政府时期，中美还就《禁止生物武器公约》议定书展开对话。在防止导弹技术扩散方面，中美于1994年10月就导弹内在特性问题取得重要共识，并于2000年11月与美达成导弹防扩散协议。

另外，中国在防扩散方面同时也面临着美国的压力，[①] 但是双方的合作进展还是有目共睹的。2000年11月，中国就导弹技术出口问题发表声明，进一步加强了对敏感技术和军民两用技术的出口控制。同时，美国政府承诺恢复对中国发射美国商业卫星的许可证审批程序。双方也曾在朝鲜半岛核危机、印巴核军备竞赛等问题上进行了一系列卓有成效的合作，为推动东亚防扩散进程作出了积极贡献。另外，防扩散合作事关中美关系大局。尽管如此，中美两国在防扩散问题上的争吵也从来没有停止过。20世纪90年代以来，美国曾三次以中国扩散敏感武器为由，对中国进行经济制裁。2000年8月6日，美国国务院发言人表示，鉴于当时中国机械设备进出口总公司的“扩散”行动，美国有可能对中国进行新的制裁。有学者认为，“美国的防扩散政策有其霸道的一面，但坚持严格的防扩散政策符合中国的根本利益，也有利于为中美关系的持续稳定和发展奠定坚实基础”。

总体而言，自20世纪90年代以来，中美关系在防扩散领域经历了从分歧到合作的过程。近些年来，中美两国在地区性防扩散问题，特别是朝核问题上的合作，推动了双边关系的发展。[②]

第三，中国走向国际化过程中需要加快发展软实力，这也推动了中国接受国际安全机制的历程。中国走向国际化，其形象、观念等软实力建设很重要。在军事这个传统意义上的高政治领域，中国以符合

① 杨明杰等:《“扩散安全倡议”评估》，载《现代国际关系》，2003年第10期，第48页。

② 沈丁立:《2007：防扩散与中美关系》，载《国际问题研究》，2007年第2期，第5—6页。

国际规范、负责任的态度树立了较为良好的国际形象。从观念上革新世界对中国的看法，对于中国在21世纪的发展至关重要，中国迫切需要从国际角度审视中国行为的合法性，从根本上讲国家利益的维护与拓展，是在与国际体系的互动中完成的，因此某一时期主导性的观念将影响别国对中国利益建构的认知和反应。比如《2004：国际军备控制与裁军报告》和瑞典斯德哥尔摩国际和平研究的《裁军、军备与国际安全》一书同时在中国出版，对此，中国军控与裁军协会前会长李道豫认为，“应该说，我们这样做是一种接轨，国外在很多年前就已有许多类似的报告，可中国一直没有。我们这样做，加强了中国同世界各国的交流，为国家的总体外交和军控外交服务。同时，把国内研究国际军备控制与裁军问题的专家和学者整合到一起，提出具有权威性的研究成果，让公众更多地了解当前国际军备控制与裁军进程对国际安全的影响”。[①] 更有媒体评论，这一点虽然只是一个很小的细节，迈出了中国主动整合资源，主动与世界接轨的重要一步。《中华人民共和国军品出口管理条例》明确了《条例》与国际关系条约的关系，《条例》中规定，如果我们的规定与国际关系条约规定有出入的话，使用国际关系条约规定，除了我们声明保留的条款以外。正如有学者指出的，经过多年的努力和宣传，国际社会对核扩散形成了一个损害地区稳定与和平的认识，这个政治上正确的话语权对国际防扩散机制建设影响极大。[②] 2008年10月，中国国务院在提请全国人大审议《核材料实物保护公约》时认为，“批准《公约》修订案对维护我国负责任大国的国际形象，加强我国核材料和核设施的安全管理，促进我国核工业的健康发展具有积极意义”。[③]

第四，国际机制对国内宏观机制的改革有重大的示范效应，中国需要通过某个问题领域的国际接轨，实现对其他领域的外溢作用。改革之前，中国实行的是计划经济体制，经济以国有企业为主，国家对

① 中国发表首部《国际军备控制与裁军年度报告》，2004年6月7日《中国青年报》。

② 樊吉社：《“防扩散”与“话语权危机”》，载《人民日报》，2006年10月9日。

③ 关于批准《核材料实物保护公约》修订案的议案提请审议，人民网，2008年10月24日，http://npc.people.com.cn/GB/14957/53049/8225009.html。

进出口进行管理主要依靠行政手段。但随着改革开放的深入，国内经济和对外贸易都发生了巨大转变。原先的管理模式逐渐不能适应形势的要求，需要从行政管理向法制化管理的方向转变。尤其是中国加入世贸组织后，中国企业和个人将更广泛、深入地参与国际经济活动，依法管理出口的任务将更加繁重。因此，自改革开放以来，中国不断加强相关领域的法制建设，以确保政府对政策的有效实施。在防扩散领域也是如此。如今，恐怖主义威胁的不断增加也给中国的防扩散工作提出了新的要求。因此，进一步加强防扩散方面的法制建设，建立一套符合市场经济要求，公开、透明的法规体系显得更加必要。[①] 并且，加入这些条约组织，有利于中国合法利用核能。比如2004年中法宣言中，中国欢迎法国以竞争的态度积极参与中国核电建设。法国欢迎中国就敏感物项出口控制制定了国家性法规，支持中国尽早加入"导弹及其技术控制制度"和适时加入其他多边出口控制机制。因此，当中国的改革走向深入的时候，合理的利用国际资源和外部力量对中国内部资源重新整合会发生较大的用处，并且从大局来讲，市场经济的全球化也要求中国从制度建设上做好准备，而军控领域的进展表明了中国在此方面的努力。

五、结语

本章探讨了中国防扩散体系的变革，着重分析了国际防扩散机制对中国的影响及中国参与国际防扩散机制的原因。中国自改革开放以后在军控领域逐渐与国际军控机制接轨，可以说，在中国各项改革领域中，军备方面的改革竟然是争议最少、接纳程度最国际化的一个领域。中国的防扩散管理机制具有以下两个基本特点：基本实现了从计划经济时代的行政管理向法制化管理的转变；在充分考虑中国国情的基础上，实现了与国际惯例的接轨，并且是全方位的。

---

① 王光亚:《不断完善防扩散机制，促进国际和平与发展——中国的防扩散政策与实践》。

从国际机制角度看，中国之所以这么快接纳军控方面的国际惯例，在国际层面有以下原因：首先是国际军控与防扩散条约作为国际法的一部分具有很大的公信力，中国遵从国际惯例符合中国融入世界的国家利益。冷战结束后，国际形势总体趋向缓和，大国之间关系不断改善，而军控体制是最体现大国力量的场所。在这一背景之下，中国加入到这一体制当中符合国家的利益。20世纪90年代以来，中美两国在防扩散问题上相互理解与协调的不断进展，是推动中美关系发展的一个重要动力。还有，国际机制对国内改革具有示范效应，中国试图通过这一高政治领域的国际承诺、国际贡献来体现国际制度对中国的正面意义，进而影响其他领域的改革。2002年前后，中国在核、导弹、生化等领域的管制条例出台，恰好是中国在经济上完成加入世界贸易组织（WTO）的时刻。最后，中国走向国际化，需要建构形象、观念上的软实力，以此促进中国全方位的世界性利益需求。正是在军事这个传统意义上的高政治领域，随着中国实力增长、技术升级以及全球经济大国地位的树立，该领域的双重性正好促使其日渐与低政治领域的经济发展交错。从观念上革新世界对中国的看法，对于中国在21世纪的发展至关重要。

第8章

中国参与国际核不扩散机制进程

高望来　李　慧*

[内容提要]在中国参与国际体系的实践中，中国与国际核不扩散机制的关系涉及中国的核心安全利益，也关系到全球的战略稳定。《不扩散核武器条约》是全球核不扩散机制的基石。改革开放以后，中国参与核不扩散机制的进程导致中国国家身份的转变与利益的调整。对于国际社会关于核不扩散普遍价值观的认同，使中国扩大了对自身国家利益的界定，从而在政策取向上保持与其他核大国一致。

The Evolution in Relations between China and the International Non-proliferation Regime

Abstract: China's relationship with the international nuclear non-proliferation regime involves China's core national interests and the strategic stability of the world. The Nuclear Non-proliferation Treaty is the cornerstone of the international nuclear non-proliferation regime. After the reforms and opening up era, China's participation in the nuclear

* 高望来：外交学院国际关系研究所讲师，博士；李慧：外交学院助理研究员，博士。

non-proliferation regime led to changes in China's national identity and adjustment of interests. China has accepted universal values of nuclear non-proliferation in the international community, expanded its definition of national interests and reoriented its policy to be consistent with other nuclear great powers.

中国自改革开放以来与国际体系的关系发生了深刻的变化。美国学者江忆恩（Alastair Iain Johnston）指出："中国经历了从'体系的反对者'、'体系的改革者'到'体系的维护者'的角色转换。"① 从游离于体系之外到参与其中，中国需要完成对于体系的适应和自身调整的过程，也在从体系的互动中学习，实现身份的变化。在中国参与国际体系的实践中，中国对国际核不扩散机制的参与直接涉及中国的核心安全利益，是中国国家安全战略的重要组成部分，也关系到全球的战略稳定。《不扩散核武器条约》是核武器国家对裁军目标做出有约束力承诺的唯一多边条约，在军控领域最具普遍性，是全球核不扩散机制的基石。条约以防止核武器扩散、推动核裁军与促进和平利用核能作为三大支柱，在遏制核扩散、降低核危险、维护国际和平与安全方面发挥了重要作用。中国是《不扩散核武器条约》规定的合法五个核武器国家之一，在21世纪国际裁军与不扩散领域发挥着积极和建设性的作用。

中国参与国际核不扩散机制的历程经历了三个发展阶段：从1964年中国第一枚核武器试验到20世纪70年代末期是基本抵制阶段，中国完全游离于国际体系之外，对于《不扩散核武器条约》持否定和排斥的态度；从20世纪70年代末至冷战结束是部分参与阶段，中国开始有限度地参与核不扩散机制，在核不扩散问题上自觉约束自身的政策；从冷战后至今是全面参与阶段，中国成为《不扩散核武器条约》的缔约国，中国逐渐完成了适应核不扩散机制的国内制度改革，开始参与国际机制的规则制定过程，并作为核武器国家发挥了更加积极和建设

① ［美］江忆恩：《美国学者关于中国与国际组织关系研究概述》，载《世界经济与政治》，2001年第8期，第52页。

性的作用。这种历史性转变与中国在不同时期所处的国际环境和国际地位密切相关，同时也折射出中国对参与国际制度的认识变化。

一、中国对国际核不扩散机制的基本抵制时期

从1964年至20世纪70年代末，中国对国际核不扩散机制基本持抵制态度。冷战时期，军控与裁军是国际安全的重要内容，国际军备控制的进程由美苏两大国主导，也成为两个超级大国争夺军事优势的工具。中国将美苏双方借裁军削弱对方、壮大自己的做法称为“假裁军，真扩军”。中国认为《不扩散核武器条约》是大国垄断核技术的条约，是一个不平等条约。

中国发展核武器是在特殊的历史背景下开始的。新中国成立后，中国面临美国的数次核威胁。在朝鲜战争、越南战争和两次台海危机期间，美国高层人物多次扬言要对中国使用核武器。中苏交恶后，苏联高层的强硬派也曾主张对中国使用核武器，导致中国面临的安全环境急剧恶化。中国发展核武器完全是为了打破核垄断，反对核讹诈，为中国赢得和平安全的建设环境。

中国于1964年10月16日成功试爆第一颗原子弹，由此成为核俱乐部的第五个成员，打破了西方的核垄断，提高了中国的国际地位。对此，邓小平指出：“如果六十年代以来中国没有原子弹、氢弹，没有发射卫星，中国就不能叫有重要影响的大国，就没有现在这样的国际地位。这些东西反映一个民族的能力，也是一个民族、一个国家兴旺发达的标志。”[①]

中国一贯主张全面禁止和彻底销毁核武器。中国在成功进行第一次核试验后，即宣布在任何时候和任何情况下不首先使用核武器，中国是唯一做出这一承诺的核武器国家。正如伦敦国际战略问题研究所研究员劳伦斯·弗里德曼（Lawrance Freedman）所说：“在核战略问题

① 《邓小平文选》第3卷，北京：人民出版社，1993年版，第279页。

上，中国的观点是所有核国家中最始终如一的。”[①] 自1964年以来，中国对待核武器的公开态度一直坚持三个核心原则：保证不首先使用，目的是为了防御，最终目标是彻底销毁。[②] 1968年，苏美英等国签订《不扩散核武器条约》，中国政府拒不参加，并明确表明了中国对于该条约的反对态度：“这个条约企图巩固三个核大国的垄断地位，而把一切爱好和平的国家的手脚束缚起来；它不仅没有减少美帝国主义对中国人民和全世界人民的核威胁，反而加重了这种威胁。”[③] 尽管中国政府于1973年8月正式签署《拉丁美洲禁止核武器条约》第2号附加议定书，参与“拉美无核区”，但同时也发表声明强调，这“并不意味着中国在裁军和核武器问题上的原则立场有任何改变，特别是，这不影响中国政府反对《不扩散核武器条约》和《部分禁止核试验条约》的一贯立场”。[④]

二、中国部分参与国际核不扩散机制时期

1978年12月召开的中国共产党的第十一届三中全会，是中国历史的转折点。具体到国际军控与裁军问题上，从“毛泽东时期，中国对军备控制持完全否定和蔑视的态度”[⑤] 转变为“认识到中国能够从军备控制的努力中受益，并参与到国际军备控制的工作中来”。[⑥]“从认为军备控制是与中国无关的东西方斗争附属品转变到中国应参与国际军备控制机制中。”[⑦] 1980年中国政府首次派代表团参加日内瓦裁军谈判委

---

① ［美］林中斌：《龙威——中国的核力量与核战略》（刘戟锋等译），长沙：湖南出版社，1992年版，第51页。

② ［美］林中斌：《龙威——中国的核力量与核战略》，第6页。

③《加强国防力量的重大成就，保卫世界和平的重大贡献——我国第一颗原子弹爆炸成功》，载《人民日报》1964年10月1日。

④ 滕建群等：《国际军备控制与裁军概论》，北京：世界知识出版社，2009年版，第83页。

⑤ ［美］伊丽莎白·埃克诺米、米歇尔·奥克森伯格主编：《中国参与世界》（华宏勋等译），北京：新华出版社，2001年版，第105页。

⑥ ［美］伊丽莎白·埃克诺米、米歇尔·奥克森伯格主编：《中国参与世界》，第105页。

⑦ Banning N. Garrett, Bonnie S Glaser, “Chinese Perspectives in Nuclear Arms Control”, International Security, Vol. 20, No.3, 1995, p. 46.

员会，[1]可以被视为这一思想转变在行动上的体现。日内瓦裁军谈判委员会是全球性的多边军控谈判机制，中国参与这一机制标志着中国开始积极参与联合国军控合作。1983年6月，中国向日内瓦裁军谈判会议派出首任专职裁军事务大使，常驻日内瓦，参加裁谈会工作。此后中国派代表出席了裁谈会历次会议。

参加多边裁军会议的实践让中国有了切身参与国际机制的经验，引起了中国国内政策的调整，产生了培养相关专家和专业人士的需要。随着外交部和人民解放军有关单位轮流参与日内瓦裁军会议，中国出现了参加裁军会议之前没有的军备控制专家，他们通过和国际同行的接触，更加深入地了解国际惯例，将所学习到的经验介绍到国内。对外交往也推动了中国国内制度创新的进程。为了更有效地参与裁军会议，外交部国际司专门设立了处理多边军备控制的第四处，成为今天外交部军控司的前身。

中国参与国际机制对于中国和国际社会是一个双向获益的过程，一方面让中国了解相关的国际惯例；另一方面也让国际社会熟悉中国的政策，给了中国对外阐释其军控政策的平台。1982年6月11日，中国外交部长黄华在当年举行的联合国第二次专门讨论裁军问题的特别大会上，全面阐述了中国对裁军问题的主张，提出了关于裁军问题的6 项基本原则：（1）争取实现裁军应同维护世界和平与安全的努力相结合，反对任何国家谋求霸权、使用武力侵犯别国的主权和领土完整；（2）拥有最大核武库的两个超级大国应率先裁军；（3）核裁军与常规裁军应互相结合进行；（4）一切中小国家有权保持为防御侵略、捍卫独立所必需的国防力量，裁军进程的各个阶段的措施和步骤不得损害和威胁国家独立、主权和安全；（5）裁军协议应规定严格有效的国际核查措施；（6）各国应有权以平等地位参加裁军问题的审议、谈判和监督有关协议的执行。中国提出的这些原则反映了广大中小国家的愿望，符合世界人民的根本利益，对国际争取裁军的斗争产生了有益的影响。[2]

---

① 现为日内瓦裁军会议，是国际唯一常设性裁军多边谈判机构，旨在促成有效国际监督下的全面彻底裁军。

② 夏立平：《中国军控和裁军政策的演变及特点》，载《当代亚太》，1999年第2期，第38页。

1984年1月，中国正式加入国际原子能机构，中国作为核技术先进国家被指定为该机构的理事国。1985年，中国正式支持国际原子能机构对于核出口的保证，并宣布自愿将部分民用核设施提交国际原子能机构实施保障监督。1986年，中国签署了《及早通报核事故公约》和《核事故或辐射紧急情况援助公约草案》。

在这一时期，中国虽然尚未成为大多数国际军控条约的缔约国，却在核不扩散领域主动开始自我约束，自觉履行条约义务。中国最后一次大气层试验是在1980年10月。中国于1981年停止大气层核试验，并在1986 年3月宣布今后将不在大气层进行核试验。这在事实上承担了1963年的《部分禁止核试验条约》对核试验的约束义务。对于《不扩散核武器条约》，中国虽然仍表示反对该条约的歧视性，但不断保证不支持扩散，并“在原则上”遵循国际上接受的核不扩散规范和指导。

20世纪80年代中期，中国依据和平与发展成为时代主题的科学判断，实现了军队建设指导思想的重大转变。中国的国防和军队建设也从此转到了和平时期建设的轨道。与此同时，中国参与国际核不扩散机制不断深入，中国国内涉及军控事务的各部门之间的协调也在加强。从80年代中期起，外交部军控处就开始在核问题上同应用物理与计算数学研究所的专家进行系统的协调。[①] 军控领域的尖端性质创造了培养大批相关人才的需要，中国国内的军控共同体也逐渐发展起来，其成员包括政府官员、军事人才、科学家、学者，并建立了非政府组织。1985年6月1日，由民间团体和各族、各界知名人士发起的中国人民争取和平与裁军协会正式成立。

在中国对于核不扩散机制的参与实践中，中国在国际关系中倡导的一些理念也得以贯彻实施。中国一贯重视联合国的作用，1986年，中国首次在联合国大会上提出关于核裁军和常规裁军的两个裁军提案，指出美苏在核裁军和常规裁军问题上都负有特殊责任。此后，中国连续五年都在联大第一委员会提出上述“两案”，均获协商一致通过。1987年，中国作为东道主同联合国合作在北京召开了“世界裁军运动”

① ［美］江忆恩：《美国学者关于中国与国际组织关系研究概述》，第49页。

区域研讨会。中国多次派人参加由联合国主持的有关裁军和安全问题的专家组和讨论会，在和国际专家的交流中凝聚共识。

1988年9月，中国与国际原子能机构签署了《中华人民共和国和国际原子能机构关于在中国实施保障的协定》。中国在自愿的基础上，把反应堆、核电站提交给机构实施保障监督，使该机构完成了在全部核武器国家中实施保障监督的任务。国际原子能机构通过对中国元件厂和浓缩铀厂的监督视察，掌握和发展了对复杂核设施的监督技术与方法。[①]

《不扩散核武器条约》生效后，国际原子能机构成为条约的核查监督机构，也是条约的直接执行机构。中国通过在这一领域的参与，了解国际通行的做法，负责任地履行一个核国家所应承担的责任。自中国加入国际原子能机构以来，国际原子能机构主持制定了一系列核不扩散领域的重要公约，包括《核事故和辐射紧急情况援助公约》、《核安全公约》等。中国政府非常重视这些公约的制订或修订工作，每次都派出主管部门以及相关部门官员和专家参加相关工作。中国代表及专家提出许多建设性意见，许多意见和建议受到与会各方的重视并被采纳。[②]在国际原子能机构中的实践使中国主动发挥大国作用，参与制定国际惯例的过程。

由此可见，中国政府在20世纪70年代末至冷战结束这段时间内对国际核不扩散机制的态度在发生变化，开始意识到该机制存在的合理性和必然性，由最初的完全抵制到逐渐在思想上接受，行动上参与。但是这一时期中国对于该机制的核心——《不扩散核武器条约》，仍然持反对态度，拒绝加入。

三、中国全面参与国际核不扩散机制时期

冷战结束后，中国开始全面参与国际核不扩散机制。一方面中国

① 张静:《中国为国际核社会作出重要贡献——中国加入国际原子能机构20周年回顾》，载《国防科技工业》，2004年第9期，第33页。

② 张静:《中国为国际核社会作出重要贡献：中国加入国际原子能机构20周年回顾》，第33页。

所长期坚持的全面禁止和彻底销毁核武器的主张没有改变；另一方面中国政府也认识到“一个强有力的国际核不扩散机制符合所有国家的利益，任何国家如果为了谋取政治、经济和战略上的短期利益，而无视核武器扩散的严重后果，甚至做出损害别国和国际团结的事情，最终本国的利益也必将受到损害”。[①]

冷战结束后，国际局势走向缓和，军控与裁军进程取得了一系列积极进展。中国也积极融入了这一国际趋势中。在20世纪90年代，中国参与核不扩散机制的程度有实质性的转变。有学者认为，中国在20世纪70年代仅签署了各项军备控制协议中的10%—20%，到1996年这个数字已上升到85%—90%。[②]

1990年8月，中国政府派观察员参加了在日内瓦举行的不扩散核武器第四次审查大会和其他军控会议，明确表示支持《不扩散核武器条约》。1991年8月10日，中国总理李鹏在同来访的日本首相海部俊树会谈时宣布，中国政府已“原则上”决定参加《不扩散核武器条约》。同年10月，中国外交部指出，《不扩散核武器条约》是具有普遍性的国际条约，该条约在防止核武器扩散方面发挥了重要作用，由此肯定了该条约的“积极意义”。就在该月的25日，中国国务院向第七届全国人大常委会第22次会议提出了关于建议中国加入《不扩散核武器条约》的议案。同年底全国人大通过决议，决定中国应成为《不扩散核武器条约》的成员国。11月，中国政府宣布，在连续的基础上向国际原子能机构通报中国向无核武器国家出口或从无核武器国家进口大于1有效千克核材料的情况，开始自觉履行条约义务。

1992年3月9日，中国签署《不扩散核武器条约》，成为第四个加入该条约的核武器国家，开始履行核武器国家的相关义务。这一身份的转变标志着中国正式由体制外的成员变成体制内的成员，实质性地提高了参与程度。中国加入《不扩散核武器条约》后认真履行义务，主动在这一敏感领域公布政策，接受国际监督。1993年7月，中国正

① 中国联合国协会编：《中国代表团出席联合国有关会议发言汇编》（1999年），北京：世界知识出版社，2000年版，第281页。

② ［美］伊丽莎白·埃克诺米、米歇尔·奥克森伯格主编：《中国参与世界》，第105—106页。

式承诺，在自愿基础上向国际原子能机构通报所有核材料的进出口、核设备及相关非核材料的出口情况。1996年5月，中国承诺不向无核武器国家未接受国际原子能机构保障监督的核设施提供帮助，包括不对其进行核出口，不与其进行人员与技术的交流与合作。目前，中国已将进口国接受国际原子能机构全面保障监督作为核出口条件。1993年，钱其琛外长在第48届联合国大会上指出："中国政府一贯主张在全面禁止和彻底销毁核武器的范畴内，实现全面禁止核试验。我们支持早日谈判缔结全面核禁试条约，并将与其他国家共同努力，推动尽早实现全面禁止核试验。"①

中国还积极推动核武器国家就互不首先使用核武器缔结多边条约。1994年1月，中国正式向美、俄、英、法四个核武器国家提出《互不首先使用核武器条约》草案，并积极谋求达成互不首先使用核武器和互不以核武器瞄准对方的安排。1994年9月，中俄宣布互不首先使用核武器和互不将战略核武器瞄准对方。在1994年第49届联合国大会上，中国提出一个完整的、相互联系的核裁军进程建议：所有拥有核武器的国家宣布无条件地不首先使用核武器，立即谈判并签署《互不首先使用核武器条约》，支持建立无核区的努力，保证不对无核国家使用或威胁使用核武器。

1994年10月，中国与美国两国外长发表共同声明，表示愿意共同努力，推动尽早达成一项多边、非歧视性和有效核查的《禁止生产核武器用裂变材料条约》（简称《禁产条约》）。1997年4月，中国与美、俄、英、法等国发表声明，重申5国关于支持尽早谈判缔结《禁产条约》的立场。

从拥有核武器的第一天起，中国就承诺无条件不对无核武器国家和无核武器区使用或威胁使用核武器。1995年4月5日，中国正式声明，重申无条件向所有无核国家提供"消极安全保证"，并承诺向这些国家提供"积极安全保证"。②2000年，中国与其他核武器国家发表联合

① 上海国际问题研究所编：《国际形势年鉴：1994年》，上海：中国大百科全书出版社，1994年版，第351页。

② 中华人民共和国国务院新闻办公室：《中国的军备控制和裁军》，北京，1995年11月。

声明，重申1995年在联合国安理会第984号决议中作出的安全保证承诺。中国呼吁其他核武器国家，无条件向所有无核武器国家提供消极和积极安全保证，并就此尽早谈判缔结国际法律文书。[①]

1995年4月18日，中国外长钱其琛在《不扩散核武器条约》审议和延期大会上说，中国的核出口遵循三原则：仅用于和平目的，接受国际原子能机构的保障监督，未经中国允许不得向第三国转让。[②]

1995年中国发表的《中国的军备控制与裁军》白皮书是第一部专题阐述中国在裁军与军控领域努力和进展的白皮书，也是第一部公开发表的中国国防白皮书。这部白皮书的出台，表明了中国主动提高军事透明度的态度。白皮书还提出了维持低水平国防支出，和平利用军工技术、严格管制敏感材料和军事装备转让的具体措施，表明了中国政府爱好和平的一贯立场。

在国际社会承认的五个核武器国家中，中国所进行的核试验次数最少。截至1996年底，美国进行核试验1030次，苏联（俄罗斯）715次，法国210次，英国45次。中国是独立自主地发展核武器，从技术上说最需要进行核试验，而中国仅进行核试验45次。[③] 中国政府宣布从1996年7月起暂停核试验，并一直恪守这一承诺。1996年9月，《全面禁止核试验条约》在联合国开放签署。中国是首批签署《全面禁止核试验条约》的国家之一，始终恪守“暂停试”承诺，支持《全面禁止核试验条约》早日生效，并将继续为此做出积极努力。

同时，自20世纪90年代中期以来，中国逐步建立起涵盖核、生物、化学、导弹等相关敏感物项和技术及所有军品的完备的出口管制法规体系。[④] 1997年5月，中国以观察员身份出席了旨在协调国际核出口控制原则与条件的“桑戈委员会”会议，并于同年10月成为该委员会正式成员。1997年，中国颁布了《核出口管制条例》，全面阐述了中国政府的核出口原则，即中国的核出口严格执行“保证用于和平目的，

① 中华人民共和国国务院新闻办公室：《中国的军控、裁军与防扩散努力》，北京，2005年9月。

② 《李长和大使在桑戈委员会会议上的发言》（1997年10月16日），载中国联合国协会编：《中国代表团出席联合国有关会议发言汇编（1997年）》，北京：世界知识出版社，1998年版，第265页。

③ 刘华秋主编：《军备控制与裁军手册》，北京：国防工业出版社，2000年版，第191页。

④ 中华人民共和国国务院新闻办公室：《中国的军控、裁军与防扩散努力》，北京，2005年9月。

接受国际原子能机构的保障监督，未经中国许可不得转让第三国”的原则。1998年中国政府颁布了《核两用品及相关技术出口管制条例》。

在参与国际机制的同时，中国也在积极倡导中国的新安全观和外交理念。1997年10月14日，中国裁军大使沙祖康在第52届联大第一委员会一般性辩论中发言说：“应全面整顿和改造现有歧视性和排他性的出口控制制度和安排，在普遍参与的基础上，谈判制定公平合理的国际防扩散制度。”①

1998年9月，中国完成了与国际原子能机构关于缔结旨在加强现有保障监督体系有效性（“93+2计划”）的议定书的谈判，并于同年底签署了该议定书。2002年3月28日，中国驻维也纳大使张炎正式通知国际原子能机构，中国已经完成《中华人民共和国与国际原子能机构关于在中国实施保障的附加议定书》生效所需的法律程序。中国是五个核武器国家中第一个完成附加议定书生效所需国内法律程序的国家。这充分反映出中国反对核武器扩散，支持国际原子能机构加强现有保障监督体系，履行防扩散义务的坚定立场。

进入21世纪，中国的对外安全关系、安全外交产生了质的飞跃，呈现出全方位、宽领域、多层次发展的崭新局面。军控政策成为中国安全政策的新亮点，也成为中国发展对外关系的重要窗口。中国努力维护《不扩散核武器条约》的普遍性、有效性和权威性，积极参与多边和双边的防扩散交流与合作。中国在参与国际不扩散机制方面身份最明显的变化，就是中国政府在历次政策报告中都明确表示支持现有的军控机制，是国际机制的维护者。2002年，中国发表《2002年中国的国防白皮书》，公开表示接受和支持现行的国际防扩散法律体制，指出中国“愿与国际社会一道，为维护国际军控与裁军法律体系，推进军控、裁军与防扩散进程作出贡献”。②

中国重视并积极参与防止核扩散的国际努力，不断完善国内的出口控制机制，以适应国际军控机制的安排。2003年12月，中国政府发表《中国的防扩散政策和措施》白皮书，全面、系统地阐述了中国

① 王君：《冷战后中国不扩散政策的转变及其原因分析》，载《太平洋学报》，2002年第4期，第70页。
② 《2002年中国的国防白皮书》。

的防扩散具体政策和实际措施。这是中国政府首次就防扩散出口控制问题发表专门的政策声明。白皮书指出，中国政府已制定出一整套涵盖核、生物、化学和导弹各类敏感物项和技术及所有军品的完备的出口控制体制，中国的防扩散出口管理模式已实现从行政管理向法制化管理的转变。美国乔治亚大学国际贸易与安全研究中心研究员斯科特·琼斯（Scott Jones）指出，《中国的防扩散政策和措施》白皮书表明，"中国政府越来越接受国际防扩散机制，并已将自己视为这一机制的参与者与管理者"。[①]

在21世纪，中国与"澳大利亚集团"、"导弹及其技术控制制度"（MTCR）以及"瓦森纳安排"等多边防扩散出口控制机制之间的关系得到加强。中国就战略武器出口控制改革与这些组织开启了对话。在处理和多边防扩散出口控制机制的关系上，中国态度最大的转变体现在其与"导弹及其技术控制制度"的关系上。从20世纪90年代以来，中国改变以往对于"导弹及其技术控制制度"的批评态度，开始按照其标准改革国内的导弹出口。1992年2月，中国政府宣布，将在导弹出口问题上参照当时的"导弹及其技术控制制度"的准则和参数行事。1994年，中国承诺将不出口"导弹及其技术控制制度"所限制主要参数的地对地导弹，即内在性能至少达到300公里射程和500千克载荷的地对地导弹。2000年，中国进一步宣布，无意以任何方式帮助任何国家发展可被用于运载核武器的弹道导弹，并将制定和颁布导弹出口控制领域的条例和清单。[②]2002年8月，中国政府颁布了《中华人民共和国导弹及相关物项和技术出口管制条例》及与之配套的《管制清单》，条例和清单都明显反映了"导弹及其技术控制制度"的指导方针和原则。2004年9月中国正式申请加入"导弹及其技术控制制度"。同时，中国与瓦森纳安排也开始建立对话机制，并于2004年4月举行了首次对话。2004年6月，中国正式加入核供应国集团。至此，中国已加入

---

① ［英］斯科特·琼斯：《负责任大国的举措：中国战略武器出口》，载《国际展望》，2005年5月，第22—23页。

② 中华人民共和国国务院新闻办公室：《中国的防扩散政策和措施》（2003年12月），载《国务院公报》，2004年第18期，第46页。

核不扩散领域的所有国际条约和多边机制。时任中国国防科工委副主任兼国家原子能机构主任张华祝指出，防止包括核武器在内的大规模杀伤性武器及其运载工具的扩散，是国际社会的共同责任。中国加入核供应国集团，标志着中国采取了与国际社会相一致的核不扩散政策，并在核出口管制方面与国际通行做法完全接轨。[①] 加入核供应国集团带来了中国国内相关法规的变化。中国根据国内的实践和国际核出口管制的发展，重新修订了《核出口管制条例》及《核两用品及相关技术出口管制条例》。修订后的条例将在出口控制原则及管制清单方面与"核供应国集团"完全一致。

作为一个核武器国家，中国在多种场合多次强调：在任何时候、任何情况下，中国都不会首先使用核武器。在《2006年中国的国防白皮书》中，中国首次将其核战略表述为"自卫防御"，称中国坚持自卫防御的核战略。中国的核战略贯彻国家的核政策和军事战略，根本目标是遏制他国对中国使用或威胁使用核武器。中国的核力量由中央军事委员会直接指挥。这是中国自1964年拥有核武器以来第一次公开宣示核战略。《2008年中国的国防白皮书》进一步指出："中国主张所有核武器国家明确承诺全面、彻底销毁核武器，并承诺停止研发新型核武器，降低核武器在国家安全政策中的作用。"

四、国家身份与中国参与国际核不扩散机制

美国的中国核政策专家艾文·麦德罗斯（Evans Medeiros）指出："20世纪70年代末以来，中国逐渐从国际核不扩散机制坚决的反对者，变成积极的参与者和支持者。这一转变是改革开放以来中国国际行为最重要的方面，相关研究却极其有限。"[②] 现有的对于中国核政策的研

---

① 《国防科工委副主任张华祝指出：中国为国际防核扩散做出重要贡献》，载《国防科技工业》，2004年第6期，第17页。

② Evan S. Medeiros, *Reluctant Restraint: The Evolution of China's Nonproliferation Policies and Practices, 1980-2004*, Stanford: Stanford University Press, 2007, p. 1.

究虽然粗略地描绘出了中国核政策变化的过程，然而却缺乏对于中国参与核不扩散机制的细致分析，特别是对中国在和国际体系互动过程中主动学习的过程及其身份的转变研究较为有限。本章从社会建构主义的视角，分析中国如何在和体系的互动过程中不断学习、借鉴、创新，形成新的认知，并通过实践形成新的身份，逐渐扩大在国际核不扩散机制中的倡议权。

建构主义的代表人物亚历山大·温特认为，社会共有观念建构了国际体系的结构并使这种结构具有动力。[①] 作为理性行为体的国家，其身份和利益是由国际体系建构而成的，国家的身份对国家的价值取向、行为偏好均产生影响。[②] 社会结构的形成和存在是单元社会实践的结果，“单元的互动关系的性质变化引起相互观念的变化，国际体系的结构也就发生变化”。[③]“行为体对自己的看法是他们认为他者对自己的看法或者评价的反映，是以他者为镜再现自我。如果认为他者把自我当做敌人对待，那么根据反射评价的原则，行为体就可能会在自己相对于他者的角色身份中内化这种信念”。[④] 因此若要考察中国对国际核不扩散机制的态度变化，需要首先考察中国在此期间国家身份经历了什么样的变化，正是由于这种身份变化才导致中国在对待国际核不扩散机制上的国家行为的变化。

1964年10月，中国在成功进行了第一次核试验之后正式迈入有核国家行列，但这并不意味着中国在核问题上认同了其他的有核国家，中国在此时和其后相当长的一段时间内对自己的身份认定都与美、苏、英等有核国家存在相当距离。这从核试验成功后中国政府发表的声明中可见一斑：“中国进行核试验，发展核武器，是被迫而为的。”“中国政府一贯主张全面禁止和彻底销毁核武器。如果这个主张能够实现，中国本来用不着发展核武器。但是我们的这个主张遭到美帝国主义的

① ［美］亚历山大·温特:《国际政治的社会理论》(秦亚青译)，中文版前言，上海人民出版社，2008年版，第39页。

② 同上书，第42页。

③ 秦亚青:《国际政治的社会建构——温特及其建构主义国际政治理论》，载《欧洲》，2001年第3期。

④ 亚历山大·温特:《国际政治的社会理论》，第413页。

顽强抵抗。”[①] 此番声明意在表明中国发展核武器是被迫而为的，意在“打破核大国的核垄断”。[②]

中国之所以会产生如此的身份定位，是有其深层原因的。由于意识形态和社会制度的差异，美国和苏联作为“核俱乐部”的主要成员对中国和其他国家发展核武器的问题上都采取了敌视态度。美国在新中国成立后一直对中国奉行敌视和封锁政策，在核问题上多次扬言要使用核武器，并极力阻止中国核力量的发展。[③] 而同为社会主义阵营成员的苏联在这一时期与中国的关系出现分歧并走向分裂，苏联于1959年6月单方面撕毁了1957年签署的《中苏国防新技术协定》。1962年8月苏联正式通知中国，苏联政府答应美国政府的建议，即核大国将承担义务，不把核武器及其生产所需的技术情报转交给无核国家；无核国家将承担义务，不生产、不向核大国索取这类武器，不接受核武器生产所需的技术情报。1963年7月，苏联联合美国、英国签订《部分禁止核试验条约》，试图垄断核武器的生产和制造，阻挠中国和其他国家发展核武器，该条约的不公正之处在于并未将禁止地下核试验纳入，从而可以约束其他国家通过核试验发展核武器，而自己却可以通过地下核试验来改进核武器。1963年7月31日，中国政府发表声明指出，这一条约其目的在于巩固那些核大国的垄断地位，束缚别人的手脚，而它们自己却可以继续制造、储存和使用核武器。[④] 中国认为这一条约是非常不公正的，因此在核武器问题上与美苏等有核国家存在非常大的矛盾。中国在与苏联关系恶化后，外交政策由“一边倒”转向了“两个拳头打人”，即既反美又反苏，同时团结广大亚非拉国家，反对帝国主义和修正主义，推进世界革命。[⑤]

所以，总体来看，在20世纪70年代之前，中国将自己定位为革命

---

① 《中华人民共和国政府声明》，载《人民日报》，1964年10月17日，第1版。

② 同上。

③ 徐宣全:《美国对华核打击多次胎死腹中》，载《中国青年报》，2001年1月23日，第6版。

④ 《中华人民共和国政府声明》，载《人民日报》，1963年7月31日，第1版。

⑤ 关于中国这一时期的外交政策，详见李宝俊:《当代中国外交概论》，北京：中国人民大学出版社，1999年版，第119页。

性国家身份，是一个具有较明显革命性的体制外国家。[①] 中国对于核国家妄图垄断核武器，确保其核实力的做法持坚决抵制的态度。因此，尽管从现实主义来看，《不扩散核武器条约》承认中国是有核国家，是核俱乐部成员。但由中国的革命性国家身份所界定，中国认为参与核不扩散机制不符合当时的国家利益，因此尽管参与了一些诸如无核区等低层次参与，但在对待整个核不扩散机制的政策上采取的是基本抵制的态度。对于《部分禁止核试验条约》，中国认为是美苏等核大国限制中国发展核武器的手段，是"一个愚弄世界人民的大骗局"，"企图巩固三个和国家的垄断地位，而把一切爱好和平的国家的手脚束缚起来"。[②] 对于《不扩散核武器条约》，中国政府同样持批判和抵制态度，认为这是美苏英强加给其他无核国家的条约。

20世纪70年代之后，受国际环境的影响，中国在国际社会中的地位有了新的变化。相继和许多国家确立外交关系，中美关系、中苏关系都有了不同程度的缓解，中美正式建交，中苏关系有所缓和，其他西方国家也普遍对中国的国际地位予以承认。党的十一届三中全会确立"解放思想，实事求是"为工作方针，对外开放成为主流。中国领导人修正了以往关于战争不可避免的看法，认为战争是可以避免的，和平与发展是当今时代的主题，中国应承认现状并积极参与其中，唯有如此，才对中国当时及未来的发展有利。这种种认识反映到对中国的身份定位上，则是开始了由革命性国家向现状型国家的转变。在有关军控与裁军的问题上，中国开始认识到在这个问题上中国与世界上其他国家存在共同利益，对于世界上任何一个国家而言，核扩散的危险及后果都是不堪设想的，而国际核不扩散机制作为避免核扩散的有效运行机制得到了世界上大部分国家的认可，中国作为国际社会的一员，理应参与其中。中国政府"从认为军备控制是与中国无关的东西方斗争的附属品转变到中国应该直接参加到国际军备控制机制中

① 秦亚青：《国家身份、战略文化和安全利益——关于中国与国际社会关系的三个假设》，载《世界经济与政治》，2003年第1期，第11页。

② 《中华人民共和国政府声明》，载《人民日报》，1964年10月17日，第1版。

去”。[①]1980年中国政府派出代表团参加日内瓦裁军委员会的工作可以视为这一转变开始的标志。

20世纪80年代可以说是中国在核不扩散问题上认知发生重大变化的年代。1983年9月，时任中国外长的吴学谦在会见墨西哥裁军大使时指出：“中国对片面维护少数国家利益的《不扩散核武器条约》持批评立场；但我们尊重无核区国家不试验、不使用、不制造、不生产或不取得核武器的愿望。中国不主张，也不鼓励核武器扩散。我们理解扩散问题的敏感性，我们对此是采取负责态度的。”[②] 在1984年3月举行的全国人大六届二次会议上，中国当时的国务院总理向全世界宣布：中国对歧视性的《不扩散核武器条约》持批评态度，不参加这个条约，但是并不主张核扩散，也不搞核扩散，不帮助别的国家发展核武器。[③]此即中国政府正式阐述“不主张核扩散，也不搞核扩散，不帮助别的国家发展核武器”的“三不”政策。该政策的出台，表明中国已正式迈出了在核不扩散问题上身份转变的步伐。

中国政府早在1981年就已经停止了大气层的核试验，但是一直未有公开宣布，且对外一直是对《部分禁止核试验条约》持谴责态度，其原因也正是由于当时的国家身份没能完全转变。而在1986年宣布不再在大气层进行核试验，[④] 这在事实上承担了《部分禁止核试验条约》对核试验的约束。发生这一转变的深层动因正是中国国家身份的转变。

进入20世纪90年代后，中国的对外开放向纵深方向发展，国家实力进一步增强。对于成为正常国家的期望也在不断加深。但那时的中国与世界之间仍然有很深的隔阂，世界眼中的中国仍然是支离破碎、不甚完整的：国内的民主化程度不高，对外政策不透明，中国庞大的人口数量和工业化过程中需要大量的资源以及中国的历史文化传统都

① Banning N. Garrett, Bonnie S .Glaser, “Chinese Perspectives on Nuclear Arms Control,” *International Security*, Vol.20, No. 3, 1995, p. 46.

② 宋德星：《在核危机中拓展国家软实力关乎中国的国家利益》，载《财经时报》，2006年9月4日。

③ 《政府工作报告》(1984年5月15日在第六届全国人民代表大会第二次会议上)，人民日报网站：http://www.people.com.cn/zgrdxw/zlk/rd/6jie/newfiles/b1090.html。

④ 《政府工作报告》(1988年3月25日在第七届全国人民代表大会第一次会议上)，载《人民日报》，1988年4月15日，第1版。

使他国对中国的发展存在一种本能的恐惧，并且认为中国的强大将给世界带来灾难，著名的"中国威胁论"正是兴起于彼时。为了应对上述种种情况，中国要做"负责任大国"的表述开始频频出现在各种场合。

中国完成关于核不扩散问题的立场上的身份转变是1992年正式加入《不扩散核武器条约》，承诺奉行不主张、不鼓励、不从事核武器扩散，不帮助别国发展核武器的政策。[①] 这表明中国已经全面参与到国际核不扩散机制中来。美国学者江忆恩认为："这种状况似乎显示，中国在诸多政策选择中，国际形象是采取合作政策的一个关键因素。中国的政策制定者不愿其他国家视中国为整个条约的绊脚石，因为条约本身是全球核不扩散机制的一个关键支柱。如果中国反对或挖这个条约的墙角以符合中国的军事利益，形象损失会十分巨大。坚持反对与中国的负责任的大国形象不符，这种形象得到了受到大多数国家支持的、享有很高法律地位和声望的国际安全组织的赞赏。很明确，中国的政策制定者相信，全面核禁试条约代表了军事领域里的全球性趋势，那就是各国的安全选择受国际法的指导。逆这一趋势而动的话，即使反对这个条约与传统政治观相一致，也会使中国'负责任的大国'的自定义大打折扣，引至国际社会的严厉批评。"[②]

进入21世纪，中国的综合国力进一步增强，国际声望与国际地位迅速上升，加之以美国为首的有核国家集团在核不扩散问题上更加注重多边合作，因此中国以一种更加积极合作的姿态参与国际核不扩散进程。2009年9月25日，胡锦涛主席在联合国安理会核不扩散与核裁军峰会上郑重重申："中国坚定奉行自卫防御的核战略，始终恪守在任何时候和任何情况下不首先使用核武器政策，明确承诺无条件不对无核武器国家和无核武器区使用或威胁使用核武器。中国不参加任何形式的核军备竞赛，将继续把自身核力量维持在国家安全需要的最低水平，将继续为推进国际核裁军进程做出努力。"[③] 国家愈发注重核安全

① 《中国参加〈不扩散核武器条约〉加入书》，载《新华月报》，1992年第3期，第150页。
② [美]江忆恩：《中国参与国际体制的若干思考》，载《世界经济与政治》，1999年第7期。
③ 《胡锦涛在安理会核不扩散与核裁军峰会上的讲话》，2009年9月25日。

文化在市民社会层面的培育，加强政府、智库、企业以及广大普通民众对核安全威胁的紧迫感。另外非常重要的一点就是，中国目前在总体上仍然将核恐怖主义定位为“潜在威胁”，这与美国等国家将其视为最大安全威胁有较大差别。而目前的客观现实是，非政府组织的核扩散活动以及利用脏弹进行攻击的可能性对整个世界构成的现实威胁不容小视。如何对中国面临的核安全形势作出更加准确、具体的评估是需要有关部门认真考虑的一个问题。

五、结语

随着中国参与国际核不扩散机制程度的不断加深，中国与国际体系之间的关系发生着深刻变化。中国和国际核不扩散机制双向互动是中国和国际体系共同获益的过程。与体系的互动引发了中国国内的重要变革，参与国际军控会议创造了对国内大批专门人才的需求，促进了由官员、学者、科学家和专家组成的军控共同体的产生和发展。中国也完成了制度创新的过程，不断完善中国国内的出口控制体系，设立相关的部门，加强部门间的协调。在国际核不扩散机制方面，中国这个大国的参与向国际社会提供了新的理念。中国作为五个核武器国家之一，经过近50年探索，已经建立完整的核科技和核工业体系，中国的参与对于全球的战略稳定具有重要的意义。

在中国参与体系的过程中，中国的身份和观念也发生了深刻的变化，由体系的变革者变为体系的维护者。2006年9月13日，温家宝总理在中欧论坛第二次会议开幕式上发表演讲，明确提出了中国在新时期对于自身在国际军控领域的定位，指出：“中国是一个负责任的国家，中国人民永远是世界人民可信赖的朋友和可靠的伙伴。中国是国际体系的参与者、维护者和建设者。”[①]在中国与体系互动的过程中，在1992年中国成为《不扩散核武器条约》成员国后，中国的参与程度明

① 温家宝：《开创中欧关系合作、共赢、和谐的新局面：在中欧论坛第二次会议开幕式上的演讲》（2006年9月13日，汉堡），《国务院公报》2006年第32期，第5—6页。

显加深，在制度中的地位提高，中国的话语权、议程控制能力和规则权也逐步提高。

总之，国家身份的转变带来的是利益的调整。对于国际社会关于核不扩散普遍价值观的认同，使得中国扩大了对自身国家利益的界定，从而在政策取向上保持与其他核大国一致：一个强有力的国际核不扩散机制符合所有国家的利益，任何国家如果为了谋取政治、经济或战略上的短期利益，而无视核武器扩散的严重后果，甚至做出损害别国和国际团结的事情，最终本国的利益也必将受到损害。① 面对日益增长的核威胁，中国必须立足当前、着眼长远，早做准备，争取主动。

① 中国联合国协会：《中国代表团出席联合国有关会议发言汇编》(1999年)，北京：世界知识出版社，2000年版，第281页。

第9章

中国与"导弹及其技术控制制度"

任远哲*

[内容提要] 冷战时期，导弹的扩散严重威胁着世界的安全与稳定。作为国际导弹控制制度中一个核心组成——"导弹及其技术控制制度"（MTCR）在国际社会控制导弹扩散方面发挥了重要作用。中国作为拥有强大的核导弹能力的大国不可避免地与MTCR有关。中国对MTCR的态度在不同时期有所不同。总体而言，进入21世纪后，中国重视发展与MTCR的关系，申请加入MTCR，近年来一直保持同MTCR的交流与对话。

China and the Missile Technology Control Regime

Abstract: In the cold war era, the proliferation of missiles has posed a severe threat to security and stability in the world. As a core institution in international missile control, the Missile Technology Control Regime (MTCR) is playing an important role in containing missile proliferation in the international community. As a major power with strong capability of

* 任远哲：外交学院外交学系讲师，博士。

nuclear missiles, China inevitably links to the MTCR and bears different opinions toward it in different times. Generally speaking, in 21 century, China has kept trying to be a member of MTCR, especially in recent years. China continues exchange and dialogue with the MTCR.

导弹是一种具有巨大威慑力的运载系统，既可以携带常规弹头，又可以携带核生化等大规模杀伤性武器的弹头，是国家重要的战略武器。作为战争工具的导弹从第二次世界大战期间开始出现，在战后的几十年中取得了飞速的发展。从20世纪80年代开始，民用火箭技术和弹道导弹技术的迅速发展，引起了国际社会的广泛关注。弹道导弹所装备的常规弹头通常具有强大的杀伤力，而弹道导弹与大规模杀伤性武器的结合，更给全球安全带来巨大的挑战。尤其是冷战结束之后，一些中小国家无力发展战略导弹潜艇和远程战略轰炸机等远程运载工具，因此着力发展弹道导弹技术，力图以此作为重要的战略威慑工具，提升国际威望。这造成了拥有弹道导弹国家数目迅速增长。[①] 与此同时，导弹技术的扩散大大增加了大规模杀伤性武器的扩散的可能性。有效控制导弹技术的扩散已经成为各国共同面临的安全问题。

为了限制可运载大规模杀伤性武器的导弹技术的过度扩散，在几个发达国家的积极推动下，国际上逐渐形成了多种集团性出口控制制度，其中发挥主要作用的是“导弹及其技术控制制度”（Missile Technology Control Regime，MTCR）。除此之外，针对MTCR存在的一些缺陷，国际社会又建立了“防止弹道导弹扩散海牙行为准则”（Hague Code of Conduct Against Ballistic Missile Proliferation, HCOC）、“防扩散安全倡议”（Proliferation Security Initiative, PSI）和“全球导弹监控机制”（Global Control System for Non-proliferation of Missiles and Missile Technology, GCS）。这些机制尽管还存在不同程度的局限性，但是为有效控制导弹技术的扩散发挥了至关重要的作用。作为世界上仅有的几个核导弹大国之一，中国对于导弹控制制度具有重要的影响

① Ballistic Missiles of the World, http://www.missilethreat.com/missilesoftheworld/.

力，然而迄今为止中国仍不是MTCR的成员国，中国与MTCR的关系经历了几个发展阶段。本章将着重分析MTCR的制度内涵和演进过程，并回顾中国与MTCR之间关系的发展阶段，最后对中国未来在导弹控制领域扮演的角色进行展望。

一、“导弹及其技术控制制度”（MTCR）的发展过程和基本框架

“导弹及其技术控制制度”是从20世纪80年代逐渐建立起来的，目的是限制在全球范围内导弹和火箭技术的快速发展。在那个时期，美国政府意识到了导弹技术的不断扩散所带来的威胁，并因此成为发展MTCR最重要的推动力。[①] 1982年11月，里根政府签署了《第70号国家安全决策指令》（NSDD），阐明了美国的太空和导弹出口政策，并对弹道导弹在第三世界的扩散表示担心，其中特别强调美国的盟国之间可以进行技术转让，西方主要导弹供应国之间在控制导弹扩散方面应该展开多边合作。在美国的倡导下，从1983年开始，美国、英国、法国、联邦德国、意大利、日本、加拿大七国进行了四年的秘密谈判，针对机制中两类受控项目的清单、机制的运行原则等方面展开了协商。1987年4月16日，七个国家在罗马通过了题为“导弹及其技术控制制度”的合作性协定，就控制导弹及其技术扩散形成了第一个多边机制。

MTCR并不是一个正式的国际条约，而只是协调各成员国导弹及其技术出口的一项合作性协议。MTCR的目标是通过控制那些可能有助于发展载人飞机以外的核武器运载系统的传播，来减少大规模杀伤性武器（比如核武器、生化武器等）扩散的威胁。MTCR的规定由“准

① 比如韩国1978年的弹道导弹试验，伊拉克1979年试图从意大利购买废弃的导弹装置、印度1980年7月进行的SLV—3试验，等等。Jürgen Scheffran and Aaron Karp, “The National Implementation of the Missile Technology Control Regime — The US and German Experiences,” in Hans Günter Brauch et al., eds., *Controlling the Development and Spread of Military Technology*, Amsterdam: Vu University Press, 1992, p. 240。

则”和“设备、软件和技术附件”两部分组成。“准则”规定的MTCR的指导方针包括：成员国制定的控制弹道导弹及其技术出口的法律和程序；两类常规控制清单；成员国之间分享有关拒绝出口导弹及其技术案例的信息，以保证没有国家借机获取商业优势；在核武器运载系统发展的情况下重启技术转让；没有授权不能进行再转让等。

MTCR“附件”中限制导弹及相关物项和技术出口的控制清单主要分为两大类，其中最核心的标准是严格限制能够将500千克载荷投送到300千米之外的完整火箭系统（包括弹道导弹、空间运载火箭和探空火箭）的出口。围绕着这一核心标准，相关的出口限制清单分为两大类：第一类项目包括符合上述标准的整套火箭系统和无人驾驶航空飞行器系统（包括巡航导弹、靶机和侦察机）以及构成两种系统的主要的分系统（包括火箭各级、载人飞行器、火箭发动机、制导系统和弹头机制），以及为生产这些分系统专门设计的设施和设备；第二类项目包括火箭的动力装置和推进剂、发射和陆地支持装置，以及制造导弹的材料。

MTCR对于第一类项目规定的非常严格，在转让时无论用于何种目的，均应加以特别限制，尤其是绝对禁止达到500千克／300千米标准的完整火箭的出口。这一部分项目适用“强烈推荐不予转让”原则。而对于第二类项目则规定的较为宽松和灵活，只要政府之间关于最终使用目的做出保证（保证所出口的导弹、部件及技术等不能用于制造大推力导弹），或者经过适当的核查，就可以转让。这一部分项目在转让时应予逐案审批。①

MTCR还规定，各成员国通过国家立法实施“准则”，并将“附件”所列物项纳入本国的出口管制体系。在评估是否转让限制出口项目时成员国需要考虑五个方面的因素：1.接受国是否正在获取或者有野心获取大规模杀伤性武器；2.接受国导弹和空间项目的能力和目标；3.可能的技术转让对于接受国发展大规模杀伤性武器运载系统带来的潜在作用；4.有意接受国宣布购买导弹最终用途的可信度；5.是否潜在的技

① 关于MTCR的详细规定参见“Inventory of International Nonproliferation Organizations and Regimes”, 2009 Edition, James Martin Center for Nonproliferation Studies, http://cns.miis.edu/pubs/。

术转让同某一多边国际条约有冲突。①

MTCR建立之后，对成员国的资格进行了一定限制，对象主要集中在七个西方发达国家，目的是限制他们向第三世界国家出口导弹技术。随后，美国发现一些主要的导弹大国游离于MTCR之外，大大削弱了MTCR的效力，MTCR成员国的扩大势在必行。实际上，美国一直试图让苏联以某种形式参与其中。②1989年，在MTCR伦敦会议上，机制成员国资格的扩大问题成为讨论的重点。虽然直到1993年对于MTCR成员资格的限制仍然非常严格，但是这期间参加机制的成员国数目明显增多，挪威、澳大利亚、卢森堡、荷兰、比利时、丹麦、西班牙、奥地利、新西兰、芬兰、瑞典、希腊、葡萄牙、瑞士、爱尔兰、阿根廷、匈牙利、冰岛分别加入其中。在1994年的斯德哥尔摩全会以及1995年德国波恩举行的全会上，会员国同意扩大机制的成员数目，将俄罗斯和巴西纳入其中。此后，南非、土耳其也先后加入MTCR。在1997年日本召开的MTCR全会上，成员国提出了更具开放性的成员资格条件，随后1998年匈牙利全会上，捷克、波兰和乌克兰正式成为成员国。再加上2001年、2004年加入的韩国和保加利亚，如今MTCR的成员国已经扩展到了34个。③除了正式成员国之外，还有许多国家也宣布遵循MTCR的规定，例如中国、以色列、马其顿、罗马尼亚、斯洛伐克等。迄今为止，MTCR全会已经确定了23个外联活动重点对象国。其中，中国、哈萨克斯坦、克罗地亚、塞浦路斯、斯洛伐克、爱沙尼亚、拉脱维亚、罗马尼亚、斯洛文尼亚、立陶宛、马耳他、利比亚、智利等13国正式申请加入MTCR。

MTCR成员国每年需要召开全会，就导弹扩散领域的发展进行信

① Daryl G. Kimball, “The Missile Technology Control Regime at a Glance”, September 2004, the Arms Control Association, http://www.armscontrol.org/.

② 美国与苏联在MTCR问题上进行了多次谈判。例如，1988年两国分别在华盛顿和莫斯科举行会谈，商讨苏联如何同MTCR合作的问题。参见William C. Potter and Adam Stulberg, “The Soviet Union and the Spread of Ballistic Missiles”, *Survival*, November/December 1990, p. 547; “Soviet Foreign Minister Visits Washington,”Department of State Bulletin, 11/88, Vol. 88, No. 2140, pp. 28-31. “U.S. Efforts to Control the Transfer of Nuclear-Capable Missile Technology”, General Accounting Office, NSIAD-90-176, 6/1/90, p.16。

③ “Inventory of International Nonproliferation Organizations and Regimes”, 2009 Edition, James Martin Center for Nonproliferation Studies, http://cns.miis.edu/pubs/.

息交换，讨论扩散政策相关的问题，探讨完善机制的方法。除此之外，还不定期召开技术性的或特殊会议。技术性会议主要关注防扩散的技术问题，修改限制出口的项目。而特殊性会议主要讨论吸收新成员相关的问题。到2009年，MTCR在不同国家一共召开了24次全会。[①] 尽管每次全会的侧重点有所不同，但是MTCR附件的更新问题、吸纳新成员国问题，以及对哪个地区的导弹发展应该加大关注力度等问题一直是成员国讨论的主要议题。例如，伴随着1999年印巴两国的导弹试射，当年在荷兰召开的MTCR全会就提出要对南亚和中东地区的导弹扩散给予关注。

MTCR成立之初，控制重点为可运载核武器的导弹，1993年改为大规模杀伤性武器的运载工具。随着"9·11"事件的发生，MTCR成员国开始把注意力转向防止恐怖分子获取大规模杀伤性武器及其运载工具的问题。2001年在加拿大渥太华召开的第十六次MTCR全会上，成员国决定讨论"防止弹道导弹扩散的准则"（Code of Conduct against Ballistic Missile Proliferation）草案，强调在国家、地区和全球三个层面上关注导弹的扩散问题。2002年在波兰华沙举行的MTCR全会上，成员国特别强调了要防止受控项目和技术落入恐怖分子之手，并通过了一项促进共同反恐的行动计划。2003年阿根廷布宜诺斯艾利斯全会上进一步强调了防止大规模杀伤性武器及其运载系统落入恐怖分子手中，并决定对MTCR部分准则在国家层面实施"全面控制"（catch-all controls）。2004年韩国首尔全会号召所有非MTCR成员国适用MTCR控制清单和准则，并强调对于东北亚、中东和南亚三个地区的导弹扩散表示高度关注。2005年西班牙马德里全会成员国对印度提出的打算单方面遵守MTCR准则的声明表示欢迎，并鼓励其他国家也照此行动。

2006年哥本哈根全会上，成员国非常关注联合国安理会1695号和1696号决议在限制导弹出口方面的规定，一致决定坚决落实联合国的相关规定，并对朝鲜的导弹活动带来的扩散危险表示担忧。2006年，联合国安理会通过对朝鲜制裁的第1718号决议和对伊朗实施制裁的第

① 具体会议的情况参见"MTCR Plenary Meetings"，http://www.mtcr.info/english/partners.html。

1737号决议，均引用了MTCR附件作为导弹相关清单，禁止各国向朝、伊提供可能有助于其发展核武器运载系统的物项和技术。此后通过的有关朝鲜、伊朗核问题的几个决议重申了这一决定。2007年MTCR全会在雅典召开，成员国注意到了MTCR同联合国安理会第1718号、1737号、1747号和1540号决议之间的关系，并对限制清单的调整达成一致。其中针对受控制技术非法无形转让风险大幅增加的情况，明确MTCR的“控制”不仅包括物项或技术数据的“有形转让”，也包括受控技术的“无形转让”。在2008年澳大利亚堪培拉举行的全会上，朝核问题与伊核问题成为了成员国关注的重点，各国纷纷表示要在联合国决议的基础上推动朝核问题与伊核问题的解决。2009年巴西里约热内卢会议，成员国在表示继续关注朝核问题与伊核问题的同时，还签署了一项重要的协议。在限制出口清单中加入了钨和钼，也就是当钨渗铜、钨渗银和固态钨金被用来制造火箭和具有300千米以上投送能力的导弹时，禁止出口。除此之外，在附件的“其他无人驾驶飞行器”项目下有关“载荷”的定义中增加了“支持构件”(Supporting Structure)、新增加涡轮螺旋桨发动机系统、针对化学品管理较为复杂的现状采取化学品名称与CAS(Chemical Abstracts Service Number)登记号并用的管理措施等。[①]

2010年6月，联合国安理会通过了第1929号对伊朗制裁的新决议。这份决议根据MTCR最新清单列出了禁运物项。在增加部分CAS编码外，增加了对部分高能量密度燃料、燃料添加剂和可用于液体推进剂火箭发动机的氧化剂物质的控制，提高了可用于制造导弹组件的钨钼等合金的参数，删除了对含有可用作火箭推进剂燃速改进剂的二茂铁分子附属六碳芳香官能团二茂铁衍生物的控制等。

二、中国与MTCR的关系

中国作为安理会常任理事国和核武器国家，一直积极推动军控、

① 详细内容参见：“Missile Technology Control Regime: Equipment, Software and Technology Annex”, 10th, November, 2009, http://www.mtcr.info/english/MTCR-TEM-2009-Annex-002.doc。

裁军和防扩散事业，迄今已加入了核、生物、化学和常规武器领域几乎所有国际军控、裁军和防扩散条约和相关国际组织，切实履行有关国际义务和责任。在防止导弹及其技术扩散方面，中国一直发挥着积极重要的作用。但是，由于种种原因，中国除了2004年加入“核供应集团”（Nuclear Supplier Group）之外，一直未能参与到世界其他主要的出口管制机制中来（表9–1）。MTCR作为集团性出口控制的重要机制，得到了中国政府的高度重视。

表9–1　主要国家参与国际出口管制体系的情况

	MTCR	Australia Group	Nuclear Suppliers Group	Wassenaar Arrangement
美国	是	是	是	是
英国	是	是	是	是
俄罗斯	是	否	是	是
南非	是	否	是	是
巴西	是	否	是	否
中国	否	否	是	否

总体上来看，中国与MTCR的关系可以分为三个阶段：

第一阶段，1992年至2000年，中国对MTCR一直持批评态度。

在20世纪80年代，MTCR主要由西方七个发达国家建立起来，在建立之初，这些国家认为自己有义务控制导弹技术向世界其他地区的扩散，尤其是拥有洲际导弹的社会主义中国，更是他们主要防范的出口对象。而到了20世纪90年代初期，除了防止导弹技术向中国扩散之外，如何消除中国弹道技术向其他国家的扩散成为了各国关注的重点。特别是西方国家认为中国向巴基斯坦、伊朗、沙特等国家出售的导弹和导弹技术违反了MTCR的规定。① 因此，以美国为首的西方国家对中国进行了严厉的制裁。② 在这一时期，以美国为首的西方国家

① “China Denies Missile Sales to Iran, S. Arabia”, *Middle East Newsline*, August 8, 2001.

② 例如，1991年6月布什政府以中国向巴基斯坦出售M—11导弹导航系统违反了MTCR参数限制为由，对中国的长城工业公司和精密仪器进出口公司实施惩罚性制裁。

在MTCR框架下制裁与反制裁之间的斗争成为了中国与MTCR关系的核心。

中国政府1992年2月宣布遵守MTCR的准则和参数。在1994年10月中美《关于导弹扩散的联合声明》中，中国做出两项重要承诺：一是中国不出口MTCR参数限制的地对地导弹，这超越了MTCR对导弹出口的“可驳回承诺”的规定。二是中国接受美国提出的“内在性能”（Inherent Capability）概念，即禁止出口内在性能上至少达到500千克和300公里的导弹。[①]1997年，中国国家主席江泽民访美，中美两国发布了“联合声明”。在导弹问题上，两国同意在1994年关于导弹防扩散联合声明的基础上继续努力，重申各自对于MTCR准则和参数做出的承诺。在1998年7月颁布的《中国国防白皮书》中，中国政府全面阐述了在防止导弹扩散问题上的政策，表达了中国对导弹转让历来持十分慎重和负责的态度。中国虽不是MTCR的成员国，也没有参与该制度的制定和修改过程，但基于在防扩散方面的一贯立场和有关武器出口的原则，中国政府于1992年2月承诺遵守MTCR当时的准则和参数。1994年10月，中方重申这一承诺，承担了不出口内在性能至少达到300公里射程和500千克有效载荷的地对地导弹的义务。中国根据上述政策，对导弹及相关物项的出口实行严格、有效的控制，从未做过违反承诺的事情。

一直以来，中国重视MTCR和防止导弹扩散问题，但是不能认同美国在全球反扩散中实施双重标准和歧视性安排，并多次用经济制裁来解决问题的方法。正如有中国学者提出“弹道导弹本质上不是大规模杀伤性武器，而是一种运载工具。同样地，战斗机也是一种能携带核、生物和化学武器的运载工具，限制导弹出口而不限制战斗机出口无疑是一种双重标准”。[②]在1998年《中国国防白皮书》中，中国政府再次强调“国际防扩散努力应遵循公平、合理的原则，反对实行双重标准，不能以防扩散为名损害其他国家的主权，不能影响正常的国际经贸、科技合作与交流”。可以说，整个20世纪90年代，中国都跟

① 参见Nuclear Threat Initiative网站：http://www.nti.org/db/china/engdocs/mtcrusch.htm。

② 刘华秋：《中国核军控政策评析》，载《现代军事》，1995年第11期。

MTCR本身的歧视性、排他性、集团性和不公正性做斗争。

第二阶段是从2000年至2002年，中国开始考虑加入MTCR。

2000年11月21日，中国外交部新闻发言人孙玉玺就防扩散问题发表谈话时指出："中国无意以任何方式帮助任何国家发展可被用于运载核武器的弹道导弹（即能把至少500千克有效载荷运载到至少300公里距离的导弹）。""中国将根据本国的导弹防扩散政策和出口控制实践，进一步完善和加强其出口控制制度，其中包括颁布全面的包括双用途物项在内的导弹相关物项的出口控制清单。"美方对此给予了积极回应。[①] 这是中国在防止导弹扩散问题上最为明确的声明。

2002年8月，中国颁布了《中华人民共和国导弹及相关物项和技术出口管制条例》，以及相应的《导弹及相关物项和技术出口管制清单》。这是"中国政府贯彻本国的导弹防扩散政策、进一步加强导弹及相关物项和技术出口控制，推进出口管理法制化的一项重大举措"。[②] 新的法规所采取的导弹出口控制措施与MTCR基本一致，"清单"中的内容也借鉴了MTCR中的规定。正如中国外交部所说："这是一个内容全面的清单。在制定清单时，我们以中国政府在防止导弹及相关物项和技术扩散问题上的一贯政策为指导，也考虑了中国的具体国情。当然，我们也广泛吸收了国际经验，包括MTCR。"[③]《条例》和《清单》的出台标志着中国兑现了2000年11月颁布的包括导弹技术在内的出口控制法律的承诺。美国政府对此表示了谨慎的乐观，西方媒体对此多是正面的评价。[④]

中国还表示："中方愿与美国及其他国家就防扩散问题继续保持合作与磋商，以加强各自有关导弹相关设备和技术的出口控制制度。"为此，中国开始与MTCR各方进行了频繁的接触。MTCR轮值主席及其成员国多次与中国探讨加入MTCR问题。对此，中国表态较为谨慎，

---

① 《我外交部发言人就防扩散问题发表谈话》，载《人民日报》，2000年11月22日。

② 《外交部军控司长就导弹出口管制等进行吹风》，2002年8月30日。中国网：http://www.china.com.cn/policy/txt/2002-08/30/content_5197055.htm。

③ 《外交部军控司长就导弹出口管制等进行吹风》。

④ 如"China Tightens Missile Export Rules", BBC News, August 26,2002, http://news.bbc.co.uk/2/hi/asia-pacific/2216361.stm。

强调MTCR应首先统一各成员国意见，一致向中方发出邀请，中方方可对加入问题进行研究。

第三阶段是从2003年至今，中国积极申请加入MTCR。2003年MTCR轮值主席致函时任中国外交部长李肇星，提出MTCR成员国原则上希望中国加入MTCR。同年9月，李肇星部长在复函MTCR主席时表示，中国愿意积极考虑申请加入MTCR。2004年9月20日，外交部军控司刘结一司长代表中国政府致函MTCR主席，正式申请加入MTCR，并承诺加入后将全面遵守MTCR的准则和附件。

中国提出申请后，美国以中国的导弹控制清单与MTCR的清单有差别，MTCR中的极少数物项不在中方清单上为借口，为中国加入MTCR设置障碍。比如美国认为中国的导弹清单中没有包括MTCR附件中第九项的结构材料马氏体钢，这是一种制造火箭推进剂槽和火箭各级间的高强度钢材，而且也有制造核方面的用途，认为中国是为了以后能够灵活运用这种钢材；MTCR的清单把各类特殊推进剂和可能作为推进剂化学成分的化学品纳入管制范围，而中国只对经常使用的固能和液能推进剂列入管制，是为了今后能继续出口一些可供导弹推进剂使用的化学剂等。[①] 与此同时，美方对中国出口管制的控制能力存在质疑。有美方学者就指出：“中国布置海关清关站（Customs Clearance Points），培训海关、边境管理和出口控制执法人员尚需时日和资源，中国有关机构对出口物项的最终用途和最终获取者的掌握还十分有限。中国还没有‘装船后的验证’（Post-shipment核查）制度。因此，中国出口的敏感物很有可能再次转移到没有得到认可的用户手中。”[②]

尽管如此，中国始终重视发展与MTCR的关系，近年来一直同MTCR保持着交流与对话。中国与MTCR成员国在2004年2月和6月，2007年7月和2009年7月共举行了四轮对话会。中国还于2009年4月参加了MTCR首次外联技术专家会。

① Philip C. Saunders, “Preliminary Analysis of Chinese Missile Technology Export Control List”, http://cns.miis.edu/programs/eanp/pdfs/prc_msl.pdf.

② Victor, Zaborsky: “Bringing China Closer to MTCR”, Center for International Trade and Security, University Of Georgia, October 18, 2005.

三、MTCR的未来发展及与中国的关系

MTCR作为防止导弹技术扩散的主要国际机制，从建立至今在防扩散方面发挥了重要的作用，在一定程度上减弱了各国之间在发展导弹技术方面的激烈竞争，防止了国际安全环境的恶化。[①]但与此同时，MTCR自身存在的一些缺陷使它难以更加有效地防止导弹技术的扩散。[②]未来MTCR的发展，将会受到多方面的挑战。

美国作为MTCR的发起国和主要推动国，对MTCR的未来发展将起到决定性的作用。然而，美国往往从自身的利益出发对待MTCR。例如，巴西于1995年加入MTCR，目的是为了获取只有机制成员才可以得到的空间技术。在谈判中，巴西希望能够重新发展其面临失败的计划。然而美国的政策却是给巴西施加压力使其放弃发展太空计划的努力，并不是改善这一计划。[③]

在向其他国家施加压力的同时，美国自身并没有严格遵守MTCR的有关规定。美国主导和推动MTCR目标一直是控制别国，尤其是不信任国家的导弹出口，而并不在意自己与盟国之间导弹及其技术扩散问题。如果MTCR的规定妨碍了美国同盟国的导弹防御合作，美国愿意突破MTCR的限制。[④]美国的这种实用主义态度，大大削弱了MTCR的可信度和公信力，影响了MTCR的进一步发展。

与此同时，MTCR自身的修复迫在眉睫。MTCR标准的稳定性、技术覆盖范围的局限性以及一些导弹供应国的举动等方面都存在不确

---

① 西方学者认为列出了MTCR发挥作用的几个典型案例。比如阿根廷、埃及和伊拉克放弃了联合开发“秃鹰—2型”导弹计划。巴西、南非、韩国放弃了一部分导弹和空间计划。一些东欧国家，比如波兰和捷克销毁了弹道导弹。Daryl G. Kimball, “The Missile Technology Control Regime at a Glance”。

② MTCR存在的缺陷主要表现在：大国小国不平等；西方许多大公司借此赚取利润；文件制定时间太晚；不是正式的国际条约；限制不够全面等。参见夏立平：《亚太地区弹道导弹及其技术的扩散和控制》，载《国际观察》，2001年第1期，第18—19页。也有学者专门从理论角度分析了MTCR的缺陷，参见李小军：《制度根基、制度缺陷和制度修复——对“导弹及其技术控制制度”的思考》，载《国际论坛》2005年第1期，第36—42页。

③ Frank Braun, “Brazilian Congress Criticizes Bilateral Agreement with U.S.,” *Space News*, May 14, 2001, p.28.

④ 赵通、李彬：《美国遵守MTCR规定吗？》，载《国际政治科学》，2007年第2期，第17页。

定性。MTCR只是一个没有法律约束力的非条约机制，并不是得到所有国家认可的国际规范，缺乏有效的强制手段。单凭政治压力和经济制裁很难从根本上防止一些国家发展先进的弹道导弹技术。印度就是很好的例子。一些国家加入MTCR之后，在此机制下反而获取了更先进的导弹技术。因此，如何修复MTCR是未来全球导弹技术控制机制的关键。

2001年俄罗斯就在MTCR框架之外召开了“全球导弹控机制”（Global Control System, GCS）的国际会议，联合国秘书长和一些精英人士也主张制定导弹防扩散条约。[①] 为了弥补MTCR的缺陷，一些准机制化安排也建立了起来。[②] 这些准机制化安排有效的弥补了MTCR存在的部分缺陷，与MTCR一起组成了较为完备的导弹控制体系。[③] 但是，现有的这一整套导弹控制体系总体效力不够，还有待进一步完善和加强。未来要能够建立起全面有效的条约机制，才能从根本上控制导弹技术的继续扩散。

对于中国来说，加入MTCR是一个长期不变的目标。因为中国也面临导弹扩散对国家安全形成的现实威胁，正努力从国际机制的“旁观者”转变为重要的“参与者”、“建设者”，尽快成为MTCR中的一员，并在其中发挥建设性的作用符合国家的根本利益。但我们应该看到，MTCR作为西方发达国家主导的国际机制，主要是为这些国家尤其是美国的国家利益服务，因此不可避免地存在歧视性、不公正性等问题。正如有美国学者指出：“不像过去一样加入MTCR需要符合严格的标准，今天新成员的加入更多的是一个在政治和商业利益上讨价还价的过程。中国能否加入MTCR主要取决于中国和MTCR成员国的目标以及他们可以让步的程度。”[④] 加入MTCR已经不是技术性问题，而

---

① “How Effective is the MTCR”, Carnegie Endorsement for International Peace, http://www.carnegieendowment.org/publications/index.cfm?fa=view&id=672.

② 主要指“防止弹道导弹扩散海牙行为准则”（HCOC）、“防扩散安全倡议”（PSI）和“全球导弹监控机制”（GCS）。

③ 对于这些准机制化安排的研究参见李小军：《导弹扩散及其控制制度》，复旦大学博士学位论文，2006年。

④ Victor Zaborsky, “Does China Belong in the Missile Technology Control Regime”, Arms Control Association, http://www.armscontrol.org/act/2004_10/Zaborsky.

更多的是政治问题。因此，中国必须做好长期谈判斗争的准备。

从历史上来看，中国在处理和MTCR关系的过程中，中美关系是重要的影响因素。中美之间围绕着导弹技术的制裁、反制裁从来就没有停止过。2010年9月10日美国国会发布的题为“2002—2009年常规武器向发展中国家出口情况”的报告中，美国还质疑中国对MTCR的遵守程度，认为中国向巴基斯坦、伊朗和朝鲜出售了敏感的导弹技术。[①] 与此同时，美国却不断用行动破坏着MTCR。近期美国五角大楼同意向台湾地区出售由洛克希德—马丁公司制造的新型陆军战术导弹系统（ATACMS）及发射平台。如果美国售台（湾地区）ATACMS战术导弹是最大射程达300公里的BLOCK Ⅱ A型，则严重违反了MTCR。即使是射程较短为165公里的BLOCK Ⅰ、BLOCK Ⅱ型，也将创下美国向台（湾地区）出售进攻性武器的先例。[②] 即便如此，美国还是不断指责中国的导弹发展破坏了地区安全。“中国常规弹道导弹力量的不断增长，已经成为大国间真正的核动荡的源头”。[③] 中国在加入MTCR问题上如何坚持自己的立场，并同美国斗而不破，将直接影响到中国加入MTCR的进程和MTCR未来的发展方向。

---

① Richard F. Grimmett, “Conventional Arms Transfers to Developing Nations, 2002-2009”, CRS Report for Congress, 10 September, 2010, http//www.fas.org/sgp/crs/weapons/R41403.pdf.

②《参考消息》，2011年1月3日，第1版。

③ Mark Stokes and Dan Blumenthal, “Why China’s Missile Should be Our Focus”, *The Washington Post*, January 2, 2011.

第10章

奥巴马政府对朝政策的调整与变化

王　帆*

［内容提要］奥巴马上台以来，美国对朝政策可以说一直希望重新延续克林顿政府时期的对朝接触政策，尤其在金融危机背景下，更是希望缓和东北亚局势，不使危机升温。美国将会在巧实力运用、重视大国间战略协调、防控与缓进、加强信任措施等方面采取进一步措施，但总体上的“不作为、以拖待变”原则不会改变。

An Anlysis of the Obama Administration's Policy towards the North Korea

Abstract: Ever since President Obama took office, the US administration wants to adopt a policy of engagement towards North Korea, which is almost the same as the Clinton administration. Especially in the context of the financial crisis, the US hopes to defuse the situation so as to ease the situation in northeast Asia, and avoid crisis. The US will adopt further measures in such areas as the application of smart power, attention to strategic coordination between the great powers, control and slow progress,

* 王帆：外交学院国际关系研究所所长，教授。

to strengthen confidence-building. But on the whole, the "not as to delay and wait for change" principle will not change.

奥巴马上台以来，美国对朝政策可以说一直希望重新延续克林顿政府时期的对朝接触政策，在金融危机的背景下，更是希望缓和东北亚局势，不使危机升温。即使是朝鲜连续试射导弹、卫星和核试验之后，美国也保持了克制与低调。2010年5月出现的韩国"天安号事件"，虽然美国高调支持韩国，美韩政策更趋一致，合作得到加强，但总体上美国对朝政策不作为，以拖待变的原则不会改变。

一、小布什政府时期美国对朝政策回顾

冷战后，美国对外战略的总原则是防止欧亚大陆出现一个全球性的竞争对手。在涉及亚太地区事务方面，美国1995年的《东亚安全战略报告》指出：防止竞争性的敌对大国或者联盟在政治上和经济上控制亚太地区是美国的核心原则。[①] 美国对朝政策始终贯穿着这一根本原则没有改变，但具体的方式一直处于变动调整之中。小布什执政以来，美国对朝政策大致经历了三个阶段：

第一阶段，从执政初期至2002年底，美国对朝政策渐趋强硬，这也是美国对朝鹰派接触政策形成期。2001年"9·11"事件后，美国将朝鲜等国与恐怖主义相联系，视朝鲜为邪恶国家；2002年10月，美国总统特使、助理国务卿吉姆·凯利访问平壤后宣布，朝方"已承认"铀浓缩计划，指控朝方正开发核武器。同年12月，美国中止向朝鲜提供重油，朝鲜半岛能源开发组织暂停轻水反应堆建设。2003年1月，朝鲜宣布退出《不扩散核武器条约》；美国准备采取军事打击在内的一切手段。[②]

---

① U.S. Department of Defenses: United States Security Strategy for the East Asia-Pacific Region,Feb.1995.

② 中国现代国际关系研究院美欧研究中心编：《反恐时代的美国全球战略》，北京：时事出版社，第255—258页。

第二阶段，2003年至2005年底，美朝多边对话时期。2003年8月27—29日，中国、朝鲜、美国、韩国、俄罗斯和日本在北京举行六方会谈。2005年9月，第四轮六方会谈取得了包括“9·19共同声明”在内的一系列重要成果。朝方承诺，放弃一切核武器及现有核计划，早日重返《不扩散核武器条约》；美方确认，美国在朝鲜半岛没有核武器，无意以核武器或常规武器攻击或入侵朝鲜。2005年11月，第五轮六方会谈第一阶段会议在北京举行，最终达成《主席声明》，各方重申将根据“承诺对承诺、行动对行动”原则早日实现朝鲜半岛无核化目标。

第三阶段，2006年第二次朝核危机爆发至小布什卸任，美国对朝政策采取了双边接触与多边合作并举，同时以阶段性弃核为目标的渐进政策。2005年底，美国开始对朝鲜实行金融限制，并批评朝鲜的人权问题，美朝关系又一次处于紧张之中，2006年7月朝鲜进行了导弹试射试验，10月9日又进行了地下核试验。不过，正当人们预见朝鲜的核试验必将招致美国对朝的强硬政策时，美国却开始对朝鲜实施了包括对话在内的绝对性“包容政策”，突出表现是美朝柏林会谈。2007年2月13日，复谈的第五次六方会谈（朝鲜、韩国、美国、中国、俄罗斯、日本）达成了“2·13协议”（“落实‘9·19共同声明’起步阶段行动的共同文件”）。2008年10月11日，美国宣布将朝鲜从所谓“支恐”国家名单中除名。朝鲜12日宣布，重新开始去功能化进程。国际原子能机构调查人员随后获许进入宁边核设施。

自小布什2002年在国情咨文中称朝鲜为“邪恶轴心”起，美国对朝政策就全面转向遏制。小布什的对朝政策扭转了克林顿时期的接触战略，转向“遏制”占主导地位的“鹰派接触”战略。但在小布什的第二任期内，美国政府的对朝政策变得较为柔化，在六方会谈中的立场显得不再僵硬，从一开始的强制性外交逐渐走向多边协调，美国对朝战略又重新从遏制战略向接触战略回归。上述三个阶段呈现出明显的接触与强硬政策波状交替的态势，贯穿对朝政策的核心主线是维持现状，防止其他大国主导半岛事务以及防止朝鲜半岛出现局势恶化。目前，美国对朝政策虽然出现趋缓的可能性，但美国对朝政策摇摆反复的不确定性仍然很强，这种反复会引发危机的爆发，并且使得合作者无所适从。

小布什时期美国对朝政策的目标具体体现为以下三个方面：反对朝鲜拥有核武器、反对核扩散、消除朝鲜威胁。消除朝鲜威胁是一个长远的目标，但眼前的最大目标是反对朝鲜核扩散，尤其是与中东地区的一些国家以及与恐怖主义相结合。相比而言，朝鲜拥核对于美国而言并不是最大的威胁，美国前副国务卿阿米蒂奇称，朝鲜问题只是地区问题，而伊朗问题才是全球性问题。美国对朝阶段性目标首先是控制朝鲜核扩散，其次是促使朝鲜消除核武器，最后一个目标才是立足于消除朝鲜威胁。美国出于其全球战略以及降低朝鲜危机升级风险的考虑，对朝政策经历了由首当其冲者向责任分担者转变，具体表现为变全力介入为适度介入，在美国对外政策天平中分量出现暂时降低，避免局势失控，强调对话与接触，重视六方会谈机制。

通过以上分析可以看出，朝核危机以来，出现了“两转一停”政策调整倾向：中朝关系由战略联盟关系向非联盟关系转变，而中美关系由战略对手向战略合作关系转变。而美朝之间对立僵持局面虽有缓和但对抗仍未改变。

二、奥巴马上台以来美国对朝政策的调整

奥巴马自2009年1月成为美国总统后，朝核问题再一次戏剧性地陷入新的曲折期。首先是朝鲜的一系列举动打乱了美国政策对朝政策的原定计划，即通过接触与缓和政策与朝鲜谈判继续促进弃核化步伐的目标。朝鲜判定在美国陷入金融危机的背景下和朝鲜已经拥核的事实，可使自己拥有更大的谈判筹码，可以以一个核国家的身份与美国进行谈判。于是先是拒绝了美国特使博斯沃思的会见要求，显然，朝鲜认为这一特使的身份过低，美国没有体现出对朝鲜的足够尊重。接着针对美韩演习和李明博政策的强硬政策开始制造了一系列提升地区紧张局势的做法，朝鲜于2009年4月5日发射“光明星2号”以后，于

4月14日宣布退出朝核问题六方会谈，并称将按原状恢复已经去功能化的核设施。5月25日，朝鲜进行第二次核试验，接着又试射了几枚短程弹道导弹，重新将朝核问题拉入紧张状态。奥巴马政府在上台之初一系列缓和的表态（比如坚持六方会谈机制和通过谈判解决朝核问题等）都变得不合时宜。

奥巴马对朝鲜的政策虽未出台，但大体路线还是清晰的：鉴于国内危机和美国所面临的国际安全形势，美国仍打算以多边方式解决这一问题，不在朝鲜的压力下让步，拒绝无条件的双边会谈，促成在联合国层面对朝鲜的行为进行严厉制裁。但是仍不放弃对朝接触的可能性。2009年7月18日访韩的美国国务院东亚太助理国务卿库尔特·坎贝尔称，将以对朝制裁和对话并行，即所谓的“双轨战略”当做对朝政策的框架。坎贝尔当日向记者强调“美韩日等国可以提供朝鲜感兴趣的综合回报”，并清楚地提出了前提条件，“朝鲜必须做好（弃核相关的）真诚和不可逆转的措施的准备”。报道称，坎贝尔的首尔发言显露出了奥巴马政府上台以后，美国6个月里审议的对朝政策的轮廓。在此前的17日，在外国记者例会上，针对“美国是不是应该改变对朝的接触方法”的疑问，美国国务院负责公共事务的助理国务卿菲利普·克罗利答道：“我们拥有可称为新方式（new approach）的东西。”[①]

首先，美国对朝政策的总战略原则是重多边轻双边。一方面有责任与风险分担的考虑；另一方面也反映了朝鲜在美国战略全局中并不具有特殊战略意义。美国仍然相信大国博弈是朝核问题解决的关键所在；其次，美方不与朝鲜进行双方单独对话，体现了美国对朝鲜的基本态度，美国意识到朝鲜问题是个复杂问题，非朝美双方能够解决；最后，从某种程度上，也反映了美国对中国对朝核问题解决作用的重要性的认识。

---

① 新浪网站：http://news.sina.com.cn/w/2009-07-20/084418256507.shtml。

三、美国对朝政策的未来选择

朝鲜问题究竟是根本解决还是暂时解决取决于美国在这一地区战略是否出现重大变化，美国对朝鲜的政策是与美国在这一地区的战略相适应的，还与美国与韩国联盟密切相关，而美韩同盟正是美国东北亚战略中的重要组成部分。美韩同盟的目标不仅仅是半岛同盟，还有可能成为地区同盟或演变为政治同盟。另外美韩自贸区的意义也不容忽视。

美国的朝鲜半岛政策的核心首先还是确保美国对半岛形势的发展具有主导或支配作用；其次是保护地区稳定；最后才是实现半岛无核化。而朝鲜拥核影响到美国的主导和地区稳定，美国才不得不采取行动。换句话说，如果朝鲜拥核不影响美国在地区的主导地区，那美国的政策将会不变。当然，目前来看，朝鲜拥核显然影响到美国在东北亚的利益，所以美国需要做出反应，但美国也认为这一举动影响到其他国家的安全利益。

美国未来的对朝政策取决于对三个趋势的判断：其一是美国对朝政策是否仍然立足于朝鲜政权的变更。美国与朝鲜都十分清楚朝核问题是与朝鲜现政权连在一起的，即朝鲜现政权不改变，朝核问题是难以得到解决的。美国政策是否还建立于朝鲜崩溃论基础之上。“有核的倒向美国的朝鲜是最危险的”这种判断在美国的战略界显然存在分歧。美国对利比亚模式也有期待，或者说并没有放弃这一期待。目前的朝鲜寻求和解，但亦知难以真正和解。两方均在等待有利于自己的时机。美国学者曾讲过，不必要求政权更迭，只需要求政权转型。所以美国会在促使朝鲜政权演变方面做出更大努力，使朝鲜的政权转变向着有利于美国的方向发展。渐进式演变朝鲜是美国的新政策，第一是使朝鲜不再可能出现政策反复。第二，美国意识到朝鲜对中俄的担心是美国可资利用的因素，可以促使朝鲜的大国平衡政策向着有利于美国的方向转变。而在此之前，这一倾向被忽略了。因此，美国对朝政策一方面可以促进朝鲜经济改革；另一方面可以帮助朝鲜“防范中俄对朝鲜的领土主权的威胁”。[①] 这一认识将会加快美国对朝鲜双边对话的步伐。在美国的战略排序中，朝鲜并不是美国最大的和最迫切的战略威胁，但如何对朝鲜实行制度改造仍是美国头痛的问题。

其二，美国是否会接受一个拥核的朝鲜或在什么情况下接受一个拥核的朝鲜。美国会不会支持一个拥核的朝鲜是未来美国对朝政策的关键所在。目前来看，朝鲜这个问题被置于一个更大、更高的视野下加以解决，即无核化进程连在一起。美国意识到朝核问题不是孤立事件，是全球核扩散的具体体现，在核扩散的背景下，会有连锁反应，越来越多的国家都可能加入进来。美国现在的顾虑之一是，美国不希望对朝鲜采取一种特殊的政策，即对朝鲜实施核政策的例外论，从全球核不扩散和无核化世界的构想看，美国必须保持这一政策的原则性、坚定性和一致性，以前的双重标准不会再次如此，比如对伊朗、对朝鲜均是如此。美国不能因为朝鲜战术上的成功而改变这一战略立场。核不扩散机制不能在朝鲜打开一个缺口。美国对朝鲜的核政策是双重标准，美国政府希望检查朝鲜的核场地，以便弄清它是否违反了这些准则。但是美国并没有向联合国或者其他任何机构提供检查自己场地的权利。美国政府相信自己能够明智地使用此类武器来保卫自由（这一概念看来等同于美国的国家利益）。美国认为其他人可能想使用这类武器破坏自由。[②] 历史上，美国从来都不是无条件反核。而是在看究竟是谁拥核。美国对朝鲜半岛的重要目标就是朝鲜半岛与美国战略结盟，在此前提下，无核与有核都不是最重要的问题。另外是朝鲜半岛分裂。一个有核的朝鲜与美国结盟；鉴于美朝之间存在的历史和现实的重大分歧，美朝之间的合作仍然是有限度的。但是美朝和解至少可以减少美国安全上的担心。美国很有可能正从战略战术上对朝鲜拥核进行重新判断，若朝鲜拥核不会威胁美国生存，美国对朝鲜拥核的反对政策就会改变。美朝关系的变化与调整所以迟迟达不到各自的目标，

---

① Victor Cha , “Enhancing U.S. Engagement with North Korea”, *The Washington Quarterly*, Spring 2007, p. 55.

② ［美］伊曼纽尔·沃勒斯坦：《美国实力的衰落》（谭荣根译），北京：社会科学文献出版社，2003 年版，第 198 页。

根源在于美国没有下决心究竟是与朝鲜这类政权共存（毕竟朝鲜是一个小国，极不对称）还是不共戴天的问题。如果是共存，美国不认同，如果不共存，又没有消灭朝鲜政权的最终办法和决心。消灭朝鲜政权在东北亚也不仅仅取决于美国，还需要其他国家制约。

其三，美国是否将立足于稳定还是解决问题。首先的选择是注重稳定还是进一步促进问题的解决，稳定相对容易，大事化小，小事化了，但真正解决问题则是另一个问题。由于朝核问题的复杂性、长期性和艰难程度，美国同意了朝核问题阶段性解决的方案，但是，如果想实质性解决朝核问题，就必须把阶段性目标与根本目标连在一起，即弃核与半岛和平机制连在一起，而不是半岛和平机制与弃核相脱离，或只强调一个方面。由于美朝互不信任，导致了双方都以对方行为作为己方让步的条件，结果又出现了阶段性解决的妥协办法，而阶段性解决是不能根本解决朝核问题的。朝鲜要安全，美国要弃核，朝鲜认为安全只有靠自己获得，安全可以靠核武器获得，美国却将两者分割开来，认为朝鲜要安全，必须弃核。因此，双方在谈判的条件上是互为对立的，是以相互取代为前提的。再一个是程序困境，一个要先弃核，一个要先安全。朝鲜认为先弃核就失去了安全的基本条件和谈判的基本筹码，而美国却认为弃核是美国的最基本目标，弃核之后再来谈安全问题。如何能够保证让朝鲜确认当它弃核之后就会获得安全，美国没有给出有吸引力的具体方案，因此，美国在核心和关键问题上是含糊的，也可以理解为美国在拖而不是真正想解决问题。从奥巴马的对外政策来看，美国仍不想解决朝鲜问题，因为对中国和其他国家都是一个牵制。对朝拥核程度和危险性的判断来看，朝鲜的核能力并没有对美国形成现实的迫在眉睫的威胁；另外完全彻底地解决朝核问题成本很大，包括对朝援助的巨大成本。对于处于金融危机和千头万绪的美国而言，朝鲜显然不是战略排序的重点。

美国对朝政策最终仍然是双轨战略，即既接触又遏制，实际上是美国国内强硬派和缓和派之间的妥协产物。对于美国而言，有三项选择：其一，谈判方案。可做的事情包括提供外交承认、结束贸易制裁、正式的安全保证，以及撤出美军换取朝鲜结束其核计划等。其二，要求中国利用其资源迫使朝鲜向着谈判的方向转变。第三，美国也必须准备朝鲜可能拒绝任何一方交易而选择正式加入核俱乐部。[①] 这一方案体现了美国对解决朝核问题的总体思路。另一个由2003年6月访问朝鲜的美国代表团提出的一个两步方案：第一步是美国与朝鲜签一个一年的互不侵犯条约，承认朝鲜政权，与日本、韩国一起提供经济援助，作为交换，朝鲜同意放弃核武器开发计划，提供完整的核设施清单，同意对这些设施进行外来人员核查，朝鲜重新加入NPT；第二步是将临时的互不侵犯条约变成永久性的，朝鲜签署导弹控制技术协定（放弃弹道导弹和导弹技术交易）；同意赫尔辛基人权委员会的观察员地位，制定改善人权的时间表。作为回答，美国对朝鲜的农业、能源和其他部门进行新的投资。[②] 这一方案体现了美国的渐进和阶段性思路。

美国对朝政策将会继续采取缓和、渐进的方式，以拖待变地推动问题的解决朝着有利于美国安全利益的方向发展。美国对朝政策体现出明显的卸责与责任共担的倾向，其一是在联合国的框架下加以制裁和解决，而不单独采取制裁措施；其二是在六边框架下来缓和局势，而不是接受双边对话的方式。总的看法，出现阶段性变化容易，达到最终解决仍有难度。

从美国对朝决策可以看出，美朝关系总是体现出功败垂成的周期性，美国对朝政策体现为间歇性反复。这种反复还有可能继续存在。当不信任、敌视、偏见、歧视、误解这些因素无法消除时，再一次反复就变得难以避免。再一个看点是美国尚未形成对朝政策的周密部署，仍在走一步看一步。在某种程度上，美国对朝政策仍比较被动，取决于朝鲜政策的变化以及变化程度。它必须以朝鲜政策的变化来决定美国政策的变化。美国的政策既取决于自身，也取决于朝鲜。最根本的一点是，如果美国与其他国家一道合作，各方有能力不使东北亚的局势进一步恶化。

美国对朝政策的新变化可能包括以下几个方面：第一善用巧实力。

---

① Ted Galen Carpenter and Doug Bandow (eds.), *The Korean Conundrum: America's Troubled Relations with North and South Korea*, New York: Palgrave Macmillam, 2004, Introduction, p. 6.

② Curt Weldon, "A Korea Peace Initiative", Foreign Policy Research Institute E.Note, June 26, 2003.

目前看朝核问题又一次陷入僵局。要避免再一次恶性循环的开始，必须有思路的转变：首先是观念转变，突出新安全机制建设，六方会谈机制建设要有新的思路，虽然朝鲜表示退出六方机制，但类似的机制还会建立起来。在机制建设上包括在成员的权利和义务上有更加明确的限定，在相互协调问题上有更多制度上的安排。比如设计成员资格时，考虑到成员间的共同责任即维持地区稳定与安全，任何一方不采取单方面破坏稳定的挑衅政策；还有就是成员的安全保障，比如六方成员间先签署互不侵犯的约定。这样使得六方成员在安全上有更大的收益，这就等于增加了背弃的成本。奥巴马已经表示对东北亚新的无核区和六方机制有兴趣，应该可以在这方面出现一些进展。其次是信任措施。在信任措施问题上，技术性和物质性因素考虑较多，而心理和精神层面的因素考虑过少，比如长期以来，美朝之间一直存在的问题是，美国对朝偏见很深，甚至存在巨大的片面性，尤其是对朝鲜的现实处境和民族心理和安全诉求缺乏基本的理解和尊重。正是在这样的前提下，双方在信任问题上才一再出现反复。朝核问题的一个新的解决思路是需要更多关注民族性、民族文化、民族心理等软性或心理层面的问题，而不仅仅是停留在物质和技术层面，因为由于不够重视或尊重，各国对朝鲜在特定环境和历史背景下的民族性格缺乏了解和认识。也就是说要进行一些社会学的研究，并充实到朝核问题的解决方案中来。最后是概念转化。现在美国重视的软实力、巧实力，用在朝核问题上是十分必要的。那就是一个概念转化，当然这需要一个过程，朝核问题的最终解决将取决于各国安全观念转变的程度，取决于新的安全机制构建的程度，也取决于六方协调的程度。朝核问题的解决必然伴随着新型外交实践的探索，原有的单纯权力政治的方式是行不通的，只能带来恶性循环。而目前美国的东亚政策是一只脚迈出新世纪的界碑，另一只脚还停在20世纪的丛林。

第二是美国将更加注重综合运用多种手段，先从经济入手。美国认为朝鲜既没有市场又缺乏购买力，因此对于朝鲜更多是安全利益和地区战略的考虑。目前两国没有建交，还是敌对状态，信任是难以建立的，只有先从对双方都有利的经济交流开始。但粮食、能源、投资并不带来直接的安全与和平，美国需要考虑如何更好地将经济手段与政治目标相联系。

第三是美国可能表现为克制与灵活相结合，将缓进与防控相结合。设立新的红线，即将防扩散问题作为当务之急，而将解决朝鲜弃核问题放在第二步来解决。与朝鲜就核不扩散达到新的共识，在此基础上推动其弃核的进程。在朝鲜的弃核进程中仍然采取诱导与和平边缘政策。

第四更加关注相关国家的战略协调，同时对他国进行战略防范与战略制约。从美国的地区战略利益出发，美国将会利用各种渠道保持与朝鲜的沟通与磋商，美国的战略意图是以促进朝鲜政权更替或观念转变来进一步挤压中国影响力的扩大。同时，又与中国合作来限制朝鲜脱离正常的安全轨道。这里的关键是，美国与朝鲜这类政权的合作限度是否会得到进一步拓展。

第11章

美国与两次朝核危机*

樊吉社**

[内容提要]在克林顿和布什两位总统各自8年的任期内，朝鲜试图发展核武器能力引发的防扩散危机经历了两个阶段，本章试图考察两次朝核危机期间美国对朝政策的区别。文章借助现有国内外相关研究成果，从两次朝核危机发生的基本背景、内政对外交的不同影响、双边与多边的路径分歧、“胡萝卜”与“大棒”的综合运用等方面比较克林顿政府和布什政府对朝政策的区别，探讨美国对朝政策的成败得失。从朝核危机的发展过程、为解决危机进行的谈判磋商以及阶段性后果来看，克林顿总统8年内对朝核危机的处理是比较成功的，而布什总统8年内对朝核危机的处理则比较失败。朝核危机延宕多年而没有妥善解决，其内涵和外延均发生了较为显著的变化，两次朝核危机中美国对朝政策的成败为朝核危机的未来解决提供了经验和教训。

---

* 本章原载《美国研究》2009年第4期，原题为《美国对朝政策：两次朝核危机比较》，作者2010年12月提供。感谢《美国研究》准许我们免费录用。

** 樊吉社：中国社会科学院美国研究所副研究员，博士。

The US and the Two Korean Nuclear Crises

Abstract: Within the two 8-year terms of Presidents Clinton and Bush, the crisis of nuclear proliferation, caused by North Korea's attempt to develop nuclear capabilities, went through two stages. Judging from the course of development of the Korean nuclear crisis, this chapter focuses on negotiation and consultation aimed at defusing the crisis, and the consequences after each stage. The handling of the issue by the Clinton administration was relatively successful, while the handling by the Bush administration was a failure. After years of dragging, the Korean nuclear crisis remains unsolved, and the content and extension of the issue have undergone significant changes. The success and failure of US policy in dealing with the two crises can provide experiences and lessons for future solution of the Korean nuclear crisis.

准确地说迄今为止只有一次朝核危机，即朝鲜试图发展核武器能力引发的防扩散危机。1993年3月朝鲜宣布退出《不扩散核武器条约》触发危机，经过一年多的外交博弈，美朝于1994年10月签署《美朝框架协议》暂时解决危机，朝核问题的“休止”状态一直延续到克林顿总统任期结束。2001年布什就任总统后，美朝再因浓缩铀问题诱发危机，处于“休止”状态的朝核危机被激活，并延宕迄今没有解决，这是朝核第一次危机的延续。考虑到不同总统执政时期美国对朝政策差别较为显著，危机涉及的内容也有所变化，并且不同政策所导致的危机结果区别也较大，因此将1993年初到2009年初持续存在的朝核问题划分为两次危机。第一次朝核危机的发生、发展、解决，以及对协议的执行均发生在民主党总统克林顿执政的8年。第二次危机表面上看始于2002年10月美国助理国务卿凯利访问朝鲜，但实际上从布什就任总统起危机就在酝酿，到2009年1月布什总统8年任期结束，朝核危机仍处于“待解决”状态。

国内对第一次朝核危机中的美国对朝政策研究较少，主要关注点是广义美国外交政策中的涉朝内容，对克林顿总统执政期间的几次次生危机有所关注，如1998年8月朝鲜试射大浦洞1号导弹和1998年10月的金仓里事件，但对克林顿政府在朝核问题上的防扩散政策、美朝处理朝核危机的过程、美朝框架协议本身，以及协议执行过程等的研究仍有待深入。由于第二次朝核危机持续时间较长，中间滋生的谈判挫折较多，参与谈判的国家增多，国内对第二次朝核危机的研究比较深入，特别是有关美国总体外交政策趋于强硬和单边的特点在朝核问题上的体现、数次六方会谈的外交折冲、中国在六方会谈中的重要作用、韩国和日本在朝核问题上的作用、朝鲜半岛乃至东北亚地区和平机制的构建等。但是，相关研究对美国对朝政策的国内背景关注较少、对其政策形成过程的关注有限、对两次朝核危机中美国政策的显著变化及调整的关注亦比较有限。[①] 因为朝核危机对地区安全的影响深远，美国对朝核危机的关注远胜国内。美国学者对朝核危机的研究多以对策性研究为主，体现经世致用的特色，意在对美国对朝政策产生影响；有关美国对朝政策形成过程的分析也颇多，并且质量较高，特别是参与对朝决策的前政府官员所撰写的回忆录和评论文章。[②]

从朝核的发展过程和阶段性结果来看，克林顿总统8年内对朝核危机的处理是比较成功的，而布什总统8年内对朝核危机的处理则比较失败。本章将借助现有的国内外研究成果，从两次朝核危机发生的基本

① 国内有关第一次和第二次朝核危机的研究成果大都发表在国内主要的国际政治类学术刊物上，诸如《美国研究》、《世界经济与政治》、《国际政治研究》、《国际问题研究》、《现代国际关系》等，在其他各种学术刊物上也有不少相关的成果发表。有关正在进行中的朝核危机，各种即时评论出现在国内各报刊、杂志，其数量不可尽数。有关第二次朝核危机的国内、国际学术会议也非常之多，即使在一些有关中美关系或亚太安全问题的学术会议中，朝核危机也往往被列为重要议题之一。

② 主要的研究机构如卡内基国际和平基金会、布鲁金斯学会、传统基金会、军控学会、战略与国际问题研究中心、太平洋论坛、霍普金斯大学国际问题高级研究院、哈佛大学肯尼迪政府学院、外交关系委员会、和平研究所以及蒙特雷国际问题研究院不扩散研究中心等均对朝核问题有持续的关注。这些机构中的学者有关朝核问题的研究成果出现在美国主要的国际政治类学术刊物上，并且频繁在美国主流媒体就朝核问题发表评论，更有一些机构专门刊行有关朝核问题研究的单行本，也有一些专门有关朝鲜或者朝核的著作出现。此处不一一列举。值得一提的是，曾经参与两次朝核危机处理的官员撰写了两本著作：Joel S. Wit, Daniel Poneman, Robert L. Gallucci, *Going Critical: The First North Korean Nuclear Crisis*, Brookings Institution Press, 2004; Charles L. Pritchard, *Failed Diplomacy: The Tragic Story of How North Korea Got the Bomb*, Brookings Institution Press, 2007；另外前CNN记者Mike Chinoy也撰写了一本有关朝核危机的著作：*Meltdown: The Inside Story of the North Korean Nuclear Crisis*, St. Martin's Press, 2008。

背景、内政与外交的互动、双边与多边的路径分歧、“胡萝卜”与“大棒”的运用等方面比较克林顿政府和布什政府对朝政策的区别，探讨美国对朝政策的得失成败。

一、两次危机的基本背景比较

两次朝核危机发生在不同的时空背景中，不同的时空背景影响、塑造甚至决定了美国的对朝政策。

第一次朝核危机发生在冷战结束之初，与朝核问题相关的国家间关系正经历显著变化。冷战结束前后，苏联、中国分别与韩国建立了外交关系，并引起朝鲜的不满。1991年9月，美国总统（老）布什单方面宣布撤出部署在海外的所有海基和陆基战术核武器，包括部署在韩国的大约100枚核武器。与此同时，1991年11月，卢泰愚政府发布《朝鲜半岛无核化声明》，单方面承担不生产、不拥有、不储存、不部署或者使用核武器的义务。朝鲜虽然早已加入了国际原子能机构和《不扩散核武器条约》，但以美国在朝鲜半岛部署核武器为由尚未同国际原子能机构签署保障监督协定。美国和韩国分别做出单边声明后，朝鲜的条件获得满足，朝鲜与国际原子能机构签署保障监督协定，国际原子能机构随后对朝鲜的核申报进行核查。在核问题上，朝鲜主要与国际原子能机构对话；美朝关系持续敌对，其主要形式为美国对朝鲜的制裁。第一朝核危机发生前夕，美国已经在中东打了一场海湾战争。这次战争对美国和防扩散的意义表现为两重：一是美国在战争中拥有巨大的战场优势，迅速取得战争胜利而很少战争伤亡，这成为美军走出越战阴影的一次战争；二是伊拉克战争结束后的武器核查表明伊拉克大规模杀伤性武器项目的进展超出了想象，地区核扩散的危险在冷战结束后将进一步加剧。

第二次朝核危机发生在两个重要的时间背景下：一是“9·11”恐怖袭击的发生；二是美国筹划入侵伊拉克。“9·11”恐怖袭击对美国政府和社会的冲击不亚于第二次世界大战后的任何事态，它在很大程度上影响了布什政府看待世界安全环境的观念，恐怖主义与大规模杀伤性武器相结合成为美国所认定的重大安全威胁。“9·11”事件后，美国随后发起了对阿富汗的军事行动，阿富汗战事尚未结束，美国已经考虑对伊拉克动武。此时美国与朝鲜、韩国与朝鲜的关系已经发生了比较显著的变化。美朝因为执行第一次朝核危机后签署的《美朝框架协议》而接触频繁，双边关系出现了一定程度的改善，在克林顿总统执政末期，美朝甚至讨论克林顿总统访问朝鲜的可能。同样，因为1998年当选的韩国总统金大中对朝鲜奉行“阳光政策”，朝鲜、韩国之间在2000年实现了首脑会晤。

两次朝核危机的人物背景也有所不同。第一次朝核危机之初到危机接近解决，金日成是朝鲜的最高首脑，美国是民主党总统克林顿；第二次朝核危机期间，金正日是朝鲜的最高首脑，美国是共和党总统布什。朝鲜最高首脑对冷战的记忆不同；共和党总统和民主党总统在涉及军控和防扩散问题上的基本信条明显不同，共和党强调“实力求和平”，民主党重视军控制度建设降低安全威胁。

两次朝核危机所涉及的虽然都是“核”问题，但基本内容有所不同。第一次朝核危机涉及朝鲜在宁边的5MW反应堆，诱发事件是国际原子能机构要求对朝鲜核设施进行“特别核查”而朝鲜拒绝，其核心内容是该反应堆卸出的乏燃料棒经过后处理后可以生产出制造核武器的钚材料。[①]第二次朝核危机则是美国认为朝鲜存在秘密的浓缩铀项目，这是宁边核反应堆之外的核项目。[②]

两次朝核危机前后，美国政策目标是一致的，即消除朝鲜的核项目，防止核材料、核技术、核武器扩散，不同之处在于第一次朝核危机是为了消除朝鲜的钚项目，第二次朝核危机不仅包含了钚项目还新增了铀项目。虽然同样面临朝核危机，但因为两次危机发生的时空背景不同、美国总统的政策偏好不同、美国可资利用的资源不同，克林

① 有关第一次朝核危机的缘起、发展及解决，详见拙文：《美朝框架协议评析——兼论美对朝鲜的不扩散政策》，载《国际政治研究》2003年第3期。

② 有关第二次朝核危机的缘起与发展，详见孙向丽：《朝核问题实质与发展前景》，载《现代国际关系》，2007年第6期。

顿总统和布什总统在处理朝核危机时所采用的政策手段均存在明显区别。这些区别大致可以概括内政对外交政策选择的影响不同、所采用的谈判平台不同、所强调的政策手段不同。

二、美国内政与外交的互动

在两次朝核危机的处理上，美国内政对外交政策的影响程度是克林顿政府和布什政府对朝政策的重要区别之一。内政因素包括对朝鲜核扩散威胁严重程度的判断、对朝政策目标是否清楚、有无专人负责对朝政策的设计或者协调、总统在对朝决策中扮演什么角色、参与决策的机构之间或内部是否存在政策分歧、国会对行政部门的政策影响等。

1993年3月12日，朝鲜与国际原子能机构有关核查的纷争陷入僵局，朝鲜宣布退出刚加入不久的《不扩散核武器条约》，朝核危机逐渐展开，此时距离克林顿就任总统尚不足两个月。朝鲜是签署了《不扩散核武器条约》之后宣布退约的第一个国家，而这个条约将在1995年进行关键的审议，以决定是否延长。朝鲜退约是对该条约的直接挑战，不仅如此，海湾战争后国际原子能机构对伊拉克的核查也表明地区核扩散威胁逐步上升。克林顿政府对朝核威胁严重程度的判断并无重大分歧；对朝政策选择上包括军事行动、谈判、遏制或者推动朝鲜政权崩溃，而克林顿政府偏向于首先与朝鲜接触，试探谈判可能；其基本思路是首先解决核问题，阻止朝鲜通过对宁边反应堆卸出的乏燃料棒进行后处理从而获得钚材料，其他相关问题从属于核问题。虽然面临如此严重的安全威胁，克林顿政府当时尚无专人负责对朝政策，涉及对朝政策的决策部门包括国务院、国家安全委员会、国防部的个别部门和情报机构。朝核危机初发时美国政府欠缺协调的状况在国务卿克里斯托弗任命负责政治和军事事务的助理国务卿罗伯特·加卢奇（Robert Gallucci）之后获得解决。加卢奇在国际安全事务领域具有丰富的经验，是协调对朝政策的恰当人选。[①] 虽然加卢奇官阶不是很高，但他受权可以与副部长级的官员进行协调沟通；国家安全委员会反扩散办公室主任丹尼尔·珀纳曼（Daniel Poneman）担任他的副手，这更有利于他扮演协调角色。克林顿总统并没有因为加卢奇曾经在布什政府任职而弃用他，反而让他担任了朝核危机期间与朝鲜主谈的官员，并赋予其一定的政策灵活性：加卢奇可以跨机构进行协商，可以定期与白宫沟通。克林顿总统将朝核危机作为首要安全威胁，其政策设计基本上得到了各政府部门的支持。虽然情报机构持有不同意见，但这种意见并没有占上风。国防部长佩里也支持在对朝政策上需要首先处理核威胁，然后才是其他议题。[②] 至少在朝核危机爆发及至获得（暂时）解决的这个阶段，国会并没有发挥太大影响，更何况当时民主党控制了国会参众两院。

克林顿政府在对朝政策上协调一致，促进了第一次朝核危机的解决。但在1994年10月《美朝框架协议》签署后，有关协议的履行不再是克林顿政府外交议程的优先事务，与此同时，1994年国会中期选举后共和党控制了参众两院，这种状况一直持续到克林顿总统卸任，国会对美国的对朝政策的影响逐渐加大，导致美朝在框架协议的执行问题上抵牾不断。

比较而言，布什总统8年任期中内政对其对朝政策产生了严重的负面影响，使其在朝核危机爆发后的大部分时间内政策混乱、无所作为，危机不断升级而欠缺有效的化解之策。根据克林顿政府时期的《美朝框架协议》，朝鲜在宁边的钚项目被冻结，朝鲜基本上履行了协议义务。[③] 朝鲜涉嫌发展浓缩铀项目并不是新话题，早在克林顿执政末期，美国已经试图与朝鲜讨论这个议题。[④] 布什就任总统后，对于朝鲜

---

① 加卢奇曾分别在美国军控与裁军署、国务院情报与研究局、国务院政策规划局任职，担任过负责苏联防扩散与核安全事务的资深协调官，并曾经担任负责核查伊拉克的联合国特委会执行副主席。

② Janne E. Nolan, "U.S. Strategy to Stem North Korea's Nuclear Program: Assessing the Clinton and Bush Legacies," Working Group Report, No.1, February 20, 2007, pp.7-11.

③ 详见拙文：《美朝框架协议评析——兼论美对朝鲜的不扩散政策》。

④ Robert Carlin and John W. Lewis, Negotiating with North Korea: 1992-2007, January 2008, Center for International Security and Cooperation, Stanford University, p.10.

威胁的判断，以及如何应对此种威胁，美国释放出了比较模糊的政策信号。布什政府的首要任务是对其朝鲜政策进行评估，但政策评估的初衷不是继续推进而是颠覆克林顿政府的对朝政策，即ABC（Anything But Clinton）。在评估完成之前，韩国总统金大中访美，意在敦促布什政府延续克林顿政府的对朝政策，支持韩国的“阳光政策”，但布什总统在联合记者招待会上却表示：“我的确对朝鲜的领导人持有某种疑虑”，“我们无法确定他们是否正在遵守所有协议的所有条款。”这显然是不准备沿着克林顿政府的对朝政策继续前进，布什总统还在招待会上多次提到“查证”。①而在此前一天，国务卿鲍威尔已经表示美国计划与朝鲜接触，以继续克林顿总统的对朝政策。②布什与金大中会晤后，国务卿鲍威尔不得不对他有关对朝政策的表述进行修正。布什内阁之间对朝核问题的不同认识以及不同的政策偏好导致美国对朝政策在布什第一任期内陷入混乱的状态，而布什总统并没有采取有效措施遏止这种政策混乱。事实上，布什总统本人对朝鲜问题没有兴趣。在2000年6月，还是州长以及总统候选人的布什曾问沙特王子班达尔：“人人都给我谈论朝鲜”，“我为什么必须在乎朝鲜？”③因为布什总统对朝鲜事务不熟悉、没兴趣，副总统切尼在很大程度上主导了此后的美国对朝政策。布什内阁成员在对朝政策上分为两种主张，一种是国务卿鲍威尔为首的主谈派，他们认为朝鲜虽然不可信任，但可以通过谈判说服朝鲜放弃研发大规模杀伤性武器；一种是副总统切尼为首的强硬派，主张“我们不与邪恶力量谈判，我们要打败他”。④强硬派包括副总统切尼及其助手、罗伯特·约瑟夫（Robert Joseph）及其麾下的国家安全委员会助手；五角大楼的国防部长拉姆斯菲尔德和副部长费思（Douglas J. Feith）；国务院负责军控和国际安全事务的副国务卿博尔

① “Remarks by President Bush and President Kim Dae-Jung of South Korea,” Office of the Press Secretary, March 7, 2001, available at: http://georgewbush-whitehouse.archives.gov/news/releases/2001/03/20010307-6.html.

② “Chronology of U.S.-North Korean Nuclear and Missile Diplomacy,” available at: http://www.armscontrol.org/print/2597.

③ Bob Woodward, *State of Denial*, Simon & Schuster, New York, 2006, p.17.

④ 副总统切尼曾经谈道：“总统已经嘱我确保不与世界上任何一个专制政权谈判。我们不与他们谈判，我们要打败他。”引自 Warren P. Strobel, “Cheney Blocks Talks with N. Korea Pioneer Press,” December 20, 2003, p. 2A,available at: http://www.cpinternet.com/dwagner2/scum/scum22.htm。

顿（他在2005年离任后，罗伯特·约瑟夫接替他的职位，两人在政策偏好上极为相像）；后来担任国家安全副顾问的克劳奇（J.D. Crouch）等。强硬派中的多数是新保守主义者，他们更喜欢胁迫政策，而不是谈判。[①] 主谈派则包括国务卿鲍威尔、副国务卿阿米蒂奇和助理国务卿凯利；国务卿鲍威尔在2001年3月初被迫修正他有关对朝政策的讲话表明，主谈派是布什内阁中的少数派。

布什政府的确考虑过任命一个负责朝核事务的资深协调官员，但没有任何官员愿意接这个“烫手山芋”。[②] 虽然布什政府已经有一个负责谈判的特使普理查德（Charles L.Pritchard），但最后负责朝核问题的任务落在了助理国务卿凯利身上。即使朝核问题通过多边平台——六方会谈开始谈判，副总统切尼掌控对朝政策的局面并没有改变。在2004年2月第二轮六方会谈期间，切尼曾经直接越过国务院的电报系统由国家安全委员会的迈克尔·格林（Michael Green）给美方谈判代表发出不得从“彻底、可查证、不可逆转的裁军”的原始立场上退让的指令，而国务卿鲍威尔直到次日才获悉此事。[③] 在布什总统的第一任期内，负责谈判的助理国务卿凯利只是参与谈判，而并无做出妥协的考虑，谈判仅仅是布什政府单边主义政策的伪装而已。“他（布什总统）让凯利（在六方会谈中）讲话，但不让他讲任何有价值的内容；他（凯利）来到谈判桌，但没带什么（可供谈判的）东西”。[④]

即使在布什总统的第二任期内部分强硬派和新保守主义成员相继离开政府，包括国防部长拉姆斯菲尔德、副部长费思、副国务卿博尔顿、副国务卿约瑟夫以及克劳奇等，并且赖斯由国家安全事务顾问转任国务卿使得对朝政策的主导权略微向国务院转移，但切尼副总统仍

---

① “Failed Diplomacy, The Tragic Story of How North Korea Got the Bomb,” transcript of a book launch co-sponsored by the US-Korean Institute, SAIS, Johns Hopkins University, The Korea Economic Institute, Washington DC, July 11, 2007, p.5.

② Janne E. Nolan, “U.S. Strategy to Stem North Korea’s Nuclear Program: Assessing the Clinton and Bush Legacies,” p.13.

③ Glenn Kessler, “Impact from the Shadows, Cheney Wields Power with Few Fingerprints,” *Washington Post*, October 5, 2004; p.A01.

④ Fred Kaplan, “Rolling Blunder: How the Bush Administration Llet North Korea Get Nukes,” May 2004, available at: http://www.washingtonmonthly.com/features/2004/0405.kaplan.html.

然对美国的对朝政策施加了无法忽略的影响。即使布什政府最终在六方会谈的多边框架下与朝鲜进行了双边对话，主谈的助理国务卿希尔也获得了较大的自主权，但部门之间的协调工作仍然很糟糕。在2005年9月的第4次六方会谈实现突破前夕，财政部对朝鲜的金融制裁使得六方达成的共同声明难以执行，六方会谈在貌似进展的状况下继续僵局。直到布什总统离任，朝核问题仍然处于潜在升级的过程中。无论是布什总统的第一任期还是第二任期，国会在影响美国对朝政策上的作为均比较有限。

三、双边与多边的纠葛

朝核问题既是一个双边问题也是一个多边问题。朝核问题中的“核”内容主要是美朝之间的双边议题，美国反对朝鲜的核扩散行为，朝鲜以美国的敌对政策为其核扩散行为辩护。但朝核问题不仅仅是一个核扩散问题，它同样涉及朝鲜半岛冷战状况的存续、东北亚地区的和平与稳定、周边各国对朝核问题未来发展前景的反应等，就此而言，朝核问题更像一个内容繁杂的朝鲜问题或朝鲜半岛问题，因而具有多边内涵。是通过多边谈判还是通过双边谈判解决朝核问题？或者双边和多边并行解决危机？这不仅是一个形式问题，也是一个内容问题。

两位总统分别8年的任期内，面对同样的朝核问题，他们采取了明显不同的谈判方式。克林顿政府主要是通过双边谈判解决核心争议问题，但同时争取多边力量推动谈判并协助协议的执行；布什政府主要依托多边谈判解决朝核问题，基本排斥双边对话或者谈判，多边框架下的美朝双边接触比较有限，这种状况只在其执政后期有所改观。

第一次朝核危机最初表现为朝鲜与国际原子能机构之间的核查纷争，以及韩国之间有关朝鲜半岛无核化的问题，但这都与美国密切相关。克林顿政府将防扩散列为其主要安全威胁，并考虑到1995年《不扩散核武器条约》条约的审议和延期问题，朝鲜的核扩散行为被认定为危害美国至关重要的安全利益。[①] 1993年3月朝鲜宣布退出《不扩散核武器条约》，朝核问题逐步升级。美国随即与朝鲜展开谈判，经过两轮会谈后，美国要求朝鲜同国际原子能机构就核查问题的协商，朝鲜、韩国之间的对话取得进展之后，美朝才能进行第三轮谈判。[②] 通过其他双边渠道解决朝核问题的道路很快被证明走不通，美国不得不仍然回到美朝双边的轨道上来。在美朝进入实质性的谈判阶段后，美国确定了问题的优先顺序，将核列为首要解决的问题；协调克林顿政府各部门之间的政策分歧；确定美朝谈判中可以对朝鲜做出的妥协内容。不仅如此，美国也与韩国和日本就美朝谈判问题保持了频密的磋商，[③] 避免议题增多而分散了对核问题的关注，也确保了协议达成后能够得到各方的支持。美朝谈判也得到了中国的支持和协助，中国运用自己特殊的影响力，尽自己的努力，敦促有关各方谨慎行事，相互照顾彼此关切，避免采取可能导致局势失控的过激言行。美朝双边会谈的台前有幕后多边的协调，这是第一次朝核危机美国对朝政策的成功之处。

美朝通过以“核”为核心的双边谈判所达成的《美朝框架协议》包含了超越核问题的广泛内容，它不仅仅是一个有关防扩散的协定，而是与美朝关系中的其他议题密切相关的一个基础协议，其中包含了诸如提供能源援助、减少投资和贸易壁垒、双方互设联络处、未来将双边关系提升到大使级的内容等。[④] 美朝在执行该协定的同时，还将双边的谈判拓展到了其他领域，这不仅仅包括处理后来出现的次生危机，如1998年8月31日朝鲜发射大浦洞1号导弹，1998年底的金仓里“核设施”，还包括其他20多个议题，其中多数会谈达成了协定或者取得了实质性的进展。[⑤] 克林顿政府没有采取一揽子解决的思路，而是在既

---

① Joel S. Wit, Daniel Poneman, Robert L. Gallucci, *Going Critical: The First North Korean Nuclear Crisis*.

② David Reese, *The Prospects For North Korea's Survival*, *Adelphi Series Paper 323*, Oxford University Press, New York, 1988, p.49.

③ Joel S. Wit, Daniel Poneman, Robert L. Gallucci, *Going Critical: The First North Korean Nuclear Crisis*, p.xix. 1999—2000年，美日韩还建立了一个三边机制以协调对平壤的政策。

④ Agreed Framework between the United States of America and the Democratic People' s Republic of Korea, available at: http://www.kedo.org/pdfs/AgreedFramework.pdf.

⑤ 相应的协议内容详见Robert Carlin and John W. Lewis, “Negotiating with North Korea: 1992—2007,” Appendix A: List of Major Negotiations 1993—2000, p.25.

有进展的基础上，逐渐增加美朝讨论的议题，并取得了较好的进展。其中比较显著的进展有两个：一是1998年朝鲜发射大浦洞1号导弹后美朝开始讨论导弹问题，朝鲜做出了暂停导弹试射的承诺；二是1998年底美国卫星发现朝鲜在金仓里建设大型地下设施之后，双方谈判现场核查问题并实现了现场核查。这种务实的姿态有助于美朝朝着建立互信的方向发展双边关系，更好地处理防止核扩散这个核心议题。

除了美朝双边会谈，克林顿政府也协同韩国推动过多边会谈，讨论用新的和平机制取代冷战时期的停战协议，触及朝核问题之外的“朝鲜问题”，此即1997年12月到1999年8月的中、美、韩、朝四方会谈。然而，多边会谈进展甚微，四方会谈经过了六次会谈后没有取得进展而陷入停滞。

与克林顿政府相比，布什政府无论是在对朝政策的内容还是形式上都大有区别。在对朝政策评估完成之前，布什总统已经不打算在既有进展的基础上继续前进了，而计划另起炉灶。2001年6月，政策评估完成后，布什政府准备与朝鲜就“广泛的议程”（Broad Agenda）展开“严肃的讨论”，未来的议题将包括改善《美朝框架协议》的执行、可查证地限制朝鲜的导弹项目，以及禁止导弹出口、降低常规军事力量的威胁等。如果朝鲜能够展示“诚意”，美国也打算向朝鲜提供援助及放松制裁等。① 在朝鲜尚未与新政府建立信任的时候，布什总统考虑重新规划对朝政策，全面或者一揽子谈判美朝之间的各类议题，这显然远离现实。

美国同与朝核有关的其他国家之间的磋商也非常不足，表现最为明显的是美韩之间的协调。如前所述，韩国总统金大中在布什就任之初访美，意在敦促布什政府延续克林顿政府的对朝政策，但布什总统明确表达对朝鲜的疑虑及对朝鲜能否信守协议的怀疑，并称即使未来签署协议也必须包含彻底核查的条款。② 布什政府是否会支持韩国的“阳光政策”？美韩首脑会晤至少传递了布什政府暂时不与朝鲜谈判的

① “Statement by the President,” Office of the Press Secretary, June 13, 2001, available at: http://georgewbush-whitehouse.archives.gov/news/releases/2001/06/20010611-4.html.

② “Remarks by President Bush and President Kim Dae-Jung of South Korea”.

信息，[1] 美韩之间有关对朝政策的歧见也表现得非常明显。

"9·11"恐怖袭击后，布什政府将主要的精力投入到在阿富汗的反恐战争并准备在伊拉克打另一场反恐战争，朝核问题并非美国需要优先处理的问题。与此同时，布什总统的言论也让美朝双边谈判的难度进一步加大。布什总统在2002年的国情咨文中将朝鲜定义为"邪恶轴心"的成员之一；2002年6月朝韩的海上冲突进一步延宕了本拟启动的美朝对话。到2002年10月美国助理国务卿凯利访朝的时候，美朝关系已经开始朝着另一场核危机的方向发展。凯利访朝之后，朝鲜的浓缩铀问题浮出水面，朝鲜半岛能源开发组织（KEDO）停止向朝鲜提供重油；朝鲜宣布重新启动宁边核设施，并赶走国际原子能机构的工作人员。2003年1月10日，朝鲜宣布退出《不扩散核武器条约》，一度中止的朝核危机再度被激活。

朝核危机再度爆发后，美朝在会谈的形式上纠缠不休。美国坚持多边会谈，朝鲜坚持双边会谈。中国通过外交斡旋于2003年4月实现了三方会谈，但美国并没有准备和朝鲜进行谈判。在助理国务卿凯利出发参与三方会谈前夕，国家安全委员会给凯利的指令是：如果没有中国代表在场，凯利不得与朝方代表独处会谈。[2] 这个指令成了接下来三轮六方会谈中凯利的紧箍咒，美朝不可能在"多边套双边"的会谈形式中进行真正的交流。

美方在前三轮六方会谈中没有表现出真正的妥协姿态，但确曾提出过解决朝核危机的动议，其主要内容包括在3个月内将朝鲜的反应堆去功能化、对核问题做出申报、允许核查人员返回朝鲜并彻底拆除朝鲜核项目。这个动议形同命令朝鲜完全按照美方意愿解决朝核问题，但根本不具有任何可行性。当朝鲜提出仅仅冻结宁边核设施的时候，美国表示没有兴趣。因为其他几个国家都向美国施压，希望它与朝鲜在多边框架中实现双边的实质性会谈，但布什政府并没有这样的打算。美国在六方会谈中仅仅做出了"谈判的姿态"。

2005年2月，希尔被任命为六方会谈代表后，情况出现了一些有

① Rose Brady, "The Road to De tente Gets Steeper," *Business Week*, April 9, 2001.

② "Failed Diplomacy: The Tragic Story of How North Korea Got the Bomb," p.8.

限的改善。希尔能够与朝方代表进行双边会谈，但并没能实质上改变美国的对朝政策立场。2005年9月19日第四轮六方会谈所达成的共同声明似乎意味着重大突破，但正是美国的强硬政策让这个共同声明被美朝重新解读，从而延宕了后续的谈判进程。共同声明中没有触及导致第二次朝核危机的浓缩铀内容并且包含了同意在适当时候讨论向朝鲜提供轻水反应堆的内容，这样的共同声明不是华盛顿的鹰派所希望看到的。据前朝核问题特使普理查德称，强硬派起草了一份文件要求希尔照本宣科，这份文件将联合声明中有关提供轻水反应堆时间的蓄意模糊内容清晰化：所谓“适当时候”解释为完全无核化之后，即朝鲜完全、可查证、不可逆转地消除了其核项目。朝方针锋相对，在共同声明发表的次日即表示只有得到了轻水反应堆之后才会消除其核设施。[①] 美国强硬派的举动成功地扼杀了历经多方外交努力达成的共同声明，从声明发表之初，美国的政策已经使得这个声明的执行成为疑问。与此同时，美国财政部以朝鲜伪造美元为由对澳门汇业银行进行制裁，冻结朝鲜在汇业银行2500万美元的账户。随后，朝鲜将美国解除金融制裁与是否返回六方会谈挂钩，朝方希望双边会谈，美国坚持多边会谈，多边套双边的这种模式逐渐进入美朝口水仗的阶段。

2006年7月朝鲜导弹试验、10月朝鲜核试验、11月共和党中期选举失利、伊拉克局势不稳、伊朗危机僵局、新保守政治力量相继离开政府让布什政府开始调整对朝政策，国务卿赖斯成为对朝政策的主导力量，助理国务卿希尔获得了同朝鲜进行实质性双边会谈的许可。美朝实质性的双边会谈逐渐展开，美朝双边达成的共识通过六方会谈获得确认，朝核危机开始呈现转机。朝鲜核试后，10月31日，希尔与朝鲜副外长金桂冠在北京会晤，希尔承诺解决对汇业银行进行金融制裁的问题，朝鲜答应重返六方会谈。2007年1月16—18日，美朝完全脱离六方会谈这个多边平台，在柏林进行谈判，达成了《落实共同声明起步行动》[②] 的核心内容。美朝达成的协议最后以六方会谈“2・13共同文

① “Failed Diplomacy: The Tragic Story of How North Korea Got the Bomb,” pp.9-10.

②《落实共同声明起步行动》，参阅中国外交部网页：http://www.fmprc.gov.cn/chn/pds/ziliao/zt/ywzt/wzzt/cxbdhwt/5lfht/liufanghuitandisan/t297462.htm。

件”的形式被确认。这份文件是美国显著调整政策的转折点。达成该协议的默契是美国承诺解除对汇业银行的制裁，解冻朝鲜的2500万美元资金。[①]

2007年6月，朝鲜关闭宁边核设施后，美朝再次于9月2—4日在日内瓦进行谈判。通过谈判，美国同意在2007年底之前将朝鲜从支恐国家的名单上移除，并解除根据《敌国贸易法》对朝的制裁，朝鲜则同意在年底前完成第二阶段的去功能化和核计划申报。在此协议基础上，六方会谈第二阶段会议于9月27日召开，并达成“10・3文件”。然而，核计划申报如何处理朝鲜涉嫌的浓缩铀问题以及核扩散问题是一个关键。朝鲜的核计划申报并没有如期完成，美国也没有完成将朝鲜从支恐国家名单上移除的工作。

美朝继续通过双边会谈协调解决申报问题。2008年4月8日，助理国务卿希尔和朝鲜外相金桂冠在新加坡会晤，随后两国就宁边5MW反应堆和后处理厂的申报问题达成共识。根据希尔的解释，朝鲜的核申报主要包括钚项目和与钚项目关联的其他核设施，有关核扩散和铀项目另案处理。但有关朝鲜核申报的麻烦这才算开始，因为与申报密切关联的是查证申报的真实性。美国公布的对朝互惠措施是有前提的，据国务卿赖斯6月18日在传统基金会的解释，美国要评估朝鲜的合作程度，如果朝鲜不积极合作，美国的这些互惠措施可以收回。[②]美国这种“前移标杆”的做法实际上将诸如查证、准入反应堆这些去核第三阶段的事情放在了第二阶段向朝鲜施压。7月初，美国起草了一份“侵入性”很强的查证议定书，并将查证与将朝鲜从支恐国家名单上移除相挂钩，朝鲜则针锋相对宣布恢复宁边的核设施。8月22日，美国特使金圣镕（Sung Kim）赴朝磋商修改美国查证草案事宜，但没有进展，朝鲜宣布将中止去功能化。在9月底朝核危机再度反复之后，希尔于10月初访问朝鲜讨论查证问题。10月11日，美朝就查证问题达成初步

① Charles L. Pritchard, “US-DPRK Negotiations: From Failed Diplomacy to Engagement,” Presentation Paper for the Tenth NIDS International Symposium on Security Affairs, December 13, 2007, available at: http://www.nids.go.jp/english/dissemination/other/symposium/2007pdf/e_09.pdf.

② Leon V. Sigal, “Punishing North Korea Won't Work,” *Bulletin of the Atomic Scientists*, May 28, 2009, available at: http://www.thebulletin.org/web-edition/op-eds/punishing-north-korea-wont-work.

共识，包括一份书面协议和一份口头谅解，美国将朝鲜从支恐国家名单上移除。危机稍事缓解，但在布什任期结束前已经不可能再有重大突破。实际上，在美国总统大选结果出来后，美朝因为查证采样问题再出纷争，第二次朝核危机延续到第七年和新一届美国政府。

六方会谈是解决朝核这个地区安全问题的多边平台，对稳定朝核局势的发展起到了至关重要的作用，防止朝核危机失控从而损及地区安全与稳定。这个多边平台并非为谈而谈，它为双边实质性磋商提供了舞台。布什政府在第一任期内拒绝双边会谈，导致这个多边平台的作用有限；布什政府第二任期内美国政策有所调整，愿意在双边层次上进行实质性的磋商并做出实质性的妥协，因而六方会谈在2006—2008年出现了较为明显的进展。

四、“胡萝卜”与“大棒”的运用

美国对朝政策目标与美国所拥有的实现这些政策目标的手段是否匹配将影响美国对朝政策的成败。无论是在克林顿政府时期还是布什政府时期，彻底消除朝鲜的核扩散能力和意图是美国不变的最终目标，在这一点上两位总统并无根本区别。然而，从朝鲜致力于发展核能力到最终消除朝鲜此种能力，两位总统所坚持的短期目标却大相径庭。克林顿政府时期采用了演进的思路，冻结宁边的核设施是走向最终完全彻底消除朝鲜核能力的中间步骤，在达到最终目标之前，克林顿政府先追求冻结朝鲜核能力。布什政府则采取了革命的路径，从危机初始阶段就提出了所谓的CVID，即以可核查、不可逆、完全彻底消除朝鲜核能力。

相比而言，克林顿总统有效使用了美国外交“工具箱”中的常用“工具”——“胡萝卜”和“大棒”，在一个相对合理的政策目标的指导下处理朝核问题，获得了成功。布什总统则提出了过高的政策目标，却没有很好地使用手中的“大棒”或者“胡萝卜”，因而遭致挫败。在朝核问题上，克林顿政府和布什政府外交“工具箱”中可资利用的“工具”是不同的，各自运用手段的侧重点也有所区别，因而造就的政策结果也是不同的。

在朝核危机出现后，克林顿政府首先推动朝鲜和国际原子能机构之间进行谈判，危机在一定的可控范围内。在国际原子能机构与朝鲜的谈判无果之后，朝核问题逐渐升级。美国开始使用划定红线、外交施压、军事威胁、预留退路的政策手段，接手朝鲜与国际原子能机构之间的冲突。1994年5月，朝鲜通知美国将为宁边的反应堆换燃料。美国随即将朝鲜此举视为跨越红线的举动，并加大了推动通过联合国对朝鲜实施制裁的力度。与此同时，1994年初美国在朝鲜半岛的一些军事行动也有意无意地释放出考虑使用武力的信号。这包括几件主要的事态：美国准备为驻韩美军装备爱国者导弹；媒体同时报道美国准备向韩国派出新的直升机；“独立”号航空母舰从印度洋返回日本基地的正常举动也被理解为向朝鲜施压。1994年2月，《纽约时报》刊文介绍美国的战争计划，突出强调朝鲜半岛一旦出现战争，美军将占领平壤；《华盛顿邮报》则刊文称，如果日内瓦的会谈无果，美国将向韩国增派1000名美军参与“团队精神”（Team Spirit）联合军事演习。[①]

在5月份朝鲜决定卸出反应堆的材料后，美国加速与中国磋商，希望获得中国的支持。同时，美国草拟一份总统声明提交安理会讨论，这被认为是推动制裁决议的关键一步。5月30日，联合国安理会通过主席声明，要求朝鲜立即就核问题恢复与国际原子能机构的磋商。随后，美国马上协调美日韩在制裁问题上的立场，获得两国的明确支持；同时争取中国和俄罗斯不阻止美国在安理会提出制裁动议。

不仅是通过外交渠道向朝鲜表明美国不接受朝鲜发展核武器的强硬姿态，美国也在军事上未雨绸缪。佩里国防部长曾访问日韩两国，探讨一旦外交失败，如果通过军事手段应对朝鲜。5月危机升级后，佩里命令参谋长联席会议主席沙利卡什维利将军和美国驻韩美军司令路克将军更新应对朝鲜的5027作战计划，提出了对朝鲜的核设施进行外科手术打击的方案。佩里国防部长提出的作战计划主要是增加驻韩美

---

① Joel S. Wit, Daniel Poneman, Robert L. Gallucci, *Going Critical: The First North Korean Nuclear Crisis*, p. 123.

军的兵力，其中一个方案设想的增兵幅度很大。[①] 事实上，在卡特访问朝鲜的时候，韩国已经出现了零星撤出人员的迹象，[②] 这是战争行将爆发的信号。

克林顿政府在认真考虑外交制裁、军事打击的同时，也为朝鲜提供了后路，即使在美朝关系比较紧张的1月份，克林顿政府也没有关闭外交渠道。1月底，福音派牧师比利·格雷厄姆（Billy Graham）经过与国务院、白宫沟通后前往朝鲜拜访朝鲜领导人金日成，并捎去了克林顿总统的口信，比利则从朝鲜带回了朝鲜愿意与美国谈判解决朝核问题的信息，美朝的紧张气氛逐渐降温。在朝核危机激化后，前总统卡特的访问为朝鲜提供了从强硬立场后退的机会。在处理朝核危机的过程中，克林顿政府比较认真地思考如果谈判行不通，将运用军事手段解决朝鲜的核扩散威胁，两手准备都是可信的。美国刚刚在海湾战争打败了萨达姆政权，其军事实践让朝鲜相信美国有意志和能力给朝鲜制造安全威胁。另外，美国虽然也有索马里问题，但总的来看，克林顿政府在运用军事力量进行施压的问题上并没有太大的负担。当美朝最终回归谈判轨道的时候，美国不是穷究历史，让朝鲜澄清是否分离出了多少核材料，而是首先冻结宁边的核设施，让朝鲜的核项目不再继续进展，以期通过执行协议最终消除朝鲜的核扩散威胁。

相比而言，克林顿政府处理第一次朝核危机的经验最终都成了布什政府的教训。布什政府最初的对朝政策评估设定了一揽子解决的思路，试图一劳永逸地解除朝鲜的核威胁。但这种政策目标缺乏美朝信任的支撑，缺少可信的政治回报，也没有发出如果朝鲜不退让美国将进行军事威胁的可信信号。至少一直到助理国务卿凯利访问朝鲜第二次朝核危机爆发，布什政府只有清楚的政策目标，但没有比较清楚的、能够辅助实现这些政策目标的"胡萝卜"或"大棒"。

2002年1月到2003年4月，这是布什政府在朝核问题上不断展示

---

① 艾什顿·卡特、威廉姆·佩里：《预防性防御：一项美国新安全战略》（胡利平、杨韵琴译），上海人民出版社，2000年版，第122—129页。

② Joel S. Wit, Daniel Poneman, Robert L. *Gallucci, Going Critical: The First North Korean Nuclear Crisis*, p. 123.

“大棒”的阶段。布什总统在2002年1月发布的国情咨文中将伊朗、伊拉克和朝鲜列为“邪恶轴心”，并称“美国将不会允许世界上最危险的政权用世界上最具破坏力的武器威胁我们”。[①] 同年6月1日，布什总统在西点军校的讲话中更明确指出，“对自由的最大威胁在于极其危险的激进主义与技术的结合”，对这些威胁，美国“必须向敌人主动出击，挫败他们的计划，在最严重的威胁出现前就给予迎头痛击……准备采取先发制人的行动”。[②] 针对恐怖主义与大规模杀伤性武器扩散，美国准备采取先发制人的战略，这在9月发布的国家安全战略报告中进一步得到确认。[③] 如果将这些言论与朝鲜发展核武器项目建立联系，布什政府的对朝政策几乎相当于直接对朝鲜发出军事威胁的信号。由布什总统的言论可以推断，美国在完成阿富汗战争后，下一个打击对象可能是朝鲜，因为朝鲜符合“邪恶轴心”、发展大规模杀伤性武器等条件。但事实上，布什政府当时主要关注如何发动对伊拉克的战争，朝鲜并不在布什政府的外交议程上。如果没有这些言论，朝鲜核问题可以停滞不前，但至少不会迅速恶化。布什政府展示了“大棒”，但挥错了方向。朝鲜相继采取一系列行动，将危机推向高峰。

2003年4月到2005年2月，在朝核危机延宕不决的过程中，布什政府既没有展示“胡萝卜”，也没有展示“大棒”，只是派出代表参加六方会谈，但拒绝与朝鲜进行双边的对话。处理朝核危机的六方会谈进入了一个多次会谈但没有进展的阶段。期间，朝鲜的核项目不受任何国际监督，并将从反应堆卸出的8000根燃料棒进行后处理，分离出可以制造核武器的材料。布什政府在2005年初决定让希尔取代凯利主谈朝核问题可以被看做是布什政府缓慢调整对朝政策的一步，但美国似乎还没有做好提供“胡萝卜”的准备。即使美国在同年9月的六方会谈中展示了一定的灵活姿态，但这种灵活姿态很快因为美国国内的政

① “President Delivers State of the Union Address,” January 29, 2009,available at: http://georgewbush-whitehouse.archives.gov/news/releases/2002/01/20020129-11.html.

② “President Bush Delivers Graduation Speech at West Point,” June 1, 2002, available at: http://georgewbush-whitehouse.archives.gov/news/releases/2002/06/20020601-3.html.

③ “The National Security Strategy Report of the United States,” September 2002, available at: http://georgewbush-whitehouse.archives.gov/nsc/nss/2002/index.html.

策分歧而消解，因而才有美国做出安全保证、改善美朝关系的承诺的9月19日共同声明，也有美国对朝鲜的金融制裁。应对朝核问题，到底是更多使用“胡萝卜”还是更多使用“大棒”？布什政府体现了一定程度的政策混乱。

2006年10月到2009年初，共和党中期选举失败，美军深陷阿富汗和伊拉克，此间布什政府更多释放协调姿态，表现出愿意通过提供一定的援助、提供一定的安全保证、有限地改善美朝双边关系的方式解决朝核问题。布什就任总统之处，朝核问题尚处于可控并可以期待更多进展的时候，布什政府没有展示推进双边会谈的意愿，也没有提出替代谈判的强硬方案。2006年10月的核试验让布什政府真正认识到朝鲜真实存在的威胁，但这也没有迫使布什政府发出军事威胁的信号。即使在朝鲜进行核试验后，布什总统发表的声明也仅仅是强调严防朝鲜从事扩散行为，这是很软弱的政策表态。实际上，就算布什总统发出对朝鲜的军事威胁，其可信性也非常让人质疑，美国既舍不得“足够甜的胡萝卜”，又挥不起“足够硬的大棒”。在布什总统执政后期，朝核问题有一定的进展，但诸如去功能化、炸毁冷却塔这些问题上的进展并不足以将朝核危机置入一个朝向最终解决的渠道，有限的进展存在反复的可能。在朝核问题上，布什政府“软”、“硬”两手使用的时机不当、力度欠佳，第二次朝核危机以布什总统任期第二年开始，但却历经六年多没有结束，这足以成为未来应对朝核危机的教训。

五、得失分明的对朝政策后果

从以上比较可以看出，同样的核扩散问题，两位总统在处理问题上存在优先排序、人事任命和政策偏好上的区别，这种区别体现为双边还是多边解决的路径分歧，而对“胡萝卜”和“大棒”的不同运用又直接导致不同的政策后果。

1993—1994年朝核危机从发生到解决花费了19个月的时间，美朝双边达成的协议基本上在1994年到2001年初得到了顺利的执行，至少朝鲜并没有违背《美朝框架协议》的字面内容，期间两国通过多年谈判逐步建立了一定的互信，次生危机基本得到了妥善的解决，美朝接近在克林顿执政末期就导弹问题达成重大妥协。朝鲜的大规模杀伤性武器能力在克林顿政府的8年期间基本陷入停滞状态：宁边的反应堆被冻结，燃料棒被封存，朝鲜还就导弹试验做出了承诺。不仅如此，美朝谈判代表通过长期的接触和对话逐步建立了一定程度的信任，并在执行《美朝框架协议》的过程中举行数次谈判且取得了不少进展，美朝根本上解决朝核问题的前景相对乐观。

2001年布什就任总统朝核危机就在酝酿，2002年危机正式爆发，到2009年布什总统任期结束，谈判进行了将近6年半的时间，六方会谈达成了若干协议，但这些协议的执行不断反复。第二次朝核危机在谈判解决的过程中又陆续出现两次核试验和多次导弹试验，危机呈现螺旋升级的态势，但均没有得到较好的解决。除了在核问题有一些有限的、不确定的进展外，美国并未触及朝鲜的其他问题。在布什执政的8年中，朝鲜大规模杀伤性武器的研发和生产能力有了长足的进步：朝鲜从最初只是涉嫌发展核武器到两次核试验获得实际的制造核武器的能力；朝鲜拥有的核材料从可能制造一两枚核武器到可能制造6—8枚核武器；① 从仅仅拥有生产钚材料的能力到可能新增铀浓缩能力；② 从信守暂停导弹试验的承诺到试射各种射程的导弹。美国在朝核问题上的立场也呈现步步退让的窘迫姿态，从坚决拒绝双边谈判、拒绝给予朝鲜"胡萝卜"到相继通过双边谈判解决实质分歧、不断修正原有立场。6年多的谈判不仅没有增进美朝之间的信任，反而让两国间的疑忌不断增加，但直至布什总统卸任，朝核危机的解决前景仍然不容

① 朝鲜申报生产了30千克钚材料，而根据科学与国家安全研究所专家的估计，朝鲜曾分别在1990年之前、1994年和2005年三次卸出宁边5MW反应堆的燃料棒，总共生产的钚材料为46—64千克，其中28—50千克是分离形态，可以用于核武器的钚材料。详见David Albright, Paul Brannan, and Jacqueline Shire, "North Korea's Plutonium Declaration: A Starting Point for an Initial Verification Process," January 10, 2008, available at: http://isis-online.org/uploads/isis-reports/documents/NorthKoreaDeclaration10Jan2008.pdf; Choe Sang-Hun, "North Korea Says It Has More Bomb-Grade Plutonium," *New York Times*, November 3, 2009, available at: http://www.nytimes.com/2009/11/04/world/asia/04korea.html?_r=1。

② 详见Zhang Hui, "Assessing North Korea's Uranium Enrichment Capabilities," *Bulletin of the Atomic Scientists*, June 18, 2009, available at: http://www.thebulletin.org/web-edition/features/assessing-north-koreas-uranium-enrichment-capabilities。

乐观。

比较两位总统对朝政策的结果，成败得失不言自明。冷战结束之初有利的国际环境、美国大胜伊拉克的余威、对威胁的清醒判断显然为克林顿政府对朝政策的成功提供了铺垫。与此同时，克林顿总统直接掌控对朝决策、选定专人负责设计对朝政策并协调各部门对朝政策偏好、减少各决策机构之间的内争、设定合理的对朝政策目标、选用恰当外交手段。这种现实主义的对朝政策避免了内政对外交的消极影响；美国通过双边谈判解决核心问题，通过多边平台的辅助探讨地区安全问题；综合运用“大棒”与“胡萝卜”，使其相互促进而不是彼此抵消。这是克林顿政府对朝政策成功的根本原因。

布什政府对朝政策的失败固然有时代背景的原因，特别是“9·11”之后布什政府将安全战略的重心转移到反恐战争中，而且在阿富汗和伊拉克的反恐战争并未如预想的一样进展顺利，这使得美国没有余力对朝鲜发出可信的军事威胁信号。但更重要的是布什总统的政策偏好，他没有将朝核危机置于外交议程的重要地位，也没有为此投入恰当的人力、物力；在对朝政策上没有确立比较现实可行的政策目标，所设定的政策目标与实现政策目标所需外交手段与政治意愿之间的差别太大；各决策机构之间的内斗摆布了布什政府的对朝政策；美朝有关多边和双边的纷争不过是布什政府对朝政策混乱的外在表现而已。

不论是克林顿政府还是布什政府，最为重要的是，美国在面临同样的核问题时是否首先确定了一项应对的“大战略”，与朝鲜接触，与“不完美的世界”并存？还是尝试遏制乃至推翻朝鲜政权，将“不完美的世界”改造成符合美国价值标准的世界？克林顿政府选择了前者，用演进的方式促使朝鲜“政权转型”；布什政府选择了后者，以被动“等待”或主动“促变”的方式使朝鲜“政权更迭”。如果应对朝核危机的“大战略”一经确立，剩下的问题仅属于“战术”问题，诸如是核查朝鲜从事扩散的既往历史还是阻止朝鲜核能力的进一步提升，是首先处理核问题还是一揽子处理核问题、导弹问题，以及常规军事力量等问题，是用有限的“胡萝卜”换取朝鲜暂时的退让还是所有的努力最终指向双边关系的正常化，进而促成“政权转型”。克林顿总统在这些问题上做出了正确的取舍，因而取得成功；布什总统做出了不当的取舍，让道德标准取代了现实主义考虑，因而遭致失败。

朝核危机延宕多年而没有妥善解决，其内涵和外延均发生了较为显著的变化。对国际防扩散机制而言，朝核是一个直接的挑战。如果说克林顿政府时期朝核的挑战仍处于“萌芽”状态，现在则已是“羽翼丰满”。克林顿政府时期的妥善解决缓解了朝核挑战在冷战结束初期的示范效应，布什政府失败的对朝政策已经将朝核问题的未来解决与国际防扩散机制的命运挂钩。不仅如此，朝核也从一个双边防扩散问题演变为一个影响东北亚地区稳定和国际防扩散形势的多边地区安全问题。两次朝核危机中美国对朝政策的不同后果为朝核危机的未来解决提供了借鉴。

第三部分

国际贸易、技术与不扩散出口管制

Part Three: International Trade, Technology and Non-proliferation Export Control

第12章

中国防扩散出口管制的发展

[美]盖瑞・博驰*

[内容提要]本章关注的焦点是中国在实施国内与多边防扩散出口管制以及在遵守产业规范方面取得的进步。中国尽管在防扩散出口管制方面还存在着不足，但其防扩散出口管制在法律、承诺、遵守、执法和检控等方面均已取得了进展，并有迹象表明中国正努力在此方面寻求更大的进步。

The Development of China's Non-proliferation Export Controls

Abstract: This chapter focuses on China's progress in implementing domestic and multilateral non-proliferation export controls and in gaining the compliance of Chinese industry. Although observers can expect shortcomings in non-proliferation export controls in China and elsewhere, proponents of non-proliferation and security cooperation are looking for is progress in law, commitment, compliance, enforcement and prosecution. Research and experience suggest that China has made and continues to make considerable progress.

* [美]盖瑞・博驰（Gary Bertsch）：美国佐治亚大学国际贸易与安全中心创始人、荣誉退休教授，外交学院访问教授。

关于中国政府和行业在遵循国内及多边准则与法规方面的意志与能力的问题已被提出多年。研究表明，特别是近几年，中国政府已经开始对这些问题做出回应。例如，在遵守贸易规范方面，高级官员已经公开宣布——而且更重要的是——采取行动加强中国的防扩散出口管制体系。

我与我的佐治亚大学国际贸易与安全中心的同事研究中国在两用科技领域（民用和军用）的贸易行为以及防扩散出口管制已超过十年。最近，我们与中国相关部门共同发起并组织了一项中国行业培训的项目。我本人也一直在积极参与这一活动，近几年来定期前往中国。这一章源于我的研究与经验。文章关注的焦点是中国在实施国内与多边防扩散出口管制以及在遵守产业规范方面取得的进步。

首先，我想提出，防扩散目标的严肃性和我所认识的某些中国政府人员和业内人士的反应给我留下了深刻印象。在过去25年中，我一直在研究国际上有哪些政府和行业通过出口管制来应对扩散的挑战。这一研究让我走遍了欧洲和亚洲，对超过40个国家（包括欧盟、大部分新独立的前苏联国家和许多亚洲国家）进行了研究。今天我在中国的见闻所留下的印象超出了大多数其他国家。

其次，中国政府和行业所做出努力的效果怎样，取得了多少实际进步等问题是很难在短期内做出判断的。非法贸易和与扩散相关的出口所带来的威胁一直存在。即使是发达国家像美国——以及其他对防扩散认真对待并已经在出口管制方面取得相当经验的国家——也经常面临着在其领土上的违法行为带来的尴尬。控制世界所有地方的非法贸易——包括中国和美国——仍然是一项需要不断努力的工作。

最后，尽管可以预见中国在防扩散出口管制及其他方面还存在着不足，但我们也要看到中国的防扩散出口管制在法律、承诺、遵守、执法和检控等方面取得进展。我的研究和经验表明，中国已经取得并且正在努力寻求更大的进步。

一、中国的进步

中国的出口管制始于20世纪90年代中期，是与中国的改革开放进程相一致的。如果中国参与到高科技和国防领域的贸易，并承担与其经济雄心相适应的国际责任，那么中国官员就会更加清楚，他们不得不关注和参与到国际出口管制制度及其相关议题上来。中国也希望发展自己坚实的国家出口管制体系。[①]

中国于1995年正式颁布出口管制条例，其后几年陆续发布了更为具体的规定，核贸易相关的出口管制法规形成于1997年和1998年。1997年，中国政府颁布了第一套武器出口管制条例。2002年，中国又制定并颁布一些新的、修订后的规定，这些规定涵盖了包括化学、生物、导弹和军需品在内的一些战略物资和技术。这些规定所包含的是对国际多边出口管制安排，如核供应国集团做出的反应。此外，在2004年，全国人大通过了经修订的外贸法，这项法案严格了中国国内的出口管制体系，并且包括了更大范围的对违法行为的刑事和行政处罚。

尽管这些最初的步骤很好，但是实施新条款所需要的政治意愿及履行承诺的问题依然存在。事实上，实施的挑战不断，有迹象表明中国政府在最近十年认真制定、实施国内管制体系。中国也试图融入多边出口管制体制中去。中国加入了核供应国集团，申请加入“导弹技术控制制度”，并与澳大利亚集团、瓦森纳协定进行对话。

在这十年之中，中国定期发表关于防扩散的白皮书，突出强调出口管制的重要性。令我印象深刻的是中国政府希望看到他们的想法转化为实践。显然，高层的战略选择是平衡贸易与安全领域的利益需要，跻身世界先进工业国行列。中国当然也希望继续促进国际贸易，他们认识到，中国为此必须在控制可能危及国家和国际安全的商业方面增

① 有关此主题的详细信息，请参阅盖瑞·博驰《中国的战略贸易管制及中美在不扩散领域的合作》，摘自美中经济审查委员会对“中国武器扩散及关于美国和中国国防工业贸易的影响”上的证词，美国国会，2007年7月12日。

强警觉性。

为了平衡贸易和安全利益，中国政府开始扩大其海关部门和主要战略企业的服务范围，并进行培训工作。中方还设立了一个关于出口的电子许可证制度，并且要求出口导向型企业也要遵守内部出口管制体系。

在监管的发展中，商务部于2005年12月发布了题为《敏感物项与技术进出口行政许可制度改革》第548号通告。本通告委托中国各省、市和其他地方实体进行两用物资和技术进出口许可初审工作。2005年年底，商务部和海关总署发表第29号令，就《两用物项和技术许可证管理办法》制定更为全面的规定。这些规定建立了一个全面的国家管制清单，扩展了“一揽子”和过境/转运管制范围，为更广泛的技术转让奠定了基础。这些及其他方面的进展让我相信，中国政府正在认真对待出口管制，并在试图整合贸易和安全的概念。

在此期间，中国政府采取具体行动加强中国的出口管制。2006年7月，商务部第50号公告中关于潜在核应用石墨类相关制品清单适用于两用出口许可证和审批程序，以及商务部发布的《生物两用品及相关技术设备和技术出口管制清单》，加强了对新生物类物项的管制。中国这些涉及生物物项的新规定，反映出国际社会日益增长的对生物恐怖主义以及作为多边出口管制安排的澳大利亚集团发展进程的关切。这进一步表明，中国正在努力与国际标准保持一致。

2006年8月，中国有关部门制定了与潜在导弹相关的军民两用程序运用到特定的民用航空部件的规定；9月，又发布了关于易制毒化学品进出口的新法规；12月，颁布和修订了核出口的管制法规，使其与多边核供应集团展开密切的合作。在2006年的最后一天，海关总署和商务部发布了中国控制清单的最新版本。2007年，中国继续进行修改，加强对核两用物项和技术的管控，并发布一个最新版本的国家两用管控清单。

为了使监管工作更有效，中国在全国许多地区的多个行业部门开展讲习班、研讨会和会议。培训活动不仅是在北京、上海等中心城市，也在越来越多的其他省份和地区展开。在中国政府网站上出现了越来越多的关于出口管制的信息和其中英文版本。公共信息和行业认知是规范化的重要因素。中国正做出重大努力使相关产业和出口消息畅通。为提升产业规范奠定基础，中华人民共和国商务部于2007年8月发布了关于建立内部出口管制制度的指导性意见。

尽管行业出口管制的范围不断扩大，但在近十年中，许多中国公司还是会因违反美国法律和关于贸易与安全方面的有关准则而受到美国国内给予的单边制裁。虽然这些案件涉及一系列其他复杂的案件或议题，但这并不奇怪。此外，很明显，中国在开辟新市场和贸易领域方面显得咄咄逼人。中国商业水平的发展也带来了各方面的限制，这注定要与美国在防扩散出口管制方面的预期相抵触。从不断变化的政治和安全环境来看，美国所施加的制裁既不寻常也不奇怪。意义在于，被制裁的公司过去和现在做了什么。

让我用其中一个公司——中国北方工业公司为例谈谈自己的看法。中国北方工业公司是中国顶级的国防类国家控股公司——中国北方工业集团公司旗下的进出口营销公司。在中国北方工业集团公司下进行研究和制造生产民用和军用物项，包括武器、机器、光电产品、油田设备、化工、轻工产品等。北方工业集团公司经营着超过150个大中型公司，雇佣着超过80万人。

在21世纪最初几年，中国北方工业集团公司旗下的中国北方工业公司多次遭受美国政府的制裁。第一次被实施制裁是在2003年，原因是其出口“可能帮助伊朗导弹计划”。虽然美国没能对制裁提供细节，但把该公司的行为看做是中国出口管制制度缺陷的证据。从2004年和2005年开始，中国北方工业公司决定开发一项内部合规机制。公司的领导庄严承诺要建立一个负责的企业出口管制机制。无论是公司领导还是中层领导都在努力建立一项有效的内部合规机制，并就此对公司员工进行必要的教育。

北方工业公司取得了很大进展。人们可以看到，北方工业公司在近几年再没有遭到来自美国的新制裁。

北方工业公司的经验正在被其他中国公司密切关注和借鉴。中国的一些重要企业中的核、航空、航天、电子等行业都注意到这一点。

在我印象中，越来越多的中国大型企业认识到，明智的公司领导、负责的出口行为，以及有效的内部合规机制对商业是有益的。与国际标准相一致的出口管制制度绝不是限制出口，而是对“贸易有利”的。拥有负责的企业文化以及内部出口管制合规机制的公司将更有可能避免制裁，并在扩大市场的商业活动中获得更大的成功。

二、结语

当然，中国仍有许多工作要做。许多中国的出口商对遵守制度的必要性以及遵守制度体系带来的商业机遇的认知方面还不够。有些人认为，内部合规机制是不必要的成本和不能接受的负担。有人认为他们能逃避责任，认为人们会停止对遵守行业规范的关注。中国许多中小型企业仍然迫切需要关于提供出口管制方面的信息、提高意识和发展内部合规计划方面给予培训和帮助。此外，中国在发展整体出口管制体系方面仍存在缺陷。现行体系在经纪活动、无形技术转让以及传统两用物项和技术方面仍缺乏全面的管制。中国尚未被完全纳入导弹技术、澳大利亚集团、瓦森纳出口管制安排。所以仍有很多工作要做。

虽然中国仍需在出口管制以及遵行国内国际贸易规范方面不断努力，但我的经验表明，中国正在取得重大进展。这一进展不应被忽视。它的发展是真实的，应该得到认可和赞扬的。这会给中国、美国以及整个世界带来实际利益。其中，出口管制发展与遵守规范营造了一种扩大贸易和技术的大环境。在美国，我们常抱怨中美贸易不平衡。如果中国发展出有效的出口管制制度，我想美国政府会认同，并对中国的贸易行为产生更大的信心。这可能会使美国放松对华高科技出口限制。比如，如果美国方面相信自己的高技术出口继续留在被认可的、负责的终端客户，并且不会转为军事用途或者其他相关国家，那么其限制可能会放松。至少，中国和美国当局应该继续对共同关心的防扩散领域不断扩展战略与经济对话，探讨加强在出口管制与规范管理领域的合作。

过去30年，中国的经济开放、改革与发展是国际社会中发生的一件大事。中国在遵守不断演进的国家和国际法规与规范方面的意志和决心，将成为未来30年影响中国取得整体成功的重要因素之一。

我的研究使我相信，在世界经济中遵守贸易规范受益显著。有些在中美贸易和其他双边或多边贸易关系中已被证实。中国在防扩散、出口管制、遵守行业规范上的发展与承诺，将会带来更多的实惠。中国、美国以及国际社会能越来越多地发现自己处在一种双赢局面。在这一领域的不断进步将支撑21世纪的和平、繁荣与安全。

第13章 美国政府与企业界在出口管制上的互动

李恒阳*

[内容提要] 不扩散出口管制是美国政府维护国家安全的一项重要政策。自20世纪中期以来，美国企业界大都承认出口管制的作用。然而，随着冷战的结束，尤其进入21世纪，企业界的态度在发生变化。同时，美国政府也在某种程度上改变了其政策。通过研究美国政府与企业界在出口管制问题上的互动，有助于我们更好地理解美国出口管制政策的实质，以及企业对美国政府的影响。本章将从分析美国政府与企业界在出口管制上的矛盾入手，探讨双方在21世纪的合作方式和效果，最后对未来几年政府与企业的合作前景进行展望。

Cooperation on Export Control between US Administration and Business Circles

Abstract: Non-proliferation export control is an important policy made by the US administration to promote its security interests. US business

* 李恒阳：中国社会科学院美国研究所助理研究员，博士。

circles have largely agreed with the function of export control since the middle of the twentieth century. However, with the end of the cold war, especially in the new century, the attitude of American business circles has changed somewhat. At the same time, the US administration changed its policy to a certain extent. Through studying relations and cooperation on export control between the US administration and business enterprises, we can better understand the essence of US export control policy. We may also gain perspective on the impact of industry on the US government. This chapter firstly analyzes the contradictions between the US administration and business circles. Then it researches the mutual cooperation between the two parts in 21st century. At the end of the essay, the author examines the cooperative outlook between them for the future.

不扩散出口管制是美国政府为维护其国家安全而制定的一项重要政策。从20世纪中期，美国企业界一直认同出口管制的作用。但随着冷战的结束，尤其是到了21世纪，美国企业界的态度发生了变化。同时，受“9·11”恐怖袭击以及金融危机等事件的影响，美国政府也进行了出口管制政策调整。研究新世纪美国政府与企业界在出口管制问题上的合作可以加深我们对美国出口管制本质的认识，也可以利用他们的矛盾和斗争，为我国现代化建设服务。本章将从分析美国政府与企业界在出口管制上的矛盾入手，探讨双方在21世纪的合作方式和效果，并对未来几年政府与企业的合作前景进行展望。

一、美国政府与企业界在出口管制上的矛盾

随着21世纪的到来，美国的出口管制政策在大约10年里起伏较大。2001年“9·11”事件后，美国政府一度认为防止大规模杀伤性武器的扩散以及保障国家安全形势严峻，从而加强了出口管制，还成立了“防扩散安全倡议”这样的组织。但2007年爆发的金融危机使美国

经济受到严重打击，2009年上台的奥巴马政府开始重新考虑经济发展战略，放松管制成为企业和政府热议的话题。2010年1月奥巴马提出的“国家出口计划”更是将放松管制提上日程。围绕出口管制，政府与企业界的矛盾主要表现在以下几个方面。

第一，金融危机对美国企业影响深远，对美国经济发展战略提出了挑战。2007年下半年以来，源于美国的金融危机席卷全球，对美国企业的冲击最大。危机导致约800万美国工人失业，很多人至今仍未找到工作。截至2010年8月，美国有近1000万人接受失业福利救济，同时有440万人接受一般福利救济，比经济衰退前增长了近两成。[①] 由于投资股票、基金、期货等金融衍生产品，许多中产阶级的财产大幅缩水，经济安全面临严峻挑战。一些投资银行倒闭，剩下的银行由于资金有限加上规避风险的考虑，对企业的贷款请求非常谨慎。由于国内市场的不景气，美国企业不得不考虑更多地开发国际市场，更多地出口商品、服务，并增加在东亚等经济状况较好的地区的投资。

如果美国的出口管制政策维持不变，企业出口产品和技术的门槛仍很高，那么金融危机造成的影响不但难以快速化解，而且一些中小企业的生存甚至都成了问题。为了占领市场、拓展业务，美国的一些跨国公司在国内收缩业务的同时，增加了对新兴发展国家的投资，重点是扩大高技术含量的生产流水线，以通过技术水平的提高来增强产品竞争力。美国的电脑芯片制造商英特尔公司2008年净利润下降九成，在关闭了8家工厂的同时，计划增加在中国大连新工厂的投资，以提高其产品的技术含量。与此同时，该公司还向在上海的投资性公司——英特尔中国有限公司追加1.1亿美元的注册资本，以备将来产业升级或技术发展需要。

金融危机引发的经济危机使得美国政府有识之士认识到：基于泡沫和疯狂投机的经济发展模式是危险的，依靠实体经济的生产才是安全的经济增长方式。刺激美国经济增长最重要的方面就是提升美国企业在国际市场上的竞争力，扩大农产品、工业制成品和服务的出口，

① 帅扬：《如何看待美国出口管制调整》，载《中国财经报》，2010年9月9日，第4版。

在创造更多就业的同时，使企业步入良性循环的轨道。在一定程度上，美国的经济发展战略已开始回归出口导向型经济，这对美国出口管制政策的影响将是深刻的。

第二，美国的出口管制政策引起了一些企业的顾虑。按照美国的管制清单，被管制的东西太多，其中很多是不该进行管制的商品或技术，因为在国际市场上已经可以随意买到。这就意味着美国只能管制自身拥有的技术，却不可能阻止购买国从其他国家获得技术，或许比从美国获取技术更容易。①

为了所谓国家安全和外交目的而实施的出口管制，在20世纪90年代，给美国带来每年250亿—400亿美元的出口损失。进行管制会削弱美国公司的国际竞争能力，主动将国际市场和利润让与欧洲、日本的竞争对手。以中美贸易为例，2001—2008年，美国对华出口高技术产品占中国同类产品进口总额的比重从18.3%降至6.9%。按2009年的数据估算，如美国放宽对华出口管制，仅维持18.3%的市场份额，其对华高技术产品出口就可达600多亿美元。② 出口管制的实施加大了中美贸易逆差，使得欧盟取代美国成为中国最大的技术进口来源国，日本排第二位，美国仅名列第三位。按照美国的法律，出口是特权而非权利，大多数高技术和军用品及相关技术的出口都遭受美国出口管制。③ 美国的出口管制在限制高新技术流动的同时，也限制了本国企业的商业利益。在国际市场上，美国最有竞争力的是高新企业。美国出口管制将剥夺这些企业的国际市场，损害美国就业，减少美国工人福利，拉大贸易逆差。④ 仅仅依靠美国国内市场或少数几个西方盟国的市场，企业的发展空间是非常有限的。其实，早在20世纪90年代，美国国家科学院的一份出口管制报告就指出美国的出口管制体系损害了美工商

---

① Joan Johnson-Freese, “Alice in Licenseland: US Satellite Export Controls since 1990,” SpacePolicy,Vo.l 16, No.3, 2000, pp.196-201.

② 温宪、马小宁:《一项既不公正也不公平的法案》，载《人民日报》，2010年9月27日，第22版。

③ Richard Johnson, “U. S. Export Controls: The Challenge for Research Universities,” Research Foundation Working Paper, 2003, pp. 3-4, available at http: //www. sunysb. edu/research/spo/export-controls. pdf.

④ JiawenYang, HosseinAskar,i John Forrer andHildyTeegen,“US Economic Sanctions against China: Who GetsHurt?” The World Economy, Vo.l 27, No.7, 2004, pp.1047-1069.

业者利益以及国家经济健康。①美国企业界一直在进行各种努力来削弱出口管制带来的不利影响。

第三，美国的技术管制标准经常落后于科学技术的发展水平。现代科学技术的发展可以说是日新月异，技术更新换代的步伐越来越快，旧的技术被不断推陈出新。企业只有占领了技术高地才能开拓更多的海外市场，从而在激烈的市场竞争中站稳脚跟。美国现行的出口管制体制对市场上技术更新的速度缺乏敏感性，陈旧的技术指标严重地妨碍了高新技术及相关产品的出口。以高层建筑为例，高层建筑要用高速计算机做风洞试验。美国政府20世纪70年代对高速计算机的出口实行限制，但事实上目前中国自己研制的计算机的性能，早就超过了美国70年代的水平，2010年11月，中国“天河一号”以每秒2570万亿次的实测运算速度，成为世界最快超级计算机。②由于相关限制没有取消，致使美国公司无法参加竞争，只能眼看着中国大城市里高层建筑在其他国家的参与下拔地而起。之所以要控制一些过时的技术，美国政府一些保守派人士认为，通过对旧技术的使用，搞扩散的国家有可能在此基础上研发出更先进的技术。其实这种担心是不必要的，一方面别国可以从欧洲、日本等其他西方国家获得先进的技术及产品；另一方面有需要的国家也可以通过自力更生、自主研发，越过一些旧的技术直接开发新的技术，从而实现跨越式发展。中国的核武器、人造卫星以及载人航天的成功都是依靠自己的力量实现的。在竞争激烈的国际市场上，美国企业要想保住自己的有利地位，必须拿出技术指标高的产品。为此，许多美国企业（尤其是跨国公司）一再呼吁政府重新审视其管制政策，加强对市场变化的敏感度，有关部门在制定技术指标时要跟上科技进步的节奏，以保持企业的竞争力。

第四，美国出口管制行政体系复杂，影响办事效率。美国的出口管制体系涉及面广、分类细，一般不好掌握。美国国务院、商务部、

① Panel on the Impact of National Security Controls on International Technology Transfer, Committee on Science, Engineering and Public Policy, National Academy of Sciences, Balancing the National Interest: U.S. National Secrity Export Controls and Global Economic Competition, Washington D.C.: National Academy Press, 1987, pp. 152-161.

② 肖莹莹:《中国“天河一号”问鼎世界最快计算机》，载《经济参考报》,2010年11月16日，第3版。

国防部、能源部、财政部、国家安全委员会，跨部门委员会等众多部门构成出口管制办公网络。[①] 这些机构各司其职，但在实际工作中往往过分强调本部门利益，相互之间争夺管辖权，造成事权混淆，申请程序冗长，办事效率低下，致使企业在等待中白白错过出口的商机。[②] 由于被管制的商品或技术必须得到相关部门发放的出口许可才能出口，这个许可审批的过程往往过于漫长，这样会导致购买方放弃购买美国产品，因此美国企业界对此意见很大，不断的建议和推动行政部门进行相应的体制改革来加快审批速度。正如美国防部长盖茨所说，"美国几十年来陈旧的、迷宫一样的官僚体系既不能服务于21世纪的安全需要，也不能符合我们的经济利益"。[③] 美国的管制体系大体来说，军品出口由国务院和国防部管辖，而军民两用品出口审批权则属于商务部。军品和军民两用品各有各的管制清单，企业按照管制清单的划分去相关的部门申请许可。问题在于随着技术的快速更新，很多商品和技术的划分很不明确，因此会出现商务部与国务院争夺管辖权的问题。而企业界大多更愿意与商务部打交道，因此多年来企业界一直努力推动更多的管辖权归属于商务部。国务院、商务部、国防部等之间就出口管制的管辖权问题发生争议和冲突，不仅阻碍了正常的贸易出口，有时还会破坏美国与其西方盟国的关系。当美国国内各部门为出口某产品争得不可开交的时候，美国出口商的订单可能被别的国家拿走并顺利出口，即使美国指责该国也无法改变结果。

第五，管制措施对美国企业心理上的影响。美国政府的一些出口管制措施设立的初衷是好的，但在实际操作中却给相关的出口商造成了心理上的影响，使其在申请许可证问题上表现得非常谨慎，甚至有时放弃许可证的申请。全面管制和无形技术转让就是最让企业头痛的两个措施。

全面管制指，凡是出口经营者知道或者应当知道所出口的物项和

---

① http: //www. exportcontro.l org/index. php/pagetype/links/id/ 1355. html.

② Mechael D. Beck, Richard T. Cupitt, Seema Gahlaut, Scott A. Jones, To Supply or To Deny, New York: Kluwer Law International Press, 2003, pp.38-44.

③ Elisabeth Bumiller, "Gates Calls for Easing Limits on Exports", New York Times, April 21, 2010.

技术将被接受方直接用于大规模杀伤性武器及其运载系统目的的，无论该物项和技术是否列入《管理清单》，都应当申请出口许可证。根据全面管制条款，负责出口管制的政府部门可以对没有列在管制清单中的具体物项施行出口许可证管理。商务部企业安全局有时会发出特别通知，指出某些国外公司存在问题，这时出口商就要反应迅速，放弃所有与这些被点名的公司的出口贸易合作。由于全面管制的执行具有很大的灵活性，相关出口商稍有疏忽就会犯错而受罚。例如铝粉一般用来做涂料，可以粉刷铁管等以防生锈，但有时在制造导弹零部件时也会用到它。如果一家企业对国外进口商不了解情况，未向商务部申请许可证就出口了铝粉，那么事后政府就可援引全面管制条款的有关规定对公司进行惩罚。由于全面管制主要是针对某些特定的国家和公司（涉及俄罗斯、印度、巴基斯坦等国的一些公司），美国企业在与这些国家的公司进行合作时，就要特别谨慎，以防造成不必要的麻烦。

无形技术转让是指通过无形的方式把技术转让出去。这种转让是相对于有形技术转让而言的。有形技术转让是指把含有技术信息的材料（印刷品、磁盘或光盘等）出口给别国。而无形技术转让往往不涉及物质材料，而是借助现代通信方式和人员交流来实现。利用现代通信方式，如电话、传真和电子邮件等，可以把相关技术传送给另一方；利用人员交流，如研讨会、参观访问或一起工作等，可以把相关技术学会并带走。无形技术转让对有外国雇员的公司尤其重要，政府担心个别外国雇员会通过与公司其他员工建立良好关系并取得信任，从而在一起工作中学习某些先进的技术。一旦这些外国人掌握了有关的技术，就可以通过电话、邮件等方式告诉国外人员，或者其离开该公司回国，那么该技术也就等于出口到了国外。近些年来，美国政府加强了对外国技术人员的监督，对他们的个人背景、工作申请都严格审查，并限制他们接近敏感地区、接触敏感技术。无形技术转让的管制实际上对有多国雇员的公司设置了不必要的障碍。这些公司之所以雇用别国人员，往往是因为与这些国家有贸易往来。这些外籍员工对本国的情况比较了解，可以是美国企业的出口更加有的放矢，提高经济效益。但如果政府要求企业加强对这些员工的管理，必然会分散企业的精力，并影响有关人员的工作积极性，最后受伤害的还是企业。于是有的企业就不汇报或少汇报外籍员工的情况，以避免引起不必要的麻烦。

二、美国政府与企业的合作

为了缓和政府与企业界之间的矛盾，双方都采取了积极的措施进行合作。在合作的方式中，委员会体系和企业行会无疑发挥了巨大的作用。此外，新的合作方式也不断出现。

（一）政府建立的委员会体系

美国有关出口管制的政府官员通过多种渠道与商界联系、互换信息。例如，各政府机构的出口管制官员每年要参加不同的培训活动，这一方面增强了官员们的专业知识，了解到出口管制的最新进展；另一方面也使官员们与企业界的人士联系沟通，广泛了解企业的想法，同时对个别企业、个别技术以及市场行情也会有所认识。一些官员与企业界的合作很融洽，商务部企业安全局操作委员会主席卡德·克琳娜斯卡（Card Kolinaski）就是一例。2003年她调动后，工业行会的人称她为“少数几个”尊重出口商利益的人。[①] 由于法律公司、贸易公司或咨询公司搞的出口管制研讨班有时不太正规，美国政府每年也要搞一些出口管制培训活动，努力为公司培养专业正规的出口管制人才。现在由于中小型高科技公司的大量出现，美国出口管制机构开始关注培养这类公司中的出口管制人才。因为一些大型公司，如波音、IBM、通用、强生等，其内部的出口管制体系已相对比较完备。

从20世纪70年代起，美国通过立法发展起来一套技术顾问委员会体系（TACs）。这个体系由商界代表组成，他们向商业部提供有关管

---

① The Export Practitioner, “Inside BIS, Effort Being Made to Move Kolinaski From OC Chair”, August 2003, Volume 17, Number 8.

制名单、具体技术使用和出口额等出口管制问题的修订建议。技术顾问委员会还是政府与关键性企业之间的沟通渠道。目前有六家顾问委员会在运作，分别是：信息系统顾问委员会、材料顾问委员会、材料处理设备顾问委员会、法规和程序顾问委员会、传感器及其设备顾问委员会以及运输与相关设备顾问委员会。这些顾问委员会一般一季度召开一次会议。其中，信息系统顾问委员会主要涉及计算机设备（尤其是高性能计算机）的出口管制问题，材料顾问委员会和材料处理设备顾问委员会主要研究商品管制清单（CCL）中的一类产品，即先进材料的出口管制问题，法律和程序委员会主要对出口管制法律法规的运行程序提出看法，传感器及其设备顾问委员会主要研究传感器的出口管制问题，运输与相关设备顾问委员会主要研究高性能运输设备的出口管制问题。

美国总统手下的出口理事会下设两个分支：出口管理委员会和密码技术委员会。尽管现在美国对密码产品的出口管制很放开，但这个委员会还一直保留。这两个委员会把企业界有关出口管制的建议（尤其是运行机制上的建议）传达给出口理事会，如果所建议情况重要，还会上报总统。总统有时也会直接约见重要企业的负责人，甚至与其共进早餐，询问企业的想法。大型企业的负责人给总统写信提建议，如果所提问题重要，总统会亲自派人处理。休斯公司总裁曾就向中国出口卫星一事给克林顿写信，克林顿政府非常重视此事，最后促成国会同意美国卫星在中国发射。国务院还组建了国际事务协会，其成员很多是军品出口商。国务院通过这个协会向企业界传达政府有关出口管制的政策，[①] 企业界也可通过它向政府提出建议。过去，国务院主要是通过国际事务协会对商业界进行教育，并针对一些大公司，如洛克昔德商业空间公司、波音公司等举行1—2次培训班。国防部则组建了国防产品交易顾问小组，该小组的专业技术性强，针对军品的出口管制程序提出了很好的建议并被采纳。

① 根据SIA web site, http://www.siaed.org。

（二）企业行会的作用

除了政府组织的一些委员会之外，美国的一些企业行会也致力于出口管制事务。企业行会很明显是由寻利的厂商组成的行业协会，其目的主要就是影响政府的公共政策。这些公共政策包括税收、科研补贴，等等，而对于一些高科技行业的企业行会，由于其许多成员的出口受到美国政府的限制，因此推动美国政府放松出口管制政策也就变成这些企业行会的目标之一。在出口管制领域比较活跃的企业行会包括：

表 13–1　对美国出口管制政策发挥影响的一些企业组织

英文名称	中文翻译
AeA	美国电子协会
Aerospace Industries Association	航天企业协会
American Chemistry Council	美国化学委员会
American Manufacture Technology Association	美国生产技术协会
Business Software Alliance	商业软件联盟
Computer and Communication Industrious Association	电脑与通信企业协会
Computer Coalition for Responsible Exports	负责任的电脑出口联盟
Electronic Industries Alliance	电子企业联盟
Information Technology Association of America	美国信息技术协会
Information Technology Industry Council (ITI)	信息技术企业委员会
National Association of Manufacturers	全国生产商协会
National Defense Industries Association	全国国防企业协会
The Semiconductor Industry Association	半导体企业协会
Satellite Industry Association	卫星企业协会
The Business Roundtable	商业圆桌会
USA Engage	美国接触
U.S Chamber of Commerce	美国商会

现行的出口管制法律仍然是1979年的《出口管理法》，而《出口

管理条例》也仍然是这部法律的衍生物。但同法律不同，条例的内容是可以由政府自行决定进行调整的。例如“商务管制清单”就不断的需要进行调整和升级，而每两年举行一次的瓦森纳组织的会议也通常会通过一些多边管制内容的调整。例如，2005年瓦森纳全会通过有关“最终用途”的保证标识清单，里面涉及转口、最终用途等七项内容。[①]美国作为成员国之一在实施方面主要就是通过调整条例的内容来执行的。商务部的工业安全局是制定此条例的部门，因此工业界在无法推动新的法律通过的情况下，就只有通过推动《条例》的修改来实现他们的目标。他们试图通过游说总统和工业安全局的官员们来实现条例的修订并进而导致某项产品或某类技术的出口放松。主要的目标包括对技术限制参数的提升，如高级电脑；对管制清单上罗列物品的修订等。每次商务部对《出口管制条例》进行修改，都会通过“联邦信息板”（Federal Register）公布。另一个工业行会努力的方面就是争取将一些企业界认为完全不应该受到管制的产品从《出口管制条例》的管制清单中清除出去。所谓的不应该受到管制的技术和产品可以从两个方面来理解，一个是随着技术的快速发展，很多曾经是高端的技术已经是过时的了，进行管制的唯一结果是破坏对外贸易，对加强安全或外交政策没有任何的意义；另一个方面就是所谓的国外可获性（Foreign Availability），指的是虽然一些产品和技术具有某种尖端性和军事价值，但美国是唯一的或者是有限几个对其实施管制的国家之一，结果是目标国仍然可以通过美国之外的渠道获得这些技术或产品。在克林顿政府的第一任期间，由于克林顿在竞选总统期间所宣扬的国家经济政策的一个主要部分就是通过推动美国高科技出口来振兴美国的经济，因此在当时新的《出口管理法》无法在议会获得通过的条件下，克林顿政府下令将《出口管理条例》进行了一次彻底的改革，大大的缩减了管制范围和简化了出口许可的审批程序，特别是在放松高性能电脑管制方面表现得非常积极。进入新世纪以来，2001年怀俄明州共和党参议员迈克尔·恩兹（Micheal Enzi）起草的出口管制法案就提出要

① WA, “Outgiving of Export Control on Conventional Arms and Duel-use Items and Technology, Convention of Wassenaar. Arrangement 2005”, Vienna, Dec., available at http: // www. Wassenaar.org/ docs/ docindex. Html.

放弃国际市场普遍存在的商品和技术。[①] 当时美国商务部副部长肯尼思·贾斯特尔（Kenneth Juster）也说，准许美国公司出售国际市场普遍销售的产品，从而增加美国企业界的合法性贸易，增加美国经济活力。[②] 小布什政府第二任期内，美国对一些技术水平较低的两用品放松了管制。有人认为是由于布什班子与军工企业关系密切，也有人认为是为了促进经济活力。但无论如何，受益的是美国企业。

企业行会在推动出口许可审批时间的缩短和固定化也作出了贡献。这主要表现在对每个审批环节进行明确的时间限定，同时在技术上进行支持，例如建立一套更加高效的申请和电子审批系统。现在商务部工业安全局所使用的是一套电子申请和审批系统，很多以前要通过信函、邮寄的方式进行许可申请现在基本上都在网上进行，但有相当一部分的技术资料、图纸等仍然需要通过传统的方式。这套电子系统的建立是工业行会和企业界多年推动的结果，也给申请企业和审批官员带来了很大的便利。

企业行会在政府经济制裁政策方面的影响。从20世纪70年代末开始，贸易制裁作为美国政府实现外交目标的手段被越来越广泛的应用。[③] 从那时候起，企业界就开始在外交性贸易制裁的问题上与政府、议会进行交涉以期减少这方面带来的损失。在1979年美国议会讨论建立1979年出口行政法的听证会上，当时的美国电子协会和国家生产商协会的两个代表托马斯·克里斯琴森（Thomas A. Christian-sen）和罗伯特·麦克莱伦（Robert Mclellan）就在议会听证中指出外交性贸易制裁对美国经济的影响，包括迫使美国厂商终止已经签署的协议，因此损害了美国厂商的名誉进而影响未来的竞标，并使得美国的贸易收支

---

① Statement by Senator Gram (R—Texas), Hearing Before the Committee on Banking, Housing and Urban Affairs, One Hundred Seventh Congree, First Session On "Establishing An Effective,Modern Framework For Export Controls By Means of the Export Administration Act of 2001(S. 149)", February 7 and 14, 2001. available at http: // banking.senate.gov/01_02hrg/020701/christen.htm.

② Keynote address by Kenneth I. Juster, Under Secretary of Commerce for Export Administration, Remarks at the Update 2001 Export Controls and Policy Conference, October 4, 2001, Washington D.C..available at http:// www.bis.doc.gov/News/archive2001/Juster@Update2001.htm.

③ William Long, U.S Export control Policy: Executive Autonomy vs. congressional Reform, p.70.

平衡进一步的恶化。[1] 在工业界的游说下，1979年的出口行政法对总统实施外交性贸易制裁的权力施加限制，要求总统在实施制裁之前考虑国外可获性，对美国商业损失进行评估，对企业界和议会进行沟通和咨询。

（三）政府部门与企业的其他合作方式

商务部的企业安全局和国务院的国防贸易管制委员会作为处理两用品和军品的主要出口管制机构，普及出口管制的常识并接受咨询是它们的一项日常工作。每年，商务部的出口商服务办公室都要在美国本土安排几十次科普性的培训班。只要对两用品出口问题感兴趣的公司都可派人参加，培训班从出口管制最基本的常识讲起，并结合案例解释相关的法律法规。2000年，出口商服务办公室共在全国组织了34次科普性的培训班。[2] 除了在国内举办培训班，商务部还与国外政府的相关部门进行合作，在国外举办培训班。2000年10月，美国商务部就同中国商务部（当时叫对外经济贸易合作部）合作，共同出资举办了在上海的出口管制培训班，尽管《出口管理法》没有变化，但《出口管制条例》每年都在调整，技术指标也在不断变化，商品管制清单（CCL）的内容每年也有增减，企业安全局都要及时在网站上刊登新闻。企业安全局每年都要召开会议，邀请国内外的企业代表参加，会议的规模一般能达到几百人，由于中小型企业高科技迅速发展，商务部现在更加重视中、小型出口商的出口管制培训工作。为了对敏感两用品技术管制得更好，商务部一直致力于从企业界引入有关的技术专家，但这项工作的进展一直不太顺利。在企业中负责高技术两用品研发的专家一般薪水很高，并且对政治不太感兴趣。如果让他们转行从事收入较低的许可证审查工作，并且没有技术研究的乐趣，这些技术

① The Hearing Record of the US Congress, 1979, p. 504, quote from: William Long, U.S Export control Policy: Executive Autonomy vs. congressional Reform, p.72.

② Office of Export Services, "Year 2001-2002 Seminar Schedule," in BXA, Update 2001 Conference on Export Controls and Policy, Washington, DC: BXA, October 2001, pp.165-167.

专家一般不会到政府中来工作。但从政府的角度讲，这些技术专家是建立高效出口管制体系所必需的。

随着军品技术的迅速发展，核产品、生物产品、化学产品以及导弹产品的技术在出口管制的要求上越来越细。为此，国务院的国防贸易管制委员会学习商务部举办培训班的办法，按照核、生物、化学、导弹各个技术领域举行培训。由于在美国涉及军品出口的企业数量不多，尤其是核材料领域更是有数的几个大型公司，所以专业技术培训班的规模较小，一般只有二三十人，类似商务部那种上千人大规模的培训在国务院是不可能的。

海关作为出口管制的执行部门，除了监管货物通关外，还向出口企业提出建议，以使这些企业更好地了解法规以及清单的变化情况。同时对一些涉及恐怖分子的名单，与恐怖主义有关的外国公司和组织名单的公布，使美国的出口商更了解其潜在的最终用户的情况，从而在一定程度上阻止秘密交易的发生。尽管企业界对政府出口管制的机制有许多不满之处，但对于官方公布的最终用户的信息，出口商还是相信其权威性的。

三、美国政府与企业界未来合作的展望

在21世纪，随着经济全球化的迅速发展和科技竞争的日趋激烈，美国政府与企业界在出口管制上的共同利益回越来越多，双方的合作会更密切。其中，企业行会将继续扩大自己的影响，而政府对企业的管理也会变得更加科学和规范。

第一，金融危机为拖延已久的出口管制改革创造了良好的氛围。奥巴马在2010年1月提出的“国家出口倡议”就是要推动出口管制改革，更好地把出口管制与扩大出口、创造就业、增强国际竞争力联系起来。奥巴马指出，出口每增长10亿美元，就会为美国制造6000多个就业岗位。美国制造商联合会副会长弗兰克·瓦戈（Frank Vargo）估计，如果改革成功，未来10年美国出口将增加600亿美元。2010年4

月，美国国防部长罗伯特·盖茨宣布，将修正美国冷战时期遗留下来的军事装备与高技术产品出口管制规定，“美国将放出95%的普通技术，同时注意控制住5%的核心技术”。美国政府2010年8月31日公布了出口管制改革方案，新标准把出口管制项目分为三个层次：最高层次适用于那些对美国保持军事和情报优势至关重要的产品，其出口对象只有美国盟友；中等层次是针对那些对美国保持军事或情报优势具有重要作用，出口对象大体限于美国的盟友与伙伴；最低层次适用于那些对美国具有重要的军事和情报价值，其出口对象比较广泛。[①] 新的出口管制政策的目标是要在保持住美国绝对军事优势的同时，适度放宽对美国安全不构成威胁的产品和技术的管制。可以说，这次改革的出发点和落脚点都是满足企业发展的需要，把经济利益摆在了更突出的位置，改革的实质是放松管制。

第二，政府对企业的服务功能将进一步发挥出来，工作效率会更高。这次改革将围绕“四个单一”展开，即建立单一的管制清单、单一的发证机构、单一的执法协调机构、单一的信息技术处理系统。建立单一的管制清单是将现有的两用品清单和武器清单合二为一，方便企业查对，有利于清单更新，提高技术门槛，从而缩小管制范围。单一的发证机构和单一的执法协调机构有利于提高管理的效率，避免由于多头管理造成企业无所适从的弊端。单一的发证机构有利于简化行政程序，避免政出多门，提高许可证的审批速度。以前高技术产品出口审批程序复杂，企业需要等上30—60天才能知道审批结果。建立单一的发证机构后，借助“在线审查程序”，普通许可证的申请会缩短到30分钟左右。这将有利于出口企业更快速、更方便地参与国际市场的竞争。

第三，许可证的审批将更加客观，增强可预测性，减少对企业不必要的限制。这主要表现在淡化国别政策和重视外部可获得性。以往有企业批评美国的出口管制政策是国别政策（或称双重标准），即某种产品或技术仅向特定国家出口时要受控制，而向别国出口则不受影

① 徐启生：《美出口管制要改革了》，载《光明日报》，2010年9月5日，第8版。

响。这种有国别差异的管制政策不仅损害企业利益，而且不利于双边政治上的互信。现在美国政府通过加强对最终用户、最终用途的管理，来取代出口限制上的国别差异，是管理理念的重大进步，无论对美国的出口商还是进口美国商品的其他国家，都是利好的消息。重视商品的外部可获得性有利于解决管制的技术指标落后的问题。一般来讲，许可证的审批技术参数或指标经常落后于科技水平的发展。结果是限制了许多技术水平低的产品的出口，技术高的产品就更不用说了，企业在国际市场上的竞争力就会大打折扣。而关注外部可获得性就可以打破技术指标的限制，只要国际市场上有的产品或技术，美国企业就有可能出口，美国企业与其他国家的企业就站在了同一起跑线上，这对企业的可持续发展至关重要。

第四，美国的一些利益集团，包括企业行会会设法更多地影响美国的不扩散出口管制制度。作为世界上最发达的资本主义国家，美国的公司千方百计地要赚取利润。但政府从国家安全的层面考虑，要对一些出口行为进行限制。这时，单独一个公司出来反对政府的政策影响力有限，于是，这些公司就通过行会组织的形式，向政府表达企业界的看法。即使在美国国会内部，也存在明显的意见分歧。作为企业界，他们要尽量说服大多数议员支持它们的观点。随着2005年7月18日美国总统布什和印度总理辛格启动《民用核合作协议》，[①] 印度可以从材料和技术上得到美国支持，增加核电发电，满足其经济增长对能源的需要。[②] 相关企业已利用这一契机，宣传出口某些高技术对美国经济的重要性，建议更多放宽管制。在2010年1月，奥巴马提出5年出口翻一番计划后，波音公司和施乐公司总裁立即同意成立顾问委员会支持这一计划。[③] 在技术情况变化方面，企业要通过行会组织及时向商务

---

① Whitehouse News and Policies, July 18, 2005, Joint Statement Between President George W. Bush and Prime Minister Manmohan Singh, Washington, DC, 2005, available at http://www.Whitehouse.gov /news/releases/2005/07/20050718-6.html!.

② A. J. Tellis, India as a New Global Power: An Action Agenda for the United States, Carnegie Endowment for International Peace: Washington, DC, 2005, available at http://www.Carnegieendowment.org/publications/index.cfm?fa=view&id=17079&prog=zgp&proj=zsa.

③ Sewell Chan, "Initiative On Exports Hits Hurdles", *New York Times*, August 2, 2010.

部等机构汇报，建议修改管制清单，改变标准，从而保证美国技术市场占有率。为了更好地影响政府部门，现在一些企业行会直接邀请退休的政府官员为他们工作，利用这些人与政府良好的关系和背景，使企业界的意见更充分，更顺利地表达。例如，美国前商务部副部长比尔·林斯克（Bill Rinsch）曾任美国英盖芝公司（USA Engage）总裁。这是一个专门反对美国单边制裁政策而建立的商业组织，其成员遍布众多领域，包括高科技、农业等。退役空军准将约翰·道格拉斯（John Douglass），曾任航天工业协会总裁。前负责出口管制的商务部副部长保罗·福瑞登博格（Paul Freedenberg），曾任制造技术协会负责政府事务的副总裁，曾多次就《出口管制法》改革的问题参加议会的听证并发表意见。

第五，美国政府将通过提高技术手段来控制“无形技术转让”，并减少对拥有多国雇员的公司出口产品的障碍。美国政府考虑把商业信息领域的管制技术移植到“无形技术转让”中来，因为这些技术有相似的地方。例如，有关部门可以制作一个重点关注的外国人名单数据库，对有关的外国留学生或专家的活动进行跟踪记录，以防出现非法转让问题。对本国出国人员同样建立数据库，对比其出国前和出国后的有关信息，看是否有异常发生。放松对有外籍员工企业的限制实际上有利于科技交流与合作。企业可以通过这些国外技术人才的研发工作提升本企业产品的技术含量，“他山之石可以攻玉”，充分发挥这些人的创造力。据统计，目前跨国公司在中国设立的研发机构多来自美国，在最大的40个研发机构中，美国约占一半。雇用国外人员推动技术进步对美国企业是经济实惠的选择，而放松对这些公司出口产品的限制则更有利于企业把技术转化为利润，实现企业的良性发展。

第六，美国政府要督促企业建立“内部遵守制度”。该制度要求雇员了解并遵守国家出口管制规则和顾问机构。尽管对中小企业来说，建立“内部遵守制度”的成本较大，但相比起由于不了解规则而造成的损失，这笔投入还是值得的。在执行内部遵守制度过程中，企业可以发挥自己的主动性，例如提出改进意见来提高工作效率，这些都是政府所欢迎的。美国大约有几百家公司拥有自己的出口管制部门，在一些公司中有关专职的许可证工作人员。[①] 一般来说，越是大型的公司（比如波音公司、国际商业机器公司、强生等），越重视出口管制的问题。这其中一个重要原因就是为了防止遭受制裁，从而造成不必要的经济损失。这些企业的领导经过以前的教训，专门聘请懂得出口管制的人员在企业任职。有的企业在内部建立一套出口管制机制，包括出口管制部门的设立、出口管制程序的设立、企业员工的出口管制培训等，从而确保本公司出口产品不会有麻烦。据估算，在美国私营公司中，专职或兼职的出口管制人员至少有几千人。

① Richard Cuppitt, "Survey on Survey on US Industry Compliance and Export Controls: Executive Summary," Available at.http://www.uga.edu/cits/news/news_us_indi_full.htmSurvey.

第14章 美欧出口管制政策调整对中印安全认知的影响

[美] 司乐如*

[内容提要] 在美欧的政策当中，出口管制政策普遍被认为客观性较强。但是，对这些政策判断也常常存在明显的认知差异。在中国专家看来，美欧所实行的出口管制是主观的、有政治色彩的决策。制裁在一方面是针对客观的事件或行为；而在另一方面它们通过主观的判断来进行反应。这两个方面导致了出口管制和制裁之间的矛盾。出口管制一般按照比较宏观的、范围广泛的方式来控制军民两用装备和技术的转移，而制裁一般是针对比较具体的、狭窄的目的和行为体。制裁应该是出口管制的特殊种类。本章将探讨中印专家对美欧出口管制与制裁调整的反应，尤其是对2001年与2005年美国解除对印度的制裁的反应，并分析这些主观感受如何影响中印对对方的客观军事现代化的认知。

* [美] 司乐如（Lora Saalman）：清华—卡内基全球政策中心研究员，博士。

The Impact of U.S.-E.U. Export Control Shifts on Sino-Indian Security Perceptions

Abstract: Among U.S. and E.U. policies, it is often assumed that export controls are marked by objectivity. However, these policy judgments also retain significant perceptual significance. According to the view of Chinese experts, U.S.-E.U. export controls represent subjective and politically motivated decisions. Sanctions on the one hand target objective events and behavior, while on the other hand they are responses carried out through subjective judgments. This creates a contradiction between export controls and sanctions. Export controls generally exist at the macro-level and are broad in scope, controlling the transfer of dual-use equipment and technology. By contrast, sanctions generally target more specific and narrow goals and actors. This chapter explores the response of Chinese and Indian experts to U.S.-E.U. export control and sanction shifts, particularly under the U.S. lifting of sanctions on India in 2001 and 2005. It also discusses how these subjective reactions impact Chinese and Indian perspectives regarding one another's objective military modernization.

一、美欧针对中印的禁止军售问题

在美欧的政策当中，出口管制政策普遍被认为客观性较强。但是，对这些政策判断也常常存在明显的认知差异。在中国专家看来，美欧所实行的出口管制是主观的、有政治色彩的决策。制裁在一方面是针对客观的事件或行为；而在另一方面它们通过主观的判断来进行反应。这两个方面导致出口管制和制裁之间的矛盾。出口管制一般按照比较宏观的、范围广泛的方式来控制军民两用装备和技术的转移，而制裁一般是针对比较具体的、狭窄的目的和行为体。制裁应该是出口管制的特殊种类。按照这个逻辑，制裁或禁止军售是出口管制的最主观的、极端的反应方式。

有趣的是，美欧国家对中国和印度早期发生的事件，如1974年印度核试验和1989年北京政治风波，采取的措施是不一致的。美国对印度在民用核技术和装备援助下所进行的核爆炸的反应是法律上（出口管制）调整，而美国对北京政治风波的反应是直接禁止对华军售（制裁）。后者更有针对性。美国对1998年印巴核试验则采取了更有针对性的制裁。尽管如此，美国对印度的制裁没有像对中国那样长久。一方面中国和印度的事件不同；另一方面美国对中印在“认知”上的巨大差异使其对双方的制裁和出口管制政策之间出现差异。虽然本章更重视中印对出口管制和制裁调整的反应，但我们必须首先稍微了解出口管制政策的来源和认知上的意义。

（一）对华的出口管制

自1972年中美谈判后，美国一直积极推动与中国的核与军事交流。比如，1985—1987年，中国和美国在军售问题上有四个核心项目：火炮弹药生产设施的现代化，F-8战斗机装备的航空电子设备（和平珍珠计划），马克-46反潜鱼雷的销售和an/tpq-37火炮定位雷达的销售。与此同时，美国和中国的核武器国家（Nuclear Weapon States，NWS）身份也为这些调整提供了可能。与此相反，印度处于核不扩散体系之外，印度所进行的核试验不仅招致指责，也遭到了美欧的制裁。

在核不扩散体制的框架下，美国前总统里根把中美核合作协议方案提交给美国国会。但是，中美的蜜月期并不长久。1989年6月4日的北京政治风波破坏了这些友好关系和军事贸易交流。一天之内，当时的美国总统布什做出了禁止对华出口军备的决定。美国的对华制裁公布在1990年和1991年的《对外关系授权法》（Foreign Relations

Authorization Act）的公法101—246中。[①] 这些制裁导致了中美四个军事合作项目的停止。

1989年以来，美欧对中国和印度的出口管制一直有很多不同。美欧国家不仅对历史问题有不同看法，而且其做法也经常不同。以1989年对华禁售为例，虽然美国和欧洲国家对1989年北京政治风波都作出反应，但它们反应的方式有很多不同和矛盾之处。美国采取的是上升到法律上的限制行为，而欧洲国家只宣布暂时的、缺乏法律约束力的声明。美国的限制行为不仅是具体的，而且是比较严格的。与此相反，欧洲国家采取行为比较抽象，并且，欧盟每个成员国的不同政治和法律体系也影响了其行为。

1999年，笔者在北京接触过一位匈牙利大使馆的高官。他认为欧洲国家与中国的军售关系并没有停止。他指出匈牙利未把中国视为战略威胁，因而不受法律上的限制。因此，双方进行军事交流是完全合理的。他的这番话并不令人意外。与此同时，由于欧盟国家加入北约的越来越多，所以通过北约美国转给这些国家的军事装备或技术就有可能流到中国。许多军售合同在禁止对华军售之前已经开始，而禁令之后也没有停止。来自法国、英国、德国等的军事装备仍被转移到中国，如法国在1991年、1994—1996年、1999年提供的2个“鲁达”驱逐舰和“陆虎”护卫舰上部署的DUBV-23ASW和DUBV-43VDS声纳；在1992—2009年授权生产的在“陆虎”、“鲁达”、“绿海”驱逐舰、“江卫”和“将开”护卫舰部署的“响尾蛇”（Crotale）防空导弹系统；1991—2009年授权生产的AS-365/AS-565“黑豹”（Panther）直升机等。[②]

虽然我们不能排除上述军事装备和技术通过第三国转移的可能，但是对美国来说情况则会不同。主要原因在于欧洲国家基本上把禁止对华军售视为人权问题，而美国把禁止对华军售视为人权和安全问

① “Chapter 2: Crime Control/Human Rights,” Sections 742.7, 742.11, 742.17, Bureau of Industry and Security, U.S. Department of Commerce, [2009-08-07], 美国商务部工业安全局网站，http://www.bis.doc.gov/policiesandregulations/04forpolcontrols/chap2_crimehumanrights.htm。

② “Transfers of Major Conventional Weapons: Sorted by Supplier, Deals with Deliveries or Orders Made for Year Range 1991 to 2009,” Stockholm International Peace Research Institute (SIPRI), [2010-03-29], 斯德哥尔摩国际和平研究所网站，http:// www.sipri.org。

题。前者拥有象征意义，而后者拥有象征意义与现实意义。欧洲国家一般想限制的军售是在人权问题上实用的小武器和军事平台，而美国想控制的是有利于中国军事现代化的各个方面的军民两用技术和装备。因此，欧洲国家的禁止对华军售定义比较窄。按此道理，能够伤害中国公民的武器受到控制，而其他的军民两用技术和装备是可以出售给中国的。笔者在采访美国国务院高官时，他们指出美欧对这些禁止军售的看法有许多不同。虽然他们理解欧洲的立场，但他们认为这个看法需要调整。

上述批评也反映美国和欧洲国家的另外一个不同。分歧来自美国对华的军备禁止越来越针对中国的整个军事现代化体系。本来针对人权问题的措施转为限制中国对美国利益构成挑战的各个方面。按照上述不同，法国和其他的西欧国家在2004年开始讨论解除对华的军备禁止。虽然美国和有些小的欧洲国家，如丹麦、挪威等表示反对，但它们的反对意见有不同的立场，也反映出西方国家的分歧。欧盟国家强调人权问题，而美国强调安全利益。

尽管如此，要探究2001年的出口管制调整，先须了解中国和印度受到的基本限制。在中国的案例当中，1989年美欧开始禁止对华军售。美国的对华禁售是法律上的，条件比较具体，并且美国国会具有监督权力。这些制裁的法律依据是美国1976年发布的《军备出口管制法案》（Arms Export Control Act）。根据该法案，禁止发放《美国军火管制名单》（US Munitions List）上货物的许可证。被控制的装备包括直升机、直升机零件、犯罪控制和检测设备，和为中国发射的卫星等。在有些交易上，美国总统有权以“国家利益”为由允许出口清单上的某些零件。

虽然美国的对华禁售要比欧洲国家严，但小布什总统和克林顿总统都批准过对华的军民两用设备和技术的转移。从1989年至1998年，克林顿总统在20个案例上颁发了13个许可证，允许美国公司向中国出口在《美国军火管制名单》上的装备和技术。2002年，小布什总统也两次颁发许可证给中国出口防止恐怖爆炸和清洁第二次世界大战的化学武器的装备。2003年，小布什总统为波音民用飞机也颁发了一个出口QRS-11传感器的微惯性测量装置（Inertial Systems Unit）的许可证。虽然

1990年和1991年的《对外关系授权法》（Foreign Relations Authorization Act）禁止对华出口C–130运输机，但2010年10月，美国白宫网站却显示奥巴马政府决定提供豁免来解除美国对C–130运输机“临时军火出口许可证”的禁止。该决定在美国国内引起了激烈争论。它也反映出美国总统对中国实施制裁的意愿并不坚定。但是，美国国会对中国的“认知”很清晰，这些许可证导致不少国会成员的极大不安。

在中国方面，笔者在2009年采访了两位中国军事研究者和一位中国政治学者。他们认为，如果美国真想中国增加军事透明度，最好是解除针对中国的军售禁令，这样就更易于中美进行军事交流，而且美国在军售的过程当中也会对中国的武器用途和类型更了解，检查机会更多。但是，笔者在采访美国国务院的高官并研究美国法律和出口管制文献后，认为类似愿望恐怕难以实现。

事实上，美国在卖给中国高技术产品与民军两用装备时会增加利润，但这只是暂时的，由于中国的“逆向工程”与“国产”能力很强，美国终究会吃亏。理论上讲，美国对华的“认知”框架已经将“中国威胁论”放在国家安全的最高地位。而且美国的不少专家和官员的“中国威胁论”通过“二手偏见”（secondhand bias）[①] 方式强化了印度专家对中国的怀疑和担心。

（二）对印的出口管制

印度第一次受到世界指责要比中国早，而且，构成国际核不扩散机制中的不少国际组织和国际法律都来自国际社会对印度1974年“和平”核试验的反应，其中著名的是诞生了核供应国集团（Nuclear Suppliers Group，简称NSG）。除了对国际制度的影响外，美国制定的一些法律也与印度早期的核试验有关。比如，1976年美国发布的《军备出口管制法案》（Arms Export Control Act），就是对有利于军事项目的装备和技术进行控制。1979年发布的《出口管理法案》（Export

① 按照“二手偏见”的逻辑，第三方会对一个行为体的观点有巨大的影响。一手信息缺乏会令行为体难于通过现实环境来了解对方的行为，因此误解会自然地出现。

Administration Act），授权美国总统管理军民两用性装备、设备、软件、技术等。笔者在梳理文献时发现虽然美国针对制裁的大多数政府报告、国会研究等文献都提到1974年印度“和平”核试验后面临的制裁，但这些材料都没有提到制裁的细节。尽管文献都指出印度面临着与核武器相关的装备和技术制裁，但都没有被提及哪些印度企业和哪些装备和技术受到控制。因此，难以判断哪些常规武器项目受到影响。

1974年的印度核试验之所以吸引世界的关注，是因为印度核试验的技术来自和平性核合作，如加拿大提供的重水反应堆和美国提供的重水。如今，核不扩散问题上的军民两用合作成为国际社会关注的核心，这也反映出国际核不扩散机制面临的巨大挑战。印度进行核试验后，国际社会建立起核供应国集团，并开始限制成员国与印度的核合作。为了控制两用技术和装备出口，美国也修订了核技术与装备的相关法律。比如1976年的《军备出口管制法案》。尽管如此，军民两用合作并未完全停止，如美国在1980年代称通过中国来提供给印度反应堆里使用的重水。事实上，印度也还保持着与俄罗斯、以色列等国的军事交流。

印度进行1998年的“军事”核试验后，国际社会对战略武器和常规武器进行制裁的问题才凸显出来。这些制裁深入到常规武器和战略武器的各个领域，限制了印度通过国际军售市场实现军事现代化的能力。图14–1和附录B显示，制裁的范围很广，包括战略武器与战术武器。而印度国内的经贸缺陷限制了印度的军购力量，并且印度1998年的核试验也招致世界的指责，美国和欧洲联手表示反对印度的行为，并实行针对印度和巴基斯坦的制裁。这些外来压力和内部压力遏制了印度的军事发展。

在此次对印度的制裁中，虽然美国与欧洲国家在态度上都比较坚决，但它们之间的团结并没有持续很久。之后一年内美国和欧洲国家就已经开始调整对印度的制裁政策。美国重新开始对印贸易，2000年美国总统克林顿还对印度进行了历史性访问，并与印度签署了《印美关系：21世纪展望》。[①] 该文件不仅成为小布什政府时期印美战略伙伴关系的基础，而且在其签订的同时，印度和美国专家就已经开始讨论美国解除对印制裁的问题。

2000年9月，印度总理瓦杰帕伊回访美国。美印两国开始在反恐、联合国维和等方面进行积极合作。作为回应，美国开始放松对印度的经济制裁，部分恢复了对印武器装备零部件的供应和同印度的军事交往。到小布什时期，印美开始实行战略对话，并且美国政府开始认为印度是"具有全球性地位的新兴大国"。[②] 2001年小布什政府宣布新的导弹防御计划后，印度政府表示出理解和支持。"9·11"事件后，印度明确表示支持美国打击恐怖主义。这些成为双方扩大合作与互利互赢的基础。

就在"9·11"事件发生的同一个月，美国政府解除了针对印度的军售制裁。虽然许多东西方专家均认为解除制裁与"9·11"事件有联系，但上述分析表明美国早已准备解除对印度的制裁了。印美战略关系的确立使得中国的一些研究者开始讨论这种"持久的、政治上有建设性、经济上有成果的"新型伙伴关系的意义。[③] 美欧对中印的态度很明显是不同的，尤其是美国的态度。在对中国方面，美欧都是指责，只是美国的态度比欧洲要强硬一些，但对印度，美欧却都想办法保持与其合作。

美国对印度态度的转变发生在1998年印度进行核试验之后。此后，美国开始对印度的军购要求进行审查，审查的依据是美国商务部的《商业管制清单》（Commerce Control List，简称CCL）。清单上的出口物，如核两用品、导弹相关两用物项和技术，都要由商务部会同国防科工委进行审查，而且是要逐项审查。其他被控制过的EAR99出口拥有"批准的假定"（presumption of approval），而以前只面临"拒绝的假定"（presumption of denial）。

---

① 吴兆礼：《印美关系前景分析》，2010年8月13日，中国社会科学院亚洲太平洋研究所网站，http://iaps.cass.cn/news/125344.htm。

② 赵青海：《美印军事合作及其制约因素》，2009年4月25日，全球防务网站，http://www.defence.org.cn/article-13-96790.html。

③《美印走向"军事同盟"？》，载《现代军事》，2009年8月，第24页。

2001年美国解除对印制裁是美印改善战略关系的里程碑，这为双方高技术合作打开了大门。2005年的关于印美空间与核能合作宣言，使双方突破了进行合作的最大障碍。虽然印度和美国之后面临着关于供应、法律调整、核反应堆保险和赔偿责任、最终用户监控协议等分歧，但从“认知”层面来讲，该宣言的实际意义与象征意义都很大。

由上可以看出，美国对印度的出口管制和利益调整比对中国的调整广泛得多。出口管制调整改变了国际核不扩散和民用核合作体系，而且对限制印度整个军事现代化发挥了一定作用。虽然军购不一定会影响到印度国内生产和军事等领域，但如图14–1所反映的出口管制对印度的军事现代化的覆盖范围特别广，尤其是1998年的禁止军售。由于1998年的制裁材料比1974年的更全面，通过这些制裁内容，我们可以判断印度在国际军售市场所面临的限制。从美国“实体清单”上被排除的印度企业一般是在印度常规武器和战略武器市场上进行活动。针对这些公司的制裁不仅影响到核武器或弹道导弹的发展，而且也影响到印度的整个军事现代化，包括陆军、空军、海军、天军（Space Force）和核军都依赖的装备和技术。

二、美国对中印的出口管制比较

（一）美国对中国和印度的双重标准

美国对华的出口管制与对印度相比一直没有特别大的变化。2001年以来，美国把159家印度公司从“实体清单”上排除，而对中国则是只给5家中国企业以“合格最终用户”（Verified End User，简称 VEU）身份，并增加了一些能对中国军事现代化提供“材料贡献”（material contribution）的军民两用装备和技术等零件的新许可证。中印在美国出口管制体系上受到的不同待遇，是美国根深蒂固的“认知”问题而导致的。

在美国，不少人在研究并比较中印的崛起，不仅比较中印经济上的崛起，也比较美国政府对双方的政策问题。研究发现，美国对中印双方存在明显的双重标准。最典型的例子出现在美国商务部的“工业和安全局”网站的首页上。在“政策措施”和“美国出口管制措施”的标题下，美国的工业和安全局提到了两个主题：“印度高技术贸易”（India High Technology Trade）和“中国高技术贸易”（China High Technology Trade）。打开这两个副标题，会发现关于印度的标题为“促进美印贸易”（Facilitating U.S.-India High Technology Trade），而关于中国的主题却为“确保美中贸易”（Securing U.S.-China High Technology Trade）。[①]

由此可见，美国正对中国的是以高技术贸易的安全问题为主，而对印度的是以推动高技术贸易为主。标题下的文件也反映了美国商务部对中印的不同政策和态度。比如，上面所提到的针对这两个国家的“核实最终用户”政策，其政策内容和实行方式上就存在差别。对印度的大多数文件是关于如何加强合作和放松限制，而对中国的大多数文件是关于如何保证双方的高技术贸易不利于中方的军事发展。尽管如此，仍不少印度专家认为，虽然美国对中国的军事现代化中的常规武器限制比对印度的要严格，但美国对印度的核项目和航天项目的限制要比对中国的严。

（二）美国军售真空导致的现象

在1990年代，没有哪个国家向中印出售军备，这两个国家都同时面临军购空白，但不同的是，中国拥有长期军购空白的经验，在1960年代初中苏关系破裂后，中国就开始采取自主自制的措施来满足国家的国防需求，其中包括863项目。[②] 而印度在建国后一直依赖于苏联的军备出口，并一直是俄罗斯/苏联的最大军购国家，而没有自主研制军备。

1991年苏联解体后，俄罗斯的经济危机导致其许多企业扩大对外出口。在此情况下，俄罗斯填补了美国和欧盟国家留下来的军售空

① Bureau of Industry and Security, U.S. Department of Commerce, May 25, 2009, 美国商务部工业安全局网站，http://www.bis.doc.gov/index.htm。

② 《863—国家高技术研究发展计划》，中国科学院网站，http://www.cas.cn/ky/kyxm/863xm/。

白。因缺乏资金和动荡的社会状况使得不少俄罗斯军事专家纷纷向他国迁移，苏联的军事技术和设备也向外出售，这给中国和印度以宝贵机会可以购买以前买不到的东西。进入21世纪以来，俄罗斯继续是中印的主要军火供应国。据瑞典智库斯德哥尔摩国际和平研究所（Stockholm International Peace Research Institute，简称SIPRI）2010年的统计，印度军队武器装备的70%与中国军队武器装备的89%的来源于俄罗斯/苏联。尽管如此，瑞典智库国际和平研究所也指出，最近三年，中国除了购买法国和俄罗斯的直升机外，明显减少了军购。尤其是2009年，中国没有购买任何大的军事平台。与此相反，俄罗斯和以色列向印度的军售继续增加。①

不仅是美国对中印出口管制的态度不同，作为中印双方的最大的军备供应国的俄罗斯也对双方采取了不同态度。中俄两国因边界和历史问题导致双方在战略上的互不信任。当笔者采访俄罗斯的国防思想库“战略和技术分析中心”（Centre for Analysis of Strategies and Technologies，简称CAST）的专家时，该专家指出俄罗斯意识到中俄关系中的战略威胁性。他因此认为俄罗斯无法把最先进的技术和装备卖给中国。而俄罗斯和印度之间不存在像中俄之间的问题，因此其相互贸易更自由，包括俄罗斯的有些4.5代技术，如苏–30MKI等都出售给印度。尽管如此，由于受美欧出口管制政策的限制，中国对俄罗斯与以色列的一部分军购依赖无论其大小如何都会继续下去。

虽然印度的军购优势比中国强，但中国的军事现代化比印度要快。首先，中国的“逆向工程”能力很强。中国的科学家能够复制引进的技术和装备，并创造自己的产品。其次，在胡锦涛主席的科学发展观指引下，中国也正在加强本国科学家的“创新”意识。国内的创新活动丰富多彩。②而印度，除了其软件市场以外，“逆向工程”和“国产”军事工业都弱于中国。虽然印度早就引进俄罗斯的高技术，但它

① “SIPRI Top 100 Arms Production Data,” Stockholm International Peace Research Institute (SIPRI), May 29, 2010, 斯德哥尔摩国际和平研究所网站，http://www.sipri.org。

② 《中国科学院技术创新规模产业化专项行动项目资金管理办法（试行）》，2004年10月14日，中国科学院网站，http://www.cas.cn/jzd/jyb/jwjhb/jzcwjhb/dbj2003/200410/t20041014_1679390.shtml。

对俄罗斯的依赖还比较强。连印度生产的潜艇和航母技术也都来自俄罗斯。中国和印度的军事系统存在的相似性，为比较这两国在西方国家解除制裁情况下的认知转变提供了平台。

（三）美国军售的限制与复兴

中印虽然在军售基础方面有许多相同地方，但双方在2001年后面临的军售状况却完全不一样。本章的附录B提供了所有关于从美国政府“实体清单”上被排除的印度企业的信息。印度的159家企业从美国政府的“实体清单”上被排除，对印度军事现代化带来决定性的影响。这些制裁主要针对的是印度的核武项目，因此制裁覆盖了所有与1974年和1998年的核活动相关的印度企业，如“国防研究和发展组织”（Defence Research and Development Organization，简称DRDO）的“终端弹道研究实验室”（Terminal Ballistics Research Laboratory，简称TBRL）、巴巴原子研究中心（Bhabha Atomic Research Center，简称BARC）等。但是，清单上的好多企业研制的材料范围也包括陆军、空军、海军、天军等领域，从核能到卫星，从潜艇到无人机，超越了大规模杀伤性武器的边界。

有些企业为印度的空军和天军项目作出了贡献，如制造卫星和遥感技术的“空间应用中心”（Space Applications Center，简称SAC）、负责惯性系统“增强型卫星运载火箭”（Augmented Satellite Launch Vehicle，简称ASLV），“极地卫星运载火箭”（Polar Satellite Launch Vehicle，简称PSLV）、“地球同步卫星运载火箭”（Geosynchronous Satellite Launch Vehicle，简称GSLV）的“惯性系统股”（Inertial Systems Unit）、在“综合导弹发展计划”（Integrated Guided Missile Development Program，简称IGMDP）下发展导弹弹头的碎片，为“轻型战斗机”（Light Combat Aircraft，简称LCA）和“制定极地卫星运载火箭”计划发展材料与硬件的“国防冶金研究所”（Defense Metallurgical Research Laboratory，简称DMRL）等，就是这样的例子。

虽然2001年解除制裁对大多数印度企业有利，但对印度军事发展有巨大意义的一些企业还留在“实体清单”上。虽然这些企业想引进的美国技术和装备不一定会被直接拒绝，但都还需要许可证。比较典型的例子包括：设计指导和参与生产“普里特维三”（Prithvi-III），合作创造“特里舒尔”（Trishul）、“毒蛇”（Nag）、“阿卡什”（Akash）、“布拉莫斯”（Brahmos）和“阿斯特拉”导弹，参与“先进轻型直升机”（Advanced Light Helicopter, 简称ALH）和“轻型战斗机”（Light Combat Aircraft，LCA）制造的“国防研究与发展实验室”（Defense Research and Development Laboratory，DRDL），负责快中子增殖反应堆技术，铀与钍燃料循环，并在“卡尔帕卡姆”（Kalpakkam）和“塔拉普尔”（Tarapur）后处理试验厂的“英迪拉甘地原子能研究中心”（Indira Gandhi Center for Atomic Research，IGCAR）。尽管如此，美国和印度在2005年签署印美《民用核能合作协议》时同时强调了其他方面的合作，包括太空与航天方面的合作的。因此，这些企业不一定会永久性地受到限制。

虽然有些印度企业从美国的“实体清单”被排除了，但是它们还留在德国和日本的相似“早警告清单”上，如监督采用气体离心技术的“拉特纳哈里”（Ratnahali）铀浓缩工厂，供应“核燃料设施”（Nuclear Fuel Complex，NFC）、创造管和其他的部件的锆英砂，“奥里萨邦金沙综合厂”（Orissa Sands Complex，OSCOM），经营钍植物有限公司（Indian Rare Earths Ltd.，IRE），发展“阿卡什”（Akash）导弹的火箭发动机外壳的“必可拉姆萨拉拔海航天中心”（Vikram Sarabhai Space Centre，VSSC）和有联系“的印度空间研究组织”（Indian Space Research Organization，ISRO），为“萨加里卡”（Sagarika）潜射弹道导弹进行设计和材料研究的“印度理工学院”（Indian Institute of Science，IISc）。由此可见，这些企业所负责的装备和技术范围十分广泛，包括了民用和军用领域。在上述的装备和技术混杂的条件下，虽然印度保证这些装备和技术都只服务于印美《民用核能合作协议》和太空合作协议，但军用和民用项目所使用的设施、设备、装备、技术和科学家是难于严格区分的。

由图14–1可见，从美国政府“实体清单”上被解除的印度企业有助于印度军事现代化的发展。笔者发现不少东西方核不扩散专家都怀疑美国的制裁对整个核不扩散体系的影响，认为制裁只是一种政治工具。而且，接受采访的不少美国核不扩散专家认为美国制裁只针对印度的核项目和导弹项目。但是，图14–1表明制裁的范围与影响力十分广泛。虽然制裁是针对印度的核武项目和体系，但受到影响的印度航天和陆军项目的总数很大。印度的核项目只排在受影响项目数的第三位。虽然海军和空军排在第四和第五位，但是其数字与其他领域的差距不大。由表14–1可见，美国的制裁对印度的整个军事体系产生了影响。

虽然印度专家强调“国产”在军事现代化中的重要性，但是印度对引进装备和技术的依赖一直很大。最早的例子是印度1974年核爆炸的材料来自于1955年加拿大政府决定出售的核反应堆。到目前为止，印度各种“国产”项目的发展均依赖引进的技术或设施，如国家的航空母舰和核潜艇项目。尽管如此，关于印度早期核试验和国际制裁的具体材料并不多。笔者只能试图通过关于1998年后的制裁来说明1974年制裁的影响范围。

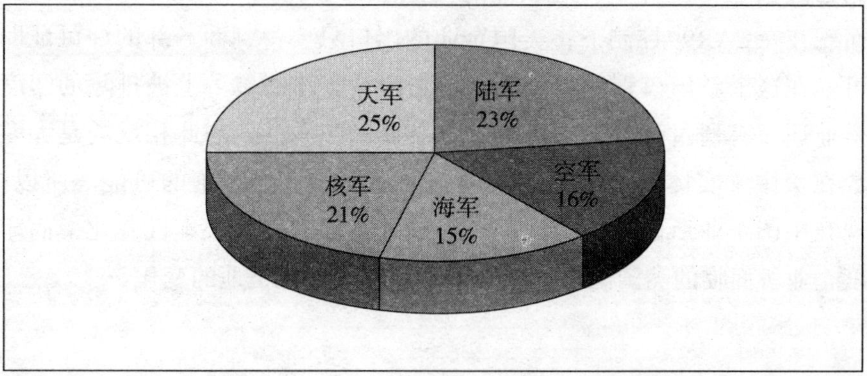

图14–1　从美国“实体清单”上被排除的印度企业的军事产业领域（总体）

资料来源：“The Entity List,” Bureau of Industry and Security, U.S. Department of Commerce, August 11, 2009, 美国商务部工业安全局网站，http://www.bis.doc.gov/entities/default.htm.；从美国“实体清单”被排除的印度企业网站上的产品清单和研究项目。

笔者在研究中发现印度民用和军用的设备和技术经常来自同一个公司。因此，制裁一个公司会限制军事现代化的其他领域，并且解除制裁也会推进这些领域的进展。由图14–1可见，在西方解除制裁情况下，印度的陆军、海军、空军、天军、核军等项目都会大发展。这对印度的军事现代化意义重大。

其中一个最明显的例子是无人机和运载火箭。印度和美国已经开始讨论其他领域的合作，如多用途战斗机和弹道导弹防御系统。这些装备对印度的军事现代化都将产生影响。印度的陆军、空军、海军等都正在实行无人机和弹道导弹的项目。引进的战斗机和反导装备和技术将有利于印度的“三位一体”战略和“多层次PAD和AAD”反导项目。因此这些从美国“实体清单”上被排除的企业将能引进技术、装备、培训等，这都会促进印度各个领域的军事现代化。

从美国商务部的工业和安全部的“实体清单”上，可以看出，美国所关心的只剩下约11家印度企业和几个反应堆设施。与过去的100多家企业相比，这个数字已经是非常少了。而且，这些公司受到的控制与过去也不一样了。过去向这些企业的任何出口都会被直接拒绝，而现在在EAR99控制下，美国企业的出口只要得到商务部的许可证即可。在这个新出口管制框架下，从美国“实体清单”上被排除的印度企业还没有通过许可证引进美国的装备和技术的。与此相反的是大多数在美国“实体清单”上的中国企业还面临直接拒绝的可能。所以，现在中国企业所面临的美国出口管制体系没有发生根本性变化，而印度企业所面临的美国出口管制体系却发生了翻天覆地的变化。

三、出口管制与美中印视角

（一）美国的视角

关于美国出口管制调整的决策动因和程序，在其他的研究中都被详尽地讨论过，因此本章更多地关注中国和印度对美国出口管制调整的反应。为此，附录A提供给读者的是笔者研究方法的细节。尽管如此，还需要阐述美国对中印双方的不同态度和政策。美国放松对印度的军售控制，但保留对中国的出口管制有两个主要原因：一是中国的军事能力更接近美国。因此，中国将来能够挑战美国的可能性比印度要大。在此情况下，美国制约中国的动力要强于对印度；二是美国对中国意图的不确定性要高于对印度。一方面因为意识形态问题，印度的民主体制更像美国；另一方面美国国内的反华游说集团影响力大，同时存在亲印的游说集团的影响。①

在上述情况下，这些组织在政治界能够游说美国国会，在学术界能够制造出学者对中印的不同描述和感受。美国对印度制裁调整的动因是多方面的，可能包括军售市场的扩大、意识形态的相似、游说集团的影响、小布什总统的影响、制衡中国的措施等。尽管如此，笔者在研究中发现美国方面的原因不如中国和印度的认知和反应的重要。如果这两个国家的军事界、科学界和政治界认为美国出口管制背后的意图是反华或亲印的，无论美国的真正意图怎样，这些专家就会按照这个逻辑进行反应，制定对策或调整政策。在此方面，认知的影响力会超过事实。

虽然奥巴马政府在调整美国的外交政策，但其对印度解除制裁和对中国保留制裁方面并没有发生大的变化。美国要在法律上改变对中国的军售禁止很难，因为这成为美国安全战略的重要部分，而不只是人权问题。美国对印度军事现代化的支持以及美印战略伙伴关系会给中国的安全环境带来新的威胁和压力。

与此同时，中国和印度都会影响国际核不扩散体系和美国的出口管制体系。印度核试验和印美核协议对整个核不扩散体系有较大负面作用。而且，美国对中国和印度采取的不同的制裁政策增加国际社会对美国所持双重标准的批评。笔者预测，美国在奥巴马总统的领导下不会改变印美核协议或针对中国的制裁，但在操作方式上可能会发生变化。比如，核供应的条件可能更严格。尽管如此，美国的出口管制

① ［美］司乐如：《观点和政策塑造：中国与印度在美国的游说行动对比》，载《南亚研究》，2009年第3期，第77—90页。

体系和国际核不扩散体系没有发生大的变化。美国在限制向印度出口核装备或材料时，俄罗斯或其他的国家却还在出口给印度。而且，美国对中巴最近实行的民用核能合作承诺并没有表示强烈反对，最多鼓励双方通过“核供应国集团”来进行。在此方面，美国出口管制体系和整个国际核不扩散体系都没有发生特别大变化，美国所持的双重标准仍将会存在。

（二）中国专家的视角

许多中国专家指出，印度的自主自制能力还不能达到军事现代化的需求，印度还严重依赖外来的军事装备和技术。图14–2反映出中国专家关于印度的军事现代化主要提及的是印度引进装备和技术。如《中国海军60年与军事变革》一文指出，“印度1947年建国，国情和中国相似。但印度在南亚次大陆上没有强大的邻国威胁，战略上是美苏超级大国拉拢的对象，因此，印度海军技术主要依靠引进，从西欧、苏联获得先进的飞机、潜艇、舰艇。今天，印度海军有了操作使用航空母舰的经验，有一定的远洋作战能力，属于‘区域控制’型海军。但印度的工业化近程缓慢，因此对引进装备的消化吸收能力低，核潜艇仍未研制成功，虽然进行了核试验，但没有建成‘三位一体’的核力

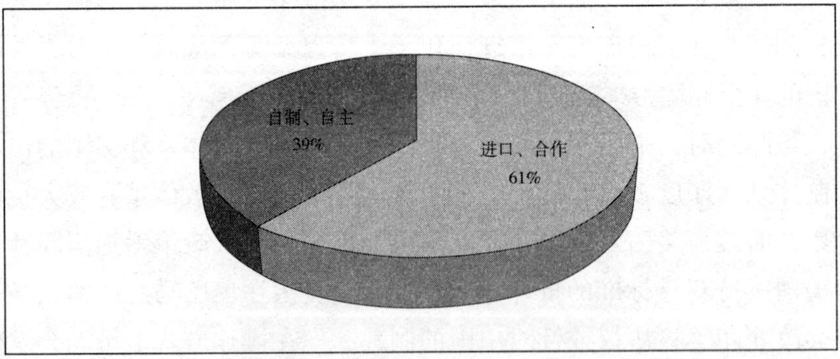

图14–2　中国军事期刊对印度“引进”和“国产”的关注（总体）

资料来源：《兵器知识》和《现代兵器》，1991年至2009年。

量”。[①] 由此可见，有的中国学者把印度对军购的依赖看成是其缺陷。

图14–2显示，许多中国专家注意到印度引进装备和技术为其军事现代化提供了有利条件，并促进其快速发展。他们认为，国际军备市场更有利于印度的军购，连中印最大的军备供应国也给印度提供更有利的条件。笔者采访的中国社会科学院的研究人员认为，从战略角度考虑，苏联/俄罗斯都不愿意提供给中国最先进的、第五代的武器。

与此相反，俄罗斯不仅愿意为印度提供武器装备，而且也愿意提供技术，比如先进的苏–30MKI战斗机，和研制“布拉莫斯”导弹的印俄合营企业。这样，俄罗斯对促进印度的“国产”能力，并帮助其加入世界军备市场方面发挥了积极作用。而俄罗斯提供给中国的苏–30MKK战斗机缺乏一些核心的苏–30MKI战斗机上的功能。

中印的另外一个重要军事安全交往伙伴——以色列对双方的态度也不相同。以色列由于受到美国的压力，出售给中国的军事系统要比给印度的差。虽然在20世纪90年代，美国曾反对印度和以色列之间的军备交易，如“绿松”雷达、“剑”反导系统、“费尔康”侦察机等，但在美国解除对印度的制裁后，也不再反对印以的军事交易了。与此相反，1999年以色列迫于美国强大压力停止向中国出售预警机。在类似的双重标准下，中国专家的“相对剥夺”感变得越来越突出，中国更加强调“国产”、“自主自制”、“创新”等概念。一位中国国防大学的专家指出，“我们应该感谢美国”，因为正是美国对中国的长期制裁与限制才推动了中国的创新意识与军事现代化。

（三）印度专家的视角

笔者在对印度专家的观点进行研究时发现，不少印度专家认为中国在国际市场上的条件更有利了，这个市场不是常规武器市场，而是有利于战略武器项目的核市场和航天市场。笔者采访的印度专家一般认为印度1974年“和平”核试验后，不仅面临美国对印度的制裁，而

---

① 《中国海军60年与军事变革》，载《航舰知识》，2009年8月，第24页。

且也面临整个国际社会的核不扩散和出口管制调整带来的不利影响。他们把国际社会对中国1962年的核试验的反应与中美在1980年代的123核协议与早期的中美欧的军事合作看成对中国的特殊待遇。与此相反，他们认为印度一直被排除在核供应集团和类似组织之外。

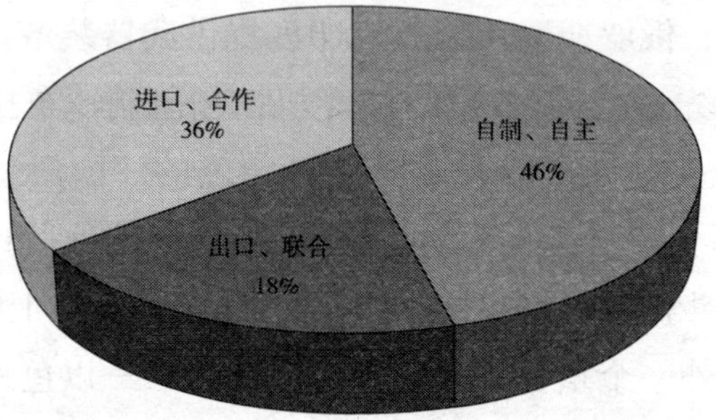

图14–3 印度专家对中国"引进"和"国产"的关注（总体）

资料来源：《印度防务评论》和《印度三军联合研究院杂志》，1991年至2009年。

图14–3显示，印度专家对中国"国产"能力的评价高于中国专家对印度的评价。与此同时，有不少印度专家对中国"引进"装备和技术十分关注。印度政治学者拉吉夫·纳扬（Rajiv Nayan）强调，中美1979年的科学技术协议促进了中国核物理和受控核聚变研究磁场、高能量物理与可控核、聚变研究磁等方面的发展。他还认为，中美1992年的科技协议促进了中国和美国宇航局（National Aeronautics and Space Administration，NASA）在弹道导弹项目中自足的有效载荷项目、板块构造、地球动力学研究上的合作。①

马丁·祖伯利（Martin Zuberi）提出，"由于苏联的援助，中国建立起制造核武器和弹道导弹项目所需要的工业基础设施……中国是世界上唯一的一个能成功地从盟友转成敌人的国家引进大规模技术援助

① Rajiv Nayan, "US Policy on Dual-Use Technology Transfers to China," *Strategic Analysis*, Vol. 31, No. 4, July 2007, p. 557.

的国家……”[①] 而且，印度专家还大量研究了中国军备市场中的军售问题。除了中国在早期“引进”的装备和技术以外，一些印度专家认为中国现在仍能绕过西方军售禁止以引进核心技术。印度专家强调，尽管中国声称“自给自足”，但外援也在帮助中国实现军事现代化。

（四）中印专家视角的比较

中印专家对出口管制的看法符合社会心理学上的“相对剥夺”概念。笔者所做的文献调查与采访表明，中印专家都认为对方在世界出口管制的体系下得到了更好的待遇。中国专家认为，印度在常规武器和军事培训/演习方面一直面临更有利的国际市场，而印度专家认为，中国在战略性武器（如核武器和弹道导弹）方面，国际军备市场环境更有利。

由此可见，中印专家都以“相对剥夺”逻辑来理解自己与对方面临的美欧出口管制体系。双方都认为对方占了便宜。笔者在采访中，当询问中国专家美国解除对印度的制裁会带来哪些效果时，一些军事研究者和政治学者认为，印度由此就能够买到先进常规武器和新军事系统，长期如此将会带来中印军力的一定程度失衡。一位接受采访的军事研究者认为，印美《民用核能合作协议》值得中国专家关注，中国今后可能需要制定相应对策。接受笔者采访的5位中国教授都认为，印度军事现代化的速度会增快、质量会增强，由此，他们认为中国可能会面临长期的安全挑战。在他们看来，印度在国际军备市场上会在一些装备和技术领域赶上或超过中国，尤其是在海军和空军发展上。但是，这些专家一般都认为，印度在中短期内不可能挑战中国，从长期来看才有这种可能。

与此同时，一些中国专家认为制裁对印度的军备发展不会有任何限制作用，印度所面临的挑战来自国内体系上的经济缺陷、民主障碍等，这些对“引进”造成了影响。印度可能能引进不少装备或技术，

① Martin Zuberi, “Soviet and American Technological Assistance and the Pace of Nuclear Tests,” *Strategic Analysis*, Vol. 24, No. 7, 2000, p. 1263.

但这不一定能改变其武器装备和军事系统。因此，他们认为，制裁的解除在认知上和政治上的作用最大。一位科学工作者和政治学者指出，即使印度能从世界各国购买军事装备或系统，中国的军力也会一直比印度强。

尽管如此，笔者从对中国军事期刊、科学期刊、学术期刊的综合分析看出，中国专家谈到印度军事现代化时，往往提到国外“引进”的因素。该关注一方面说明他们对印度的“国产”能力评价不高；另一方面也说明他们认为印度购买的军事装备、系统和技术有一定的作用。与此同时，虽然印度专家一般认为制裁的解除不会带来特别大的影响，但是他们对美欧国家所想提供的军事装备、系统和技术明显感兴趣，这一点在期刊文章里反映得很明显。由此可见，无论制裁的政治意义如何，制裁在认知上的意义很大。中国专家关于本国所受制裁的研究很多，其中包括《美国出口管制政策对华出口管制及其发展趋势研判》、《战后西方对华技术出口管制的历史演变》、《美国对华出口管制与美对华贸易逆差：实质与对策》、《简论美国对华出口管制政策的演变》等。①

笔者在进行文献梳理和采访调查时发现，中国专家对中印安全关系的认知转变最大。

1991—2009年，印度专家关于本国的军事现代化、中印不对称的军事关系等认知发生了一些微妙的调整，但是印度专家基本上一直继续提到中国和巴基斯坦的“两条线威胁”（two-front threat）和印度的军事对策不足。笔者在2008年和2009年在印度进行采访时，遇到与1991年的期刊文章完全一样的话题和议题。中国基本上还处于印度关注的一个核心位置。关于印度安全的任何文章或会议都会提到中国和巴基斯坦的战略意义。虽然美欧制裁的解除和印美战略伙伴关系可能有利于印度找到应对这些威胁的对策，但是笔者所接触的印度专家还一般

① 赵学功：《简论美国对华出口管制政策的演变》，《国际经济研究》，1993年第2卷，第1期，第59—62页；李志军：《美国对华出口管制与美对华贸易逆差：实质与对策》，《国际技术经济研究》，第2卷，第4期，1999年11月，第36—41页；袁嫣，刘运顶：《美国出口管制政策对华出口管制及其发展趋势研判》，《广东金融学院学报》，第21卷，第4期，2006年5月，第93—99页；郭友群：《战后西方对华技术出口管制的历史演变》，《经济问题》，2006年8月，第75—76页。

利用传统思维框架来对付“中国威胁”。图 14–4 反映了这个现象。

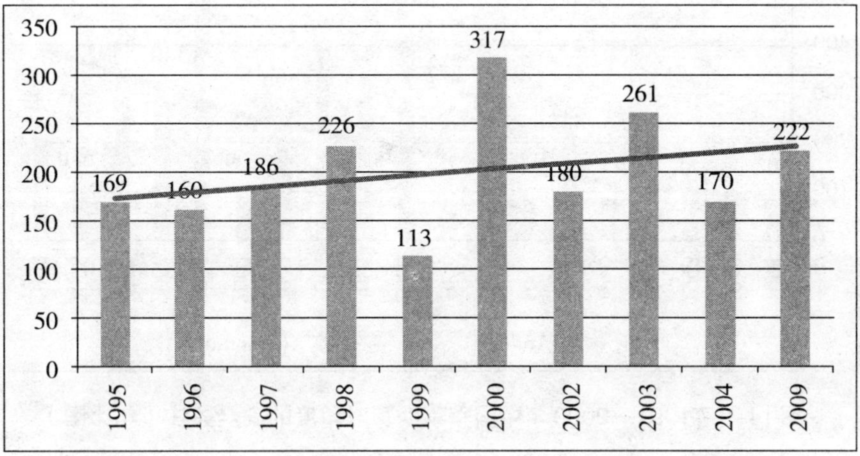

图 14–4　1995—2009 年印度军事期刊对中国的安全关注（年比图）

资料来源：《印度防务评论》和《印度三军联合研究院杂志》，1995 年至 2009 年。

与此相反，在 2001 年的美欧制裁解除和 2005 年的印美《民用核能合作协议》所导致的美欧法律和政策调整下，从文献上看，中国专家对印度的关注开始发生明显变化。他们对印度的关注不仅表现在涉及印度的文献数量增加，而且印度也开始成为中国国家安全考虑的一部分。中国专家开始进行中印军力比较，开始谈到印度的军事现代化对中国安全的意义等。中国专家的认知转变比印度专家更突出的主要原因来自制裁转变是针对印度而不是不针对中国的。图 14–5 反映了这个现象。如果美欧国家在未来解除禁止对华军售，印度专家对中国的看法也可能会开始发生决定性的转变。

按照上述逻辑，一国专家有时难于观察到本国正在进行的改变对周围安全关系的影响。虽然印度专家不断地举办关于双方安全关系的会议，但是中国专家对印度的了解在一些重要方面多于印度专家对中国的了解，如印度对美国的怀疑、印度的“受害者心态”等。[①] 研究

① 随新民：《中印关系研究：社会认知视角》，北京：世界知识出版社，2007 年版。

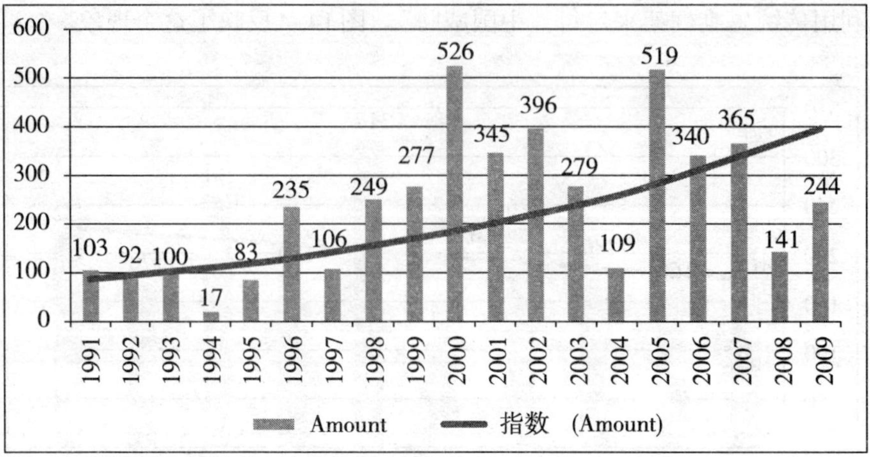

图14-5 1991—2009年中国军事期刊对印度的安全关注（年比图）

资料来源：《兵器知识》、《现代兵器》、《军事建设》、《军事理论研究》、《世界军事》、《现代军事》、《兵器》、《现代军事》、《航空兵器》、《舰船知识》、《现代舰船》、《中国航天》、《导弹与航天运载技术》、《航天》、《航天电子对抗》、《航天器工程》、《固体火箭技术》、《飞航导弹》、《国际航空》、《航空知识》、《航空科学技术》、《航空与航天》、《航空精密制造技术》、《兵工科技》、《军事技术》、《航空精密技术或工程》、《航空测试技术》、《航空动力学报》、《航空计算技术》、《航空计测技术》、《舰船电子对抗》、《坦克装甲车辆》、《兵器科技科学与工程》，1991年至2009年。

印度的中国专家并不很多，但能够接触到印度社会各个阶层的中国专家却不少，在这一点上，印度专家不能比。而且，中国专家能够进行大量的印度文献研究，而印度专家的研究一般限制为一些翻译成英语或用英语来写的文献。

笔者在研究中找出了6篇提到了由两位中国军人完成的《超限战：中国摧毁美国的大战略》（*Unrestricted Warfare: China's Master Plan to Destroy America*）一书的印度文章。[①] 虽然该书只代表这两位中国军人的观点，但是印度专家把这本书的战略意义看得很重。其原因一方面是他们缺乏其他的可供研究的中文材料；另一方面该著作也符合他

① Col. Qiao Liang and Col. Wang Xiangshui. Unrestricted Warfare: China's Master Plan to Destroy America, New Delhi: Natraj Publishers, 2007.

们的反华的“先入为主偏见”（preconception bias）。[①] 由于信息的贫乏，印度专家经常依赖一两个中国专家的说法、文章或网站，如《中国国际战略研究网》（The International Institute for Strategic Studies），来了解中国的整个军事体系和对印度的战略意图。除此之外，他们也经常依赖西方，尤其是美国的报告和材料，如迈克尔·皮尔斯伯里（Michael Pillsbury）、比尔·格茨（Bill Gertz）等对中国采取比较强硬的态度的美国专家的研究材料。由此可见，印度专家面临严重的“二手偏见”。

虽然印度在中国政府的白皮书或政策上不占核心位置，但中国军事研究者、科学工作者和政治学者自从2000年克林顿访印和2001年美国解除对印制裁以来，对印度的安全考虑在发生变化。他们对印度的态度从社会心理学上的“隐蔽的态度”（suppressed attitude）还没有完全转成为“公开的表态”（expressed attitude）。[②] 笔者所观察到的转变来自对军事、科学、学术期刊上的统计分析。本章的目的在于分析这个转变的来源因素和所产生的变化。出口管制是第一个能够考察并衡量到的转变动因。因此，下文还会运用社会心理学的概念来阐述出口管制调整对“认知”的影响。

四、美欧出口管制调整与中印“认知”转变

（一）中国的“认知变化”与印度的“两用性外交”

在美欧出口管制政策调整过程中，尤其是2001年和2005年解除对

---

① 按照希尔顿（Hilton）和冯·希佩尔（von Hippel）在1990年发表的研究，同一个信息会导致多数解释方式。这两个学者提到的案例为媒体报道经常导致听众的不满是因为行为体会感到任何不支持自己立场的报道带有偏见性。与此同时，他们的类似反应也带有自己的偏见性。[美] 戴维·迈尔斯:《社会心理学》，北京：人民邮电出版社，2008年版。

② 社会心理学的理论把人们在交流中公开表示出来的态度称为“公开的表态”。例如，政府在“一轨”外交中所公开表示的立场就是“公开的表态”。“一轨”外交研究常常会忽略“隐蔽的态度”的重要性。[美] 戴维·迈尔斯:《社会心理学》，北京：人民邮电出版社，2008年版，第136—140页。

印度的制裁，中国专家对印度军事现代化的“认知”发生了较明显的变化。导致这种“认知”变化的原因可能是多方面的。但是，从笔者定量分析的结果看，在美欧解除对印度制裁的环境下，中国专家对印度军事系统和安全议题的关注程度在2000—2001年和2005—2006年明显提高了。该关注程度的提高不只发生在制裁解除的2001年和2005年，而是前后持续一段时间。这是因为2000年美国总统克林顿访印时，专家们已经开始讨论美国对印度制裁解除的可能性，而且2006年中国主席胡锦涛访印时，双方也谈到中印核、航天上合作。笔者根据定性分析认为，中国专家加深了对印度军事现代化的研究，开始细致地对比中印军力状况，并分析印巴安全问题等。

关于印度专家，从定量分析看，在美欧出口管制调整前后，尤其是2001年和2005年美欧解除针对印度的制裁，印度专家对中国军事现代化的“认知”没有发生明显的变化。但从定性角度分析，印度专家对中国军事现代化的“认知”发生了微妙的变化。这是因为，在印度的军事现代化和安全考虑中，中国一直是一个重要因素，美欧解除对印度的制裁后，印度专家对自己军事现代化所发生的“认知”变化也影响到他们对中国军事现代化的“认知”。

虽然印度专家认为，美欧解除对印度的制裁不一定会使印度的现实军力大幅提升，但大多数接受采访的印度专家都指出，印度在军售市场和安全领域中讨价还价的能力提高了，这种能力超过了中国。由此，印度就能够利用新的供应框架来获益。笔者把军售和外交讨价还价现象称为“两用性外交”（dual-use diplomacy），就是说像军民两用性装备或技术一样，印度在新的军售市场上的“社会身份”（social identity）[①] 给它提供了更灵活的安全选择方式。

在军售方面，由于印度的军备供应国增多，可能引起军售竞争。军售者俄罗斯和以色列也面临印度对更先进装备和技术的要求。与此

① “社会身份”在国际关系当中有一定的描述作用，尤其是因为各个国家面临“组织内”（in-group）和“组织外”（out-group）的偏见。“社会身份”在国际关系当中有一定的描述作用，尤其是因为各个国家面临“组织内”（in-group）和“组织外”（out-group）的偏见。[美]戴维·迈尔斯:《社会心理学》，北京：人民邮电出版社，2008年版，第351页。

同时，印度在军售关系上拥有更大的讨价还价能力。在安全关系方面，印度能够站在中美之间，并选择什么时候靠美国更近或靠中国更近。比如，印美2007年“马拉巴尔”联合海军演习进行完之后，中国专家在文章上和采访当中强调中印在海上的合作和交流。在这个“两面讨价”情况下，印度能够从两方都得益。

上述的策略有一点像冷战时期印度对苏联、美国的利用。尽管如此，中国和美国缺乏冷战时期美苏之间的意识形态和战略关系上的对抗。而且，世界体系也不足冷战时期的两极格局。印度对美国的依赖与印苏冷战时期的安全关系亲密难度不同。在这个情况下，印度的态势既不算“不结盟”的，也不算是“一边倒”的。因此笔者认为，上述所提出的“两用性外交”概念更好地概括印度所实行的立场，并值得进一步更深入的研究。

（二）中印“不对称认知”和“安全互动”

在本章的研究范围内（1991—2009年），印度专家对自己和对中国的认知在制裁解除后并没有发生特别大的变化。印度军事研究者、科学工作者和政治学者在谈到中方军事现代化时，这19年内往往提出相似的问题和议题，如“中国威胁”和“巴基斯坦威胁”的联系、中国的包围战略、中国在巴基斯坦和朝鲜的代理战策略、中国的“扩张意图”、中国的“霸权主义”、中国的“军事主义”、中国的“教训政策”、中国的“民族主义”等。表14–1和图14–6概括印度专家经常提到的关于中国军事现代化的安全议题。[①] 而且，印度专家对中国的关注一直比较突出，这种关注程度在研究时间范围内没有发生特别明显的变化。印度专家一直在安全方面十分关注中国。

① 笔者的博士论文也包括科学与学术期刊与采访的统计。由于长度限制，这些数据不包括在这篇文章内。

表14-1 印度对中国安全议题的关注（1991—2009年）

军事期刊—总体议题（提及次数）		军事采访—总体议题（提及次数）	
边界问题—历史	169	边界问题—中印	11
中国的核国家地位	67	包围战略—中巴安全关系	10
包围战略—中巴安全关系	67	内政—西藏问题	9
“中国、巴基斯坦威胁论”	67	扩张意图、霸权主义、民族主义	8
大国实力、超级大国、崛起	60	“中国、巴基斯坦威胁论”	8
中国的“核军战略”	55	中国的“海军战略”	7
基础设施和物流—西藏、四川	45	中国拥有战略眼光、现实主义	7
内政—西藏问题	41	边界问题—历史	7
扩张意图、霸权主义、民族主义	35	中国的“蓝水海军战略”	6
包围—缅甸监视听电台、卫星站	31	包围战略—中孟安全关系	6

资料来源：《印度防务评论》、《印度三军联合研究院杂志》、印度国防分析研究所、印度三军联合研究院、印度地面战争研究中心杂志、印度和平与冲突研究所、印度空军、印度陆军、印度海军等，1991年至2009年。

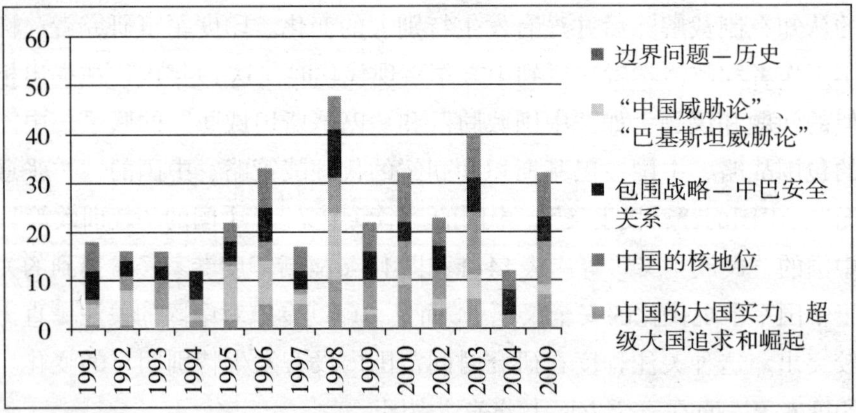

图14-6 1991—2009年印度军事期刊对中国前五名安全议题的关注（年比图）

资料来源：《印度防务评论》和《印度三军联合研究院杂志》，1991年至2009年。

由于美欧解除了对印度的制裁，而没有解除对中国的军售限制，所以印方的观点没有发生明显变化是正常的。但是，笔者发现，印度专家强调制裁解除不一定会有利于本国的军事现代化，尤其是因为美国不会转移给印度最先进的技术。他们也强调由于中国的“逆向工程”、“隐秘军购”、“国产优势”等，中国的军事现代化速度会比印度快。与此同时，在笔者采访当中，这些印度专家强调，印度最好通过技术和装备“引进”的方式来推进国家的军事现代化，并缩小中印军力间的差距。他们也承认由于军购市场的多元化，印度不仅能够加强自己讨价还价的能力，而且俄罗斯也会转移给印度更多的技术和联合研发机会。与此相反，他们认为俄罗斯对中国的安全和市场上的担忧会继续阻碍它向中国的高技术转让，如中国引进的苏-30MKK和印度引进的苏-30MKI的功能差异。由此可见，印度专家对本国的军事现代化方式有不同的看法。

与印度专家相比，中国军事研究者、科学工作者和政治学者对印度的关注不仅在2001年和2005年明显增加，而且他们对印度关注的内容也发生了变化。表14-2和图14-7概括中国军事专家经常提到的关于印度军事现代化的安全议题。[①] 而美欧等也就是在这几年解除对印度制裁的。笔者观察到，中国的期刊对美国等供应国行为的关注也都同时增加了。对上述结果进行归纳可以判断，解除对印度的制裁对中国专家的“认知”转变有较大的影响。本章的研究关注在统计学层面的这种认知转变及其所属的社会心理学类型。

表14-2　中国对印度安全议题的关注（1991—2009年）

军事期刊—总体议题（提及次数）		军事采访—总体议题（提及次数）	
印度的核战略	42	印度军人的素质、培养、教育水平	24
联合军事演习、培训及互访	39	欧美制裁解除导致中印军购失衡	13
AAD和PAD拦截弹道导弹系统	34	中印边界问题	9
印度对印度洋的控制	34	联合军事演习、培训及互访	7
“三位一体”战略核打击力量	27	中印进入对方的影响领域	6
印度的“蓝水”、“远海”战略	18	民族主义、军事主义	6

① 笔者的博士论文也包括科学与学术期刊与采访的统计。由于长度限制，这些数据不包括在该章中。

续表

军事期刊—总体议题（提及次数）		军事采访—总体议题（提及次数）	
"月球初航"探月飞船、登月计划	17	中印西藏问题	5
印度的"大国梦想"	16	印度的海军强于中国	5
印度的"中国威胁论"	14	印美军事和战略合作	5
"综合制导导弹发展计划"	12	印美核协议	5

资料来源：《兵器知识》、《现代兵器》、《兵工科技》、《军事技术》等杂志和中国军事科学院、中国国防大学、解放军国际关系学院国际战略系国际关系教研室、中国人民解放军、中国人民解放军海军、中国原子能研究所、西北核技术研究所、中国工程物理研究院、国防科技大学人文与社会科学学院社会科学系、北京应用物理与计算数学研究所、中原工学院人文学院、《当代亚太》、《国际政治研究》、清华大学、北京大学、复旦大学、同济大学、中国社会科学院世界经济与政治研究所国际战略研究室、中国改革开放论坛、清华大学法学院、北京大学国际关系学院、中国南亚学会、中国社会科学院南亚文化研究院、南京大学国际关系研究院、中国社会科学院美国研究所军备控制与防扩散中心、中国现代国际关系研究院、大连外国语学院应用英语学院、中国人民大学、国际关系学院、中国社会科学院美国研究所、河南师范大学公共事务学院、中国军控与裁军协会、中国社会科学院亚洲太平洋研究所、四川大学南亚研究所、复旦大学国际问题研究院、上海政法学院政治学系、上海国际问题研究所、华南师范大学政治与行政学院、山东大学马克思主义学院、西南交通大学政治学系研究所、广东外语外贸大学法学院外交学系、中华人民共和国外交部军控司，1991年至2009年。

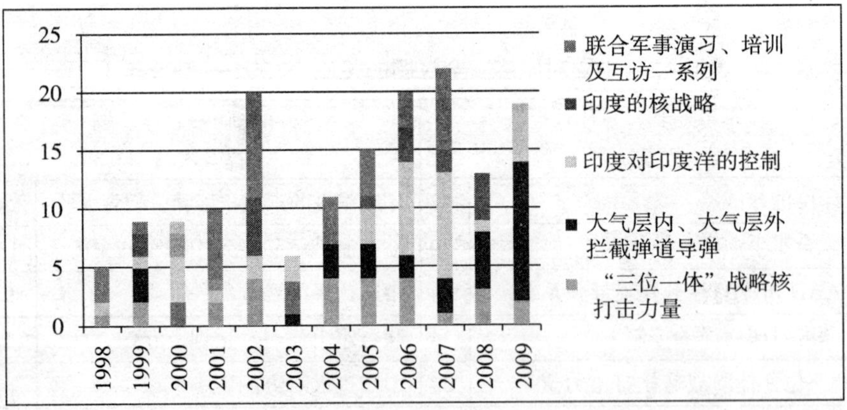

图14-7　1998—2009年中国军事期刊对印度前五名安全议题的关注（年比图）

资料来源：《兵器知识》和《现代兵器》，1998年至2009年。

中国专家对印度军事现代化的关注在1991—2009年发生了一些显著变化，这些变化具体体现在如下方面：（1）中国专家开始写篇幅更长的、对比中印军力的文章，尤其是对比中印海军方面；（2）中国专家在分析中国军事现代化时，开始提到印度的发展模式和影响，这尤其体现在海军领域的军事期刊和在航天领域的科学期刊上；（3）在关于南亚地区的安全研究中，中国专家开始分别探讨印度和巴基斯坦军事发展，并着重关注印度；（4）中国专家更关注印度引进美国军事装备和技术问题。

印度专家对中国军事现代化的关注在1991—2009年基本保持着下述特点：（1）在印度专家的文章中虽然单独探讨中国军事现代化的不多，但关于印度安全的文章一般都会提到中国对印度安全的影响；（2）在印度专家的研究当中，中国是中巴“两条战线威胁”的主要推动因素，并通过对巴基斯坦的支持来“遏制”印度；（3）印度专家继续考察中国所实行的“逆向工程”、“隐秘军购”等问题；（4）印度专家一般认为，中国并没有受到西方国家出口管制的限制，尤其是在核与航天领域。

五、结语

因多种干预变量的存在，本章还难以证明美欧出口管制调整与中印对对方军事现代化的认知变化之间联系，但在中国和印度的安全关系中，出口管制的因素不但依然存在，并会对认知有“加强变量”的作用。本研究和分析表明，美欧出口管制调整是中国和印度安全关系上的一个不可忽视的因素。

首先，美国在2001年和2005年解除对印度的制裁是双方战略伙伴关系中的一个重大里程碑，由此引发不少关于美国意图制衡中国的争论；其次，俄罗斯和以色列在对中国和印度军售中的重要地位是在美欧的军售真空中扩大的；最后，出口管制和制裁增加了中国和印度专家对美国的军备供应和安全保证可靠性的怀疑。

在上述情况下，出口管制和制裁对中印安全认知的塑造性和象征性意义重大，是安全外交的核心因素。物质层面的调整导致认知层面的一定变化。同时也不能忽视认知层面对物质层面调整的影响。美国对中国军事现代化与和平崛起的误解加强了它对中国的高技术出口限制。虽然我们对物质和认知之间的因果关系掌握的还不太清楚，但可以看出，物质和认知间的互动性很明显。

有趣的是，虽然中国面临更多可导致其怀疑和威胁感的因素，如印美战略伙伴关系、美国出口管制对中印的双重标准、印美军售、印美联合军事演习等，但是中国专家更偏向强调中印合作，尤其是空中和海上的合作。而印度方面，虽然近几年政府越来越愿意讨论类似合作，但是笔者所接触到的印度军事、科学和学术界人士，还是保留着较明显的“中国威胁感”。

虽然总体来说，中国军事研究者、科学工作者和政治学者在1991—2009年对印度的重视不足，但也在发生变化，如研究印度安全问题的论著增多了，印度出现在中国现代化的研究中，中国专家开始关注印军的细节问题并进行中印军力对比，开始讨论印度军力对中国安全的影响和对美印军售等问题。

虽然总体而言，在1991—2009年，印度军事研究者、科学工作者和政治学者对中国的“认知”没有发生大的变化。其研究内容主要包括：中国对印度安全战略的影响，中巴安全关系和核武器及弹道导弹上的合作，“教训政策”和类似遏制印度的概念，中国向印度邻国的军售，中国“逆向工程”、“隐秘军购”，以及对中国作为大国的崛起和核地位的羡慕与担忧等，这种“认知”也在发生微妙变化。这个变化来自在美欧出口管制的调整和解除制裁情况下，印度在军购方面讨价还价的能力提高了，印度面临的军售竞争优势增强了，由此印度已经具备了“两用性外交”（dual-use diplomacy）的能力。由于中国一直是印度军事现代化和安全战略中的一个重要因素，印度专家对本国“认知”变化也影响到他们对中国军事现代化的感受，也就是说，印度的“两用性外交”增加了它对中国的影响。印度慢慢成为中国在安全问题上的一个不容忽略的因素。因此，印度可能会在中印关系的某个方面采取更强硬的态度，如边界上的增兵行动等。

一方面中国和印度专家的不同“认知”来自两国面临的美欧对其的不同对待。在美欧解除对印度的制裁和美欧对中国继续保持制裁的不平衡状态下，中国专家的“认知”变化自然会比印度专家的要大；另一方面历史和文化因素也会导致中印之间在“认知”上的差异，但如果历史和文化没有发生变化，那么出口管制调整成为导致双方认知变化的主要变量和因素。

关于中印安全“认知”的政治意义，尽管本章提及的军事研究者、科学工作者和政治学者不一定直接影响或参与中国和印度的政治决策，但他们对中印的整个交流体系都会产生一定的影响。他们的演讲、报告、文章、书籍等都是官员们的重要知识来源。而且其中一些人也曾是两国的政府官员，如退休的大使和总理等。无论在《人民日报》或者《印度斯坦时报》上经常能找出这些专家的分析。因此，我们不能忽略这些专家对中国和印度两国的国内舆论和决策的影响。

笔者在访问印度时听到一位印度政治学者说，只要她看到任何印度官员关于中国的话，她就会知道这个官员读过哪些关于中国的文章，并受到哪些印度专家的影响。另外两位接受采访的印度政治学者和军事研究者也指出，虽然他们已经退休了，但他们还给政府官员提意见，并写报告。在中国这个现象也存在，在笔者访问过的中国专家中，也有人提到他们和中国政府官员的交流。所以，我们不能忽视军事研究者、科学工作者和政治学者对决策界的影响。

美欧的出口管制政策及其调整反映出中印安全关系中的一个核心问题，即“二手偏见”。美国愿意放松对印度的军售控制，但还保留对中国的出口管制，原因是多方面的，其中包括美国对自己“霸权兴衰”和“权力转移”现象的担忧、[①] 印美有着共同的意识形态、印度游说集团的影响、美国扩大军售市场的愿望等。但是，无论美国的真正动因如何，我们都应该重视中国和印度的军事界、科学界和政治界的认

① 张剑荆:《中国崛起——中国如何应对成长中的烦恼》，北京：新华出版社，2005年版，第189页；胡宗山:《中国的和平崛起：理论、历史与战略》，北京：世界知识出版社，2006年版，第46页。

知。如果这些专家认为美国出口管制的真正意图是反华或亲印，他们就会按照这个判断进行反应，并调整决策。由此，认知的影响力和重要性可能会超过事实。

为了减少认知不符合事实的现象，中国和印度应该加强直接交流，交流内容可以是中印核地位和战略、中印巴安全三角、中印边界互信措施、印度洋和太平洋上的合作和蓝水海军战略、中印联合军事演习等。遗憾的是，在笔者参与的许多关于中印关系的会议上，其关注重点仍是经贸关系或“中印（Chindia）”口号，而很少讨论让双方感到不安的话题，更少提到导致摩擦或冲突的原因。在缺乏直接信息交流的情况下，印度专家仍然会依赖于美国对此问题的研究，双方的互信与了解会永远停留在同一些话题上。

忽视这些问题会导致两国经济和政治上的损失，如中国华为公司因其过去与中国解放军的联系影响到它在印度班加罗尔的印度子公司（Huawei Technologies India Pvt. Ltd.）的行为。因此，促进双方在安全上的了解和沟通意义很大。否则，这两个崛起中的大国会发现，两国在政治和经济上的进步不能降低双方爆发冲突的可能性。

上述的定性与定量分析表明，出口管制与制裁并不是单方面的工具。它们的象征意义、政治意义、实际意义明显影响到中印关系。从2001年开始，双方的基本军购面临着更不对称的国际军售体系。虽然短期内这会有利于印度的军事现代化，但印度国内的障碍、印度对国外军售的依赖增加会对印度长期的军事现代化带来一些难于克服的挑战。

与此同时，中国专家提高对印度的重视也会影响双方对军事现代化的判断。中国对印度洋地区的介入与印度对中国南海与太平洋的介入，以及双方在边界问题上的交流都会受到印度所受到的美欧军事科技、装备、培训和训练的影响。在这个情况下，中印军事现代化与交流并不是在过去的军购平衡或军售真空建立的，而是在美欧出口管制调整的冲击下再协调。在这个情况下，“两用性外交”与“二手偏见”的消除应该作为双方摆脱出口管制的象征意义与实际意义的损失与失衡的最大目标之一。为此，更多关于中印“认知”研究与交流是不可缺少的第一步。

附录A

一、方法细节

关于中印安全研究领域，专家很多，也有大量数据，但许多研究把这些领域都混杂了。这个方法降低了研究的精确性，并影响了结论的有效性。为了系统地分析这些安全领域问题，笔者将研究单元分为三个：军事研究者、科学工作者、政治学者。笔者在这三个领域收集文献，并进行采访。为了进行统计分析，笔者从军事、科学和学术三个领域的文献中挑选出两种最有代表性的中国期刊和印度期刊。

进行选择时，笔者选择的是覆盖军事现代化的所有的军队发展（陆军、空军、海军、天军、核军）的期刊，其出版范围在1991—2009年。除此之外，笔者在选择统计分析所使用的材料时，尽量选择可比较的中国和印度期刊，即类型和内容相配的。虽然在印度期刊上，由于一些期刊的延迟出版或早期停产的限制，笔者难以收集到很完整的材料，但笔者所选择的期刊都符合本章的基本研究要求，能够为衡量中印专家认知提供研究平台。

由于不少接受采访的中国和印度专家的个人观点、身份或工作单位比较敏感，笔者决定不公开接受采访的专家的名字或工作单位。大多数印度专家在2008年8月在印度新德里和浦那接受采访，其中一两位在2007年8月和2009年12月在新德里又接受采访。大多数中国专家是在2009年3—7月在北京、上海和南京接受采访的。

除了接受采访的专家身份以外，期刊读者的身份对期刊内容和统计分析结果也有一定影响。有些笔者所选的期刊可能是针对年轻读者的，因此其内容会有时比较极端。笔者的身份也发挥一定的作用。由于笔者的身份限制其对国防大学图书馆内的材料的收集能力，其只能通过公开材料来进行研究。尽管如此，这些期刊是常见的，在街上的任何报刊亭都能买得到。因此，其读者范围很广。而且，我们不能忽视这些期刊对读者思维的塑造作用。这些读者不一定是决策界的一部分，但是他们对国家的舆论环境有一定的影响。而且，如果他们较年轻，就难说他们在未来是否对决策界产生影响。为了进行下一步研究，笔者希望能够使用更高层级的期刊。

认知衡量的操作方式包括下述统计分析重点：（1）军队数量（空军、陆军、海军、天军、核军）；（2）安全交往伙伴的数量（美国、法国、德国等）；（3）军事系统数量（核潜艇、战斗机等）；（4）安全议题数量（三位一体、电子战等）。数据收集完之后，笔者从（1）和（2）的统计数据挑出被提到最多的5个军队领域和5个安全交往伙伴来画图。图画完之后，笔者通过上述的理论框架分析中国和印度的军事研究者、科学工作者和政治学者对对方军队和安全交往的认知。然后，笔者从（4）和（5）的统计数据挑出被提到最多的10个陆军、空军、海军、天军、核军军事系统和10个安全议题来画表。

表画完之后，笔者从收集的期刊和采访材料挑选相关的引用句，并通过上述的认知理论框架来进行分析。统计分析引用句的目的是把抽象的“认知”和具体的“数据”融合起来，以此观察中印军事、科学、政治学者如何看待对方在美欧出口管制调整下的军事现代化。由于进行关于模糊“认知”的统计分析有一定的难度和干预变量，笔者也以其他的方式补充上述方法。比如，为了避免期刊的厚度变化影响到本研究的有效性，笔者也对期刊的长度和内容进行比较。通过此方式，笔者发现期刊的页数增加往往与广告、彩图、读者来信等有关，而对期刊内容和研究成果没有决定性作用。

（一）中印军事期刊和采访材料

收集的中国军事期刊包括：《兵器知识》、《现代兵器》、《军事建设》、《军事理论研究》、《世界军事》、《现代军事》、《兵器》、《现代军事》、《航空兵器》、《舰船知识》、《现代舰船》、《中国航天》等。笔者进行统计分析时，其挑选出来下述有代表性、可比较性的中国军事期刊：《兵器知识》和《现代兵器》。笔者采访的中国军事研究者的工作单位包括：中国军事科学院、中国国防大学、解放军国际关系学院国际战略系国际关系教研室、中国人民解放军、中国人民解放军海军等。中国收集的印度军事期刊包括《防务审查》（Defence Review）、《今日防务》（Defence Today）、《印度防务评论》（Indian Defence Review）、

《联合服务机构杂志》(United Service Institution Journal，简称USI Journal)、《特里舒尔》(Trishul)、《烈火》(Agni)、《国家海事基金会杂志》(National Maritime Foundation Journal，简称NMF Journal)、《印度地面战争研究中心杂志》(Centre for Land Warfare Studies Journal，简称CLAWS)等。

笔者进行统计分析时，挑选出下述有代表性、可比较性的中国军事期刊:《印度防务评论》(Indian Defence Review)和《印度三军联合研究院杂志》(United Service Institution Journal，简称USI Journal)。笔者采访的印度军事研究者的工作单位包括：印度国防分析研究所(Institute for Defence Studies and Analyses, 简称IDSA)、印度三军联合研究院(United Service Institution, 简称USI)、印度地面战争研究中心(Centre for Land Warfare Studies，简称CLAWS)、印度和平与冲突研究所(Institute of Peace and Conflict Studies，简称IPCS)、印度空军(Indian Air Force)、印度陆军(Indian Army)、印度海军(Indian Navy)等。

(二)中印科学期刊和采访材料

收集的中国科学期刊包括:《导弹与航天运载技术》、《航天》、《航天电子对抗》、《航天器工程》、《固体火箭技术》、《飞航导弹》、《国际航空》、《航空知识》、《航空科学技术》、《航空与航天》、《航空精密制造技术》、《兵工科技》、《军事技术》、《航空精密技术或工程》、《航空测试技术》、《航空动力学报》、《航空计算技术》、《航空计测技术》、《舰船电子对抗》、《坦克装甲车辆》、《兵器科技科学与工程》等。笔者进行统计分析时，其挑选出来下述有代表性、可比较性的中国科学期刊:《兵工科技》和《军事技术》。笔者采访的中国科学工作者的工作单位包括：中国原子能研究所、西北核技术研究所、中国工程物理研究院、国防科技大学人文与社会科学学院社会科学系、北京应用物理与计算数学研究所、中原工学院人文学院等。收集的印度军事期刊包括:《国防和科技》(Defence and Technology)、《防务电子》(Defence Electronics)、《国防科学杂志》(Defence Science Journal)、《伐由航空航天》(Vayu Aerospace),《空军军力》(Airpower)等。

笔者进行统计分析时，挑选出下述有代表性、可比较性的印度科学期刊:《国防和科技》(Defence and Technology)和《国防科学杂志》(Defence Science Journal)。笔者采访的印度科学工作者的工作单位包括：印度国防分析研究所(Institute for Defence Studies and Analyses, 简称IDSA)、贾瓦哈拉尔·尼赫鲁大学(Jawaharlal Nehru University)等。

(三)中印学术期刊和采访材料

收集的中国学术期刊包括:《中国外交》、《当代亚太》、《亚非纵横》、《国际政治科学》、《国际论坛》、《现代国际关系》、《军备控制与安全》、《国际战略研究》、《南亚研究》、《南亚研究季刊》等。笔者进行统计分析时，其挑选出来下述有代表性、可比较性的中国学术期刊包括:《当代亚太》和《国际政治研究》。笔者采访的中国政治学者的工作单位包括：清华大学、北京大学、复旦大学、同济大学、中国社会科学院世界经济与政治研究所国际战略研究室、中国改革开放论坛、清华大学法学院、北京大学国际关系学院、中国南亚学会、中国社会科学院南亚文化研究院、南京大学国际关系研究院、中国社会科学院美国研究所军备控制与防扩散中心、中国现代国际关系研究院、大连外国语学院应用英语学院、中国人民大学、国际关系学院、中国社会科学院美国研究所、河南师范大学公共事务学院、中国军控与裁军协会、中国社会科学院亚洲太平洋研究所、四川大学南亚研究所、复旦大学国际问题研究院、上海政法学院政治学系、上海国际问题研究所、华南师范大学政治与行政学院、山东大学马克思主义学院、西南交通大学政治学系研究所、广东外语外贸大学法学院外交学系、中华人民共和国外交部军控司等。收集的印度学术期刊包括:《战略分析》(Strategic Analysis)、《印度季刊》(India Quarterly)、《印度外交事务杂志》(Indian Foreign Affairs Journal)、《印度评论》(India Review)、《印度洋研究杂志》(Journal of Indian Ocean Studies)、《南亚调查》(South Asian Survey)、《南亚学报》(South Asian Journal)、《印度外交评论》(India Foreign Review)、《印度季刊》(India Quarterly)、《战略管理》(Strategic Affairs)等。

笔者进行统计分析时，挑选出下述有代表性、可比较性的印度学术期刊包括:《战略分析》(Strategic Analysis)和《印度季刊》(India Quarterly)。笔者采访的印度政治学者的工作单位包括：印度国防分析研究所（Institute for Defence Studies and Analyses, 简称IDSA)、印度和平与冲突研究所（Institute of Peace and Conflict Studies，简称IPCS)、中国文化研究所（Institute of Chinese Studies，简称ICS)、政策研究中心（Center for Policy Research）等。

附录B

一、美国制裁被解除的印度企业

说明：笔者所收集的军事、科学和学术资料的表格超过1000多页，但附录中只包括以下核心内容。资料来源："The Entity List," Bureau of Industry and Security, U.S. Department of Commerce, [2009-08-11], http://www.bis.doc.gov/entities/default.htm.；从美国“实体清单”被排除的印度企业的网站。

制裁被解除的企业	陆军						海军						空军						天军						核军						清单
	坦克	火炮	无人机	导弹	贡献	总数	核潜艇	导弹	声纳	无人机	贡献	总数	战斗机	导弹	无人机	轻型战机	贡献	总数	卫星	遥感技术	运载火箭	激光	贡献	总数	反应堆	浓缩	后处理	核武器	贡献	总数	还在
Defense Research and Development Establishment (DRDE)	0	0	0	0	0	0	0	0	0	0	0	0	0	0	0	0	0	0	0	0	0	0	0	0	0	0	0	0	1	1	0
Kalpakkam Atomic Reprocessina Plant (KARP)	0	0	0	0	0	0	0	0	0	0	0	0	0	0	0	0	0	0	0	0	0	0	0	0	0	0	1	0	0	1	0
Saha Institute of Nuclear Physics (SINP)	0	0	0	0	0	0	0	0	0	0	0	0	0	0	0	0	0	0	0	0	0	0	0	0	1	0	0	0	0	1	0
Uranium Corporation of Imdia, Ltd. (UCIL)	0	0	0	0	0	0	0	0	0	0	0	0	0	0	0	0	0	0	0	0	0	0	0	0	0	0	0	0	1	1	0
Aeronoutical Development Establishment (ADE)	0	0	1	0	0	1	0	1	0	1	0	2	0	0	1	1	0	2	0	0	0	0	0	0	0	0	0	0	0	0	0
Space Applications Center (SAC)	0	0	0	1	0	1	0	0	0	0	0	0	0	0	0	0	0	0	1	1	0	0	0	2	0	0	0	0	0	0	0
Defenst Research and Development Laboratory (DRDL)	0	0	0	1	1	2	0	1	0	0	0	1	0	1	0	1	0	2	0	0	0	0	0	0	0	0	0	0	0	0	1
Indian Rare Earths Ltd. (IRE)	0	0	0	0	0	0	0	0	0	0	0	0	0	0	0	0	0	0	0	0	0	0	0	0	0	1	0	0	1	2	1
Indira Gandhi Centre for Atomic research (IGCAR)	0	0	0	0	0	0	1	0	0	0	0	1	0	0	0	0	0	0	0	0	0	0	0	0	1	0	1	0	0	2	1
Defense Metallurgical Research Laboratory (DMRL)	0	0	0	1	0	1	0	0	0	0	1	1	0	1	0	1	0	2	0	0	1	0	0	1	0	1	0	0	0	1	0
Godrej & Boyce	0	0	0	0	1	1	0	0	0	0	0	0	0	0	0	0	0	0	0	0	1	0	0	1	0	0	0	0	0	0	0
Indian Institute of Science (IISc)	0	0	0	0	1	1	0	0	0	0	0	1	0	0	0	0	0	0	0	0	1	0	1	2	0	0	0	0	0	0	0
Inertial Systome Unit (IISU)	0	0	0	1	0	1	0	0	0	0	0	0	0	0	0	0	1	1	0	0	1	0	1	2	0	0	0	0	0	0	0
Termainal Ballistic Research Laboratory (TBRL)	0	0	0	1	1	2	0	1	0	0	0	1	0	1	0	0	0	1	0	0	0	0	0	0	1	0	0	1	0	2	0
Department of Atomic Energy (DAE)	0	0	0	0	0	0	0	0	0	0	0	0	0	0	0	0	0	0	0	0	0	0	0	0	1	1	1	1	1	5	0
Heavy Water Board	0	0	0	0	0	0	0	0	0	0	0	0	0	0	0	0	0	0	0	0	0	0	0	0	1	0	0	0	0	1	0
Larsen and Toubro	0	1	0	1	0	2	0	1	1	0	1	3	0	1	0	0	0	1	0	0	1	0	1	2	1	0	0	0	1	2	0

续表

制裁被解除的企业	陆军						海军						空军						天军						核军						清单
	坦克	火炮	无人机	导弹	贡献	总数	核潜艇	导弹	声纳	无人机	贡献	总数	战斗机	导弹	无人机	轻型战机	贡献	总数	卫星	遥感技术	运载火箭	激光	贡献	总数	反应堆	浓缩	后处理	核武器	贡献	总数	还在
Defence Terrain Research Laboratory (DTRL)	0	0	0	0	1	1	0	0	0	0	0	0	0	0	0	0	0	0	0	0	0	0	0	0	0	0	0	0	0	0	0
Satish Dhawan Space Centre	0	0	0	0	0	0	0	0	0	0	0	0	0	0	0	0	0	0	0	0	1	0	1	2	0	0	0	0	0	0	0
Defense Science Center	0	0	0	1	1	2	1	0	0	0	0	1	1	0	0	0	1	2	0	0	0	1	0	1	0	1	0	0	0	1	0
Instruments Research and Development Establishment (IRDE)	0	0	0	1	0	1	0	0	0	0	0	0	0	0	0	0	0	0	0	0	0	0	0	0	0	1	0	0	1	2	0
National Trisonic Aerodynamic Facility (NTAF)	0	1	0	1	0	2	0	0	0	0	0	0	0	0	0	1	1	2	0	0	1	0	1	2	0	0	0	0	0	0	0
Center for Advanced Technology (CAT)	0	0	0	0	0	0	0	0	0	0	0	0	0	0	0	0	0	0	0	0	0	1	1	2	0	1	0	0	0	1	0
Directorate of Purchases and Stores (DPS)	0	0	0	0	0	0	0	0	0	0	0	0	0	0	0	0	0	0	0	0	0	0	0	0	1	0	0	0	1	2	0
Nuclear Fuel Complex (NFC)	0	0	0	0	0	0	0	0	0	0	1	1	0	0	0	1	0	1	0	0	1	0	1	2	1	0	0	0	1	2	0
Defence Resoearch and Development Unit (DRDU)	0	0	0	0	0	0	0	0	0	0	0	0	0	0	0	0	0	0	0	0	0	0	0	0	0	0	0	0	0	0	0
Electronies and Radar Development Establishment (LRDE)	0	1	0	0	1	2	0	0	0	0	0	0	0	1	0	0	0	1	0	0	0	0	0	1	0	0	0	0	0	0	0
Hindustan Aeronoutics Ltd. (HAL) Aerospace Diwision (ASD)	0	0	0	0	0	0	0	0	0	0	0	0	0	0	0	0	0	0	0	0	1	0	1	2	0	0	0	0	0	0	0
Hindustan Aeronautics Ltd. (HAL) Engine Diwision	0	0	1	0	1	2	0	0	0	0	1	1	1	0	0	1	1	3	0	0	1	0	1	2	0	0	0	0	0	0	0
Defence Bioengineering & Electrochemical Lab (DLS)	0	0	0	0	0	0	0	0	0	0	0	0	0	0	0	1	0	1	0	0	0	0	0	0	0	0	0	0	0	0	0
Defense Laboratory (DLJ)	0	0	0	0	0	0	0	0	0	0	0	0	0	0	0	0	0	0	0	0	0	0	0	0	0	0	0	0	1	1	0
Proof and Experimental Establishment (Armament) (PXE)	1	1	0	0	0	2	0	0	0	0	1	1	0	0	0	0	0	0	0	0	0	0	0	0	0	0	0	0	0	0	0

续表

制裁被解除的企业	陆军						海军						空军						天军						核军						清单
	坦克	火炮	无人机	导弹	贡献	总数	核潜艇	导弹	声纳	无人机	贡献	总数	战斗机	导弹	无人机	轻型战机	贡献	总数	卫星	遥感技术	运载火箭	激光	贡献	总数	反应堆	浓缩	后处理	核武器	贡献	总数	还在
Scientiric Amalysis Group (SAG)	0	0	0	0	0	0	0	0	0	0	0	0	0	0	0	0	0	0	0	0	0	0	0	1	0	0	0	0	0	0	0
Solid Propellant Space Booster Plant (SPROB)	0	0	0	0	0	0	0	0	0	0	0	0	0	0	0	0	0	0	0	0	1	0	1	2	0	0	0	0	0	0	1
Defense Research and development Organization (DRDO)	1	1	1	1	1	5	0	1	0	1	1	3	0	1	1	1	0	3	0	0	0	1	1	2	0	0	0	1	0	1	0
Bharat Dynamics Ltd. (BDL)	0	0	0	1	0	1	0	1	0	0	1	2	0	1	0	0	0	1	0	0	1	0	1	2	0	0	0	0	0	0	1
Research Center. Imarat (RCI)	0	0	0	1	0	1	0	1	0	0	0	1	0	1	0	0	1	2	0	0	0	0	0	0	0	0	0	0	0	0	0
Mishra Dhatu Nigam (MIDHANI)	1	1	0	1	0	3	0	0	0	0	1	1	0	0	0	1	1	2	0	0	1	0	1	2	1	0	0	0	0	1	0
Directorate of Construction, Services and Estates Management Group	0	0	0	0	0	0	0	0	0	0	0	0	0	0	0	0	0	0	0	0	0	0	0	0	0	0	0	0	1	1	0
Bharat Electronics Ltd. (BEL)	0	0	0	0	1	1	0	0	1	0	1	2	0	0	0	0	1	1	1	0	1	0	1	3	0	0	0	0	0	0	0
General Services Organization	0	0	0	0	0	0	0	0	0	0	0	0	0	0	0	0	0	0	0	0	0	0	0	0	0	0	0	0	1	1	0
Indian Space Research Organization (ISRO)	0	0	0	0	0	0	0	0	0	0	0	0	0	0	0	0	0	0	1	1	0	0	1	3	0	0	0	0	0	0	0
Walchandnagar Industries Ltd. (WIL)	0	0	0	1	0	1	0	0	0	0	1	1	0	0	0	1	1	2	0	0	1	0	1	2	1	0	0	0	0	1	0
Nuclear Power Corporation of India Ltd. (NPCIL)	0	0	0	0	0	0	0	0	0	0	0	0	0	0	0	0	0	0	0	0	0	0	0	0	1	0	0	0	1	2	0
Liquid Propulsion Systems Center and Test Facilities (LPSC)	0	0	0	0	0	0	0	0	0	0	0	0	0	0	0	0	0	0	0	0	1	0	1	2	0	0	0	0	0	0	1
Vikram Sarabhai Space Center (VSSC)	0	0	0	0	0	0	0	0	0	0	0	0	0	1	0	0	0	1	0	0	1	0	1	2	0	0	0	0	0	0	1
Research and Development Establishment (Engineers) (R&DE(E))	0	0	0	1	1	2	0	1	0	0	0	1	0	0	0	0	0	0	0	0	0	0	0	0	0	0	0	0	0	0	0

续表

制裁被解除的企业	陆军						海军						空军						天军						核军						清单
	坦克	火炮	无人机	导弹	贡献	总数	核潜艇	导弹	声纳	无人机	贡献	总数	战斗机	导弹	无人机	轻型战机	贡献	总数	卫星	遥感技术	运载火箭	激光	贡献	总数	反应堆	浓缩	后处理	核武器	贡献	总数	还在
Combat Vehicle Research and Development Establishment (CVRDE)	1	0	0	1	1	3	0	1	0	0	0	1	0	1	0	0	0	1	0	0	0	0	0	0	0	0	0	0	0	0	0
Defense Electronics Research Laboratory (DERL) (DLRL)	0	0	0	0	1	1	0	0	0	0	1	1	0	0	0	0	1	1	0	0	0	0	0	0	0	0	0	0	0	0	0
Vehicles Research and Development Establishment (VRDE)	0	0	0	1	0	1	0	0	0	0	0	0	0	1	0	0	0	1	0	0	0	0	0	0	0	0	0	0	0	0	0
Naval Material Research Laboratory (NMRL)	0	0	0	0	0	0	0	0	0	0	0	0	0	0	0	0	1	1	0	0	0	0	0	0	0	0	0	0	0	0	0
Naval science and Technological Laboratory (NSTL)	0	0	0	0	0	0	0	0	1	0	1	2	0	0	0	0	0	0	0	0	0	0	0	0	0	0	0	0	0	0	0
Kirkee Ammunition Factory	0	0	0	0	0	0	0	1	0	0	0	1	0	0	0	0	0	0	0	0	0	0	1	1	0	0	0	0	0	0	0
Bharat Heavy Electricals Ltd. (BHEL)	0	0	0	0	0	0	1	0	0	0	0	1	0	0	0	0	0	0	0	0	0	0	0	0	1	0	0	0	0	1	0
Explosives Research and Development Laboratory (ERDL)	0	0	0	0	0	0	0	0	0	0	0	0	0	0	0	0	0	0	0	0	1	0	1	2	0	0	0	0	0	0	0
Gas Turbine Research Establishment (GTRE)	0	0	0	0	0	0	0	0	0	0	0	0	0	0	0	1	0	1	0	0	0	0	0	0	0	0	0	0	0	0	0
Aeronautical Development Agency (ADA)	0	0	0	0	0	0	0	0	0	0	0	0	0	0	0	1	0	1	0	0	0	0	0	0	0	0	0	0	0	0	0
Ambajharl Ordnance Factory	0	0	0	0	0	0	0	0	0	0	0	0	0	0	0	1	0	1	0	0	0	0	0	0	0	0	0	0	0	0	0
Chanda Ammunition Loading Plant	0	1	0	0	1	2	0	0	0	0	0	0	0	0	0	0	0	0	0	0	0	0	0	0	0	0	0	0	0	0	0
Chanda Ordnance Factory	0	1	0	0	0	1	0	0	0	0	0	0	0	0	0	0	0	0	0	0	0	0	0	0	0	0	0	0	0	0	0
Defense Materials and Stores research and Development Establishment (DMSRDE)	0	0	0	0	0	0	1	0	0	0	0	1	0	0	0	0	0	0	0	0	0	0	0	0	0	0	0	0	0	0	0

续表

制裁被解除的企业	陆军						海军						空军						天军						核军						清单
	坦克	火炮	无人机	导弹	贡献	总数	核潜艇	导弹	声纳	无人机	贡献	总数	战斗机	导弹	无人机	轻型战机	贡献	总数	卫星	遥感技术	运载火箭	激光	贡献	总数	反应堆	浓缩	后处理	核武器	贡献	总数	还在
Department of Defense Production and Supplies (DDP&S)	0	0	0	0	1	1	0	0	0	0	1	1	0	0	0	0	1	1	0	0	0	0	1	1	0	0	0	0	0	0	0
Dun Dum Ordnance Factory	0	1	0	0	0	1	0	0	0	0	0	0	0	0	0	0	0	0	0	0	0	0	0	0	0	0	0	0	0	0	0
Ishapore Metal and Steel Factory	0	1	0	0	0	1	0	0	0	0	0	0	0	0	0	0	0	0	0	0	0	0	0	0	0	0	0	0	0	0	0
Ishapore Rifle Factory	0	1	0	0	0	1	0	0	0	0	0	0	0	0	0	0	0	0	0	0	0	0	0	0	0	0	0	0	0	0	0
Kanpur Ordnance Equipment Factory	0	1	0	0	0	1	0	0	0	0	0	0	0	0	0	0	0	0	0	0	0	0	0	0	0	0	0	0	0	0	0
Kanpur Ordnance Factory	0	1	0	0	0	1	0	0	0	0	0	0	0	0	0	0	0	0	0	0	0	0	0	0	0	0	0	0	0	0	0
Muradnagar Ordnance Factory	0	1	0	0	0	1	0	0	0	0	0	0	0	0	0	0	0	0	0	0	0	0	0	0	0	0	0	0	0	0	0
Naval Physical and Oceanographic Laboratory (NPOL)	0	0	0	0	0	0	0	0	1	0	1	2	0	0	0	0	0	0	0	0	0	0	0	0	0	0	0	0	0	0	0
Tiruchirappalli Ordnance Factory	0	1	0	0	0	1	0	0	0	0	0	0	0	0	0	0	0	0	0	0	0	0	0	0	0	0	0	0	0	0	0
Aerial Delivery Research and Development Establishment (ADRDE)	0	0	1	0	0	1	0	0	0	0	0	0	1	0	0	0	1	2	0	0	0	0	0	0	0	0	0	0	0	0	0
Annonium Perchlorate Experimental Pland	0	0	0	0	0	0	0	0	0	0	0	0	0	0	0	0	0	0	0	0	0	0	1	1	0	0	0	0	0	0	0
Arnamont Research and Development Establishment (ARDE)	0	1	0	1	0	2	0	1	0	0	0	1	0	0	0	0	0	0	0	0	0	0	0	0	0	0	0	0	0	0	1
Auro Engineering	0	0	0	0	0	0	0	0	0	0	0	0	0	0	0	0	0	0	0	0	1	0	1	2	0	0	0	0	0	0	0
Beryllium Machiming Facility (BMF)	0	0	0	0	1	1	0	0	0	0	0	0	0	0	0	0	0	0	0	0	0	0	1	1	0	0	0	0	0	0	0
Bharat Heavy Electricals Ltd.(BHEL)	0	0	0	0	0	0	0	0	0	0	0	0	0	0	0	0	0	0	0	0	1	0	0	1	0	0	0	0	0	0	0

续表

制裁被解除的企业	陆军						海军						空军						天军						核军						清单
	坦克	火炮	无人机	导弹	贡献	总数	核潜艇	导弹	声纳	无人机	贡献	总数	战斗机	导弹	无人机	轻型战机	贡献	总数	卫星	遥感技术	运载火箭	激光	贡献	总数	反应堆	浓缩	后处理	核武器	贡献	总数	还在
Center for Aeronautical Systems Studies and Analysis (CASSA)	0	0	0	0	0	0	0	0	0	0	1	1	0	0	0	0	0	0	0	0	0	0	0	0	0	0	0	0	0	0	0
Center for the Development of Advanced Computing (C–DAC)	0	0	0	0	1	1	0	0	0	0	1	1	0	0	0	0	1	1	0	0	1	0	1	2	0	0	0	0	1	1	0
Central Manufacturing Technology Institute (CMTI)	0	0	0	0	0	0	0	0	0	0	0	0	0	0	0	0	0	0	0	0	1	0	1	2	0	0	0	0	0	0	0
Defense Electronics Applications Laboratory (DEAL)	0	0	0	0	1	1	0	0	0	0	1	1	0	0	0	0	0	0	1	0	0	0	1	2	0	0	0	0	0	0	0
Department of Space (DOS)	0	0	0	0	0	0	0	0	0	0	0	0	0	0	0	0	0	0	0	0	0	0	1	1	0	0	0	0	0	0	0
Electronics Corporation of India, Ltd. (ECIL)	0	0	1	1	1	3	0	1	0	1	1	3	0	1	1	0	1	3	0	0	0	0	1	1	0	0	0	0	0	0	0
Perrodie	0	0	0	0	0	0	0	0	0	0	0	0	0	0	0	0	0	0	0	0	1	0	1	2	0	0	0	0	0	0	0
Hindustan Aeronautics Ltd. (HAL)	0	0	0	1	0	1	0	1	0	0	1	2	1	1	0	0	1	3	0	0	1	0	1	2	0	0	0	0	0	0	0
Indian Institute of Technology (IIT)	0	0	0	0	0	0	0	0	0	0	0	0	0	0	0	0	0	0	0	0	0	0	1	1	0	0	0	0	0	0	0
IIT Department of Aerospace Engineering	0	0	0	0	0	0	0	0	0	0	0	0	0	0	0	0	0	0	0	0	0	0	1	1	0	0	0	0	0	0	0
IIT Department of Physics and the Space Technology Cell	0	0	0	0	0	0	0	0	0	0	0	0	0	0	0	0	0	0	0	0	0	0	1	1	0	0	0	0	0	0	0
IIT Space Technology Cell	0	0	0	1	0	1	0	0	0	0	0	0	0	0	0	0	0	0	0	0	0	0	1	1	0	0	0	0	0	0	0
Institute of armament Technology (IAT)	0	0	0	1	0	1	0	1	0	0	1	2	0	0	0	0	1	1	0	0	0	0	1	1	0	0	0	1	0	1	0
Interin Test Range	0	0	1	1	0	2	0	0	0	0	0	0	0	0	0	0	0	0	0	0	0	0	0	0	0	0	0	0	0	0	0
Kirkee High Explosives Factory	0	0	0	1	0	1	0	0	0	0	0	0	0	1	0	0	0	1	0	0	0	0	0	0	0	0	0	0	0	0	0
Machine Tool Aids and Reconditioning (MTAR)	0	0	0	0	0	0	0	0	0	0	0	0	0	0	0	0	0	0	0	0	1	0	0	1	0	0	0	0	0	0	0

续表

制裁被解除的企业	陆军						海军						空军						天军						核军						清单
	坦克	火炮	无人机	导弹	贡献	总数	核潜艇	导弹	声纳	无人机	贡献	总数	战斗机	导弹	无人机	轻型战机	贡献	总数	卫星	遥感技术	运载火箭	激光	贡献	总数	反应堆	浓缩	后处理	核武器	贡献	总数	还在
National Aerospace Laboratory (NAL)	0	0	0	1	0	1	0	1	0	0	0	1	0	1	0	0	0	1	0	0	1	0	1	2	0	0	0	0	0	0	0
National Test Range (Baliabal)	0	0	0	0	0	0	0	0	0	0	0	0	0	0	0	0	0	0	0	0	1	0	1	2	0	0	0	0	0	0	0
Ordnance Factory Board (OFB)	0	1	0	0	1	2	0	0	0	0	0	0	0	0	0	0	0	0	0	0	0	0	0	0	0	0	0	0	0	0	0
Ordnance Factory Itarsi (OFI)	0	0	0	0	1	1	0	0	0	0	0	0	0	0	0	0	0	0	0	0	0	0	0	0	0	0	0	0	0	0	0
Physical Research Laboratory (PRL)	0	0	0	0	0	0	0	0	0	0	0	0	0	0	0	0	0	0	0	0	0	0	1	1	0	0	0	0	0	0	0
Precisiom controls	0	0	0	0	0	0	0	0	0	0	0	0	0	0	0	0	1	1	1	0	0	0	1	2	0	0	0	0	0	0	0
Ramakrishna Engineering Works	0	0	0	0	0	0	0	0	0	0	0	0	0	0	0	0	0	0	0	0	1	0	1	2	0	0	0	0	0	0	0
Solid State Physics Laboratory (SSPL)	0	0	0	1	1	2	0	0	0	0	1	1	0	0	0	0	0	0	0	0	0	0	0	0	0	0	0	0	0	0	1
Space Physics Laboratory (SPL)	0	0	0	0	0	0	0	0	0	0	0	0	0	0	0	0	0	0	0	0	0	0	1	1	0	0	0	0	0	0	0
Thumba Equatorial Rocket Launching Station	0	0	0	0	0	0	0	0	0	0	0	0	0	0	0	0	0	0	0	0	0	0	1	1	0	0	0	0	0	0	0
Atomic Enargy Commission (AEC)	0	0	0	0	0	0	0	0	0	0	0	0	0	0	0	0	0	0	0	0	0	0	0	0	0	0	0	1	1	2	0
Atomic Enargy Regulatory Board (AERB)	0	0	0	0	0	0	0	0	0	0	0	0	0	0	0	0	0	0	0	0	0	0	0	0	0	0	0	0	1	1	0
Atomic Minerals Division (AMD)	0	0	0	0	0	0	0	0	0	0	0	0	0	0	0	0	0	0	0	0	0	0	0	0	0	0	0	0	1	1	0
Beryllium Machiming Facility (BMF)	0	0	0	0	0	0	0	0	0	0	0	0	0	0	0	0	0	0	0	0	0	0	1	1	0	0	0	0	1	1	0
Bhabha Atomic Research Center (BARC)	0	0	0	0	0	0	0	0	0	0	0	0	0	0	0	0	0	0	0	0	0	0	0	0	1	1	1	0	1	4	1
Board of Radiation and isotope Technology (BRIT)	0	0	0	0	0	0	0	0	0	0	0	0	0	0	0	0	0	0	0	0	0	0	0	0	0	0	0	0	1	1	0
Ceramic Puels Fabrication Plant	0	0	0	0	0	0	0	0	0	0	0	0	0	0	0	0	0	0	0	0	0	0	0	0	1	0	0	0	1	2	0

续表

制裁被解除的企业	陆军						海军						空军						天军						核军						清单
	坦克	火炮	无人机	导弹	贡献	总数	核潜艇	导弹	声纳	无人机	贡献	总数	战斗机	导弹	无人机	轻型战机	贡献	总数	卫星	遥感技术	运载火箭	激光	贡献	总数	反应堆	浓缩	后处理	核武器	贡献	总数	还在
Electronics Corporation of India Ltd. (ECIL)	0	0	0	0	0	0	0	0	0	0	0	0	0	0	0	0	0	0	0	0	0	0	0	0	1	0	0	0	1	2	0
Fertilizer Corporation of India (FCI)	0	0	0	0	0	0	0	0	0	0	0	0	0	0	0	0	0	0	0	0	0	0	0	0	1	0	0	0	0	1	0
Kirloskar Brothers Ltd.	0	0	0	0	0	0	0	0	0	0	0	0	0	0	0	0	0	0	0	0	0	0	0	0	1	0	0	0	0	1	0
Machine Tool Aids and Reconditioning (MTAR)	0	0	0	0	0	0	0	0	0	0	0	0	0	0	0	0	0	0	0	0	0	0	0	0	1	0	0	0	0	1	0
Mineral Separation Plant	0	0	0	0	0	0	0	0	0	0	0	0	0	0	0	0	0	0	0	0	0	0	0	0	0	0	0	0	1	1	0
Minerals Recovery Plant	0	0	0	0	0	0	0	0	0	0	0	0	0	0	0	0	0	0	0	0	0	0	0	0	0	0	0	0	1	1	0
National Aerospace Laboratory (NAL)	0	0	0	0	0	0	0	0	0	0	0	0	0	0	0	0	0	0	0	0	0	0	0	0	1	0	0	0	1	2	0
New Zirconium Sponge Plant	0	0	0	0	0	0	0	0	0	0	0	0	0	0	0	0	0	0	0	0	0	0	0	0	0	0	0	0	1	1	0
Projects and Development India, Ltd. (PDIL)	0	0	0	0	0	0	0	0	0	0	0	0	0	0	0	0	0	0	0	0	0	0	0	0	1	0	0	0	1	2	0
Rare Earth Development Laboratory	0	0	0	0	0	0	0	0	0	0	0	0	0	0	0	0	0	0	0	0	0	0	0	0	0	0	0	0	1	1	0
Rare Materials Plant	0	0	0	0	0	0	0	0	0	0	0	0	0	0	0	0	0	0	0	0	0	0	0	0	0	0	0	0	1	1	0
Special Materials Plant	0	0	0	0	0	0	0	0	0	0	0	0	0	0	0	0	0	0	0	0	0	0	0	0	0	0	0	0	1	1	0
Uranium Fuel Assembly Plant	0	0	0	0	0	0	0	0	0	0	0	0	0	0	0	0	0	0	0	0	0	0	0	0	1	0	0	0	1	2	0
Zirconium Fabrication Plant	0	0	0	0	0	0	0	0	0	0	0	0	0	0	0	0	0	0	0	0	0	0	0	0	1	0	0	0	1	2	0
Zirconium Oxide Plant	0	0	0	0	0	0	0	0	0	0	0	0	0	0	0	0	0	0	0	0	0	0	0	0	0	0	0	0	1	1	0
Chandigarh Ordnance Cable Factory	0	0	0	0	1	1	0	0	0	0	0	0	0	0	0	0	0	0	0	0	0	0	0	0	0	0	0	0	0	0	0
Nuclear Science Center	0	0	0	0	0	0	0	0	0	0	0	0	0	0	0	0	0	0	0	0	0	0	0	0	0	0	0	0	1	1	0

续表

制裁被解除的企业	陆军						海军						空军						天军						核军						清单
	坦克	火炮	无人机	导弹	贡献	总数	核潜艇	导弹	声纳	无人机	贡献	总数	战斗机	导弹	无人机	轻型战机	贡献	总数	卫星	遥感技术	运载火箭	激光	贡献	总数	反应堆	浓缩	后处理	核武器	贡献	总数	还在
Defense Institute of Physiology and Allied Sciences (DIPAS)	0	0	0	0	1	1	0	0	0	0	1	1	0	0	0	0	1	1	0	0	0	0	0	0	0	0	0	0	0	0	0
Dehra Dun Opto–Electronics Factory	0	0	0	0	0	0	0	0	0	0	0	0	0	0	0	0	0	0	0	0	0	0	0	0	0	0	0	0	0	0	0
Avadi Heavy Vehicles Factory	0	0	0	0	1	1	0	0	0	0	1	1	0	0	0	0	1	1	0	0	0	0	1	1	0	0	0	0	0	0	0
Khanaria Ordnance Factory	0	1	0	1	1	3	0	1	0	0	0	1	0	0	0	0	0	0	0	0	1	0	0	1	0	0	0	0	0	0	0
Machine Tool Prototype Facility (MTPF)	0	0	0	0	0	0	0	0	0	0	0	0	0	0	0	0	0	0	0	0	0	0	1	1	0	0	0	0	0	0	0
Institute for Systems Studies and Analysis (ISSA)	0	0	0	0	1	1	0	0	0	0	1	1	0	0	0	0	1	1	0	0	0	0	1	1	0	0	0	0	0	0	0
Institute of Nathematical Sciences (INSc)	0	0	0	0	0	0	0	0	0	0	0	0	0	0	0	0	0	0	0	0	0	0	0	0	0	0	0	0	0	0	0
Interuniwersity Consortium of DAE Facilities (IUC–DAEF)	0	0	0	0	0	0	0	0	0	0	0	0	0	0	0	0	0	0	0	0	0	1	0	1	1	0	0	0	1	2	0
Tata Institute of Fundamental Research (TIFR)	0	0	0	0	0	0	0	0	0	0	0	0	0	0	0	0	0	0	0	0	0	0	0	0	0	0	0	0	1	1	0
	4	18	6	27	27	82	4	17	4		24	52	1	15		13	20	55	6	2	29	4	47	89	23	7	4	5	35	74	10

第15章

战略贸易管制领域的中美关系

刘蓉蓉 ［美］徐志颉*

［内容提要］战略贸易管制一直是中美关系中有分歧和争议的领域，也是影响中美关系的重要因素之一。在过去几十年中，很多因素影响了并仍在影响着中美战略贸易管制的性质和范围，既有美国对华战略贸易管制政策的原因，也有中国战略贸易相关产业和战略贸易管制体制的因素。近年来，中美在战略贸易管制方面的合作已取得了很大进展，双方在这一领域的持久合作将可能成为处理和发展其他领域关系的基础，对中美双边关系乃至整个国际关系都有重要意义。

A Tale of Two Streams: The Development and Analysis of Sino-U.S. Strategic Trade Control Relations

Abstract: Sino-U.S. strategic trade control relations are as complex as any other aspect of the bilateral relationship. In the past few decades,

---

* 刘蓉蓉：美国佐治亚大学国际贸易与安全中心助理研究员、佐治亚—中国联盟执行理事。［美］徐志颉（Jay P. Nash）：SECURUS战略贸易解决方案有限公司总裁，美国纽约州立大学奥尔巴尼分校公共事务与政策洛克菲勒学院政策研究中心研究员，曾任美国佐治亚大学国际贸易与安全中心东亚项目主任。笔者要感谢在这些机构中的同事，向在过去数年中在中国共事过，并为这一文章提供想法和动机的中国同事表示感谢。文章中的任何错误和疏漏由作者本人负责。

numerous factors have influenced and are influencing the nature and extent of Sino-U.S. strategic trade control relations, including U.S. strategic trade control policy toward China, and China's strategic industries and strategic trade control system. In recent years, Sino-US cooperation in strategic trade controls has made great progress, and it can be used to navigate even more challenging areas in the bilateral relationship. Sino-US cooperation in high-technology trade and nonproliferation has great bilateral and global significance.

60多年来，战略贸易管制既是复杂的中美关系中的一个结果，又是一个动因。直到最近，战略贸易管制也是引发中美关系不和谐的一个重要因素。20世纪90年代中期的最初迹象以及过去五年取得的显著进步表明，中美战略贸易管制方面的接触政策已更具建设性，如果进一步发展的话，将有可能成为一个应对双边关系领域及其他挑战的平台。审视美国对华战略贸易管制政策以及中国的战略贸易相关产业和中国自身的国家战略贸易管制体系的演化过程，将有助于我们更好地理解中美战略贸易管制的发展以及为确保这一关系朝积极方向发展所需的努力。

一、序言

中美在战略贸易管制领域的关系是自20世纪40年代末以来双边关系的一个方面，也是一个缩影。从历史上看，战略贸易管制一直是中美关系中有分歧和争议的领域。在中美围绕战略贸易管制的双边辩论中，中国认为美国的政策是有歧视性的，意在遏制中国；而美国认为中国政府和中国企业还没有制定和实施足够的不扩散政策和措施。有时，这种辩论非常费时以至于支配了中美关系中的其他议题。今天，当我们进入21世纪第二个十年的时候，尽管贸易不平衡、人民币升值等其他领域的议题成为了中美关系的首要焦点，但两国如何在存在分歧的防扩散领域携手合作，仍是双方各自政策的焦点。近年来中美战略贸易管制关系的逐步改善可以作为处理和发展其他领域关系的基础。本章认为美国对华战略贸易管制政策的改变与中国军工外贸企业[①]的改革以及中国战略贸易管制体系的发展相关，这也同时开辟了一条中美在战略贸易管制领域更大范围接触之路。

二、美国对华战略贸易管制政策：1949 年至今

早在中华人民共和国成立的时候，战略贸易管制就是中美关系中的组成部分。[②] 自1949年，美国已将一系列的潜在战略物项置于对华出口管制范围内。中国参加朝鲜战争以后，美国形成了全面对华贸易禁运，包括停止发放对华出口许可证，禁止美国船只和飞机在中国港口和机场停留，并要求经由美国转运到中国的船只卸载某些特定物资。[③] 通过多边贸易管制战略协调委员会（巴黎统筹委员会），美国在禁运以及对苏联、华沙条约国家实施贸易限制问题上取得了许多盟友的支持。[④]

美国的对华禁运虽然持续到20世纪70年代初，但在20世纪50年代末美国就失去了大多数盟友的支持，因为它们中的多数国家在中国有重大经济利益。[⑤] 研究过对华禁运影响的人认为中国通过与苏联结盟抵消了禁运对中国军事能力的不良影响。与此同时，禁运也被认为对20世纪60年代中苏关系的分裂起到推波助澜的作用，这反过来又导致中美关系在20世纪70年代和80年代的改善。美国认为与中国改善关系既能帮助美国摆脱越南战争，又能对苏联形成遏制。[⑥] 因此，在基辛格

① 本文中的军工外贸企业指经国家批准的有外贸出口权的国有军工企业。

② Armand L. C. De Mestral, T. Gruchalla-Wesierski, *Extraterritorial Application of Export Control Legislation: Canada and the United States*, The Netherlands: Kluwer Academic Publishers, 1990, p. 208.

③ Shu Guang Zhang, *Economic Cold War: America's Embargo Against China and the Sino-Soviet Alliance, 1949-1963*, Washington, DC: Woodrow Wilson Center Press, 2001, p. 31.

④ Ibid.

⑤ Ibid.

⑥ Jing-Dong Yuan, "The Politics of the Strategic Triangle: The U.S., COCOM, and Export Controls on China, 1979-1989," *East Asia*, vol. 14, No. 1, pp. 47-79.

秘密访问中国以及尼克松访华之后不久，美国在1970年代最终解除了实行了20多年的对华禁运。

从1972年起，巴黎统筹委员会开始对中国实行已适用于苏联的政策，这一政策使得来自巴黎统筹委员会的成员国——包括美国的非战略性物资能够出口到中国。① 然而，在尼克松执政的最后一年以及福特政府时期，美国仍然限制和控制着对华战略技术转让。战略性物资可以出口到中国，但需取得美国商务部的许可。在深化军事合作利益的推动下，美国在没有经过巴黎统筹委员会的审查和批准的情况下，暗中支持英国向中国出售军用飞机发动机，这样做破坏了当时美国官方政策。②

在卡特和里根政府时期，随着中美关系的继续发展，美国对华战略贸易管制政策也继续软化。③ 卡特政府追求并实现了与中国关系的正常化，原因之一是中国开始实施改革开放政策，邓小平提出了实现“四个现代化”的战略目标。另外一个原因是苏联入侵阿富汗，使得卡特政府同意对华出售并非真正武器的“军事相关”设备。1983年，美国提出了众所周知的中国“绿线”（Green Lines）政策，这一政策取消了部分战略性物项的出口管制。在美国政府和北约盟国、日本的共同努力下，巴黎统筹委员会于1985年通过了这项“绿线”的项目清单。同年，美国发放的对华出口许可证数量比1984年翻了一番。④ 然而在20世纪80年代末，由于1989年北京政治风波的发生，中美关系重新出现了紧张局面。

由于1989年6月的北京政治风波，美国通过了1990年和1991财政年度外交关系授权法案对中国的制裁，其中几项与战略贸易管制有关，比如停止发放对华军火出口许可和一些与核相关的物项出口许可。制

① Yang, p. 1.

② James Mann, *About Face: A History of America's Curious Relationship With China, From Nixon To Clinton*, New York: Alfred A. Knopf, 1999, pp. 74-75.

③ Sally A. Meese, “Export Controls to China: An Emerging Trend for Dual-Use Exports,” 7 Intl. Trade LJ 20 (1981-1983).

④ Defense Institute of Security Assistance Management (DISAM), “U.S. Export Controls and China,” *The DISAM Journal*, Winter 1989/90, available at http://www.disam.dsca.mil/pubs/Vol%2012-2/US%20Exports.pdf.

裁也同时影响了美国对华政府援助的幅度。[①] 随后的第一次海湾战争和中东的紧张局势促使美国更严格了对华战略贸易管制的政策。为应对伊拉克的大规模杀伤性武器计划及其在“沙漠风暴”行动中显示的导弹能力，美国政府开始对中国（也包括其他国家）的个别军工外贸企业和政府机构实行制裁。首次制裁是在1991年对一家从事相关导弹技术扩散的中国公司。[②] 另外一家中国企业和当时中国的一个部委在1992年和1993年也受到制裁。另外五家中国企业在1997年受到制裁。20世纪90年代中后期，美国劳拉和休斯公司（Loral and Hughes）在中国的发射卫星爆炸事件，引起了对中国的技术数据转让的争论[③]，再加上有报道称中国情报获取了美国核武器技术。[④] 这一系列接踵而来的波澜导致美国国会将商业卫星从美国商业管制清单（CCL）重新列入美国军火管制清单（USML）之中，从而使商业卫星也受制于武器禁运，不能够被运送至中国发射。[⑤]

在21世纪第一个十年的前半期，美国对华战略贸易管制政策主要是体现在美国制裁法对中国的几家大型军工外贸企业进行的制裁。2002—2006年，美国政府对中国的制裁平均每年达15项。在2002年和2004年这两年的制裁就超过25项（见图15–1）。大部分制裁是根据美国针对伊朗的相关不扩散法律；当时伊朗秘密核计划细节刚刚公开。[⑥] 这一时期引人关注的制裁包括2005年12月美国国务院对中国北方工业

---

① Diane Rennack, “China: Economic Sanctions,” *CRS Report for Congress*, No. RL31910, updated May 18, 2005, p.1, available at http://www.au.af.mil/au/awc/awcgate/crs/rl31910.pdf.

② 参见 U.S. Department of State, Bureau of International Security and Nonproliferation, “Missile Sanction Laws,” updated December 4, 2009, available at http://www.state.gov/t/isn/c15232.htm。

③ Stan Crock and Steve Brull, “Hughes and Loral: Too Eager to Help China?,” *Businessweek,* September 13, 1999, available at http://www.businessweek.com/archives/1999/b3646155.arc.htm#B3646156.

④ Shirley A. Kan, “China: Suspected Acquisition of U.S. Nuclear Weapon Secrets,” *CRS Report for Congress,* No. RL30143, updated February 1, 2006, available at http://www.fas.org/sgp/crs/nuke/RL30143.pdf.

⑤ “Congress Returns Export Control Over Satellites to State Department,” *Arms Control Today* (ACT), October 1998, available at http://www.armscontrol.org/act/1998_10/satoc98.

⑥ “Images Show Iran Heavy Water Plant Nearly Done,” *China Daily*, March 3, 2005, available at http://www.chinadaily.com.cn/english/doc/2005-03/05/content_422017.htm.

公司实施的第七轮制裁[①]和2006年美国财政部第13382号行政令对中国长城工业公司的制裁。13382号制裁影响很大，它冻结了美国机构持有的所有长城公司的金融资产，并且禁止任何美国人和企业同长城公司进行商业交易。[②]这一时期美国国会也有一系列针对中国的年度报告，内容包括中国的军事能力和防扩散记录等敏感领域的一些问题，例如国防部的《中国军力报告》[③]和中美经济与安全审查委员会报告。[④]中国政府通常也会对这些报告进行言辞激烈的回应。[⑤]

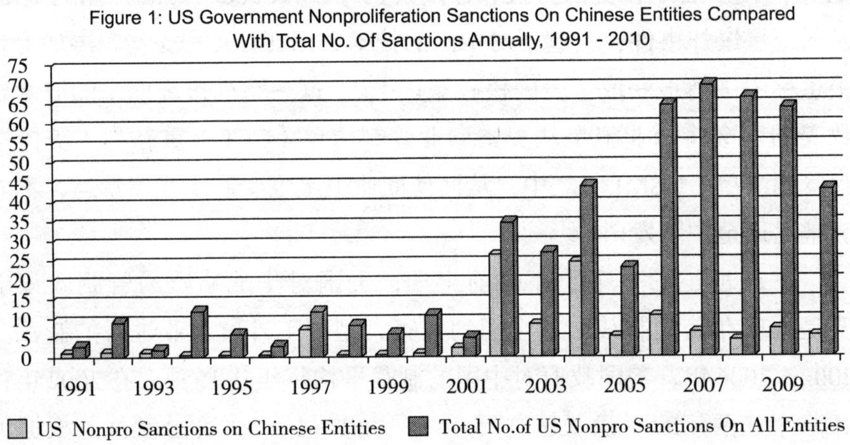

图15–1　1991—2010年美国政府对中国的不扩散制裁与年度制裁总数比较

---

① 参见 U.S. Department of State, Bureau of International Security and Nonproliferation, "Iran Nonproliferation Act of 2000," February 7, 2008, available at http://www.state.gov/t/isn/c15234.htm; see also, Philip Saunders and Stephanie Lieggi, "What's Behind U.S. Nonproliferation Sanctions Against NORINCO," May 30, 2003, available at http://cns.miis.edu/stories/030530.htm。

② 参见 U.S. Department of State, Bureau of International Security and Nonproliferation, "Executive Order 13382," available at http://www.state.gov/t/isn/c22080.htm; The President of the United States of America, "Executive Order 13382—Blocking Property of Weapons of Mass Destruction Proliferators and Their Supporters," *Federal Register*, Vol. 70, No. 126, July 1, 2005, available at http://www.state.gov/documents/organization/135435.pdf。

③ 参见 copy of first such report from June 10, 2004 at http://www.defense.gov/news/jun2000/china06222000.htm。

④ 参见 e.g. U.S.-China Economic and Security Review Commission (USCC), *2004 Annual Report*, Chinese Translations of Executive Summary and Transmittal Letter, June 2004, available at http://www.uscc.gov/annual_report/2004/04annual_report_chin.pdf。

⑤ 参见 e.g. Embassy of the People's Republic of China in Denmark, "Foreign Ministry Spokesman Liu Jianchao's Comments on the US-China Economic and Security Review Commission Annual Report," November 20, 2007, available at http://dk.china-embassy.org/eng/fyrth/t382671.htm; Embassy of the People's Republic of China in the Kingdom of Lesotho, "Vice Minister Yang Jiechi Lodges A Solemn Representation Over The Issuance of the So-Called Report on China's Military Power by the US Defense Department," July 23, 2005, available at http://ls.china-embassy.org/eng/xwdt/t204665.htm。

在过去的五年中，美国对华战略贸易管制政策与此之前有相似之处，但也出现了明显的变化。2007年，美国商务部工业与安全局（BIS）和美国政府的两用贸易管制委员会修订了美国《出口管理条例（EAR）》，增加了在中国有“最终军事用途”物项的出口管制。[①]有专家指出，这个修改使美国对华贸易管制政策重新回到20世纪80年代之前的状态。[②]然而，在同样的法规修订中，美国商务部工业与安全局为中国企业设立了“经验证最终用户”制度（Validated End-User, VEU），一旦中国进口企业获得了此资格认证，美国的出口商可以在许可范围内多次直接出口所批物项。[③]2006—2010年，还有其他一些重要变化，如美国商务部工业与安全局增加了对华战略贸易管制的两用物项的许可数量。在此期间，出口到中国的许可证批准数量增长近50%，2006年批准的许可证1538件，到2010年批准达到2304个。[④]值得注意的是，以年度为标准，2006年前后比较，尽管在同一时期美国政府的防扩散制裁数量总体急剧增加，但受制裁的中国企业数量明显下降（见图15-1）。从2002年到2005年，受美国制裁的中国企业平均每年为16家，而从2007年至2010年，每年受制裁的中国企业仅为5家。尽管中国仍在美国战略贸易管制政策中受到相对多的限制，中美之间也在一些话题上仍存在一些争论和紧张时期，但正如时任美国负责出口管理的助理商务部长所指出的，这一时期美国战略贸易管制的变化反映出了中美之间一个“不断向前发展的关系”。[⑤]

---

① U.S. Department of Commerce, Bureau of Industry and Security (BIS), “Revisions and Clarification of Export and Reexport Controls for the People’s Republic of China (PRC); New Authorization Validated End-User; Revision of Import Certificate and PRC End-User Statement Requirement – Final Rule,” *Federal Register,* Vol. 72, No. 117, June 19, 2007, available at http://edocket.access.gpo.gov/2007/pdf/e7-11588.pdf.

② 参见 Donald Wheadon and Carol Kalinoski, “Washington’s China Policy Turns Psychotic,” *Asia Times*, June 23, 2007, available at http://www.atimes.com/atimes/China_Business/IF23Cb02.html。

③ U.S. Department of Commerce, BIS, “Commerce Department Announces Updated Export Controls for China,” June 15, 2007, available at http://www.bis.doc.gov/news/2007/06-15-07-export-rule-press-release---final.pdf.

④ 根据国际清算银行2006年度、2007年度、2008年度报告得到的数据，available at http://www.bis.doc.gov/news/indexnewsarchives.html, 经济2009年度、2010年度报告，available at http://www.bis.doc.gov/news/index.htm。

⑤ U.S. Department of Commerce, BIS “The Future of U.S. Export Controls on Trade with China,” Remarks by Christopher Padilla, Assistant Secretary of Commerce for Export Administration, Shenzhen, China, January 29, 2007, available at http://www.bis.doc.gov/news/2007/padilla02012007.htm.

简要回顾60多年来美国对华贸易管制政策的历史有助于我们更好的理解中美在战略贸易关系上的动态发展。冷战初期就设定了至少冷战后15年的基调。不可否认，冷战和双边关系外的一些重大事件，如“9·11”事件、伊朗和朝鲜的核危机等都对美国战略贸易管制政策的走向产生了重大影响，但审视过去60年的历史不难看出，双边关系因素和/或中国的发展，都对美国战略贸易管制政策产生了重大影响。这方面的例子包括北京政治风波、考克斯委员会、中国的军事现代化等。接下来的内容将说明，双边关系的发展以及中国自身的发展对美国对华贸易管制政策产生了重要的积极作用，明显体现在美国近年增加对华出口许可批额的上升和对中国企业制裁的明显下降。

三、中国军工外贸企业及战略贸易管制体制的演变

就中美战略贸易管制关系中的中方而言，有两个方面有助于我们更好的理解这种关系及其未来前景，那就是中国军工外贸企业的演变和中国战略贸易管制体系的发展。正如我们在上节中看到的，在20世纪90年代和21世纪初的美国对华战略贸易管制中，中国军工外贸企业的防扩散问题往往十分棘手。然而也就是这些企业的探索示范作用加上中国战略贸易管制体系的发展，在美国对华贸易管制政策上发挥了显著作用。本节将探讨中国军工外贸企业为什么及怎样成为中美战略贸易管制关系之中的关键。

从1978年中国实行改革开放政策以来，中国国企的演变经历了五个阶段：1978—1984年，是扩大企业自主权的试点阶段，“企业留利”制度被引入国企，使国企在发展生产，改善职工集体福利方面有了一定财力；1984—1986年，强调政企分开，所有权和经营权分开，实行多种经营方式。多数企业采取承包经营方式；1987—1993年，由于中国进一步开放经济，并朝着更加自由的市场化前进，国有企业被授予14项经营自主权；从1994开始，企业改革进入现代企业制度的

新阶段。[①] 值得一提的是中国目前的11个军工集团，前10家都脱胎于1999年的各个国防工业总公司按照自主经营、自负盈亏的要求，一分为二分别组建而成。[②] 在许多观察家看来，尽管经过这20年的变革，在2001年中国加入世界贸易组织时，企业的总体经营效率有显著提高，但能够达到赢利水平的还很少。[③]2003年以后，国企又经历了第五阶段的改革。

与此同时，中国政府对于国际防扩散体系的态度也发生了转变，签署了几乎所有主要的防扩散条约：1984年11月15日签署《禁止生物武器条约》，[④]1992年3月9日加入《不扩散核武器条约》，[⑤]1997年4月25日加入《禁止化学武器公约》，[⑥]1988年9月参加国际原子能机构（IAEA）的安保协定，[⑦]1998年10月参加国际原子能机构一项附加项议定书。[⑧] 在此期间，中国政府还逐步发展国家战略贸易管制体系，通过了一系列的关于管制大规模杀伤性武器及其相关物品和技术的法规，如《监控化学品管理条例》(1995年)、《核出口管制条例》(1997年)、《军品出口管理条例》(1997年)以及《核两用品及相关技术出口管制条例》(1998年)[⑨]。1998年通过的这项法律是中国第一个关于两用物品和技术的战略贸易管制法律。2002年，中华人民共和国国务院颁布一系列法规，授予政府部门监管两用化学品、生物制品、导弹物项以及

① "SOE Reform is a natural historic process", Available in Chinese, http://www.culstudies.com/Article/economics/200509/2713.html.

② 中国军工集团沿革，http://www.hudong.com/wiki/中国军工集团沿革。

③ 参见 Carsten A. Holz, *China's Industrial State-Owned Enterprises: Between Profitability and Bankruptcy*, Singapore: World Scientific Publishing Inc., 2003, p. 3.

④ Organization for the Prohibition of Biological Weapons, "Status of the Convention," *The Biological and Toxin Weapons Convention Website*, June 2005, available at http://www.opbw.org/.

⑤ Nuclear Threat Initiative (NTI), "China's Instrument of Accession to the Nonproliferation Treaty (NPT)," March 11, 1992, available at http://www.nti.org/db/china/engdocs/nptdec.htm.

⑥ U.S. Department of State, "Chemical Weapons Convention States Parties and Signatories," available at http://www. state.gov/t/ac/rls/fs/71827.htm.

⑦ Nuclear Threat Initiative (NTI), "China and IAEA Safeguards," available at http://nuclearthreatinitiative.org/db/china/iaeasg.htm.

⑧ International Atomic Energy Agency (IAEA), "Safeguards and Verification," available at http://www.iaea.org/OurWork/SV/Safeguards/sg_protocol.html.

⑨ 参见 PRC Ministry of Foreign Affairs (MFA), "China's Non-Proliferation and Export Control Laws and Regulations (1980-1997)," available at http://www.fmprc.gov.cn/eng/wjb/zzjg/jks/fksflfg/t141341.htm。

技术的出口权力。法规里包括了“全面控制”原则，授予政府部门对于不在受控目录但可用于大规模杀伤性武器扩散的物项与技术进行监管。同年，中国修改了1997年制定的《中华人民共和国军品出口管理条例》，使常规武器管制条例与国际标准更加一致。但这其中没有包括常规两用产品。①

回到2003年国企改革，国务院创立国有资产监督管理委员会（国资委），负责监督国有资产的情况，也包括任命高层管理人员，批准国有资产和股票的兼并或出售，同时还负责关于国有企业法律的起草。2003年至今，股东制度以及法人管理结构受到国有企业的普遍拥护。国有企业之间进行战略性收购，以优化资源、提高效率，从而增加竞争力以参与全球竞争。这些变化的结果体现在企业利润的增长和技术水平的提高。以至于那些对中国国有工业部门持怀疑和批评态度的西方分析家们也开始承认，中国企业正发生着深刻的变化（特别是在国有国防工业），这些变化意味着企业走向赢利。② 截至2009年底，中国国有资产总价值增至21万亿元（约合3.1万亿美元），同七年前相比增长了3倍。到2010年，有30家中国国有企业进入世界500强企业名单，而在2003年，进入世界500强的中国国有企业仅为6家。过去7年中，86家国有企业以及152家国有控股企业名列A股市场名单，占据了上海和深圳市场总市值的35%。③ 在这之中，军工外贸企业正向民营工业领域扩展，并进一步分离军品和民品业务，以在高价值市场中寻求更

① PRC State Council, *Regulations of the People's Republic of China on Administration of Arms Export*, August 15, 2002, available at http://www.gov.cn/english/laws/2005-07/25/content_16975.htm.

② 参见 e.g. Jonathan A. Woetzel, "Reassessing China's State-Owned Enterprises," *McKinsey Quarterly*, July 8, 2008, available at http://www.forbes.com/2008/07/08/china-enterprises-state-lead-cx_jrw_0708mckinsey.html; see also, Evan S. Medeiros et al, *A New Direction for China's Defense Industry*, Santa Monica, CA: RAND, 2005, available at http://www.rand.org/pubs/monographs/2005/RAND_MG334.pdf。

③ "Are SOEs the economy's friends or foes?" *China Daily*, September 2, 2010, available at http://www.chinadaily.com.cn/usa/2010-09/02/content_11249252.htm.

大竞争力。[1]毫不奇怪，推动发生此变化的一个主要力量就是国际贸易和商业带动的经济增长。[2]

随着中国战略贸易相关企业继续现代化、公司化、商业化和经济化，中国政府继续强化其战略贸易管制体系，包括鼓励企业建立企业内部自律机制。2006年，商务部公布一系列许可证申请细则，[3]把地方（即省级、市级）主管部门纳入到战略贸易管制体系中，希望其在各自的直辖范围内成为政府对企业的信息窗口。[4]这些措施也同时促进了两用物项和技术清单的发展，包括制定10位海关编码，以帮助企业确认管制物项，[5]及推动许可证电子平台服务。[6]商务部和其他主管部门也开展了一系列的企业研讨和培训等活动，帮助企业了解国内和国际法规内容。与此同时，"企业内部自律机制"也被引入中国企业管理。2007年1月，中国商务部修订了《核两用品和相关技术出口管制条例》，其中包括要求核两用物项贸易公司要有一套健全的内部自律机制。[7]随后，商务部又发布了"关于指导中国企业建立内部自律机制"的69号公告，鼓励中国企业建立内部自律机制，这和美国政府建议美

---

① 例如，在2009年，中航宣布其民用和国防出口公司分开，并建立了申诉专员，以帮助建立中国首个商业客机。参见："AVIC International Holding Erected in Beijing," *SinoCast Daily Business Beat*, May 27, 2009, available at http://business.highbeam.com/436195/article-1G1-200661379/avic-international-holding-erected-beijing and Anil Gupta and Haiyan Wang, "COMAC: China's Challenge to Airbus and Boeing," *Businessweek*, June 30, 2010, available at http://www.businessweek.com/globalbiz/content/jun2010/gb20100630_522595.htm；北方工业公司最近成立了一个民用产品的控股公司，参见"NORINCO Technology Co., Ltd. Unveiled In A Grand Ceremony," December 18, 2010, available at http://www.norinco.com/c1024/english/newscenter/content_135.html。

② J.P. Morgan, "As China Rises, So Do Trade Flows," available at http://www.jpmorgan.com/tss/General/As_China_Rises_So_Do_Trade_Flows/1102380206717.

③ PRC Ministry of Commerce (MOFCOM) and General Administration of Customs (GAC), *Measures for the Administration of Dual-Use Item and Technology Import and Export Licensing*, December 31, 2005, available at http://english.mofcom.gov.cn/aarticle/policyrelease/announcement/200804/20080405506791.html.

④ 参见 *Measures for the Administration of Dual-Use Item and Technology Import and Export Licensing* (2005), Article 5。

⑤ 参见："两用物项和技术目录"追加到"两用物项与技术进出口许可证管理办法（2005）"之后，该目录已更新，从2005年以来每年年底中心出版。当前这个表格可在中华人民共和国商务部网站"出口管制"查询（仅简体中文），http://exportcontrol.mofcom.gov.cn/aarticle/t/z/201012/20101207344859.html。

⑥ The Government e-Platform is available (in simplified Chinese only) at http://exctrl.ec.com.cn/tecp/corp_index.jsp.

⑦ PRC State Council, *Regulations of the People's Republic of China on Control of Nuclear Dual-Use Items and Related Technologies Export*, January 26, 2007, Article 18, available at http://cys2.mofcom.gov.cn/aarticle/policyreleasingcenter/200801/20080105348201.html.

国企业建立的制度相似，但具有中国特色。最终，2009年7月，商务部提出通用许可证概念，鼓励有资质的企业申请，以提高企业出口效率。然而符合资质的主要条件包括企业的内部自律机制的建立。[①] 在此期间，商务部也对违反规定的企业进行调查和惩罚，并在商务部网站上公布。[②]

在中国战略贸易管制体系发展中，中国的军工外贸企业发挥了重大作用。在20世纪90年代及21世纪初，许多军工外贸企业因被质疑扩散至伊朗而受到美国法律的制裁；作为回应，一些公司决定尝试开展企业内部自律机制的建立。[③] 军贸巨头——中国北方工业公司，在2003—2005年多次被制裁后，从2006年开始建立内部自律机制，并将其结合到管理之中，成为中国企业建立内部自律机制的第一家。经过与政府部门交流以及中美非政府专家机构合作，北方公司建立起一套完善的内部自律机制，并邀请中外专家对其员工进行培训。[④] 此后不久，中国长城工业公司也开始改善其内部自律机制。两公司分别于2007年和2008年被解除制裁。这也引发了其他军贸企业的兴趣，例如中航国际。[⑤]

中国军品外贸企业是战略贸易管制合规领域的领头羊，从产业界——政府圆桌会议的报告就可看出。[⑥] 企业意识到实行内部自律机制有助于而不是限制其扩大全球业务和机遇：据报道北方公司2008年收入有显著增长，中航工业2010年的利润有望到达100亿元，同前一年

---

① MOFCOM, "Measure on Dual Use Product and Technology General License", July 2009, available (in simplified Chinese only) at http://exportcontrol.mofcom.gov.cn/aarticle/t/z/200905/20090506258941.html.

② See e.g. an announcement of one 2008 enforcement case (in simplified Chinese only) at http://exportcontrol.mofcom.gov.cn/aarticle/ar/200803/20080305439549.html.

③ Stephanie Lieggi, "From Proliferator to Model Citizen: China's Recent Enforcement of Nonproliferation-Related Trade Controls and Its Potential Positive Impact in the Region," *Strategic Studies Quarterly,* September 2010, available at http://www.au.af.mil/au/ssq/2010/summer/lieggi.pdf.

④ Lieggi, pp. 44-45; see also Gary K. Bertsch, "China's Strategic Trade Controls and U.S.-China Cooperation on Nonproliferation," Testimony before the U.S.-China Economic and Security Review Commission (USCC) on *China's Proliferation and the Impact of Trade Policy on Defense Industries in the United States and China* , Washington, DC, July 12, 2007, available at http://www.uscc.gov/pressreleases/2007/testimony/Bertsch.pdf.

⑤ AVIC International, "ICP Training Held at AVIC International," March 31, 2010, available at http://www.avic-intl.cn/avicIntl/home/index.do?cmd=goToChannel&cid=339&columnid=1421&cpid=925&dataid=11694&columnType=101&likeType=view&ckw=compan_dynamic&imy=no.

⑥ "Sensitive Product Export Enterprises Brewing Mechanism of Compliance and Cooperation," April 28, 2010, available (in simplified Chinese only) at http://news.people.com.cn/GB/8159/11481185.html.

相比增长了15%。[1]

过去30年中国国企的改革以及战略贸易管制体制的变化，不仅为中国本身与美国在战略贸易管制领域更大范围的接触做好了准备，而且在美国战略贸易管制政策变化上发挥了作用，为战略贸易管制领域更大范围的双边接触创造必要条件。中国政策发展和企业改革，也可以诠释中美两条河流时分时并的走向。不论如何，这两个支流的交集在最近几年不断增加，下一节即对此进行讨论。

四、双流合并：中美战略贸易管制关系的发展[2]

虽然中美在战略贸易管制领域的逐步接触政策到20世纪90年代初才获得动力，但并不奇怪双方在此领域从1947年到20世纪80年代几乎是没有合作的。中国到1992年加入全球核不扩散体系，1995年开始发展以法律为基础的战略贸易管制体系。在此之前，美国对华战略贸易管制政策完全基于冷战思维。20世纪90年代初，美国通过对中资机构的制裁来表示其对冷战后世界面临的新的扩散威胁的关注。如前所述，到1993年，中国政府加入全球性不扩散机制，并开始允许市场力量推动国内产业部门的发展。在1994年，中美决定将“战略贸易管制对话”（Strategic trade control Dialogue）引入其1983年成立的中美商贸联合会（JCCT）中，以寻求中美之间更大的经济合作。[3]同年，中美两国政府共同发表《关于导弹扩散的声明》（Statement on Missile Proliferation），声明中国政府同意遵守“导弹及其技术控制制度”（MTCR）的基本原则，同时美国政府放弃两年前对中资机构进行的与导弹扩散相关的

---

① “AVIC Expects 2010 Profit To Hit RMB 10.5 Billion,” *China Knowledge,* January 5, 2011, available at http://www.hktdc.com/info/vp/a/bkfin/en/1/3/1/1X079XVE/AVIC-Expects-2010-Profit-To-Hit-RMB-10-5-Billion.htm.

② 本节根据2009年12月16—17日在北京召开的第七次中美军控、裁军与防扩散探讨会上作者们的阐述整理。会议摘要和其他会议相关信息请在詹姆斯·马丁不扩散研究中心网站查询：http://cns.miis.edu/activities/091216_7th_us_china/index.htm。

③ U.S. Government Export Portal, “U.S.-China Joint Commission on Commerce and Trade (JCCT),” *Trade Policy Initiatives*, available at http://www.export.gov/china/policyadd/jcct.asp.

制裁。[①]

到1998年，两条支流再次短暂的交汇。在1998年之前，中国已经加入《禁止化学武器公约》，签署国际原子能机构的附加议定书，加入桑戈委员会，开始转向以法律为基础的战略贸易管制体系并公布了与核相关的条例。与此同期1993年，大多数政府直接管理的军工企业被重组为若干个大型国有企业集团，政企分开，1999年几家集团又各自分解为两家独立的公司，以鼓励竞争。[②]对美国而言，虽然美国恢复了与中国的卫星发射合作，以及努力恢复其核能源工业，但其对华战略贸易管制政策的调整仍显"滞后"。美国与中国签署了一项"和平利用核技术"的协定，这一协定包括战略贸易管制、核合作和核废料处理的条款。[③]这一项协议与"中美军控、裁军和防扩散1.5轨会议"相呼应。[④]该会议与中美商贸联合会的"战略贸易管制对话"一起，成为为数不多的几个中美政府官员直接就战略贸易管制问题交流的平台之一。当然，这些只是中美建设性双边战略贸易管制关系的具体例子，但此种联系不够健全也不够机制化，不能应对和解决包括1999年考克斯委员会所引起的有争议的问题。因此，中美战略贸易管制关系在随后几年陷入相对低谷阶段。

2002年，专家再次呼吁中美在战略贸易管制领域应进行更大范围的接触与合作。[⑤]而此时，中国政府才刚刚完成一项全面的、以法律为基础的战略性贸易管制体系的基础工作。在此之前20世纪90年代末和21世纪初的几年，中国军品外贸企业为了生存和发展在全球市场内寻求机会，战略贸易管制体系的概念还没有树立起来。因此，我们见证

① "Joint United States-People's Republic of China Statement on Missile Proliferation," October 4, 1994, available at http://www.nti.org/db/china/engdocs/mtcrusch.htm.

② "兰德公司：中国军工2025年前无法追上美国"，新浪网站http://mil.news.sina.com.cn/p/2008-07-29/0851513756.html。

③ U.S. Department of Energy, Office of Policy and International Affairs, "U.S.-China Energy Cooperation," available at http://www.pi.energy.gov/usa_china_energy_cooperation.htm.

④ Center for Nonproliferation Studies (CNS), "U.S.-China Conference on Arms Control, Disarmament, and Nonproliferation: Conference Report," September 1998, available at http://cns.miis.edu/archive/cns/programs/eanp/research/beijing/.

⑤ 参见 e.g., Jing-Dong Yuan, "Strengthening China's Export Control System," October 4, 2002, available at http://cns.miis.edu/reports/pdfs/jdmemo.pdf。

了2002—2004年美国对中国公司有史以来数量最多的防扩散制裁。此外，源于1990年美国对华制裁中有对华援助的限制，美国主要的政府机构仍不能直接与中国进行直接合作，例如美国国务院战略贸易管制和边境安全合作项目。① 但是，2003年中美开始在战略贸易管制方面进行更大范围接触，尽管更多的是在技术层面而不是政治层面，美国商务部与中国商务部于2003年9月在上海联合召开战略贸易管制企业研讨会。② 次年，美国商务部与中国商务部就部分美国出口许可的最终用户验证批准程序达成一致。③ 在政治层面也有一个关键性突破，即2004年5月，美国支持中国加入核供应国集团④，这一多边贸易管制体系为核相关物品贸易确立了指导原则并制定出管制清单。

2006年以来，中美在战略贸易管制合作上取得了更大进展。首先，中美将始于1994年的"战略贸易管制对话"制度化，2006年建立了中美高技术与战略贸易工作组，每年召开1—2次会议，彼此就战略贸易管制交换意见和信息。⑤ 在中美高技术与战略贸易工作组的努力下，双方的进一步合作与接触成为可能，比如双方为促进中美高科技贸易发展达成一项框架性协议在2007年以《中美高科技贸易发展指导原则》的形式经由美国商务部和中国商务部共同签署，⑥ 对华最终用户制度经过数年努力终于在中国全面实施。⑦ 在此期间，我们还看到中美日益重

---

① 参见 Bertsch, "China's Strategic Trade Controls and U.S.-China Cooperation on Nonproliferation," Testimony before the U.S.-China Economic and Security Review Commission (USCC). 关于边境安全协助计划的一般性信息，参见 U.S. Department of State, ISN, "EXBS Program," available at http://www.state.gov/t/isn/ecc/c27911.htm。

② U.S. Department of Commerce, "U.S.-China Joint Commission on Commerce and Trade (JCCT)", available at http://www.mac.doc.gov/china/JCCTforweb.htm.

③ U.S. Department of Commerce, BIS, "U.S.-China End-Use Visit Understanding," April 21, 2004, available at http://www.bis.doc.gov/enforcement/prcenduseunderstanding.htm.

④ "U.S. Backs China Joining Nuclear Group," *China Daily,* May 13, 2004, available at http://en.ce.cn/National/Politics/t20040513_834935.shtml.

⑤ U.S. Department of Commerce, BIS, "United States-China High-Technology and Strategic Trade Cooperation," April 11, 2006, available at http://www.bis.doc.gov/news/2006/jcctpressrelease04_10_06.htm.

⑥ U.S. Department of Commerce, Office of the Secretary, "Department of Commerce Announces Signing of 'Guidelines for U.S.-China High-Technology and Strategic Trade Development," December 11, 2007, available at http://www.bis.doc.gov/news/2007/12-11-07-bis-release-final.pdf.

⑦ U.S. Department of Commerce, BIS, "BIS Announces Full Implementation of the Validated End-User Program for China," January 13, 2009, available at http://www.bis.doc.gov/news/2009/bis_press01132009.htm.

视战略贸易管制的执法问题并加强合作。美国能源部、美国国土安全部与中国海关总署和中国国家原子能机构一道，在战略贸易管制措施方面进行合作，以帮助中国许可证发放官员和行业部门确认受管制的核相关物品，为中国海关总署的检查人员就物资识别领域进行培训，比如美国集装箱安全倡议、联合开发核及核两用技术指导。① 最后，在此期间，有迹象表明，中美在战略贸易管制的接触已经达到双边关系中的更高层次。从2006年开始的战略经济对话（SED），② 到今天的战略与经济对话（S&ED）中，战略贸易管制问题的讨论与交流提到了双边关系的最高级别。③ 最近，战略与经济对话中进一步补充了中美战略贸易管制的交流，而且更受关注的是美国国务院与中国外交部之间的“防扩散对话”。中美之间就战略贸易管制、防扩散接触问题，在经历了数十年没有机制化的官方双边论坛之后，在2009年形成对话机制，在这一年，中美“防扩散对话”举行了两次。在此期间，两国还解决了许多关键领域的分歧。④ 而且，中国国家主席胡锦涛与美国总统奥巴马在过去两年的会面中也多次提到与战略贸易管制相关的议题。⑤

最近，中美战略贸易管制接触似乎进入自2006年以来另一个契合

---

① See Patricia McNerney, Principal Deputy Assistant Secretary, International Security and Nonproliferation, “China’s Nonproliferation Practices,” Statement Before the U.S.-Economic and Security Review Commission (USCC), May 20, 2008, available at http://merln.ndu.edu/archivepdf/china/State/105084.pdf; see also U.S. National Nuclear Security Administration (NNSA), “U.S. and China Strengthen Partnership to Prevent to Prevent Illicit WMD-Related Trade,” September 11, 2009, available at https://nnsa.energy.gov/mediaroom/pressreleases/09.11.09b.

② See U.S.-China Business Council (USBC), “US-China Trade Relations,” February 2007, available at http://www.uschina.org/info/forecast/2007/trade-relations.html.

③ See U.S. Department of Treasury, “Second Meeting of the U.S.-China Strategic and Economic Dialogue: Joint U.S.-China Economic Track Fact Sheet,” No. TG-722, May 27, 2010, available at http://ustreas.gov/press/releases/tg722.htm.

④ David B. Shear, Deputy Assistant Secretary, Bureau of East Asian Affairs, U.S. Department of State, “China: Recent Security Developments,” Statement before the House Armed Services Committee, Washington, DC, January 13, 2010, available at http://www.state.gov/p/eap/rls/rm/2010/01/134167.htm.

⑤ See e.g., The White House, Office of the Press Secretary, “U.S.-China Joint Statement,” Beijing, China, November 17, 2009, available at http://www.whitehouse.gov/the-press-office/us-china-joint-statement, which mentions the commitment Presidents HU and Obama made to increase communication and cooperation on nonproliferation and nuclear security during Obama’s November 2009 state visit to China; “Hu Tells Obama to Loosen Technology Export Controls, Xinhua Says,” *Bloomberg Businessweek*, April 12, 2010, available at http://www.businessweek.com/news/2010-04-12/hu-tells-obama-to-loosen-technology-export-controls-xinhua-says.html.

期。美国增加了对华两用出口许可的批准，在对华最终用户制度中，美国政府对中资机构的制裁每年持续下降，显然美国决策者承认，改变中美关系可能需要美国在其对华战略贸易政策上做出改变。中国方面继续提升中国战略贸易管制体系，促进和支持产业遵守战略贸易管制体系规则，以及中国领军的军工外贸企业决定进一步增加在内部自律机制方面的投资，这既是其在全球市场上获得成功的体现，也表明了其在全球市场渴望持续成功的愿望。

五、总结性观察与未来展望：双流交集还是平行

中美战略贸易管制关系与双边关系中的其他领域相比，复杂程度有过之而不及。太多因素能够影响到两国战略贸易管制关系的性质和深度。但是，有两方面特别有助于解释这种关系的发展变化：从美国角度是其对华战略贸易管制政策，从中国角度则为中国的战略贸易相关企业及国家战略管制体系。从美国对华战略贸易管制的历史中不难看出，尽管其经常受到外部因素的影响，但双边关系的变化对其影响是最为敏感的。审视过去30年中国军品外贸企业与国家战略贸易管制体系的发展历程，我们容易理解中国战略贸易相关企业的全球化和公司化，中国更好地融入国际体系，都能够帮助中美在战略贸易管制领域更好的对话。过去15年的经验表明美国与中国在战略贸易管制领域的接触，只有在这两个支流的交汇，才能产出重要的、持久的合作。尽管这种合作是渐进的、温和的，但这在过去五年中的确已经发生。2006年起，中美之间在战略贸易管制领域内开始进行持续的、官方的双边对话以及政府间的合作，这在历史上是首次。然而，这两个支流能否持续合并，能否加速向前流动，我们拭目以待。

通过对上述问题的观察，下面就如何增加中美在战略贸易管制领域的合作问题做一些思考：

· 两国政府可以在现有的平台（如高技术工作组、军控、裁军与“防扩散对话”等）的基础上，建立和提升一个专门的双边“战略贸易

管制对话”，如果政府间对话显得多余或不可行的话，那么两国政府可以资助建立一个包括企业、政府部门、非政府组织等在内的1.5轨/2轨对话平台。

· 美国政府应该继续探索并尽可能扩大与中国在战略贸易管制政策执行方面的技术型交流合作。

· 中国政府应该加强其在战略贸易管制体系的能力，扩大资源投入，包括增加相关机构人员，为行业提供更多的培训信息资源，以及资助大学和研究机构对战略贸易管制的研究和教育。

· 中国政府也许可以考虑进一步加强其战略贸易管制体系，如考虑把所有相关的条例规则立法并统一，或进一步完善现行条例，或完全收入瓦森纳安排的“两用清单”物项，增强对海关人员的培训，采纳以上任何的一项建议都不仅会给中国的战略贸易管制体系产生积极的回报，而且可以有助于均衡美国对于中国战略性贸易管制体系的评价。

· 而对于美国战略贸易改革的建议，在管制清单的调整中，应特别重视对于物项的外国供应能力的研究。对中国产业来说，美国的产品同欧洲来源的商品在价格上具有竞争力，如果已经在其他国家可以购买到的高科技产品，应考虑向中国开放；在产品的技术价值链中，能在最高级别上实现贸易最大化，能够帮助两国形成双赢局面。

· 建立在VEU概念和中国的“通用许可证”基础之上，可以考虑建立一个双方都认可的企业信誉机制，在两国政府间进行协商后，建立一套客观科学的以企业内部自律机制为基础的评估系统，对于申请的中美两国企业进行评估鉴定，鉴定结果在两国贸易和双向许可证申请过程中可以作为参考数据。

· 中国企业应该考虑建立符合公司特色的内部自律机制；它可以帮助企业实现不扩散和企业社会责任的承诺，而且还能从国际上吸引有着共同愿景的持久合作伙伴，比如最近的通用电气与中国航空工业集团公司的合作事例。[①]

· 美国企业和贸易协会应该扩展其与中国伙伴在战略贸易管制和

① “GE's China Avionics Deal: A Q&A with Lorraine Bolsinger,” *GE Reports*, January 19, 2011, available at http://www.gereports.com/ges-china-avionics-deal-a-qa-with-lorraine-bolsinger/.

内部自律机制的接触（甚至可能对合作伙伴提供支持）。中国贸易协会也应该承担起更多的为战略贸易相关的中小企业提供资源和服务的义务。可以考虑同美国相对应的企业协会展开合作。

在最近中国国家主席胡锦涛对美国进行的首次国事访问的一开始，他描述双边关系是具有战略意义和全球影响的双边关系之一。[①] 在战略贸易管制关系上也是如此。可以说，同台湾问题、人权甚至于经济问题相比较，战略贸易管制是当前中美双边关系中争议最小、成效最大的领域。因此，对中美两国来说，关键是找到办法不但确保两条支流朝着同样的方向流动，而且使之向更有意义的、持久合作的方式合并，并利用这条支流去推动在双边关系领域中更有挑战的主流。尽管仍处在早期阶段，仍有许多工作要做，但看看中美战略贸易管制关系的发展，特别是最近10年的发展，就有理由保持乐观态度。两国都认识到高技术贸易和防扩散的合作在双边关系和全球范围的重要意义，并加以充分的利用。

① Embassy of the People's Republic of China in the United States, "Chinese president vows to advance positive, cooperative and comprehensive relationship with U.S.," January 19, 2001, available at http://webcache.googleusercontent.com/search?q=cache:Xt1Lfmx9D3EJ:www.china-embassy.org/eng/gdxw/t788147.htm+HU+Jintao+%22strategic+significance%22+2011&cd=4&hl=en&ct=clnk&gl=us.

第16章

美国对华出口管制政策与中美贸易不平衡

曲 博*

[内容提要] 中美之间的贸易不平衡和汇率安排已经成了中美关系的重要问题。美国指责人民币低估是造成两国贸易不平衡的主要原因，坚持通过人民币的升值来实现贸易平衡。而中国政府则强调汇率政策并不是美国贸易赤字的主要原因，美国庞大的政府开支和低储蓄率才是其不断扩大贸易赤字的根源，而且美国的对华出口管制政策更是中美贸易发展的重要障碍。本章试图通过一个初步的分析来估算美国对华出口管制政策对中美贸易的影响，从而增强对两国之间贸易平衡问题理解的准确性。

Export Control and the Sino-US Trade Imbalance

Abstract: Trade imbalance and foreign exchange between China and USA are core issues of the two countries' relationships. The United States attributes the trade imbalance to the devaluation of Chinese currency RMB

* 曲博：外交学院国际关系研究所讲师，博士。

and insists achieving trade rebalance by revaluation of RMB. But Beijing argues the reasons for imbalance lie in the excessive US government expenditures, low saving rate and export control policy toward China rather than foreign exchange. This paper attempts to present a preliminary evaluation of the effects of export control policy toward China on the Sino-US trade relationship and to enhance our understanding of the trade rebalance issue.

中美之间的贸易不平衡问题已经成了影响两国关系的重要问题之一。尤其是在中国加入世界贸易组织之后，中国的对外贸易规模有了前所未有的发展，其中中美贸易的增长尤为迅速，双方已经互为对方最大的贸易伙伴国之一。在中国对外贸易高速扩展的过程中，中美之间的贸易不平衡问题日趋严重，已经成了两国政府密切关注并希望尽快解决的问题。但是两国的解决方案差异明显：美国希望通过人民币汇率的调整来实现再平衡，从而让中国承担主要的调整成本；而中国则强调中美贸易失衡的复杂性，坚持汇率调整的自主性，认为中美贸易的再平衡首要在于美国应当放宽对华出口管制，扩大高科技产品的对华出口，从而使得中美再平衡的调整过程尽可能公正、双赢与平稳。本章在中美贸易不平衡和再平衡的争论背景下，探讨美国对华出口管制政策与中美高科技产品贸易间的关系，评估美国放宽对华出口管制政策对中美贸易平衡的可能影响。

一、中美贸易失衡的事实与争论

1979年中美恢复外交关系之后，两国的贸易增长迅速。从1980年开始，美国对中国提供最惠国待遇（most-favored-nation）。在1979年，两国的贸易总额仅为20亿美元，中国是美国的第23大出口市场和第45位的进口来源地，而到2010年，双边货物贸易达到了4590亿美元，中国位列加拿大之后成为美国第二大贸易伙伴，第三大出口市场以及美国最大的进口商品来源地。

从中国加入世界贸易组织以来，中美贸易快速增长。根据美国的统计数据，1995年美国对华出口总额为117.5亿美元，进口总额为455.4亿美元，贸易逆差为337.9亿美元；而在中国加入世界贸易组织后的2002年，美国对华出口总额为221.28亿美元，进口总额为1251.93亿美元，贸易逆差为1030.65亿美元；在2010年美国对华出口总额增长至918.78亿美元，进口总额为3649.44亿美元，贸易逆差为2730.66亿美元（参见图16–1）。[①] 中国国家统计局的数据显示，2010年中国进出口总额达到3万亿美元，实现1830亿美元的贸易盈余，其中有1810亿美元的贸易盈余来自同美国的贸易，也就是说2010年中国99%的贸易盈余来自同美国的贸易。[②] 尽管对中美贸易失衡的规模双方仍然存在不同的统计判断，但是解决失衡问题的重要性已经得到中美两国政府的高度重视。

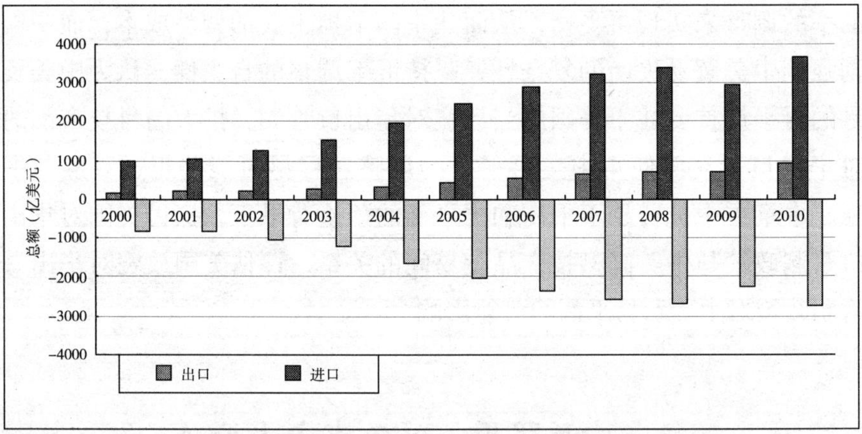

图16–1　美国对中国的进出口贸易（2000—2010年）

---

① U.S. Census Bureau, *Trade in Goods with China*, http://www.census.gov/foreign-trade/balance/c5700.html (2011年6月9日)。

② 对比上引的美国统计署的数据，可以看出中美两国对双边贸易的统计标准和口径有所不同，得出的关于中美贸易逆差总额的差距也很大。

小布什政府时期的中美战略经济对话是中美“建设性合作伙伴关系”的主要经济问题磋商机制。从2006年年底第一次中美战略经济对话开始，有关双边贸易平衡问题就成了关键议题之一。2009年胡锦涛主席与奥巴马总统在伦敦参加20国集团峰会期间举行了首次会晤，一致同意建立中美战略与经济对话机制。从2009年7月华盛顿第一轮中美战略与经济对话以来，到2011年5月双方共举行了3轮，贸易平衡问题以及相关的汇率问题、出口管制等问题都是双方对话的重要议题。双方通过协商和谈判，积极采取措施努力实现双边贸易的平衡。从中国方面而言，中国已经采取了一系列实现贸易平衡的措施，包括实行更为灵活的汇率政策（从2005年6月到2008年8月，人民币实际升值18.6%[①]）、扩大内需和加强国内市场的发展、加强知识产权的保护、增加对美国商品的采购等，而且也要求美方采取相应措施，共同解决贸易失衡问题，主要强调美国应当放宽对华高科技产品出口的管制措施。

显然双方对中美贸易失衡的原因及其解决方法存在不同的意见。在金融危机和国内政治的双重压力下，奥巴马总统于2010年9月在接受媒体采访时说：中国应该让人民币升值，应该根据市场情况作出调整。美国国会的部分议员也将中美贸易失衡问题归咎于人民币汇率，并试图通过立法来影响中国汇率政策和汇率水平。美国财政部长盖特纳在举行第三轮中美战略与经济对话之前，也表示人民币应当加快升值，而且为了平衡全球经济，人民币应当采取更为灵活的汇率安排。部分美国学者和智库研究人员也持相同看法，[②]彼得森国际经济研究中心的克莱恩（William Cline）认为2005年6月以来人民币的升值已经影响了中美贸易的失衡问题。他强调中国的经常账户盈余占GDP的比例已经从2007年的11%下降到2009年的6%，如果从这种角度看，人民币升值已经极大影响了中美贸易的再平衡。[③]克莱恩并在此基础上估算，如果人民币实际汇率升值10%，会降低中国经常账户盈余1700

---

① IMF, *International Financial Statistics*, Washington: International Monetary Fund, 2010.

② Morris Goldstein and Nicholas Lardy, *The Future of China's Exchange Rate Policy*, Washington, DC: Peterson Institute for International Economics, 2009.

③ William Cline, “Renminbi Undervaluation, China's Surplus, and the US Trade Deficit,” *Policy Brief*, Peterson Institute for International Economics, http://www.iie.com/publications/pb/pb10-20.pdf (2011年6月9日)。

亿—2500亿美元。[①]

但是中国政府并不认可美国对中美贸易失衡的判断以及迫使人民币升值的理由和方式。中国商务部一直强调中美贸易不平衡的主要原因在于美国对中国的出口控制，尤其是高科技出口的限制。并为了解决中美的贸易不平衡问题，一再敦促美国放宽对中国的出口，尤其是放宽高科技产品的出口，表示中国愿意通过扩大国内需求、增加购买商品和技术的方式来实现贸易平衡。中国商务部长陈德铭在2011年5月参加中美战略与经济对话时，指出美国对华高科技贸易的限制制约了双方贸易的平衡发展，而且对双方的企业都是不公平的；美国对出口中国的高科技产品的管制是没有效果的，中国既可以从其他国家获取相近产品和技术，也可以通过自身努力发展出高科技产品和技术。也是在2011年5月，中国国务院副总理王岐山在美国参加中美战略与经济对话期间，接受美国媒体采访时表示，那些认为中国通过操纵汇率获取顺差的看法是非常政治性的看法，强调"那些真正懂得汇率的人，他们不会这么说"。

学者们对中美贸易不平衡问题的研究也表明，汇率问题并不是解决中美贸易失衡问题的关键，而美国出口管制政策对贸易失衡具有重要影响。有学者认为，中国在2005年6月到2008年8月以及2008年9月到2010年6月之间人民币都有较大幅度的升值，但是中美之间的贸易不平衡状况并没有改善，贸易逆差情况仍然扩大，因此汇率调整并不是解决问题的关键。[②]李志军的研究则表明美国的歧视性技术出口管制是制约美国对华出口，影响双边贸易平衡的主要原因。[③]也有学者强调中美贸易结构是互补的，中国相对于美国具有比较优势的行业是劳动力密集型产业，而美国的比较优势是科技和资本密集型产业，而美

① 克莱恩的这种计算是可笑的，他一方面承认过去人民币升值并没有带来中美贸易平衡的改善；另一方面又通过计算中国经常账户盈余占GDP的比例来推测人民币升值对中美贸易平衡的影响，实际上忽视了中国经常账户盈余占GDP比例降低的原因是多方面的，尤其是中国政府采取了一系列扩大内需、增加采购的措施。

② 胡鞍钢：《中美贸易和汇率问题的分析与建议》，载《国际经济评论》，2005年第4期。周世俭在第19期经济每月谈上的发言，http://www.xinhua08.com/opinion/feature/issue20/（2011年6月9日）。

③ 李志军：《美国对华出口管制与美对华贸易逆差：实质与对策》，载《国际技术经济研究》，1999年第4期。

国的出口管制政策人为地扭曲了美国对中国的比较优势。[①] 章嘉林更是具体指出，随着中国持续经济增长和转型，中国每年都会需要上百亿美元的先进技术和设备，而如果美国不改变出口管制体系，只会加剧中美之间的贸易不平衡问题。[②] 沈国兵从中美高科技产品贸易的分析中评估美国出口管制政策对中美贸易不平衡的影响。他的主要论点是美国作为世界最大的高新技术出口国，在同中国的高新技术贸易中，仍然处于逆差，原因只能是美国出口管制政策造成的。[③]

以上分析表明，中美之间对于需要解决的贸易失衡问题存在共识，但是对贸易失衡的性质、规模以及解决方式存在分歧。中国的官方立场以及一些学者都强调美国对华出口管制是制约中美贸易平衡的重要因素。既有的研究对出口管制政策与中美贸易失衡问题的关系做了初步的定量评估，本章也是在这个方向上对中美贸易平衡问题进行分析和研究。

二、美国的对华出口管制政策

根据美国宪法，贸易的控制权掌握在国会手中，因此无论是美国同其他国家的削减关税谈判，还是基于安全等因素的出口管制，都需要具有国会的立法基础。在冷战伊始，为了加强对苏联及其盟国的科技优势、遏制共产主义的扩张，在1949年美国国会制定了《出口管制法案》（Export Control Act of 1949），授权美国总统可以根据国家安全和外交目标，限制出口，在此基础上建立起了全面的出口许可证体系，并与其盟国合作，建立了出口管制的国际协调结构：多边出口管制协调委员会（巴统组织）。在美苏关系缓和的背景下，美国国会在1969年废除了几近于禁运的《出口管制法案》，通过了新的《出口管理法案》

① 李稻葵、李丹宁：《中美贸易顺差：根本原因在哪里？》，载《国际经济评论》，2006年第5期。

② Jialin Zhang, "US-China Trade Issues after the WTO and the PNTR Deal: A Chinese Perspective," 转引自沈国兵：《美国出口管制与中美贸易平衡问题》，载《世界经济与政治》，2006年第3期，第72页。

③ 沈国兵：《美国出口管制与中美贸易平衡问题》，载《世界经济与政治》，2006年第3期。

（Export Administration Act）。该法案先后在1974年、1977年进行过修订，在1979年通过了完全重新修订的《出口管理法案》，成为了今天美国出口管制的法律基础。随着冷战的结束，美国国会一直有改革《出口管理法案》的意愿，但是始终没能就如何改革达成共识。1989年以来，美国总统主要通过援引《国际紧急经济权力法案》来延长《出口管理法案》。①

在1949年的《出口管制法案》中明确了采取出口管制的三个可能原因。第一个是短期供给控制，主要用于防止稀缺的战略资源外流，从而损害美国的工业和经济能力。第二个原因是外交政策目标，法案规定总统可以利用贸易控制手段执行美国的外交政策，包含的内容比较广泛，就目前美国商务部产业与安全局的工作来看，主要包括反恐、人权、地区稳定、犯罪控制、单边禁运和经济制裁、联合国的经济制裁等内容。最后的原因是国家安全，包括那些会极大增加别国军事实力从而威胁美国安全的商品和技术的出口。目前的《出口管理法案》以及主要执行机构国务院和商务部也仍然主要以这三方面的原因来进行出口管制和颁发许可证。

美国出口管制体系涉及一系列复杂的法律、规章和程序。美国对军事和两用项目的出口管制主要在国务院和商务部之间进行分工。一般情况下，如果出口商品在美国军事物品清单（the US Munitions List）上，就需要向国务院申请出口许可；而如果商品在商业管制清单（the Commerce Control List）上，则需向美国商务部提交申请。美国国务院和商务部还要会同其他部门共同协商，这些部门包括国防部（军事技术安全委员会）、国土安全部（海关、边境保护与移民管理）、司法部（执行办公室）、财政部等部门。

根据《出口管制法案》，美国行政机构的执行部门制定《出口管理条例》（Export Administration Regulations）。该条例是具体执行《出口管制法案》的指南，包括具体的负责部门的分工、商品分类、许可程

---

① 在2000年11月至2001年8月，美国国会认为通过《国际紧急经济权力法案》来延长《出口管理法案》过于复杂和低效，因此通过了立法来延长该法案。但是2001年8月之后，再次将《出口管理法案》置于《国际紧急经济权力法案》之下。

序、管制原则和项目以及部门间争端的协调机制等。根据《出口管理法案》，美国商务部设计管制清单，也就是《出口管理条例》中的商业管制清单部分。该清单规定了进行出口控制的特定商品、技术和软件的具体项目。清单主要包括十大类项目：核材料、设施和设备；原料、组织、微生物组织和毒物；材料加工；电子设备；计算机；通信和信息安全；激光和遥感；导航和航空电子；船舶；推进系统、航天器以及相关设备。对于国防性商品和技术，将适用于更为严格的国防贸易控制目录，主要由国务院具体执行。

美国出口管制的核心是出口许可证制度。美国商务部的产业与安全局根据商品或技术出口的目的国、商品类别以及最终使用者来确定该项产品或技术出口是否需要出口许可以及是否批准出口。为了确保出口管制目标的实现，美国出口管制政策强调最终用户和最终用途的保证，因此美国不仅强调事前的许可证制度，而且也强调事后的核查机制。通过事前的出口告知和许可证制度以及事后的核查机制，美国希望确保其出口管制政策目标的实现。

表 16–1　美国出口许可状况（2002—2009 财年）

	FY2002	FY2003	FY2004	FY2005	FY2006	FY2007	FY2008	FY2009
申请许可总数	10767	12443	15534	16719	18941	19512	21293	20351
批准总数	8735	10416	13058	14100	15982	16539	17945	17086
申请金额▲	168	150	153	360	360	526	721	624
中国获批项目	777	846	1336	1303	1538	1841	1990	2082
批准金额▲	—	—	5.28	24	24	79	27	62

▲单位：亿美元；2003财年日本超过中国是第一大许可出口国；资料来源：US BIS: *BIS Annual Reports*（2003—2010），http://www.bis.doc.gov/news/indexnewsarchives.html。

中国是美国出口管制政策的主要目标国。2002年以来，中国几乎每年都是美国商务部产业与安全局出口许可最多的目的国。2009财年，出口中国的产品或技术共有2082项获得出口许可证，占全部批准的12.2%，涉及金额共62亿美元，约占全部许可金额的9.9%。尽管美国政府承诺要进一步放宽对中国的出口管制，但是在2007年美国商务部公布了《对中国出口和再出口管制政策的修改和阐释、新的经验证最终用户制度、进口证明与中国最终用户说明要求的修改》。这项新规定不仅扩展了出口许可证商品的范围，而且还扩大了中国商务部出具《最终用户和最终用途说明》的范围。[①] 美国仍然对超过2000种出口到中国的商品施加限制，并且将中国排除在美国所确定的164个战略贸易授权国之外，继续要求对中国的出口要申请许可证。

在冷战结束之后，美国的出口管制体系和制度不断受到来自国内优势产业和贸易伙伴的诟病，美国国会和行政机构也开始反思和试图改革出口管制体系。美国商界人士强调出口管制已经成了阻碍美国产业国际竞争力的要素，如果不改革出口管制体系，不仅不能有效地保护美国的国家安全，而且很可能从长期损害美国的经济竞争力和国家利益。在当前技术高速发展以及技术来源日益多样性的条件下，美国固守过时的出口管制，只会让美国企业丧失更多的市场份额和优势。就技术变化速度而言，旧的出口管制还是依据前信息技术时代的标准来制定管制清单，但是快速的技术进展已经提高了技术更新的速度。美国计算机行业就批评美国出口管制不能反映计算机技术高速发展和创新的现实，如果美国不能及时跟上市场的扩展步伐，其他国家可能从其他途径获得类似的技术。另一方面，从国际协调来看，自从1994年巴统组织解散之后，1997年签署的瓦森纳协议意味着出口管制的国际协调已经日益放松，这进一步加剧了美国出口管制政策对美国产业竞争的负面影响。美国商业人士在国会作证时指出，在很多时候中国企业会因为美国烦琐和复杂的出口许可，而不邀请美国企业参加竞标。

总的来看，美国总统和国会一直在国家安全与经济利益之间进行平衡，都希望既可以很好地保护国家安全和美国的技术优势，同时又可以保持在国际市场的竞争力和份额。

---

① 许晔等:《美对华技术出口限制与中国高技术发展重点选择》，载《中国科技论坛》，2009年第8期，第137页。

三、美国出口管制政策对中美高科技贸易的影响

中美关于双边贸易不平衡的争论是同出口管制政策联系在一起的。学者们尝试分析和评估美国出口管制政策对中美贸易不平衡的影响，试图估算美国放宽对中国的出口管制对双边贸易平衡可能带来的积极影响。当前主要存在三种分析和估算方式：问卷分析法、高科技贸易结构分析以及中国高科技进口的国别比例等。

美国驻华商会的会员企业组成了联合委员会，研究和分析美国出口管制政策对中美贸易发展的影响。他们主要采取问卷方法，尝试利用会员企业对问卷的回答来估算美国出口管制政策对这些企业对中国出口的影响。根据他们的问卷，有70多家企业作答，认为美国出口管制对该企业对中国的出口造成负面影响，因为在限制美国企业的同时，实际上为其他国家的企业提供了机会。尽管无法通过问卷调查得知出口管制政策，尤其是高科技出口管制政策，对中美贸易的实际影响，但是根据估计，美国政府的出口管制大约每年给美国企业造成数10亿美元的损失。[①] 问卷分析主要从美国企业的立场来分析出口管制政策的负面影响，具有代表性和说服力，但是其估算并不准确，而且主观性比较强。

另有研究从中美高新技术贸易的结构来分析美国出口管制政策对两国贸易的影响。沈国兵认为美国对华高科技产品的出口限制是一种出口管制错位。他认为“美国是世界上科技最先进的国家，也是世界上经济实力最强的贸易国家，而中国仅是发展中大国，经济和技术实力与美国相差悬殊，并且正处在社会主义市场经济建设时期，所需进口商品及技术转让市场庞大”。因此，沈国兵认为在中美贸易中，应当是美国对华高科技产品贸易处于优势地位，但是现实情况却与之相反，中国在10大类的高科技产品的对美贸易中，在2002年以来都呈现出大

① Export Compliance Working Group, “High-Tech Trade Promotion and Export Controls,” 2011, http://web.resource.amchamchina.org/cmsfile/2011/04/25/94520f91b6ad941e0c421a37938bc1df.pdf.

幅贸易顺差情况，因此他判定是美国出口管制政策制约了美国比较优势的发挥。[①] 这种分析具有一定的道理，但是简单地从比较优势出发而得出美国出口管制政策阻碍中美贸易未免简单，需要考虑中美贸易结构的特殊性。

还有李志军的分析强调中国进口高新技术的国别比例，其基本逻辑是美国作为世界最大的科技强国，美国应该在中国的高新技术的进口中占据重要一席。无论从历史上来看，还是同其他发达国家对中国高新技术出口相比，美国显然落后了，因此原因当然是美国人为地限制高新技术对中国的出口。根据一项研究表明，从1979年到1990年美国对华技术和设备出口不断增加，按照中国技术引进的合同金额计算，美国从1979年的第五位上升至1990年的第一位。“1990年我国从美国引进技术34项，合同金额32268万美元，占（当年引进技术总额的）25.3%，居首位”。[②] 而在20世纪90年代美国对华技术和设备出口占中国引进技术总额的比例为12%—15%。美国对华的高科技出口占中国总体进口的比例逐年下降。因此，这种观点认为如果美国能够重新恢复其对华高科技产品的实际竞争力和比例，恢复至20世纪90年代初的水平，占中国高科技进口的20%，那么中美贸易不平衡问题会极大改善。另外根据中国高新技术进口国家和地区的统计，在2003年、2004年和2005年，排在前三位的国家或地区是东盟、日本和中国台湾，而美国则排在欧盟、韩国之后，位列第六，中国从美国进口的高新技术占全部进口金额的比例分别为11.2%、10.4%和9.6%。[③] 相比于美国在世界高新技术产业的主导地位，以及美国高新技术贸易占全球比例的1/3以上的现实来看，美国对中国的高新技术出口显然与美国地位不相称。

① 沈国兵：《美国出口管制与中美贸易平衡问题》，载《世界经济与政治》，2006年第3期，第74—75页。

② 李志军：《美国对华出口管制与美对华贸易逆差：实质与对策》，载于《国际技术经济研究》，1999年第4期，第36页。

③ 徐复、张静芳：《美国对华技术出口管制政策与中美贸易不均衡问题研究》，载《郑州航空工业管理学院学报》，2006年第6期。

表16-2　美国高科技产品出口（2002—2010年）（单位：亿美元）

年份	2002	2003	2004	2005	2006	2007	2008	2009	2010
出口总额	1785.66	1802.08	2015.61	2168.24	2470.71	2648.75	2701.31	2447.08	2726.94
对中国出口总额	82.89	82.9	94.23	123.2	176.33	203.49	173.63	172.05	214.54
对中国出口增长率		0	13.7%	30.7%	43.1%	15.4%	-14.7%	-0.9%	24.7%
对中国出口比例	4.6	4.6	4.7	5.7	7.1	7.7	6.4	7	7.9
中国高新技术进口总额▲	828.39	1192.94	1614.32	1976.6	2473.09	2869.86	3419.41	3038.43	

资料来源：US Census Bureau website, http://www.census.gov/ (2011年6月9日)。

▲资料来源：中国国家统计局:《中国统计年鉴》，2003—2010年各卷，北京：中国统计出版社。

下面主要根据李志军的思路来分析美国放宽对华出口管制可能实现的美国高新技术出口潜力。根据表16-2美国高科技产品出口可以看出，尽管美国对华高科技产品出口从2002年以来基本处于增长状态，但是14%的年平均增长率显然低于美国对华出口的总体年平均增长率19.4%。而且如果结合中国国家统计局的统计数据，我们可以得出中国从美国进口高科技产品占中国高科技产品进口总额的比例在2002年到2009年分别为10%、6.95%、5.84%、6.2%、7.1%、7.1%、5.1%和5.6%。中国从美国进口的高科技产品和技术明显与美国的科技实力不相符合，同时考虑中国加速经济发展与实现现代化的愿望，似乎可以得出美国出口管制政策限制了美国高科技产品对中国的出口，影响了双方的贸易平衡。中国高科技产品进口的平均增长率在2002—2008年为31%。如果中国从美国进口高科技产品的增长率同中国总的进口高科技产品的平均增长率一致，那么美国每年对中国的高科技产品出口将增加16%左右，依2010年水平来看，中国每年将从美国增加66.5亿美元左右的高科技产品进口。而如果考虑美国在中国高科技产品进口中的历史地位，假设美国对中国高科技产品的出口占到中国所有高科技产品进口的20%左右，那么根据2010年水平，美国将增加近400亿美元的对中国出口。尽管估测的方法和估测的数值不同，但是都可以证明只要美国放宽对中国出口管制政策，中美之间贸易不平衡问题会得到极大程度改善。从短期来看，每年中国将增加从美国进口高科技产品数十亿美元，这同美国在华商会的估测相一致；从长期来看，当美国高科技优势完全发挥出来之后，美国对华的高科技产品出口每年将增加数百亿美元，从而很大程度上可以缓解，甚至解决中美之间的贸易不平衡问题。

四、结语

美国出口管制政策确实已经成为阻碍中美贸易健康发展的重要障碍。无论从短期来看，还是从长期来看，美国放松对华出口管制都将极大程度上缓解中美贸易不平衡问题。奥巴马总统上台之后，提出了系统改革和优化美国的出口管制体系的主张，努力实现四个“统一”的改革目标：统一的管制标准、统一审核许可、统一执法以及统一信息系统。奥巴马政府希望通过出口管制改革，既可以有效保护美国的国家安全，又能够发挥美国高科技优势，提高美国企业的国际竞争力。放宽对中国的高科技出口管制理应成为美国此次改革的重要内容之一。

从中国的经济发展和现代化的内在要求来看，中国也有意愿和能力加强从美国进口高科技产品和技术。在中国《国家中长期科学和技术发展规划纲要（2006—2020年）》设定的11个重点领域的68项优先主题中，有10个重点领域的40项优先主题的研发重点受到美国高新技术出口的限制；27项前沿技术的相关研究重点，全部受到美国的出口限制。[①] 如果美国放宽对华高科技的出口管制，中国从美国进口高科技产品和技术的努力一定会大幅度改善中美贸易不平衡的状况，从而将中美贸易关系建立在更为健康、稳定和持续的基础上。

---

① 许晔等：《美对华技术出口限制与中国高技术发展重点选择》，载《中国科技论坛》，2009年第8期。

第17章

中国企业在商用航空航天领域的新机遇

［加拿大］阿拉娜·克罗里柯沃斯基*

［内容提要］中国已经表示要成为高科技创新型国家，提升其出口价值链，打造全球认可的中国高端品牌。航空航天领域的商业发展成为中国重要的战略选择。虽然面临技术、市场、法律和政治的诸多障碍，但中国商用航空航天领域的战略步骤已经明晰。那就是通过参与全球市场的重组和重新定位，充分利用迅速发展的国内航空航天产品和服务市场，在国际商业谈判中取得优势，并寻求对发展中国家航空航天产品的出口机会，以此大力推动中国商用航空航天业的发展。

Leveraging Commercial Air and Space: China's industries seek new international opportunities

Abstract: China has signaled that it wants to become a high-technology innovator, move its exports up the value chain and build globally recognized Chinese brands of sophisticated products. To commercialize China's air

* ［加拿大］阿拉娜·克罗里柯沃斯基（Alanna Krolikowski），加拿大多伦多大学博士研究生，美国乔治·华盛顿大学太空政策研究所访问学者。

and space industries is China's important strategic choice. Although facing technology, market, legal and political barriers, China's strategic steps are already discernible. These include re-organization and re-orientation of major industrial players to join global markets, leveraging China's rapidly expanding domestic market for air and space products and services in international commercial negotiations, and pursuing air and space export opportunities in developing countries to seek new international opportunities.

中国已经表示要成为高科技创新国家，提升其出口价值链，打造全球认可的中国高端品牌。中国取得的成就将使其减少对从北美和欧洲高科技产品进口的依赖，发展国内知识经济。以民用经济来支持军事科技的升级换代，建设更高效防御工业，这些目标的实现将有利于中国长期以来推动的军事现代化。

尽管这都不是新目标，但在商用航空航天领域实现这些目标的新战略框架正变得日渐清晰。航空业包括生产商用飞机和零部件的私营和国营公司。航天业包括生产和发射商用航天飞机及其配件的私营、国营公司和国家机构。在这两个领域中，经过数十年的基础设施和生产能力建设，中国的规划者们看到中国的航空航天业进入了一个划时代的发展时期。在此阶段，商用发展是优先发展事项。

支持商用发展的战略正在成型，包括在全球航空和航天领域提升机会。这项新战略的三个要素清晰可辨：第一，在航空航天领域面向全球市场对企业重新定位；第二，在国际商务谈判中，把中国巨大且日益增长的国内高科技产品和服务市场作为杠杆；第三，在发展中国家扩展中国的航空航天业市场。

一、世界商用航空航天业

世界航空航天业变化迅速。20世纪90年代，航空业经历了一波合并的热潮，主要飞机制造商大大减少。在大型运输机领域，空客和波音公司是仅存的两家。小型民用飞机，包括区域和商业喷气机，只有为数不多的公司生产，包括法国的达索（Dassault）、巴西的安博威（Embraer）和加拿大的庞巴迪（Bombardier）。除了这些主要的整机生产商外，还有成千上万家遍布全球的高度专业化的零部件和次级系统生产商，这其中有很多是在中国。全球机构也设立了航空业安全标准，建立起相应的生产流程。生产出口飞机的每个国家都必须遵守世界贸易组织的规则程序。

世界航天业集中在为数不多的几家手中。目前，有能力把空间设备安置在空间轨道的国家和或国际组织不足十个。有能力生产供出口的商用卫星的国家也差不多就这个数目。[①] 商用空间活动大致包括远程通信、导航和遥感，不仅涉及卫星，也包括地基接收器和其他硬件设施。[②]

航空业也在发生变革。航空能力正在扩散到新的部门，且日益商业化。现有的航空强国，如美国、俄罗斯和欧盟，新兴航空强国如中国，和包括其他发展中国家在内的一些国家分享着空间，太空正变得越来越拥挤。这些变化的主要后果是轨道拥挤和太空垃圾的增加。为解决这些问题，也为了抓住由太空活动参与的增多所带来的机遇，国际社会相继成立了许多地区和国际机构。在如今的太空领域中，私人企业和政府部门起着同样重要的作用。

二、商用航空航天的挑战

从最苛刻的方面看，全球商用航空航天业给中国公司带来许多入门障碍。其中三个挑战是最大的：技术壁垒、市场壁垒和政治—法律壁垒。航空业主要由为数不多的设计、组装、营销飞机的公司所控制，这对航空业的发展构成最大的挑战。在全球商用航天业里，最大的入

① Nicolas Peter, "The changing geopolitics of space activities," *Space Policy* 22, No. 2, May 2006, pp.100-109.

② Joan Johnson-Freese and Andrew S. Erickson, "The Emerging China–EU Space Partnership: A Geotechnological Balancer," *Space Policy* 22, No. 1, 2006, pp.12–22.

门困难可能是卫星制造。

（一）技术障碍

对生产商用整飞机的技术能力要求很高，包括先进的精密制造和加工、开发生产航空电子设备、相关电子元件、复合材料和发动机、机身设计和集成的复杂系统的能力。要发展能在出口市场有竞争力的完整的国内工业，中国要具备坚实的可靠性、一致性和一定速度。

生产和发射商用航天器的技术要求也很重要，但经常被夸大。[①] 如今面临的难点是生产和执行，而不是开拓创新。当然，空间技术的某些方面要比其他的方面挑战更大。[②] 对拥有导弹系统的国家来说，发射相对容易，而生产卫星要求的精密制造和掌握高端电子元件更难一些。航空业内人士认为成为一个大型飞机企业的技术挑战比把卫星发射进太空还大。然而，建设航天能力需要各种资源的组合、专门的知识和机构，而很多国家都不具备这个能力。

（二）市场障碍

全球飞机业的经济状况给雄心勃勃的加入者带来其他严峻挑战。这一行业内已有的公司享有大量的政府资助和财政优势。欧洲和美国的飞机制造商拥有“生产每一种型号的飞机所需的组装和长周期生产的大量的资金”。[③] 很多商用飞机在卖了600套之后才开始赢利。[④]

企业必须在研发上做巨大投入才能得到政府部门的实质性支持。[⑤] 美国和欧洲航空航天业在一定程度上受益于军事采购，这使得它们即

---

① Wayne Sandholtz and William Love, “Dogfight over Asia: Airbus vs. Boeing,” *Business and Politics* 3, No. 2, 2001, pp. 136-137.

② Author interviews, anonymous, 2009.

③ Peter Nolan and Jin Zhang, “Globalization Challenge for Large Firms from Developing Countries,” *European Management Journal* 21, No. 3, January 1, 2003, p. 294.

④ Sandholtz and Love, “Dogfight over Asia,” p. 138.

⑤ Nolan and Zhang, “Globalization Challenge for Large Firms from Developing Countries,” p. 294; Sandholtz and Love, “Dogfight over Asia,” p. 137.

使在经济长期处于衰退时也能维持商业运营。[①] 这些公司有整合其庞大内部运作的复杂手段和能在全球范围内给予其提供支持的外部公司。欧洲和美国公司也同样拥有“已经获得全球认可的飞机及其关键零部件品牌”。[②] 这点增加了消费者的信心。[③]

在全球商用航天领域也有特殊的市场难以进入。卫星制造工业风险高，且需要先期投入。卫星是按客户的要求定制的，设计和制造花费巨大。一次制造失败就会为公司带来毁灭性的影响。由于对卫星的需求是呈周期性，所以一些制造商在商用市场淡季时就依靠政府采购。

关于航天业中的发射服务市场，虽然进入要容易些，但要做成功却很难。发射服务的需求通常不太受价格影响，但取决于发射日程和可靠性等因素。在美国，发射日程取决于设备的日程安排，而这一点是日程供应商往往控制不了的。可靠性的记录要经历很多年才能完成。然而，全球发射工业的状况难以预测。许多国家现在都拥有的导弹技术，在持续压低的全球发射价格的影响下，可以在未来数年内转变为低成本的发射系统。因为该领域的竞争很激烈，需求具有高度周期性，一两家发射供应商的加入就足以形成很大的冲击。

（三）法律和政治障碍

从技术上来说，航空航天业都既可军用又可民用。1989年美国和欧洲严格限制把航空航天技术转让给中国。[④] 出口控制对中国在航天领域的发展造成了新的困难，因为大多数中国可用的商用航天技术都使用了美国的部件。包含美国在内的所有航天技术的产品和服务的跨国交易都被《国际武器贸易条例》所约束。对于非美国盟国而言，这些

---

① Vicki L Golich, “From Competition to Collaboration: The Challenge of Commercial-Class Aircraft Manufacturing,” *International Organization* 46, No. 4, International Organization, 1992, p. 911.

② Nolan and Zhang, “Globalization Challenge for Large Firms from Developing Countries,” p. 294; Sandholtz and Love, “Dogfight over Asia,” pp. 136-137.

③ Nolan and Zhang, “Globalization Challenge for Large Firms from Developing Countries,” p. 294.

④ E.g. Joseph C. Wall, Robert Anselmo, and James R. Asker, “Spying Debacle for U.S., But Great Leap for China? Beijing’s Ability to Capitalize on Treasure Trove of U.S. Nuclear Secrets Remains to be Proven,” *Aviation Week & Space Technology*, May 31, 1999.

产品和服务几乎不可能合法取得。特别是对中国来说，自1999年，美国法律明确禁止与中国进行航天技术交易，要求在交易前不仅要得到美国总统的豁免而且要通过国会立法。[①]除了安全上的考虑外，政府还把航空航天领域作为促进国民经济发展的战略领域。通过政府介入来保护行业的精英，在出口市场上取得最多的机会，限制技术转让。

三、面对全球商业机会 中国重新调整国内产业

中国无论是在全球航空领域还是航天领域都不是新手。尤其在过去十年，中国主要的航空航天公司已经更积极地在国际市场寻找机会。中国的飞机制造业完成了从国际飞机制造商的供应者到享受外国供应商服务的系统组装者的飞跃。中国航天业正在新的出口市场和产品方面寻求商业机会。

（一）航空工业进军系统组装

中国的航空工业为国家拥有，故称中国航空工业集团（the China Aviation Industry Corporation，Avic）。这个伞状实体负责民用和军用航空的研发和生产，以及所有次航空领域的进出口。[②]在过去两年里，中国商用飞机集团有限公司（Commercial Aircraft Corporation of China Limited，Comac）部分地从中国航空工业集团分离出来。中国商用飞机集团有限公司成立的目的是设计、组装、营销中国自行生产的飞机——ARJ21支线飞机和中国首批本土产大型运输机——C919，这两种机型计划最晚在2016年投入运营。中国商用飞机集团有限公司的成立标志着中国从外国公司的供应商一跃成为系统组装的国际承包商，成为继空客和波音之后的世界第三大飞机制造商。

① Johnson-Freese and Erickson, "The Emerging China–EU Space Partnership," p. 22.

② David John Pritchard, "The Global Decentralization of Commercial Aircraft Production: Implications for United States-based Manufacturing Activity," State University of New York at Buffalo, 2002, p. 80.

从中国航空工业集团分离出来创立中国商用飞机集团有限公司这个新实体，有几个目的。第一，由于中国商用飞机集团有限公司的掌门人是与垂直利益无关的具有改革思想的人，因此希望他们能够把中国商用飞机集团有限公司管理成一个现代的、公司化运作和能募集私人资本的公司。[①] 第二，中国商用飞机集团有限公司是与空防工业没有直接联系的民用商业实体，这使得它能够成为实施两用技术出口管制的国际公司的合作伙伴。

中国商用飞机集团有限公司出售的两种飞机面向不同的国内和国际市场。ARJ21是拥有78—90个座位的区域性喷气式飞机基准模型。[②] 中国三大航空公司已确认订单或选择性购买，有望到2014年投入使用。[③] 其首批国际订单来自区域客户。C919标志着中国进入大型客机市场行列，目前这一市场仍被空客和波音主宰着。C919的座位将达到168个，可与空客A320和波音737竞争。[④] 因为空客和波音的下一代窄体飞机到2020年将不再使用，有望在2016年投入使用的C919将是若干年内此类飞机中最先进的。[⑤] 中国商用飞机集团有限公司已宣布在今后的20年里将在世界范围内出售2500架C919，但是国际行业观察家预测20年内这个数字可能是600—800架。[⑥]

生产供出口的成品飞机面临的挑战是巨大的，但中国国内外的观察家都对中国商用飞机集团有限公司克服这些困难抱有信心。新公司有许多的优势，很可能成功。销售是其中最突出的优势，其次在技术和成本上它也有优势。

中国商用飞机集团有限公司将是中国国内市场的垄断者。经济规

---

① Tai Ming Cheung, *Remaking Cinderella: The Nature and Development of China's Aviation Industry, Testimony Before the U.S.-China Economic and Security Review Commission,* Washington, D.C., 2010, http://www.uscc.gov/hearings/2010hearings/written_testimonies/10_05_20_wrt/10_05_20_cheung_statement.php.

② "ARJ21-700 ARJ-900," *AVIC1 Commercial Aircraft Co., Ltd.*, December 2005, http://www.acac.com.cn/site_en/product01.asp.

③ Bradley Perrett, "ARJ21 Flies.," *Aviation Week & Space Technology* 169, No. 22, December 8, 2008, pp. 39-40.

④ Norihiko Shirouzu, "GE Puts Faith in China's Aerospace Industry," *Wall Street Journal*, November 16, 2009, sec. Asian Business News.

⑤ Bradley Perrett, "Nosing Ahead; Construction of the C919 Begins as Comac Pushes for 2016 Service Entry," *Aviation Week & Space Technology*, September 14, 2009, sec. Aircraft Development.

⑥ Shirouzu, "GE puts faith in China's aerospace industry".

划者有望要求航空公司从国内生产商那里购买部分飞机，以保证销量。一旦拥有安全记录，ARJ21 和 C919在中国就具备了可靠性，就很有可能向国外出售。

中国商用飞机集团有限公司除了保证销售外，也有望能比国际竞争者成本更低。公司一旦改进生产工序，其低成本的劳动力就使比世界其他生产者的成本低。在飞机组装中，生产力因素特别重要，因为它是劳动密集型产业。

中国商用飞机集团有限公司同样也要迎接飞机生产中最大的技术挑战。中国商用飞机集团有限公司和中国航空工业集团都没有生产成品机最需要的部件。ARJ21 和 C919所有主要的次级系统，[①] 包括引擎、航空电子设备和复合材料部件，都是由外国公司提供。按当前计划，ARJ21的10%和C919的30%产自本土。中国商用飞机集团有限公司计划通过用国产部件替换外国供应，由此逐步增加本土产部件，但还没有清晰的目标和时间表。

中国商用飞机集团有限公司较晚进入全球市场将带来新的技术优势。比目前主要的公司晚几年设计飞机使得公司能吸收由二线承包商开发的最先进的部件。[②] 其中的一些如引擎，能极大地降低一架飞机的运营成本，因此使其在世界市场上更具竞争力。

除了中国商用飞机集团有限公司外，通过增加外国技术内部转让的方式进行系统整合将可能深刻改变整个中国航空业。中国商用飞机集团有限公司成为系统集成者会使其与外国子系统和部件供应商的关系焕然一新。[③] 这种改变后的关系很重要，因为一架飞机最先进最复杂的技术就在子系统层次。[④] 通过对飞机的开发，承包商和子系统的设计者必然会分享子系统和其生产工序的实质性信息，这样更多的技术转

① Cheung, *Remaking Cinderella: The Nature and Development of China's Aviation Industry, Testimony Before the U.S.-China Economic and Security Review Commission*.

② Alan MacPherson, "The Emergence of a New International Competitor in the Commercial Aircraft Sector: The China Syndrome," *Futures* 41, No. 7, September 2009, pp. 486.

③ Shirouzu, "GE puts faith in China's aerospace industry"; also author interviews, anonymous, 2010.

④ Ibid.

让就有可能流入中国业内。[1]

此外，即使当系统设计不一定要技术共享，但中国商用飞机集团有限公司可以从外国供应商那里得到优惠的技术转让条款，因为这些外国供应商在ARJ21和C919的合同上竞争激烈。越来越多的证据表明中国商用飞机集团有限公司正在把这种竞争提升为与外国公司的技术分享和共同开发。到目前为止最有说服力了的例子就是中国商用飞机集团有限公司和通用电气集团的合作。通用和中国航空工业集团达成协议，各自出资50%在中国建立总部，为全球商用飞机制造商开发和营销航空电子元件系统。美国公司承诺为此毫无保留地提供高端商用航空电子元件。通过合作研究和生产出的产品是合资企业知识产权的一部分，而不为通用所独有，产品最终可能会出售给其他飞机制造商。上述因素的结合使中国航空业观察家确信中国的系统集成一定能飞跃发展。虽然关于中国商用飞机集团有限公司能否赢利、赢利多少，以及它们在赢利之前要求中国政府提供多大程度的支持，这些现在还都是未知数，但是高层已经决心一定支持此项目取得成功。

（二）航天工业针对商用产品和市场的重新定位

中国航天工业是新老企业的混合体。其主要企业继承了许多生产和发射方面的基础设施。20世纪90年代末，航天业生产被改组为两个大型国有企业集团：中国航天科技集团公司（the China Aerospace Science and Technology Corporation，Casc）和中国航天科工集团公司（the China Aerospace Science and Industry Corporation ，Casic）。作为航天科技集团公司附属公司的中国长城工业总公司（the China Great Wall Industry Corporation）负责发射服务的出口业务。这些公司依靠设在全国的规模较小的供应商网络。作为中国民用和军用航天项目的两个主要承建商，中国航天科技集团公司和中国航天科工集团公司已经成为

---

[1] David Barboza, Christopher Drew and Steve Lohr, “G.E. to Share Jet Technology With China in New Joint Venture,” *The New York Times*, January 17, 2011, sec. Business Day / Global Business.

这个领域中的重量级选手。[①] 尽管它们都是国有企业，[②] 但越来越能够独立地追求各自利益，行事也更像商业实体。这体现为：在国内，它们继续努力销售与航天相关的消费产品；国际上，则发展外向增长的新战略。

航天工业在全球商用航天业中抓住机会的新途径轮廓正日益清晰。这种新途径包括三个方面：第一是不再寻求向西方制造的卫星出口提供发射服务；第二包括拓展新的出口市场和新产品的多样化；第三是为利用美国的市场，中国航天科技集团公司和中国航天科工集团公司共同发起，要在美国重塑中国航天工业的形象。

但矛盾的是，这种追求新的国际商业机会的努力是在美国发射市场航天业利润下降的情况下提出的。在过去的20年里，向美国卫星发射市场出口发射服务已经成为中国航天团体的优先事项。1999年，在美国的出口管制突然发生变化要把中国排挤出其市场时，对中国航天科技集团公司和中国长城工业总公司来说，重新进入美国市场就成了其首要目标。然而，最近，中国航天科技集团公司的代表暗示其公司不再努力寻求进入美国市场了，也不期望美国立法会有重大改变。[③] 导致这种改变的原因是它们更仔细地了解了美国当前的政治气候。中国行业观察家判断，美国改革其出口管制制度从而允许中国公司发射美国制造的卫星的可能性很小。尽管奥巴马政府采取了出口管制制度的改革，并向中国领导人许诺向中国更大程度地开放美国的技术，但这种开放仍被认为是不合适的。不强调把发射作为出口优先可能是中国航天科技集团公司通过对竞争激烈的全球发射市场的观察而得出。中国航天科技集团公司和中国航天科工集团公司想模仿美国民用和军用航天工业的巨头，比如波音公司，而不再集中关注发射问题。其目的

---

① Some discussion of their role is found in Frank Morring, Jr, "Show and Tell; China Offers U.S. a First Look at Its Next Human Spacecraft," *Aviation Week & Space Technology*, September 28, 2009, sec. Human Spaceflight.

② Interviews with author, anonymous, 2010; see also Frank Morring, Jr. Bradley Perrett, "China' s Long View; Human Spaceflight Office Launches Concept Study for Lunar Landings," *Aviation Week & Space Technology*, October 19, 2009, sec. Space; Roger Handberg and Zhen Li, *Chinese Space Policy: A Study in Domestic and International Politics*, London: RoutledgeCurzon, 2007.

③ Author interviews, anonymous, 2010.

是成为更大范围向世界市场出口产品的全球公司。要达到这一目标，第一步就是开始出口相对简单和不受限制的航天技术，比如中国公司已经能够低成本制造的小型卫星部件，中国航天公司也想在新的高技术产品上取得突破，比如清洁能源领域的产品。例如，中国航天科技集团公司已经成为卫星太阳能电池板部件的领头羊，并希望在地基太阳能组件领域提高其专业水平。

这些公司进入全球的重要一部分是重塑其国际形象。1999年美国极有影响力的考克斯委员会报告将中国航天工业的形象败坏殆尽，该报告称中国的导弹技术是盗窃来的，就是这份研究导致中国被排斥在美国发射市场之外。中国的公司代表和政府官员认为，使公司远离这类事情的第一步是放弃重新进入美国市场的要求。[①] 提升公司形象的第二步是把公司打造成一个不同的公司，正如中国航天科技集团公司努力做的那样。中国航天科技集团公司想把自己打造成一个多样化的高科技公司，专门广泛制造初级民用产品。[②] 其目的是逐步地进入美国市场，开始时要低姿态。其供应的卫星部件和美国公司比起来，是价格更低的清洁能源产品。在把自己打造成更值得信赖的伙伴后，中国航天科技集团公司希望进军更高附加值的航天技术领域和其他出口到美国的高科技产品，为此有望采取同样的政策。[③] 这种重塑品牌的努力也包括通过公关提高公司形象，比如参与国际会议和展览。[④]

四、以庞大国内市场推动外国技术转让

随着中国经济影响力与日俱增，以及中国政府对本国企业的大力扶持，中国公司在与同级别的外国公司进行谈判中正获得越来越多的

---

① *U.S. National Security and Military/Commercial Concerns with the People's Republic of China*, Select Committee, United States House of Representatives, 1999, http://www.house.gov/coxreport/.

② Author interviews, anonymous, 2010.

③ Peter J. Brown, "China's Space Program Poised to Surge," *Asia Times Online*, 2010 January 6, http://www.atimes.com/atimes/China/LA06Ad02.html.

④ Author interview with senior space industry participant, anonymous, 2010.

话语权。[①] 在航空航天领域，中国产业将会或有可能受益于外国技术转让。外国企业进军越来越大的中国市场的代价就是不断增加此类技术的转让。所谓技术转让，[②] 是指卖方为达到外销之目的，作为交换条件承诺购买元器件和（或）向买方所在国的制造商提供技术。中国的航空和航天领域正凭借此种技术转让获取更多国外的高新技术。

虽然对技术转让进行评估和量化是比较困难的，但国外飞机制造商在进军中国市场的过程中确实在广泛进行技术转让。[③] 欧美的民航业务主管部门已经不止一次透露这样的信息。通常情况下，技术转让有悖于卖方利益，因为他们不得不分享其赖以生存的核心技术、增加用于建造新的生产线并培训新员工的预算。[④] 此外，卖方在这一过程往往还需要协助中国制造商取得欧美民航监管部门颁发的市场准航证。技术转让在航空界如此普遍以致引起了美国政府的注意。美国政府承认此种事情正在发生，并警告技术转让的企业，此举将会对本国航空产业的发展带来冲击，甚至威胁到国家安全。[⑤]

中国的决策者没有提出补偿办法，[⑥] 但却非常擅长利用技术转让促进国内相关产业的技术成长。有几个因素使其在此方面取得成功，其中包括：中国庞大且不断增长的市场、实力强大的买家，以及航空业激烈的国际竞争。

中国的飞机市场是如此之大，以至于没有哪个飞机制造商愿意被关在这个巨大的市场门外。空客和波音公司都预测，未来的20年，中国将成为世界第二大飞机买主和全球增长最快的市场。到2025年，中

① Peter Nolan, “China and the Global Business Revolution,” *Cambridge Journal of Economics* 26, No. 1, January 1, 2002, p.121.

② John T. Bowen Jr., “Global Production Networks, The Developmental State and the Articulation of Asia Pacific Economies in the Commercial Aircraft Industry,” *Asia Pacific Viewpoint* 48, No. 3, 2007, p. 316.

③ For example, see Drew and Lohr, “G.E. to Share Jet Technology With China in New Joint Venture.”

④ Bowen Jr., “Global Production Networks, The Developmental State and the Articulation of Asia Pacific Economies in the Commercial Aircraft Industry,” p. 317.

⑤ Dominic Gates, “U.S. Holds Up Boeing’s Plan to Outsource Work in China,” *Seattle Times*, n.d., http://seattletimes.nwsource.com/html/businesstechnology/2002465971_boeingchina02.html; *2010 Report to Congress of the U.S.-China Economic and Security Review Commission*, 2010, http://www.uscc.gov/annual_report/2010/10_annual_report.php.

⑥ Bowen Jr., “Global Production Networks, The Developmental State and the Articulation of Asia Pacific Economies in the Commercial Aircraft Industry,” pp. 315-316.

国将需要大约3000架新飞机。[①] 大多数专家预测，最快的增长将来自中国对于支线飞机的需求，因为在下个十年中，这些支线飞机将在中国的各个城市之间建立更多新的且更密集的航线。中国也将是世界上最重要的大型运输机的买主。[②] 中国的市场如此之巨大，使得任何航空公司都不能忽视，并且，各大航空公司出于市场扩张的需要，都迫切想从中国这个巨大的市场中分到一杯羹，并与中国决策者们建立长期的合作关系。

在商业谈判中，中方在政府的大力支持和正确引导下，将其巨大的需求集中在少数大的买家手中，此举也令中方获益匪浅。中央政府实施的降低实际飞机采购量的改革将采购和谈判权统一赋予了三大航空集团。此外，中央政府还可以通过要求买主将其采购单提交发改委进行审批这一程序来实际掌控飞机购买量。[③] 因此，各航空公司都非常关注决策者的政策走向，并步调一致地制定、提交相应的采购计划，这样便更容易通过审核，从而也减少了因一改再改带来的诸多麻烦。[④]

考虑到全球飞机市场异常激烈的竞争，大买家们在谈判中便可能抛出技术转让这个诱饵，让众多竞标者们相互竞争，自己从中渔利。没有哪个飞机制造商愿意输掉一个大市场，因为每销售出去一件产品都可以降低其平均单位成本，从而提升自身产品在不同市场的竞争力。

技术转让在20世纪80年代得以迅速发展，是因为时值中国改革开放初期，中国开始大量引进外资。这些技术转让协议已变得愈来愈重要，即使在当时还是少数，但相对来说已经很多了。正如一位业内观察人员指出的，"无数个小产量分成合同累积的最终效应是，进口国最

① MacPherson, "The Emergence of a New International Competitor in the Commercial Aircraft Sector," p. 484.

② Bowen Jr., "Global Production Networks, The Developmental State and the Articulation of Asia Pacific Economies in the Commercial Aircraft Industry," pp. 315-316; Ben Dolven, "Dogfight Over China: The Battle Between Boeing and Airbus is Intensifying as Chinese Airlines Consolidate to Create the World's Fastest-growing Commercial Aircraft Market; But Beijing May Play One Maker Off Against The Other," *Far Eastern Economic Review* 166, No. 5, February 6, 2003, pp. 24-28; MacPherson, "The Emergence of a New International Competitor in the Commercial Aircraft Sector."

③ MacPherson, "The Emergence of a New International Competitor in the Commercial Aircraft Sector," p. 483; Interview with author, anonymous, 2010.

④ Interview with author, anonymous, 2010.

终练就了集机身设计、开发和生产的全方位的能力”。[①]“西方航空公司和中国买主之间长达数十年的技术转让合同使得中方逐步获取了制造商用客机的基本技术”。[②]

更重要的是，技术转让的意义也在与日俱增，因为他们已发展到更多程序复杂的领域并且成为这些领域中越来越重要组成部分。中国公司已经逐渐参与飞机整机及其子系统的全部领域的角逐。[③]特别是自20世纪90年代，通常涉及核心技术的技术转让合同都会从合同持有方流落到供应商手中。这样，中国制造商就逐步具备了制造核心产品的能力，从而打破了之前“空客—波音”的双寡头垄断局面。[④]

销售给中国航空公司和二线供应商的主要国际飞机制造商们纷纷在中国建立了子公司或合资公司。[⑤]空客和波音在中国的记录清楚地说明了它们之间的生产安排和销售连接。

波音公司在和中国缔结合约方面起到了表率作用。[⑥]其中最突出的例子是，中国企业史无前例地成为波音[⑦]梦幻飞机整个全球生产网络重要合作商。中国制造商为波音787梦幻飞机提供复合材料方向舵，合同总价值约6亿美元。[⑧]这些交易的细节公布后不久，中国航空公司就宣布订购60架新的梦幻飞机，一时成为波音787最大的订单。多年来，波音公司也以类似方式和中方相继签署了737的尾翼分包合同（包括垂直尾翼和水平尾翼）。由于波音公司和中方的这些协议部分涉及有关碳纤维复合材料和陀螺仪，而这些都具有潜在军用价值，因而波音在中

---

① MacPherson, “The Emergence of a New International Competitor in the Commercial Aircraft Sector,” p. 483.

② Ibid., p. 482.

③ Ibid.

④ Alan MacPherson and David John Pritchard, “The International Decentralisation of US Commercial Aircraft Production: Implications for US Employment and Trade,” *Futures* 35, No. 3, January 1, 2003, p. 226; Nolan and Zhang, “Globalization Challenge for Large Firms from Developing Countries,” p. 286.

⑤ Bowen Jr., “Global Production Networks, The Developmental State and The Articulation of Asia Pacific Economies in the Commercial Aircraft Industry,” p. 316; MacPherson, “The Emergence of a New International Competitor in the Commercial Aircraft Sector,” p. 488.

⑥ “Boeing: Boeing 787 Highlights $600 Million in Contracts with Chinese Suppliers,” *Boeing Company*, June 2, 2005, http://www.boeing.com/news/releases/2005/q2/nr_050602g.html.

⑦ Author interview with American aircraft industry executive, anonymous, 2010.

⑧ Bowen Jr., “Global Production Networks, The Developmental State and The Articulation of Asia Pacific Economies in the Commercial Aircraft Industry,” p. 319.

国的举动也越来越多地受到美国政府监视。[①]

空客在中国的战略与波音相似，但相比较来说更为明显。在与中国民航的合作框架下，一条空客A320总装线在天津落成，随之产生了空客在中国发展史上最大的技术和制造设备的转移。空客也将此作为其致力于中国民航业发展的绝好例证。[②] 在中国领导人宣布采购150架A320后没多久，空中客车公司透露，其正在研究在中国建造欧洲大陆之外的第三条A320组装线。2006年，当空客和中国当局签署“在中国台湾建造第一条欧洲大陆之外的A320总装线，且第一架A320将于2009正式下线”的协议时，[③] 中国航空公司就曾宣布，他们已经从空客订购了170架新飞机。空客在天津设厂的理念在于，在中国大陆打造一条与其汉堡厂同等级别的生产线。这样，中国的飞机制造业就可以借此拿到建造符合西方标准的商用飞机的金钥匙。[④] 关于这条生产线究竟移植多少空客的子系统技术，专家们对此意见不一，但是，可以肯定的是，空客已经与中国民航达成另一项协议：[⑤] 在中国开设一条建造A350超宽体飞机的总装线，此举将给中国带来更多先进的复合材料生产技术。[⑥]

中国参与国际商业航天项目的机会相当有限，但在过去的十年中，这种机会显著增加。中国在航天业的显著成就，其中包括载人航天和成功发射卫星，使中国成为国外航天机构和航空公司更具吸引力的合作伙伴。然而，就像在航天部门一样，中国在国际商业航天领域的最好机会却来自于对正在迅速发展的巨大航天产品和服务市场的充分利用。

在参与国际商业航天项目方面，中国所做出的最重要努力就是其

---

① Gates, “U.S. Holds up Boeing’s Plan to Outsource Work in China”.

② Bowen Jr., “Global Production Networks, The Developmental State and The Articulation of Asia Pacific Economies in the Commercial Aircraft Industry,” p. 316; MacPherson, “The Emergence of a New International Competitor in the Commercial Aircraft Sector,” p. 488.

③ “Airbus Denies Rumor of Restricting Technology Transfer to China,” *Global Times*, October 13, 2009, http://business.globaltimes.cn/industries/2009-10/476651.html; “Airbus in China,” *Airbus Worldwide*, 2009, http://stagev4.airbus.com/en/worldwide/airbus_in_china.html.

④ Bowen Jr., “Global Production Networks, The Developmental State and the Articulation of Asia Pacific Economies in the Commercial Aircraft Industry,” p. 316.

⑤ MacPherson, “The Emergence of a New International Competitor in the Commercial Aircraft Sector,” p. 486.

⑥ Ibid.; Author interview, anonymous, 2010.

尝试参与欧洲主导的伽利略项目。[①] 伽利略项目是一个由欧盟和欧洲航天局共同建造的有非欧盟国家参与的全球导航卫星体系。项目完成之后，伽利略项目将会为民用、商用和军事用户提供定位和定时数据信号，其中一些信息属收费部分。开发伽利略项目的主要理由之一是估计每年在全球市场能获得3240亿美元的导航和定时服务收益。[②]

中国是伽利略项目最重要的区域外参与者。[③] 中国任务的核心是伽利略项目的发展应用、研发、制造和技术方面。为了管理中国在伽利略项目中的参与情况[④]，中国创建了一个名为中国伽利略的新项目实体作为航天科工集团公司、航天科技集团公司、中国电子科技集团公司和中国卫星通信集团公司（简称中国卫通）的合作伙伴。[⑤]

中国在与项目成员的谈判中，与欧洲企业之间进行了相关航天技术的市场准入转让。根据2003年的协议，中国承诺给项目拨款3亿美元。[⑥] 但更重要的是，有人认为中国参与伽利略项目促进了欧洲企业进军颇具希望的中国市场，同时使得中国企业获得先进的航天技术和专门技能。[⑦] 中国参与该项目是为了获得“重要的先进欧洲技术的转让（包括军民两用技术）”。[⑧]

一些欧洲评论家声称，中国参与研究伽利略项目将有助于其促进

① Johnson-Freese and Erickson, “The Emerging China–EU Space Partnership,” p. 18.

② Michael A. Taverna, “European Commission: Complete Galileo,” *Aviation Week & Space Technology,* January 20, 2011, http://www.aviationweek.com/aw/generic/story_channel.jsp?channel=space&id=news/asd/2011/01/20/02.xml&headline=European%20Commission:%20Complete%20Galileo.

③ Nicola Casarini, “What Role for the European Union in Asia? An Analysis of the EU'S Asia Strategy and the Growing Significance of EU-China Relations,” *Current Politics and Economics of Asia* 17, No. 1, 2008, p.69.

④ Casarini, “What Role for the European Union in Asia?” P.69; Michael A. Taverna Douglas Barrie, “More Galileo Turbulence? U.K. Quarrel Threatens Further Galileo Delay; Chinese Companies to Help Develop New Applications,” *Aviation Week & Space Technology*, August 8, 2005, sec. World News & Analysis; Michael A. Taverna, “U.S., China Eye Galileo,” *Aviation Week & Space Technology*, January 31, 2005, sec. World News & Analysis; “China to Contribute 200 Million Euros to EU's Galileo Project.,” *Agence France Presse*, October 27, 2003; “China Designates Galileo Project Firm,” *China Daily*, Beijing, China, March 10, 2005.

⑤ “China Designates Galileo Project Firm”.

⑥ Casarini, “What Role for the European Union in Asia?” p.69; Victoria Knight, “EU Signs Galileo Satellite Contracts with China,” *Associated Press Newswires*, n.d.; Cui Ning, “Sino-EU Galileo Sat-Nav Programme Expands,” *China Daily*, Beijing, China, June 10, 2005; Barrie, “More Galileo Turbulence?”

⑦ Casarini, “What Role for the European Union in Asia?” pp. 68-69; see also “China, EU to Sign Seven Contracts for Galileo Program,” *Xinhua News Agency*, June 9, 2005.

⑧ Johnson-Freese and Erickson, “The Emerging China–EU Space Partnership,” p. 66.

自身独立卫星导航体系的发展。[①] 美国评论家则声称中国的参与也将提高中国人民解放军部队整合和数字化作战的能力，[②] 从而使中国开发最先进的预警系统和识别卫星。美方还反对将伽利略卫星用于中国长征火箭发射的计划，他们担心涉及卫星本身的潜在技术转让问题。[③] 评论家们指责美国是在有意限制中国进军具有潜在军事用途的先进航天技术，因为中国的参与会对美国构成极大挑战。[④]

中国注意到了欧洲和美国的这些担忧。因为欧洲航天局技术（包含伽利略项目技术）包括了美国的关键技术，美国基本上对欧洲计划持否定态度。[⑤] 中国在经过了对参与该项目的有关条款的再谈判努力和双方紧张对峙后，于2006年退出了伽利略项目。[⑥] 但据说中国宣布要继续发展其自身的全球导航卫星体系——北斗。评论家们对此意见不一，对于中国是自动撤出还是被迫离开？美欧在对中国参与该项目方面的安全顾虑是否一致？中国要使北斗成为全球体系计划中的哪些方面要比其参与伽利略项目早等问题，[⑦] 评论家们各持已见。最近，中国设法把原先保留给伽利略项目的资源频繁地运用到北斗体系中，[⑧] 该体系将会提前几年全面运转，[⑨] 中国的这些举措给欧洲施加了压力，也引起了

① Casarini, "What Role for the European Union in Asia?" pp. 68-72.

② Casarini, "What Role for the European Union in Asia?" pp.71-72; Raphael Minder, "China's Focus on Galileo Pinpoints US Security Fears: Beijing's Involvement in Europe's Rival Navigation Service to GPS Has Washington Chiefs Worried, Writes Raphael Minder," *Financial Times*, February 24, 2005, London Ed2 edition, sec. Back Page - First Section.

③ Johnson-Freese and Erickson, "The emerging China–EU space partnership," p.22.

④ Casarini, "What Role for the European Union in Asia?" p.72.

⑤ Johnson-Freese and Erickson, "The Emerging China–EU Space Partnership," p.22.

⑥ "Beidou-Galileo Issues?" *Aviation Week & Space Technology*, June 29, 2009, sec. News Breaks; Asia-Pacific.

⑦ Andrew Bounds, "China Looks to Rival Galileo and GPS with New Satellite.," *Financial Times*, February 5, 2007.

⑧ Author interviews with European and Chinese observers close to the Galileo project, anonymous, 2010; see also Bounds, "China Looks to Rival Galileo and GPS with New Satellite"; Minder, "China's Focus on Galileo Pinpoints US Security Fears"; Taverna, "U.S., China Eye Galileo"; Robert Wall and Michael A. Taverna, "The Chinese Connection; Beijing's Plan to Join Europe's Galileo Satnav System Could Draw a Rebuff From the U.S.," *Aviation Week & Space Technology*, September 29, 2003, sec. World News & Analysis; "USA to Fall Behind Europe in Space When Galileo Operational," *BBC Monitoring European*, n.d.

⑨ Bounds, "China Looks to Rival Galileo and GPS with New Satellite."; "Beidou-Galileo Issues?" Dan Levin, "Chinese Wrestle with Europe in Space Dispute about Radio Frequency Is Latest Glitch for Galileo Satellite Project," *International Herald Tribune*, March 23, 2009, 3 edition, sec. Finance.

欧洲项目方之间新的谈判。

伽利略项目表明商业航天方面的国际合作面临着一些机遇与挑战。一方面，它表明中国在与国外商业航天业的合作中拥有了谈判筹码；另一方面，它也表明限制技术转让的安全问题和现行的法律制度仍是阻碍中国参与国际合作的重大障碍。由于未来多年里中国参与像伽利略项目这样的跨国商业项目能力较小，中国在商业航天方面的主要动力将可能依靠自己。

五、向发展中国家开拓市场

在航空航天业领域，新的全球商业动力的第三个方面是努力向发展中国家扩展市场。中国在向条件差的客户销售方面做得很成功，其中包括在销售小型涡轮螺旋桨飞机的零部件方面。

中国航空航天业在这些市场上取得成功，其原因主要有三方面。

首先，低收入国家的买家对价格非常敏感，而价格是中国企业可以有效参与竞争的一个因素。另外，中国企业在有着庞大外汇储备的政府的支持下，可以向潜在客户提供竞争对手难以比拟的丰厚融资条款。中国卖家向这些国家的买家出售时可以接受非现金支付或交换，这一因素对外币短缺的国家来讲尤为重要。

其次，低收入国家的商业环境非常不利。腐败、法律法规欠缺、专制及不公平施政、政治风险和货币不稳定等情况都使得国际参与者不敢参与，但中国却在这种环境中像个引航者，做得很好。

最后，在许多低收入国家，买方不是民营航空公司，而是政府机构。而中国企业也为国有，其运作与政府有着紧密的合作，因此，尤其是在进行优惠条款谈判时，双方存在促进交易成功的对称机制。

（一）出口到发展中国家的飞机

中国向低收入国家销售ARJ21和C919是其全球营销战略的重要组

成部分。中国企业在这些国家的运作将有助于中国商用航天公司创造一个有关这些模型的安全性、可靠性和优性能的国际纪录，这对赢得更大的北美和欧洲市场消费者的信心来讲是至关重要的。此外，中国航天业在向低收入国家销售军用和小型涡轮螺旋桨飞机方面采取了一种有效的措施。[①] 这种销售主要是通过向海外出售中国飞机的中国航天工业集团公司控股公司（Avic International Holding Corporation），即中航国际（Avic International）来完成。中国航天工业集团公司国际部也借鉴中航国际的经验购买了100架ARJ21，并与中国商用航天公司联合，计划将其出售到发展中国家。[②]

中航国际开拓市场的战略重点是让买主更便捷地买到飞机和在尤其缺乏生产能力的地方改善售后服务。ARJ21和C919不仅有价格竞争力，而且在中国政府的支持下，[③] 发展中国家的买家会享受到优惠条款。据中航国际的国内飞机市场营销和销售负责人介绍，发展中国家购买中国飞机有四种理由："为获得中国政府控制的银行的融资；希望中国政府付款并将其作为礼物送给；从中航国际飞机租赁部融资（中航国际租赁有限公司）租赁获得的飞机；或达成易货协议。"[④] 例如，过去一些非洲国家通过授予中国捕鱼权或其他天然资源来支付其购买的中国飞机。而这也似乎是促成ARJ21的一些国际订单的策略。2010年，私营印度尼西亚矿业公司Merkukh企业与中航国际签署了合作备忘录，[⑤] 购买了中国9架ARJ21，几架小型飞机和直升机，并承诺通过向中国输送30年的煤、镍、铜来支付这些费用。之后，老挝航天公司也

① Leithen Francis, "Indonesian Firm Signs MoU to Buy Chinese ARJ21s, Y12s and Helicopters," *Flightglobal*, May 19, 2010, http://www.flightglobal.com/articles/2010/05/19/342147/indonesian-firm-signs-mou-to-buy-chinese-arj21s-y12s-and.html.

② Katie Cantle, "ARJ21 Wins 100 Orders From AVIC International," *Air Transport World Online*, November 19, 2010, http://atwonline.com/aircraft-engines-components/news/arj21-wins-100-orders-avic-international-1118; Leithen Francis, "Avic Looks For Sales in Developing Nations," *Flightglobal*, September 1, 2009, http://www.flightglobal.com/articles/2009/09/01/331607/avic-looks-for-sales-in-developing-nations.html.

③ Bradley Perrett, "China Commercial Aircraft Eyes Boeing, Airbus Turf," *Aviation Week*, April 6, 2008; "Boeing's Lending Arm Sees Rapid Growth In Chinese Air Finance," *Newswires*, December 4, 2009, sec. T Wire.

④ Francis, "Avic Looks For Sales in Developing Nations".

⑤ Francis, "Indonesian Firm Signs MoU to Buy Chinese ARJ21s, Y12s and Helicopters".

以此方式下了第一个飞机国际订单，从中航国际购买了两架ARJ21。①

除了定价方面的策略，中航国际也正在增强其向非洲，亚洲和拉丁美洲的客户提供售后服务的能力。② 这些努力包括在销售地区建立新的客户支持设施和零部件中心，用以提供现场技术支持。③ 中航国际还对这些区域的飞行员、机组人员进行培训。这些大量的新投资标志着中国航天业在极力进行市场开发。

（二）出口给发展中国家的航天技术

中国的新商业航天战略也使其具有向低收入国家出口的传统优势。发展中国家的中国卫星和发射服务买家已扩展到玻利维亚、印度尼西亚、老挝、尼日利亚、巴基斯坦和委内瑞拉。④ 中国的航天公司也像在航空领域一样从政府的支持中获益良多。此外，还有一些其他因素也使得中国航天业在发展中国家开拓市场方面取得成功。

首先，中国已经在市场开发过程中向日益增长的航天产品和服务需求进行投资。⑤ 因为航天技术已经成为现代通信必不可少的一部分，对促进经济发展潜力很大，所以有此发展议程的政府对获取航天资产的兴趣越来越高。世界市场上之所以没有对航天技术的需求，是因为发展中国家没有购买这些产品的预算，或者因为国际武器贸易条例阻止发展中国家这么做。中国航天业是最先抓住这种机遇的行业之一。

其次，中国航天业的参与者们有能力在市场开发中取得成功，因为发展中国家像中国一样在获取美国航天技术时易受到美国出口管制的阻碍。虽然美国企业可以获得向这些国家出售的出口许可，但却经常出现延误或产生风险，这打消了发展中国家的买主向美国购买的念

① Cantle, “ARJ21 Wins 100 Orders From AVIC International”.

② Francis, “Avic Looks For Sales in Developing Nations”.

③ Ibid.

④ “Pakistani-Chinese Spacecraft,” *Aviation Week & Space Technology*, September 28, 2009, sec. News Breaks; Asia-Pacific; Brown, “China's Space Program Poised to Surge”.

⑤ Nicolas Peter, “The Changing Geopolitics of Space Activities,” *Space Policy* 22, No. 2, May 2006, pp.100-109.

头。[①] 中国的企业这时候可以参与进来满足买方的需求。

最后，像在航空部门一样，中国航天业能够向发展中国家的买主提供独特的优厚条件，对这些买家来讲，价格是决定性的因素。向发展中国家提供优厚的融资条款，甚至是接受易货卫星的付款，都使得中国为买主提供其所没有的航天技术。[②] 许多发展中国家的买家是政府部门或者是像中国同行的国有企业，使得这些交易变得更容易。

发展中国家的市场机会很多，从而引起了中国和欧洲企业对卫星发展的关注，而卫星发展是完全不受国际武器贸易条例（ITAR）管控的。[③] 卫星不但可以在新兴市场上出售，也可以被低成本的中国发射器发射进入轨道。这促使欧洲企业泰雷兹·阿莱尼亚宇航公司（Thales Alenia Space）宣布发展不受国际武器贸易条例管控的卫星技术。虽然短期内不可能对不受国际武器贸易条例管控的技术实现重大创新，但这种发展经常被用来说明美国出口管控机制对其他国家航天业带来的意想不到的好处。

销售优惠条款、发展中国家的需求和对不受国际武器贸易条例管控的卫星技术的市场定位，这些因素使中国在全球卫星市场上成为一个重要的长期参与者。但目前，中国卫星行业出口与飞机出口业相比，前景还并不太乐观。[④]

六、结语

中国有望成为世界第三大大型商用飞机制造商，并且是世界上第

① Pierre Chao, *Toward a U.S. Export Control and Technology Transfer System for the 21st Century*, Center for Strategic and International Studies, May 15, 2008, http://csis.org/publication/toward-us-export-control-and-technology-transfer-system-21st-century; Brown, "China's Space Program Poised to Surge"; "Pakistani-Chinese Spacecraft".

② Doug Young, "China Trades Goods, Influence for Satellite Launches," *Reuters.com*, November 9, 2009, http://www.reuters.com/article/industrialsSector/idUSHKG21345620091109.

③ David J. Berteau et al., *National Security and the Commercial Space Sector: Initial Analysis and Evaluation of Options for Improving Commercial Access to Space*, Washington, D.C.: Center for Strategic and International Studies, July 26, 2010, p.24, http://csis.org/publication/national-security-and-commercial-space-sector.

④ Brown, "China's Space Program Poised to Surge".

三个把人类送往轨道空间的国家。这些令人瞩目的成就归功于政府主导实施的航空航天业的长期发展战略。这一目标在过去十年都未改变，但为适应新的国际环境，追求目标的方式在不断调整。

中国经过对航空航天设施几十年的建设，正在步入一个以商业化为核心的行业发展的新阶段。航空航天部门未来发展的新轮廓已渐清晰。其主导力量是新近改革的行业参与者。这些大型企业的负责人正在引导国内外企业向更商业化、更市场化的方向发展。

中国航空航天业国际化发展模式正在形成。它强调充分利用国际商业机遇来支持中国国内航空航天业的发展。在可能的时候，面对新机遇和新环境，发展和形成中国航空航天项目优势。

中国新的国际商业战略的三个要素已经显现：第一是对参与全球市场的重组和重新定位；第二是充分利用迅速发展的国内航空航天产品和服务市场以在国际商业谈判取得优势，虽然中国企业一直对国际商业谈判具有影响力，但现在要比以往的影响更大；第三是寻求对发展中国家航空航天产品的出口机会。

从长远来讲，中国在商业航空航天业的成功很容易引发美国对这两个行业出口限制的可行性与可靠性的怀疑。事实证明，在航天业中，限制向中国转让商用航天技术不仅无效而且代价高昂，并且这些措施也不会减缓中国开发该技术的步伐。美国企业已经失去了在中国和其他地区的潜在销售市场，并且已经无法利用中国的价廉物美的发射服务。中国在商用航天业的成功也可能使人们更加关注出口管制的意想不到的结果。

在航空业，中国商用航天公司和中航国际的成功很有可能引起人们对飞机技术战略和国防影响的关注。[①] 从美国企业转让到中国企业的商用飞机技术并未像航天领域一样受到严格的控制，但忽视其增长规模和范围会引发更大问题。中美经济和安全审查委员会是一个对美国国会有影响力的机构，它十分关注这些发展造成的经济和国防风险，同时针对这些问题的媒体报道也日益增多。但到目前为止，中美双方

① 2010 Report to Congress of the U.S.-China Economic and Security Review Commission.

在合作企业中的投资如此庞大，以至新的重大立法或监管措施都无法管制。

整体而言，中国航空和航天业寻求国际商业机会预示着美中关系在这两个领域的良好发展势头。其结果对航天业来讲可能最为重要，因为美中之间自2007年反卫星武器测试以来关系一直持续紧张。美国担忧中国航天项目向军事方面发展，但由于最近看到由非官方控制的商业航天实体不断增多，这种担忧在减少。在中国，像中国航天科技集团公司和中国航天科工集团公司这样的已经在国内航天领域发展中非常有影响力的企业，有可能成为国际航天领域中的利益相关者。随着全球利益的增长，中国航天科技集团公司和中国航天科工集团公司支持中国改善与其他国家之间的关系。这些实体可以成为倡导者，倡导中国在航天业中的行为更具预测性，也可以提倡在美国和欧洲的航天问题上采取更为温和的姿态。最终，或许行业参与者也能看到高透明度的中国航天业的好处。

图书在版编目（CIP）数据

国际防扩散体系：中国与美国 / 朱立群,［美］博驰,卢静主编. —北京：世界知识出版社，2011.12
ISBN 978-7-5012-4181-1

Ⅰ. ①国… Ⅱ. ①朱…②博…③卢… Ⅲ. ①核扩散—防止—研究—中国②核扩散—防止—研究—美国 Ⅳ. ①D815.2

中国版本图书馆CIP数据核字（2011）第238232号

责任编辑 袁路明
责任出版 赵 玥
责任校对 张 琨
封面设计 田 林

书 名 国际防扩散体系：中国与美国
Guoji Fangkuosan Tixi: Zhongguo Yu Meiguo

作 者 朱立群 ［美］盖瑞·博驰 卢静 主编

出版发行 世界知识出版社
地址邮编 北京市东城区干面胡同51号（100010）
网 址 www.wap1934.com
电 话 010-65265923（发行） 010-65233645（书店）
印 刷 北京京晟纪元印刷有限公司
经 销 新华书店
开本印张 980×680毫米 1/16 24¾印张
字 数 394千字
版次印次 2011年12月第一版 2011年12月第一次印刷
标准书号 ISBN 978-7-5012-4181-1
定 价 49.00元